KB052087

영장류, 사이보그 그리고 여자

영장류,
Simians,
사이보그
Cyborgs,
그리고
and Women:
여자
The Reinvention of Nature

자연의 재발명

영장류,
Simians,
사이보그
Cyborgs,
그리고
and Women:
여자

도나 J. 해러웨이
지음

황희선·임옥희
옮김

arte

나의 부모
도로시 매과이어 해러웨이(1917–1960)
그리고
프랭크 O. 해러웨이에게

차례

일러두기

— 이 책은 Donna J. Haraway의 *Simians, Cyborgs, and Women: The Reinvention of Nature* (Free Association Books, 1991)를 완역한 것이다.

— 책은 겹낫표(『 』), 논문 등 짧은 글은 홑낫표(「 」), 정기간행물은 겹화살괄호(《 》), 영화·TV 시리즈·그림은 홑화살괄호(〈 〉)로 묶었다.

— 원문에서 이탤릭으로 강조한 부분은 밑줄로 구분했다.

— 본문의 각주는 대부분 옮긴이 주로, 저자의 주인 경우 문장 끝에 '원주'로 표기했다.

— 저·역자가 이해를 돕기 위해 추가한 내용은 대괄호([ ])를 여닫아 표시했다.

— 원제에 사용된 단어 'simian'은 원숭이(monkey)와 유인원(ape)을 모두 이르는 말로, 영장목에서는 안경원숭이 등이 포함되는 원원류(prosimian)와 갈라져 생긴 분류군이다. 그런 면에서 번역에 사용된 단어 '영장류'는 영어 단어 'simian'이 본래 뜻하는 것보다 지시체의 범위가 넓다. 한국어에서 유인원을 '원숭이'로 통칭하는 경우도 있다는 점을 감안할 때 '원숭이'로 번역해도 좋은 단어임을 일러둔다.

서문

이 책은 몸, 정치, 이야기의 진화를 마주할 때면 조심하라는 이야기로 읽어야 한다. 무엇보다도 이 책은 자연의 발명 그리고 재발명과 관련되어 있다. 자연은 우리 시대 지구라는 행성의 거주자들에게 희망, 억압, 논쟁에서 가장 핵심적인 영역일 것이다. 저자는 1970년대 어느 시점, 서구 근대가 원숭이, 유인원, 여성을 어떻게 설명하는지 논의하는 글을 쓰려고 과학사학자가 되었다. 그때 그는 호미니드 사회주의 페미니스트인 미국인 백인 여성에 딱 들어맞는 사람이었다. 그는 스스로는 깨닫지 못했을지언정, 불평등한 권력의 지원을 받지 않으면 유지될 수 없는 이상한 범주, 이른바 '표지가 없는(unmarked)' 범주에 속했다. 하지만 마지막 논문을 쓸 무렵에는 여러 낙인이 새겨진 사이보그 페미니스트가 되어, 20세기의 마지막 사반세기라는 어두운 시대를 살아가는 와중에도 정치적 감각과 비판적 기능을 잃지 않으려 애쓰게 되었다. 이 책은 인종주의와 식민주의에 깊이 의존한 주인 서사(master narrative)를 지탱하는 지극히 파괴적인 가정들이 함축된 유럽계 미국인 페미니스트 인본주의가 와해되는 과정을 검토한다. 그다음에는 섬뜩하고 위반적인 기호를 채택하여, '사이보그' 페미니즘의 가능성으로 시선을 돌린다. 이 페미니즘은 강력한 연결을 계속 추구하면서도 특수한 역사적·정치적 입장과 영원한 부분성에 보다 열려 있을 것이다.

  사이보그는 유기체와 기계로 구성된 잡종이다. 하지만 사이보그를 이루는 기계와 유기체는 20세기 후반에 적합한 특수한 종류로 구성되어 있다. 사이보그는 제2차 세계대전 이후의 잡종체로서 정보 체계와 텍스트 그리고 인체공학적으로 통제되며 노동·욕망·재생산 체계로 위장한, 우리가 자발적으로 택한 적 없는 '하이테크' 내부에 있는 우리 자신과 다른 생명체들을 기본 성분으로 삼아 만들어져 있다. 사이보그를 이루는 두 번째 필수 재료는 유기체와 마찬가지로 정보 체계, 텍스트 그리고 스스로 작동하며 인체공학적으로 설계된 장치로 위장한 기계들이다.

  책의 1부를 구성하는 글들은 원숭이와 유인원의 사회생활과 행동에 대한 지식과 그 의미를 생산하는 양식을 둘러싼 페미니즘의 투쟁을 검토한다. 2부는 영어권 세계에서 가장 강력하며 모호한 것 두 가지, '자연'과 '경험'에 대한 이야기들을 결정하는 권력을 둘러싼 경합을 탐사한다. 3부는 사이보그의 체현, 젠더에 대한 다양한 페미니즘 개념들의 운명, 페미니즘의 윤리적·인식론적 목적에 맞게끔 시각의 은유를 재전유하는 문제, 그리고 포스트모던 세계에서 '차이'의 주요 체계를 그리는 생명정치의 지도로서의 면역계에 초점을 둔다. 이처럼 다양한 내용을 다루는 이 책은 인종, 식민주의, 계급, 젠더, 섹슈얼리티의 지배로 겪는 곤란함이 줄어든 세계에서 살 필요를 느끼며 그런 세계를 꿈꾸는 사람들에게 매우 중요한 문화 과정인 자연의 구성을 다룬다.

  경계에 있는 특이한 존재들, 즉 영장류, 사이보그, 여성이 이 책을 채운다. 이들은 모두 진화와 기술, 생물학이라는 서구의 거대 서사에서 불안정한 위치에 놓여 있었다. 이 경계의 존재들은 말 그대로 괴물(monster)로서, 보여 주다(demonstrate)라는 단어와 어근 이상을 공유한다. 괴물들은 의미하는(signify) 존재다. 『영장류, 사이보그 그리고 여자』는 이처럼 전망이 밝고 불순한 괴물들에 대해서 그리고 이 괴물들이 만들어 낸 상황 속 지식이 기술하는 다면적인 생명정치, 생명공학, 페미니즘 이론들에 대해서 조사한다. 권력에 의해 분화되고 고도로 논쟁적인 이들 괴물의 존재양식은 가능한 세계들의 징표일 수 있는데, 우리가 책임을 져야 하는 세계의 징표인 것은 분명하다.

『영장류, 사이보그 그리고 여자』는 1978년에서 1989년까지 쓴 논문을 모았다. 이 시기는 지난 수십 년 동안 형성된 다양한 페미니즘 갈래들 사이에서 복잡한 정치·문화·인식론적 선동이 이루어졌던 시기다. 원숭이와 유인원을 연구하는 과학에 내포된 생명정치적 서사에 주목하는 초기 논문들은 미국의 유럽중심적 사회주의 페미니즘의 구성물이자 산물이다. 이들 논문은 근대 생물학의 자연을 그 심층에서 생산과 재생산의 체계, 즉 노동의 체계로 간주하며, 이 은유에 따라붙는 모든 모호함과 지배관계를 포함한다. 자연은 어쩌다가 자신의 이야기를 현실로 만들 수 있는 엄청난 권력을 지닌 지배적 문화 집단에게 착취되는 체계가 되었을까? 이 체계를 통해 동물과 인간의 삶에 대한 관념은 어떻게 변했을까?

책의 허리를 이루는 글들은 페미니스트들이 서사의 형식과 전략을 두고 경합하는 모습을 검토한다. 이는 현대 페미니즘과 현대를 살아가는 여성들이 이종언어(heteroglossia)와 불평등한 권력 분배를 피할 수 없게 되었기 때문이다. 이 부분은 현대 나이지리아계 영국인 작가인 부치 에메체타(Buchi Emecheta)를 서로 다른 상황에 놓인 아프리카인, 아프리카계 미국인, 유럽계 미국인 비평가들이 여성학 수업이라는 교육학적 맥락에서 무엇을 여성의 경험으로 간주할 수 있는지에 대해 비평하는 사례로 독해할 방법을 찾으며 마무리된다. 그런 주제와 관련해 한 작가의 독법 구조를 만드는 설명가능성(accountability), 연대, 대립, 구성, 출판 관행은 어떤 것들이 있을까?

3부인 '부적절한/부적절해진(inappropriate/d) 타자를 위한 차이의 정치학(differential politics)'에는 논문 네 편이 실렸다. '부적절한/부적절해진 타자'라는 구절은 베트남의 영화감독이자 페미니즘 이론가인 트린 T. 민하(Trinh T. Minh-ha)에게서 빌려 왔다. 트린 민하는 이 용어를 써서 주류적인 정체성과 정치의 서사가 제공하는 '자아'나 '타자'의 가면을 쓰기를 거부하는 이들이 역사적으로 어떤 위치에 있는지 구명하는 작업을 했다. 그의 은유는 위계적 지배와 '부분'의 '전체'로의 통합 또는 적대적 대립 이외의 방식으로 차이의 관계를 사고하는 데 쓰이는 기하학을 제안한다. 하지만 그의 은유는 이와 같은 새로운 기하학이 영장류까지는 아니더라도 최소한 사이보그와 여성에게 요구할 지적·문화적·정치적 작업이 쉽지 않으리란 것 또한 암시한다.

여기 수록된 논문들은 구성이 지닌 모순성의 모체를 드러낸다. 섹스/젠더라는 용어의 최근 역사를 검토하는 글은 독일의 마르크스주의 사전에 수록되었는데, 복잡한 투쟁에 표준적인 참고문헌 스타일의 설명을 생산해 내는 텍스트 정치의 사례로 제시될 수 있다. 「사이보그 선언문」은 전 세계에 살고 있는 '우리'가 하이브리드가 된 것처럼 보이는 상황에 직면했던 1980년대에 정치적 방향을 모색하려 쓴 글이다. 이 글은 페미니스트 이론에서 '과학적 객관성'에 관련된 논쟁들을 검토하며 유기체적·기술적 전망이라는 경멸받는 은유들을 바꿀 필요성을 주장하며 그로부터 특정한 위치 짓기, 다중적인 매개, 부분적 관점을 도출한 다음 이를 통해 페미니스트적인 과학·정치 지식을 가능케 하는 알레고리를 하나 내세우려 했다.

자연은 이와 같은 '코요테'의 실천에서 출현한다. 코요테라는 강력한 트릭스터(trickster)는, 역사적으로 특수한 인간과 '자연'의 관계는 언어·윤리·과학·정치·기술·인식론적으로 고유하게 사회적이며 능동적인 관계로 그려져야 함을 보여 준다. 그럼에도 여기 등장하는 짝들은 완전히 불균등하다. '우리'와 '자연'의 관계에서 자연은 우리에게 '그것' '너' '그대' '그' '그녀' '그들' 중 어떤 것도 아닌, 사회적 관계 맺기 그 자체로 상상되어야 한다. 무엇이 자연으로 간주될 수 있는지를 둘러싼 논쟁에 파묻힌 대명사는, 그 자체가 희망과 공포, 모순된 역사를 표현하는 정치적 도구가 된다. 문법은 다른 수단에 의한 정치의 연장이다. 에코페미니즘 작업에서 '자연'과의 관계를 형상화하는 괴물 같은 언어적 형상은 어떤 서사의 가능성을 열어 줄까? 흥미롭게도 서구 담론에서 우리 이전의 사람들이 보이는 재현 불가능성·역사적 우연성·인공성과 자발성·필연성·취약성 그리고 '자연'과의 놀라운 융합과 언어적으로 타협하려는 노력은 우리가 어떤 종류의 사람인지 재형상화하는 데 도움을 준다. 이런 존재는, 혹시 한때 그런 적이 있었을지라도 이제는 주인 주체도 소외된 주체도 될 수 없을 테지만(그냥 가능성으로라도) 다층적으로 불균질하고 이질적이지만 책임감 있으며, 상호 연결된 인간 행위자(agents)일 것이다. 하지만 이때 우리는 부분에서 전체로, 표지가 없는 존재에 통합된 표지가 있는 존재로, 일신론과 세속의 이단에 유일자 주체(the one Subject)로 연결되는 일을 다시 저질러서는 안 될 것이다. 우리는 행위력, 또는 다양한 행위력을 지녀야만 하되, 주체를 방어해서는 안 된다.

마지막으로 현대의 면역체계 담론의 관점에서 바라본 생명정치적 신체 지도를 그림으로써, 부분/전체의 기하학이라는 제약 바깥에서 다중성(multiplicities)을 재형상화하는 방법을 탐사할 수 있다. 우리의 '자연적' 몸은 어떻게 재상상되고 해방되어, 동일성과 차이, 자아와 타자, 내면과 외면, 인식과 착오의 관계를 변화시키며 부적절한/부적절해진 타자를 안내하는 지도가 될 수 있을까? 더불어 이와 같은 재형상화 과정에서 우리 자신의 취약성과 필멸성, 유한성의 영원한 조건 또한 반드시 언급해야만 한다.

책에 실린 논문들을 토대로 나는 서양의 카드 패에서 버려진 페미니스트 카드를 다시 살펴보고, 그 안에서 트릭스터 형상을 찾아 문제의 카드 더미를 강력한 와일드카드로 변모시켜, 가능 세계를 재형상화하는 데 쓰일 수 있게끔 하려 했다. 사이보그 또는 이항대립 또는 테크놀로지의 비전은 페미니스트들이 가장 두려워해 온 사물들이 죽음이 아닌 삶을 위해 작동하도록 되찾고 재형상화할 수 있는 방법을, 그렇게 되어야만 하는 이유를 귀띔해 줄 수 있을까? 1980년대 이후의 '제1세계'라는 괴물의 배 속에 들어 있는 우리는, 자연과 경험의 물질적 형태와 의미를 둘러싼 도전을 이어 가는 과정에서 어떻게 읽고 쓰는 관행과 더 나아가 그에 견줄 만한 다른 정치적 작업으로까지도 발전시킬 수 있을까? 구성적이고 인공적이며, 역사적으로 우연적인 영장류, 사이보그 그리고 여성의 본성을 음미하는 행위는 불가능하지만 너무나 강고한 현실에 처해 있는 우리를, 가능하지만 좀처럼 만날 수 없는 다른 곳(elsewhere)으로 이끌어 줄까? 우리 괴물들은 기존과 다른 의미

화의 질서를 밝혀낼 수 있을까? 우리, 사이보그가 되어 지구에서
살아남아 보자!

<u>1부</u>.

생산과 재생산 체계로서의 자연

1장

동물사회학과 정체(政體)의 자연경제: 지배의 정치생리학

나는 아주 중요한 일을 해 보고 싶다.
과거로 돌아가 과거가 올바로 진행되게 하는 것 같은 일을.
— 마지 피어시(Marge Piercy), 『시간의 경계에 선 여자(Woman on the Edge of Time)』

정치화된 신체 겸 정치제도, 즉 정체(政體, body politic)의 개념은 새롭지 않다. 고대 그리스 사람들은 정교한 유기체적 이미지를 풍부하게 만들어서 인간 사회를 묘사했다. 이들은 시민과 도시, 세계(cosmos)가 동일한 원리에 따라 작동해야 한다고 생각했다. 정체를 유기체로, 곧 본질적으로 살아 있고 커다란 우주적 유기체의 일부로 지각하는 것이 고대 그리스 사유의 핵심이었다[콜링우드(Collingwood), 1945]. 인간 집단의 구조가 자연의 형태와 거울상을 이루고 있다고 보는 관점은 상상력과 지성에 힘을 불어넣었다. 산업혁명 초기에 정체 이론에 중요한 발전이 이루어졌고, 그 결과 자연경제와 정치경제는 다양한 수준에서 상호 연관되었다. 애덤 스미스(Adam Smith)가 고안한 시장론과 노동분업론은 다가올 자본주의 경제학적 사유의 핵심을 이루었고, 그의 이론은 토머스 맬서스(Thomas Malthus)의 이른바 인구와 자원의 관계 법칙과 더불어 자본주의적 산업화가 이루어지던 시기에 자연력과 경제발전의 접합을 상징했다. 다윈의 진화론이 정치경제학에 침투한 것이 어떤 의미가 있는지 19세기부터 현재까지 다양한 분석이 이루어졌다[영(Young), 1969]. 인구를 근본적인 자연 집단으로 보는 근대의 진화론적 인구 개념은 정체에 관련된 고전적 개념에 의심의 여지없이 많은 빚을 지고 있으며, 생산 및 재생산의 사회관계와도 긴밀하게 얽힌다.

이 장은 정치와 생리학의 결합에 주목한다. 이와 같은 결합은 과거와 현대에 지배(domination)*를 정당화해 온 방식, 특히 차이에 따른 지배를 자연스럽고 당연하며 불가피하고 따라서 도덕적이라고 보게 만든 주요 원천이 되었다. 특히 현대 생명행동과학 역시 우리가 지배관계가 없는 세상을 효과적으로 구성하려면 반드시 이해할 필요가 있는 방법을 통해 이 변환에 기여했다. 현재의 자연과학, 특히 사회집단과 행동을 설명하는 데 할애된 학문 분야에 지배의 원칙이 얼마나 깊숙이 침투했는지 과소평가하면 안 된다. 지배 개념이 현대 과학의 이론과 실천을 얼마나 깊숙이 관통하고 있는지 간과하다 보면, 과학의 사회적 기능 못지않게 그 내용을 검토한다는, 까다롭지만 반드시 필요한 과제를 건너뛰게 된다. 그럴 경우 지배를 정당화하는 기술과 지식의 중핵이 우리의 노력을 방해하게 되고, 우리의 노력은 최악의 의미에서 유토피아적인 상념이 되어 버린다. 순수과학과 응용과학을 갈라놓는 해로운 이분법을 가볍게 받아들여서도 안 된다. 이 모두는 주객의 분열을 이용하는 과학철학의 변형태로서, 과학적 객관성은 강고하

---

* 행동생물학의 맥락에서는 '우세'로 번역하며, 번역어는 문맥에 따라 교차 사용하였다.

고 개인적 주관성은 단순하다는 이중적 이데올로기를 정당화한
다. 우리 과학의 핵심에 있는 이와 같은 반해방적 지식과 실천은
사회적 통제의 주요 토대이다.[1]

　　이런 사실을 인식하게 만든 것은 페미니스트들의 공로였다.
산아제한 선동가들의 공작에도 불구하고 여성은, 자연과학이 만
들어 낸 지식이 여성 자신의 해방이 아니라 지배에 봉사해 왔다는
사실을 매우 잘 안다. 게다가 여성이 과학에서 전반적으로 배제되
면서 우리 여성이 더욱더 착취되는 결과가 빚어졌다. 우리는 여성
의 배제와 착취가 타고난 무능력 탓이 아니며, 사회적 노동 분업
속 우리의 위치에 따른 것임을 학습해 왔다.[2] 하지만 과학에서 지
배의 원칙을 간과하지 않으면서 우리는 가치와 무관한 진실이 있
다는 과학자들의 주장에 덜 현혹되었을지는 몰라도, 지배의 문제
를 의료 시장에서 제일 빈번하게 마주쳤고[고든(Gordon), 1976;
리드(Reed), 1978] 과학과 기술을 멀리함으로써 자연에 대한 지식
의 위상과 기능을 잘못 이해하게 되어 버렸다. 20세기 사회과학
자들은 자연과 문화, 즉 서로 화해 불가능하다고 간주된 두 영역
을 이루는 지식의 형태 사이에서 깊고 필수적인 분할을 지탱해 왔
고, 우리는 이와 같은 전통적인 자유주의적 이데올로기를 문자 그
대로 받아들였다. 우리는 정체에 대한 이론을 분할된 상태로 방치
함으로써 자연에 대한 지식을 해방의 과학으로 변환하는 대신 암
암리에 사회적 통제 기술이 되게끔 만들어 버렸다. 우리는 우리에
게 전통적으로 할당되어 온 자연적 대상의 위상에 반자연주의적
이데올로기를 내세워 맞섬으로써, 페미니즘이 필요로 하는 생명
과학의 모습이 될 수 없게 만들어 버렸다.[3] 과학이 물신(fetish)의
역할을 하도록 허락해 버리고 만 것이다. 물신은, 만든 사람이 자

신이 그것의 창조자라는 사실을 잊게 만들 뿐이다. 물신은 인간이 사회적·유기체적 필요를 충족시키기 위해 주변 세계와 변증법적으로 상호작용하는 과정에 적절히 반응하지 못한다. 과학을 사물화된 물신으로 숭배하는 도착적 태도에는 상호 보완하는 두 가지 태도가 있다. 첫째는 과학기술학 분야를 전적으로 거부하고 페미니즘 사회 이론을 자연과학과 완전히 결별하는 방식으로 발전시키는 것이다. 둘째는 '자연'은 우리의 적이며, 무슨 대가를 치르더라도 우리 스스로가 아니라 자유주의적(그리고 급진적) 정치경제 이론가들이 정의한 대로 문화적 정체의 공허한 왕국으로 진입하기 위해 (생의학이 우리에게 건네준 기술을 통해) 우리의 '자연적' 신체를 통제해야 한다는 데 동의하는 것이다. 마르크스는 이와 같은 문화적 정체를 분명하게 파악했다. 즉 정체를 모든 사물과 사람을 상품으로 재구성하는 시장으로 식별한 것이다.

　내 생각에 이런 오해는 위험하다. 구체적인 사례를 들어 그 이유를 밝힐 수 있다. 문제의 사례들을 살펴보려면 정치와 생리학이 연합하는 시점으로 돌아가야 한다. 프로이트(Freud, 1962)는 『문명 속의 불만(Das Unbehagen in der Kultur)』에서 인간의 사회 발달 과정을 자연, 특히 인간의 성적 에너지를 점점 더 통제하는 발달 과정을 토대로 삼는 정체의 이론을 개발했다. 성을 위험하고 자연적인 것으로 간주하는 입장은 프로이트의 체계에서 핵심적이고, 정체를 생리학적 출발점으로 환원시키는 전통적인 과정을 처음 시작한다기보다는 반복한다. 이러한 정체는 무엇보다도 먼저 본능을 다스려야만 문화적 집단을 이룰 수 있는 자연적 개인을 토대로 삼는다. 최근의 신프로이트주의자 및 신마르크스주의자 두 사람이 내 논문에 주장된 내용을 조명하는 방식으로 프로이

트의 입장을 아이러니하게 재구성했다. 한 사람은 노먼 O. 브라
운(Norman O. Brown)이며 다른 한 사람은 슐라미스 파이어스톤
(Shulamith Firestone)이다. 프로이트, 브라운, 파이어스톤의 이론
은 정체의 정치적·생리학적 기관(organs)에 대한 이론을 해부하는
데 유용한 도구다. 세 사람 모두 섹슈얼리티에 관한 설명에서 이론
을 시작하여 거기에 문화적 억압의 역학을 첨가한 뒤, 개인적 신체
와 집합적 신체를 다시 해방하려고 시도하기 때문이다.

　　브라운(1966)은 『사랑의 신체(Love's body)』에서 개인의 신
체와 정치적 신체 사이를 오가는 정교한 작용을 분석하여 둘 모두
의 개념에 보태, 매우 가부장적이고 권위주의적인 경험 구조를 밝
혀냈다. 남근은 가장이고, 신체는 국가이며, 형제들은 형제애적인
자유시장의 독재를 수립하기 위해 반역하고 왕권을 뒤집는다. 이
것이 브라운의 주요 테마다. 아버지가 우두머리일 때만 형제들이
시민이 될 수 있었다. 브라운이 탐사한 바에 따르면 환상과 황홀
경이 지배로부터의 유일한 탈출구였다. 그 결과로 정체를 근본적
인 남성우월주의와 자연의 억압이라는 역학으로 환원시키는 상
황에 반박할 수 없게 되었다. 브라운은 신체를 구하기 위해 문명
(정체)을 거부했다. 이러한 해결책은 프로이트의 성환원주의와
그에 뒤따르는 지배의 논리를 심층에서 수용했던 브라운에게는
불가피한 결론이었다. 그는 자연으로의 총체적 회귀(다형적인 도
착)를 통해 자연을 물신숭배의 대상으로 만들었다. 따라서 그는
자연과학을 숭배도 거부도 하지 않으면서 자연과 자연 지식을 물
신으로 만들지 않는 변증법적인 정체를 조망할 사회주의의 가능
성을 배신했다.

　　파이어스톤(1970) 역시 마찬가지로 『성의 변증법(Dialectic of

Sex)』에서 가부장제와 억압에 대한 프로이트의 생명정치적 이론
이 지닌 함의를 대면하지만, 그의 이론을 변형시켜 페미니즘적이
고 사회주의적인 해방 이론을 수확해 낸다. 『성의 변증법』은 페미
니즘에 이루 말할 수 없이 중요한 작업이다. 하지만 내가 볼 때 파
이어스톤은 브라운과 마찬가지의 실수를 범했다. 즉 '정체를 생리
학적으로, 성으로 환원하는' 문제가 있었기 때문에 과학이 제공하
는 기술을 이용하는 것이 우리의 숙명이라고 보았고(물론 그 내용
을 변경할 수 있는 희망은 없었다), 기술적 지식을 거부하지 않는
입장, 즉 해방적 사회주의를 근본부터 방해했다. 파이어스톤은 정
체에서 여성의 위치에 따르는 결함을 우리 자신의 몸에서 찾아냈
다. 우리의 몸이 재생산이라는 유기체적 요구에 종속된 게 문제라
고 본 것이다. 이처럼 그는 결정적 의미에서 재생산에 기초한 역
사유물론을 수용했고, 우리의 몸을 궁극적인 적으로 삼지 않을 페
미니즘적-사회주의적 이론의 가능성을 상실했다. 파이어스톤은
기술의 지배를 설명하는 논리를 같은 방향에서 준비했다. 즉 소
외된 몸이, 기계가 결정하는 미래에 완전히 통제당한다는 것이다.
이렇듯 사회관계를 자연적 대상으로 환원시키는 초보적인 실수
를 범하여, 기술적 통제를 해법으로 간주하는 논리적 결과가 뒤따
르게 되었다. 그는 분명 생명행동과학에서의 지배의 원칙을 과소
평가하지 않았지만, 과학적 지식 및 실천의 위상을 오해했다. 이
를테면 사회관계와 분리된 자연적 대상(신체)이 있다고 받아들인
것이다. 이런 맥락에서 해방은 대항지배의 논리를 고조시킴으로
써 피해 가야 하는 이른바 자연결정론에 종속된 상태로 남았다.

　나의 생각으로는 두 형태의 생리학적 결정론을 모두 피할 수
있는, 사회주의적-페미니즘적 정체 이론을 만드는 것이 가능하

다. 피해야 하는 결정론의 형태에는 두 가지가 있다. 첫째, 우리 자신의 사회적 지위에 대한 생물학적 결정론의 논리에 굴복하는 것. 그리고 둘째, 문화가 자연에 반한다는, 기본적으로 자본주의적인 이데올로기를 받아들여 생명과학을 재구성해야 하는 책임을 부정하는 것. 내가 이해하는 마르크스주의적 인본주의는 인간이 주위 세계와의 변증법적 관계를 통해 필요를 충족시키고 사용가치를 창조함으로써 세계에서 근본적인 지위를 점유한다는 내용으로 이루어져 있다. 노동과정은 근본적인 인간 조건을 구성한다. 우리는 노동을 통해 아직 인간화되지 않은 것 모두와 더불어 개인과 집합의 지속적 상호작용에 가담하여 우리 자신을 만들어 낸다. 만약 자연적인 것이 인간 노동이라고 일컫는 자기창조 과정에서 벗어나 있음을 의미한다면 우리의 개인적인 신체든, 우리의 사회적인 신체든 어느 것도 자연적인 것으로 간주할 수 없다. 우리 자신의 활동이 우리가 자연 내지는 문화로 경험하고 이론화하는 것을 변형시킨다. 우리의 유기체적 신체와 사회적 신체를 포함해 우리가 만짐으로써 알게 되는 모든 것은 우리 자신에게는 노동을 통해 가능한 것이 된다. 이와 같은 변증법은 지배 강화의 역학이 되어서는 안 된다.[4] 생산에 기초한 역사유물론이라는 이 입장은 내가 위에서 개괄하려 했던 것, 즉 재생산에 기초한 역사유물론이라고 아이러니하게 명명한 것과 근본적으로 대조된다.

　생명행동과학 영역 중 하나가 억압적인 정체 이론을 구성하는 데 예사롭지 않은 역할을 했다. 바로 동물사회학 내지는 동물집단에 대한 과학이다. 이 생명사회과학을 새로운 실천과 이론을 고안해 재전유하면서, 동물사회학의 중심을 차지한 지배 개념에 기댄 생리학적 정치에 맞서 비판적 이론을 제시하는 것이 중요하

다. 이 분야는 우리 자신의 사회 세계를 비추는 성차별적 거울이
되어 온 것만은 아니다. 이 과학 분야는 정당화 이데올로기를 제공
함과 동시에 물질적 힘을 증강시킴으로써 문제의 세계를 재생산
하는 도구이기도 했다. 동물, 그중에서도 특히 영장류 집단을 다루
는 과학에 초점을 두기로 한 주요 이유는 세 가지다.

　첫째로, 이 분야의 연구 주제와 절차는 자연-문화의 분할을
확장하는 방식으로 구성되었는데, 때마침 정확히 같은 시기, 즉
1920년대에서 1940년대에 이르는 시기에 미국 지성사는 사회과
학의 자율성이라는 이데올로기를 마침내 수용했다. 당시 자유주
의적 사회 이론(기능주의와 위계적 체계 이론에 기초했다)이 대학
에서 자리를 잡기 시작했다. 자연에 대한 학문과 사회에 대한 학문
의 새로운 자유주의적 관계에 고유한 것은 인간공학의 기획이었
다. 인간공학은 과학적으로 질서 잡힌 사회에서 인간이라는 재료
가 효율적·합리적으로 작동하도록 디자인하고 관리하는 기획이
다. 동물은 이 기획에서 중요한 역할을 수행했다. 동물은 한편으로
형태 변환이 가능한 지식의 원재료로, 실험 학문의 정확성을 조율
하는 데 종속되어 있어서 인간 생리학과 정치 모두에 적용되는 모
델 체계를 구축하고 검증하는 데 쓸 수 있었다. 가령 월경 생리학
이나 사회화 과정에 대한 모델 체계가 환원론을 반드시 내포할 필
요는 없다. 허버트 스펜서(Herbert Spencer)의 진화론적 자연주의
이후의 지식의 신질서가 금지했던 것은 바로 인문과학을 자연과
학으로 직접 환원시키는 것이었다. 1930년대와 그 이후 경영과학
은 그 점에서 매우 엄격했다. 자연-문화 분할의 한 부분이었던 것
이다. 다른 한편, 동물은 인간의 기원, 즉 합리성, 경영, 문화 이전
의 정수를 보여 줄 자연 대상이라는 특수한 위상을 보유해 왔다.

달리 말하면 동물들은 인문과학과 자연과학의 상대적 자율성이라
는 원칙 속에서 꺼림칙하게 애매한 위치를 점유하고 있었다. 따라
서, 문화의 개념만 갖고 인간을 이해하는 것이 가능하다는 인류학
의 주장과 인간 집단의 개념 이외에는 아무것도 필요치 않다는 사
회학의 주장에도 불구하고 동물 과학은 인간의 정체에 구현된 억
압적 지배 질서를 합리화하고 자연화하는 데 광범위하게 사용되
었다.[5] 근대 자유주의 이론가들이 자연과 문화의 분할이라는 이데
올로기를 수용하는 동안, 동물은 생리학과 정치학의 연합 거점을
제공했다.

둘째로, 동물사회학은 정체와 그것의 성생리학으로의 환원
에서 권위의 가부장적 분할을 가장 철저하게 자연화하는 발전 단
계에서 중심적인 위치를 차지했다. 따라서 물질적 조건에서 지식
의 내용을 직접 연역하는 조악한 마르크스주의적 실수 없이 해방
의 사회적 관계를 표현하려면 가장 철저히 이해하고 완전히 변모
시켜야 하는 자연과학 분야가 동물사회학이다. 우리는 동물 집단
이 어떻게 그리고 왜 인간의 진화적 기원, '정신병', 문화적 협동과
경쟁의 자연적 기초, 언어 및 다른 형태의 소통, 기술 그리고 특히
인간의 성 및 가족 형태의 기원과 역할에 대한 이론을 만드는 데
동원되었는지 이해할 필요가 있다. 요약하자면 정치적 신체의 동
물 과학이 어떤 모습이었고, 또 어떤 것일 수 있는지 알아야 한다.[6]
동물 집단에 대한 해방적 과학의 성과는 역시 동물이 어떤 존재인
지도 더 잘 표현할 수 있다는 데서 찾을 수 있을 것이다. 우리는 우
리 자신을 해방시켜 자연 역시 해방시킬 수 있다.

셋째, 동물사회학에서 지배가 분석 원칙이 되는 충위들은 자
연과학의 내용 및 기본 절차의 사회관계가 체현된 방식을 비판할

수 있게 만들어 줌으로써 객관성을 옹호하는 주장의 오류를 드러
내지만, 동물에 대해 알아 갈 때 과학이라는 분야를 간단히 거부
할 수도 없게 만든다. 동물 집단에 대한 과학에서 지배의 층위는
건전하고 객관적인 지식의 층을 가리기만 하는, 간단히 벗겨 내면
그만인 유감스러운 편향이나 이데올로기의 막 같은 것으로 간주
하면 안 된다. 동물 자신과 우리에게 동물이 갖는 의미를 우리 맘
대로 생각해 버려서도 안 된다. 우리는 자연에 대한 우리의 지식,
그런 지식을 생산하는 과학적 노동을 변증법적으로 이해해야 할
필요에 직면해 있다.

　　나는 주로 제2차 세계대전을 전후한 몇 년의 기간에 대해 하
나의 동물 집단, 정확히는 영장류 중에서도 붉은털원숭이(rhesus
monkey)에 한정해 분석을 진행하려 한다. 붉은털원숭이는 아시
아가 원산이지만 전 세계의 과학 실험실과 연구 기지에 무리 지어
분포한다. 특히 나의 연구 대상이 되는 인물은 클래런스 레이 카
펜터(Clarence Ray Carpenter)이다. 카펜터는 1930년대 푸에르토
리코의 작은 섬 카요 산티아고(Cayo Santiago)에 자유 방목된 원
숭이를 연구하는 최초의 대규모 연구 기지를 컬럼비아대학교 열
대의학부 소속 기관으로 건립하는 작업을 했다. 연구소의 원숭이
들과 그 후손은 자연 사회를 극적으로 재구성하는 구심점이 되었
다. 자본주의의 생식력 관리 정책을 개발하는 실험 기지로 광범
위하게 활용된 이 연구소가 미합중국의 신식민주의적 주둔지에
서 열대의학과 결부되었단 사실은, 우리의 관심 주제에 잘 맞게도
아이러니한 배경을 더한다.

　　카펜터 같은 남성들은 한 인물이나 이론에 성차별적이라거
나 뭐 그런 딱지를 붙이는 것이 잘못으로 간주되는 복잡한 과학

세계 속에서 움직였다. 나도 여기서 단순한 딱지를 붙이려고 하는
게 아니다. 우리는 생명과학 분야의 구체적인 사회적·이론적 구
조를 되감아야 하고, 그러기 위해서는 실험이 이루어지는 장소,
학생, 연구비 지원 기관, 연구소, 실험설계, 역사적 배치가 이루는
상호 관계를 점검해야 한다. 카펜터는 짝을 맺은 비둘기 중 수컷
의 생식샘을 제거하면 비둘기의 성적 행동이 어떻게 변하는지 연
구하여 스탠퍼드대학교에서 박사학위를 받았다. 박사학위를 받
은 뒤인 1931년에는 국립연구재단의 연구비를 받아, 예일대학교
비교심리학 실험실에서 로버트 M. 여키스(Robert M. Yerkes)의 지
도하에 영장류의 사회행동을 연구했다. 여키스는 당시 세계의 유
인원(anthropoid apes)을 심리생물학적으로 연구하는 최초의 심리
생물학 연구소를 개소한 상태였다. 여키스에게 유인원은 인간의
완벽한 모델이었다. [인간] 사회의 모든 국면을 과학적으로 관리
해야 한다는 것이 그의 또래에게는 전형적인 사고방식이었고, 그
는 이러한 사고방식을 장려하는 것을 목표로 삼아 스스로 본인의
소명을 정했다. 유인원은 그 과업에서 중요한 역할을 차지했다.

　　침팬지를 실험동물로 사용한 연구들은 한결같이, 침팬지의
　　자연적 특성을 보존하는 대신 지능적으로 발달시키는 특징
　　을 보였다. 현실이 허락하는 한 이 침팬지들을 최대한 이상적
　　인 생물학적 연구의 대상으로 변형하는 것이 관건이다. 이러
　　한 의도 아래 성공적인 결과를 얻어 낼 수만 있다면, 상식의
　　견지에서 이상적인 이미지에 맞추어 인간 자신을 재창조하
　　는 과정을 실제로 보여 줄 수 있을 것이라는 희망이 생겨났다.
　　(여키스, 1943)[7]

그리고 여키스는 인간이 자신의 엔지니어링을 통해 스스로 진보한다는 본인의 이상과 결부시켜 영장류를 과학적 대상으로 만들었다.

여키스는 크게 두 가지 측면에서 유인원에 관심이 있었다. 바로 지능과 사회적-성적 생활이었다. 그가 볼 때 지능은 진화적 위치를 완벽하게 표현했다. 그는 모든 생명체를 1900년을 전후하여 잉태된 미국 비교실험심리학의 주요 문제, 곧 지능검사를 통해 파악했다. 종적, 인종적, 개인적 특성은 근본적으로 지능이라는 핵심 지표에 결부되어 있었다. 당시 지능은 한편으로는 행동 실험을 통해, 다른 한편으로는 신경과학을 통해 파악되었다. 그는 군대가 제1차 세계대전 참전병을 모집하는 과정에서 실제로 사용했던 지능검사를 고안했다. 이 검사는 명령체계에 적합한 타고난 소질을 파악하는 데 유용하다고 여겨져, 직위를 배정하고 승진을 결정하는 과정에서 합리적 근거를 제공한다고 간주되었다[여키스, 1920; 케블스(Kevles), 1968].[8] 전쟁에서 여키스가 담당한 역할은 그가 영장류 연구에서 수행한 사업가 역할과 완벽한 조화를 이루었다. 두 경우 모두에서 그는 자신과 학계 동료들이 특히 종교와 정치를 물들였던 낡은 무지와 결별하고 과학에 근거를 둔 합리적 사회를 육성하는 일에 종사한다고 보았다.

여키스에게 영장류의 사회적-성적 생활은 지능과 완전히 분리될 수 없었다. 정신은 하위 기능을 질서 짓고 규제하여 사회를 창조해 내는 것으로 간주되었다. 정체의 기원에 대한 고전적 연구에서 여키스(1939)는 우세한 수컷들이 성적 수용이 가능한 암컷 침팬지에게 평소라면 허락하지 않을 먹이와 '특권'을 내주는 것을 관찰했다. 영장류가 가진 지능은 사회적 권리와 특권이라는 인간적인 개념이 성적인 지위에서부터 시작되도록 자극했다. 이런 유의 성적 환원론은 굳이 강조할 필요도 없다. 성과 권력을 하나로 묶는 그의 연구는 1930년대 저술의 전형을 이루었고, 오늘날까지도 상황은 거의 그대로다. 초기 페미니즘 비평가인 루스 허슈버거(Ruth Herschberger, 1948)는 탁월한 상상력을 발휘해 여키스의 심리성적(psychosexual) 이론의 주인공이었던 암컷 침팬지인 조시의 관점을 그려 냈다. 조시는 아마도 자신의 세계를 성과 '특권'을 거래한다는 관점에서 바라보지는 않았을 것이다. 하지만 여키스에게는 조시가 생리학과 정치의 경제적 관계가 문명의 유기적 기초에 놓여 있다는 점을 확증하는 존재로 보였다.

여키스는 인간과 가장 가까운 친족에서 생리학적 성과 사회적 관계를 직접 탐구하는 것에 보태, 동료들과 함께 이 나라[미국]의 성과학(sexology) 연구의 방향 전반에 깊은 영향을 미쳤다. 그는 25년에 걸쳐 록펠러재단이 후원한 성문제연구위원회(CRPS, National Research Council Committee for Research on Problems of Sex)의 의장을 지냈다. 성문제연구위원회는 1922년에 만들어진 이래로 과학 연구 지원금이 대규모로 풀렸던 제2차 세계대전까지 인간의 성을 과학의 문제로 변환시키는 연구에 많은 예산을 제공했다. 호르몬과 행동, 심리적·정서적 특징과 연관된 성적 차이, 결혼 만족도에 대한 연구 그리고 급기야는 킨제이 보고서까지도 모두 이 위원회의 지원을 받았다. 의문의 여지 없이 호색적이고 무지했던 시대에, 성이라는 주제를 정중한 토론과 존중받을 만한 연구 대상으로 개방했던 것이다.[9]

하지만 이 개방은 양날의 칼이었다. 위원회의 실천과 이데올로기적 표현 모두 속속들이 유기체적·사회적 과정에서 성이 가

장 중요하다는 원칙에 따라 구성되었던 것이다. 성이 과학의 문제
가 되면서 동성애와 불만족스러운 결혼 생활로 대표되는 모든 성
적 '질환'이 의학적 치료의 대상이 되었다. 치료 담론의 생화학적·
생리학적 기초는 여성의 삶을 과학적으로 관리하려는 자들의 권
력을 정당화할 논리를 엄청나게 강화했다. 위원회는 미국식 프로
이트주의가 지녔던 모종의 성적 환원주의를 거부할 탈출구를 막
아 버렸다. 정신분석학적인 방향이든 물리화학적 방향이든, 성은
과학적 의학 관리자들의 보살핌을 안정적으로 받았던 것이다. 원
숭이와 유인원은 이 과제에서 중심적 역할을 차지하게끔 동원되
었다. 문화라는 모호함이 없는 자연 대상으로 간주된 이들은 문화
출현의 유기적 기반을 가장 단순한 형태로 보여 준다고 여겨졌다.
이 '자연 대상'이 인간 엔지니어링의 이상에 내포된 다층적 의미
에 따라 철저하게 설계되었다는 사실은 거의 주목받은 바 없다.

　　카펜터가 예일대학교의 영장류학 실험실에 왔을 때, 이 실험
실은 이미 CRPS가 대변하는 연구비와 관행의 그물망에 함몰되
어 있었다. 그의 박사학위 연구는 CRPS로부터 연구비를 지원받
았고, 이후 연구 기금 역시 기본적으로 같은 사람들이 승인했다.
그의 지도교수였던 여키스는 과학적 가정 수립과 연구 관행에 매
우 중요한 네트워크에서 중심인물이었다. 이런 유의 과학 네트워
크는 누가 과학을 하는 사람이고 어떤 과학이 좋은지를 실질적으
로 결정했다. 교육, 연구비, 사회환경 어느 측면을 보더라도 성에
기반한 재생산과 지배를, 자연 정체를 조직하는 원리와 동일시하
는 기본 가정을 거부할 이유는 카펜터에게 거의 없었다. 다만 그
가 추가한 내용은 의미심장했다. 그는 방법론의 측면에서 신세계
의 짖는원숭이(howler monkey)와 아시아의 긴팔원숭이(gibbon)

를 대상으로 삼아 고도로 주의 깊은 현장 연구를 진행함으로써,
자연 상태의 야생 영장류를 관찰하는 어려운 기술을 수립했다. 두
연구는 주목할 만한 가치가 있다. 연구 자체가 훌륭하고 카리스마
가 있었을 뿐 아니라, 과학자들이 이룬 인간 세계에서 지위에 기
초한 사회관계란 어떤 것인지 전면적으로 노출시키는 미덕을 동
시에 갖췄기 때문이다.[10] 이론적으로 카펜터는 비교심리학과 성생
리학이라는 실험실 학문 분야를, 인구/개체군 및 공동체의 개념에
중점을 둔 진화 생태 현장 연구에 결합시키는 방식으로 해석했다.
간단히 말하면 그는 자연경제와 정치경제의 요소들을 중요하고도
새로운 방식으로 연관 짓기 시작했다. 개체군의 자연정치경제라
는 고전적인 다윈주의 개념은 20세기 초반에 대대적으로 융성한
생리학 및 심리학에 통합되기 시작했다. 이와 같은 통합은 셔우드
워시번(Sherwood Washburn)과 그의 제자들이 신다윈주의적 종합
에 기초해 구상한 진화론적 기능주의 및 브로니슬라브 말리노프
스키(Bronislaw Malinowski)의 문화 이론에 내재된 사회기능주의
를 체계적으로 이용함으로써, 제2차 세계대전 이후에 형질인류학
(physical anthropology)과 영장류 연구를 변모시킬 예정이었다.

　　카펜터의 업적은 심리생물학적 분석의 층위들을 현대 진화론
과 연결시킨 것뿐만이 아니다. 그는 초기 체계 이론의 도구를 사
용해 문화·사회 집단의 개념에 기초한 사회과학을 과학적으로 성
숙시킨다는 주장의 기술적 기반을 함께 제공하며 영장류 집단을
분석했다. 카펜터의 초기 사회기능주의는 보다 낡은 비교심리학
및 발달생리학(실험 배아학)의 잔존물을 여전히 보유했지만, 동물
에서 인간에 이르기까지 생리학을 정치에 연결시키는 고리들을
점검하는 데 더할 나위 없이 중요하다. 그는 사회를 생리학으로,

또는 인간을 동물로 직접 환원시키는 것만을 허용하는 데 멈추지 않았다. 그는 자연 대 문화라는 중요한 구분에 대해 지지자와 비판자 모두가 공유하는 층위들 사이에 정교한 분석 고리를 발전시켰다. 정말이지, 그의 영장류 사회학은 두 세계대전 사이의 기간 동안 생물학과 사회과학 사이에 출현한 온갖 종류의 기능주의를 뒤흔들기에 적합한 장소였다. 이런 유의 기능주의들은 모두 신체와 정치적 신체의 위계질서 원칙에 따라 구성되었다. 기능주의적 학문 분야는 사회통제, 그리고 의학·교육·산업 경영의 기술을 저변에 깔고 있다.

카펜터가 수행한 동물의 정체에 대한 중요한 연구 한 편은 단 하나의 실험 조작을 통해 지배의 원칙이 내포한 다층적 의미 모두를 축소판으로 함축하고 있다. 그는 1938년 아시아 지역에서 붉은 털원숭이 400여 마리를 모아서 카요 산티아고섬에 풀어 놓았다. 원숭이들은 사회적 대혼란의 시기를 거쳐 양성 모두를 포함해 다양한 몸집의 개체들로 구성된, 3마리에서 147마리에 이르는 여섯 개 집단으로 조직되었다. 원숭이들은 15만 제곱미터에 달하는 섬에서 자유롭게 돌아다닐 수 있었으며 외부의 간섭이 거의 없이 공간을 비롯한 여러 자원들을 나누어 가졌다. 이들에 대한 첫 번째 주요 연구는 성행동에 대한 것으로서, 배란주기, 동성애, 자위행위를 비롯한 '비순응적인(noncomformist)' 행동을 다루었다. 카펜터는 연구의 결론 부분에서 수컷의 집단 내 우위(dominance)는 성적 활동과 강한 상관관계를 맺으므로 진화적 이득 역시 있다고 지목했다. 그 연구의 분석 과정에서는 우리가 하나같이 친숙해져 버린 성차별적 가정이 드러난다. 예를 들면 동물의 활동을 '수컷 역할을 하는 동성애 암컷은 암컷끼리의 파트너 관계가 형성되기 이

전에 암컷 역할을 하는 암컷들을 공격한다'라고 묘사하는 식이다(카펜터, 1964).

카펜터는 이 붉은털원숭이 집단이 근본부터 성과 지배가 묶여 있다는 관념이 이끄는 방향과 조화를 이루며, 표면상으로는 매우 간단함에도 불구하고 생리학부터 정치학에 이르기까지 자연의 정체에 대한 다층적 실험을 수행했다. 그는 아무런 개입이 없었던 집단 하나를 대조군으로 삼아 일주일 동안 관찰한 뒤 디아블로라는 '으뜸 수컷(alpha male)', 즉 먹이나 성 같은 것에 대해 최우선 접근권을 가져 우세한 것으로 판단된 수컷을 집단에서 제거했다. 그렇게 한 다음에는 다시 일주일 동안 관찰하고, 2인자 수컷을 제거하고 다시 일주일을 기다린 뒤, 3인자 수컷을 제거하고 기다리며 관찰하다가, 세 수컷 모두를 다시 집단으로 복귀시킨 다음에 다시금 사회행동을 관찰했다. 그가 주목했던 측면은, 디아블로를 제거하자 섬 내에서 해당 집단의 영역 범위가 다른 집단과 비교해 즉각 줄어들었다는 점이었다. 사회질서가 심각하게 교란된 것이다. '집단 조직은 더 유동적으로 변했고, 집단 내 갈등과 싸움이 증가했다. (…) 3주에 걸쳐 뚜렷한 교란이 발생한 후 우세 수컷들이 방사되자 집단은 갑자기 구조를 조정했다'(1964). 곧 사회질서가 복원되었고, 집단은 다른 집단에 대해 확보했던 우위 관계를 되찾았다.

여러 질문이 바로 제기된다. 왜 카펜터는 우세 수컷 이외의 다른 개체는 제거하지 않은 채로 사회질서의 근원에 대한 조직화 가설을 검증하려 했던 것일까? 그는 집합적 동물 신체에서 문자 그대로 잠정적 (우두)머리를 제거했다. 이와 같은 현장 실험, 즉 참수는 카펜터에게 무엇을 뜻했을까?

첫째로, 실험은 생리학적 수준에서 검토되어야 했다. 카펜터는 사회적 신체를 이해할 때 생물학적 개념들을 사용했다. 그는 수정란이라는 보다 간단한 초기 재료에서 복잡한 동물 신체가 형성되는 과정을 설명하는 배아발생 이론에서 아이디어를 얻었다. 중요한 배아발생 이론 하나는 우세 강도 경사면(dominance gradients)이라고 일컫는 작용 축에 따라 조직되는 장(field)의 이론을 사용했다. 장이란 다양한 강도 변화의 복합적 상호작용이 구성하는 전체 공간을 뜻했다. 이 이론에서 강도 변화는 예를 들면 산소 소비량의 차이로 측정되는 활동 수위의 변화에 따라 질서가 잡히는 연쇄적 과정이다. 이때 지배가 기본 층위에서 객관적으로 측정 가능한, 순수한 생리학적 속성으로 간주되었다는 점을 눈여겨보아야 한다. 강도 차를 이루는 경사는 완만하거나 급격했다. 여러 종류의 강도 변화는 가장 급격한 경사를 지닌, 조직의 중심이 이루는 핵심 축에 따라 배치될 수 있었다. 하나의 유기체는 지배 체계가 배가되며 통합을 이룸에 따라 더 복잡한 형태가 되었다. 장, 강도 경사면, 생리적 우세, 조직화의 중심에 대한 이론을 검증하려는 목적으로 고안된 발달생리학에서 가장 적합한 실험 체계는 기본 형태의 히드라였다. 히드라는 축 내지는 강도 경사면을 하나만 갖고 있다. 즉, 머리에서 꼬리에 이르는 축 말이다. 폴립의 머리를 잘라 내면 남은 조직이 일시적으로 혼란에 빠지다가 궁극적으로는 생리학적으로 '경쟁하는' 세포들 사이에서 새 머리가 출현하는 것을 보게 된다. 게다가 강도 경사면을 이루는 머리 부위를 잘라 내는 양을 달리하여 유기체의 혼란이 얼마나 야기되는지를 실험할 수도 있었다.[11]

카펜터는 사회 공간을 발달 중인 유기체의 유기적 공간과 같은 것으로 파악했기 때문에, 사회적 장을 시간에 따라 조직할 강도 변화를 찾으려고 했다. 그는 사회집단의 수컷들이 이루는 우세 위계(dominance hicrarchy)를 그와 같은 생리학적 활동의 강도 경사면으로 지목했다. 그는 이 이론에 기반해 머리 제거 실험을 수행하고, 세포 혹은 유기체(활동-강도 경사면에 놓인 다른 점들) 사이에 생리학적 경쟁이 뒤따르고 조직의 핵심적인 중심이 다시 수립되며(으뜸 수컷 지위를 확보하는 것) 사회가 조화를 회복하는 것을 '관찰했다'. 이런 파악 방법에는 여러 가지 결과가 뒤따른다.

첫째, 사회에 속한 다른 동물 집단 역시 활동의 축에 따라 질서를 수립할 수 있었다. 가령 암컷은 덜 가파른, 낮은 경사를 지닌 우세 위계를 가진 것으로 판정되었다. 어린 동물은 불안정한 우세 강도 경사를 갖고 있었다. 이와 같은 해석의 배후에는 일상적인 우세 행동이 확실하게 관찰되지 않았고 미성년의 동물은 서로에 대해 지속적인 우세 관계를 보이지 않았다는 암시가 있었다. 볼 수 없는 '관찰 내용'은 보이는 증거만큼이나 중요한 것이 되었기 때문에 잠재적 우세라는 개념이 즉각 제시되었다. 이 시점에서 사회 공간을 조직하는 구실을 하는 우세의 양(그 속성을 리더십이라고 부를 수 있다)에 대한 판단과 사회적 분열(병리학적 공격성이라고 부를 수 있다)을 야기하는 차원으로 진입하는 것은 일도 아니다. 제2차 세계대전을 전후한 시기에 권위주의적 인성을 연구하는 유사 연구가 쏟아졌다. 진정한 사회질서는 협동의 기초로 간주되는 지배관계가 균형을 이룰 때 구축될 수 있었다. 경쟁적 공격성은 다른 형태의 사회 통합을 조직화하는 핵심이 되었다. 경쟁과 협동은 전혀 상호배타적이지 않았으므로 경쟁은 협동의 선결 조건이었고, 그 근거는 생리학이었다. 만약 가장 활성화된(지배적인) 부위인, 조직의 중심이 유기체로부터 제거된다면, 다른 강도 변화 체계가 서로 경쟁하여 유기적 질서를 회복할 것이고, 정체는 싸움과 유동성의 시기를 겪을 것이다. 여기서 조직을 책임지는 우세 위계가 없으면 사회질서가 와해되어 개인주의적이고 비생산적인 경쟁으로 내몰리게 된다는 가정이 핵심적이었다. 따라서 우세 수컷을 제외한 다른 동물을 제거하는 대조 실험은 이루어지지 않았다. 이론, 유기체적 개체와의 유비관계, 검증되지 않은 가정이 이루는 복합체 속에서 그와 같은 실험은 의미가 없었기 때문이다.

권위주의적 인성 연구는 카펜터의 실험에 함축된 정체의 본성에 대한 두 번째 층위의 설명을 이끌어 낸다. 바로 심리학적 층위다. 우세 위계라는 착상은 애초에 무려 1913년이라는 이른 시기에 노르웨이 학자인 토를레이프 셸데루프-에베(Thorleif Schjelderup-Ebbe, 1935)가 수행했던 닭과 다른 조류의 '쪼기 순서' 연구에서 유래했고, 1930년대에 이르기까지는 미국 비교심리학으로 본격적으로 편입되는 것과는 거리가 멀었다. 그런 시점에 동물사회학과 심리학이 인간에 대한 분과 학문과 더불어 경쟁과 협동이라는 개념에 깊은 주의를 기울인 것이다. 사회는 개체들이 짝을 이루며 맺는 복잡한 상호작용에서 출현했고, 각 개체는 심리학 기술(techniques)을 통해 이해되고 측정되었으며, 이와 같은 기술은 사회적 장 공간을 구성했다. 생리학적 수준과 심리적 수준 모두에서 조직화의 원리로서 우세의 축을 발견하려 했던 것이다.

카펜터의 실험적 조작에 내포된 세 번째이자 마지막 층위는 자연 정치경제의 층위였다. 으뜸 수컷을 잃은 집단은 조직화된 다른 유기체적 사회와의 경쟁에서 실패한다. 결과는 먹이 감소, 영아 사망률 증가, 자손 수의 감소, 진화적 불이익 심지어는 멸종으로 드러날 것이다. 유기체적 진화 이론에 잠복한 시장경쟁의 개념이 여기서 드러난다. 수컷의 지배 기능에 대한 이론이, 사회 통합의 측면(리더십과 사회적 지위를 통한 협동적 상호 조정) 그리고 번식과 배아발생 현상에 대한 순전히 생리학적인 이해와 더불어 동물 행동과 진화(경쟁에 기반한 노동 분업과 자원 배분 모델) 연구의 정치경제적 측면에 딱 맞게 안착하는 것이다. 이 세 관점 모두는 (당대의 사회과학에서 정립된) 기능주의적 평형에 기반한 사회 모델을, (예를 들어 노동운동에서의) 경쟁과 협동에 대한 노골적으로 이데올로기적이고 정치적인 관심사에 연결한다. 동물사회는 인간 사회와 문화의 모든 특징을 단순한 형태로 구현했다고 여겨지기 때문에, 통합된 자연 공동체라고 간주된 것을 기초로 삼아 인류에 대한 지식을 정당하게 얻을 수 있게 된 것이다. 동시대에 큰 영향력을 발휘한 하버드대학교의 학자 엘턴 메이오(Elton Mayo, 1933)는 반노조 견해를 지닌 산업심리학자-사회학자였는데, 그는 이러한 집단을 '산업의 천국(Garden of Industry)'이라고 불렀다.[12]

여기서 지배라는 정치 원리는 물리화학적 기반을 지닌 자연적 속성으로서의 지배라는, 과학적으로 정당화하는 원리로 변형된다. 조작, 개념, 조직화 원리, 그러니까 과학의 도구 전체에 지배의 원리가 침투했다고 봐야만 한다. 과학은 단순히 관찰 결과를 재해석하거나 용어를 바꾸는 방식으로 해방적 목적을 위해 재전유할 수 없다. 어느 쪽을 시도하든 그런 시도는 무신경한 이데올로기에 불과하며, 과학적 노동을 통해 자기 스스로를 창조하는 프로젝트에 속한 동물들과의 변증법적 상호작용을 부정한다. 하지만 생명사회적, 생명행동적 과학을 해방을 위해 재구성하는 까다로운 작업은 이미 첫 단추를 끼웠다. 당연하지만, 첫 번째 단계 중 하나는 영장류를 인간의 모델로 바라보는 관점을 바꿔 동물을 그 자체로, 보다 심층적으로 들여다보는 것이었다. 즉, 영장류가 우리 자신과는 무관한 방식으로 자신이 어떻게 살아가고 환경과 관계를 맺는지를 이해하는 것이다. 이와 같은 작업은 정체에 대한 우리의 이론을 통해, 우리의 자연 감각을 확실히 개혁할 것이다. 이런 '수정주의적(revisionist)' 과학 이론과 실천에 진지한 관심을 기울여야 한다. 그중 체형인류학과 영장류학의 '페미니즘적' 관점은 우세 위계에 의존하지 않는 신체와 사회조직의 원칙을 강조해 왔다. 지배구조는 여전히 관찰되고 연구되지만, 조직 기능을 설명하는 인과적 원인으로 꼽히지는 않는다. 오히려 수정주의자들은 단기적이고 스펙터클한 공격성 대신 모계중심적 집단과 장기간에 걸친 사회적 협동을, 강직된 구조보다는 유연한 과정을, 그리고 그로부터 비롯된 특징들을 강조해 왔다. 여기에는 복합적인 과학적·이데올로기적 사안이 결부되어 있다. 새로 출현하는 연구들 역시 논쟁적이기는 마찬가지다.

페미니즘적으로 정체를 이해하려고 노력하는 과정에서, 우리는 창조적인 이론과 실천의 형식만큼이나 자연과학과 사회과학이라는 두 학문 분야가 모두 필요하다. 이 과학 분야는 지배를 토대로 삼지 않는 사회관계 위에 구축될 때 비로소 해방적 기능을 수행할 것이다. 이와 같은 요청은 필연적으로 자연과 우리 자신에 대해 지배의 논리를 정당화해 온 것, 즉 주체–객체 분할에 뿌리박힌 순수한 객관성을 옹호하는 각종 형태의 이데올로기적 주장을 거부하는 것으로 귀결된다. 우리의 실험을 지배의 축에 따라 구성한다면, 우리의 삶 역시 지배의 원칙에 따라 이론화될 것이

다. 우리 삶의 기초를 변환하는 과정에서, 우리가 세계와 새로 맺
는 관계를 보강할 자연과학을 어떻게 구축할 수 있는지 역시 알게
될 것이다. 우리는 마지 피어시가 쓴 『시간의 경계에 선 여자』에
등장하는 인물인 던처럼, 모든 것을 바로잡기 위해 과거로 항해할
뿐 아니라 자연으로도 항해하기를 바란다. 하지만 과학은 집합의
표현이어서 하나하나를 개별적으로 재구성할 수는 없다. 같은 소
설에 등장하는 루시엔테와 호크가 말했던 것처럼 페미니즘은 "누
구든 사태가 올바르게 돌아가게 만들 수는 없다"는 점을 분명히
해 왔다. 그리고 "역사를 손에 넣기 위해 돕거나 활동하는 것은 나
쁜 짓이라고 할 수 없다. (…) 하지만 일을 혼자 도맡으려는 건 좋
지 않다. 역사를 내가 구운 케이크를 넘겨주는 것처럼 다루는 태
도"(피어시, 1976)까지도.

2장.

과거는 논쟁 지대다:
인간 본성, 그리고 영장류 행동 연구의
생산과 재생산 이론

사람들은 동물 관찰을 좋아한다. 심지어는 동물에서 인간과 인간 사회에 대한 교훈을 얻기를 좋아한다. 20세기 사람들도 예외는 아니었다. 우리는 동물의 몸과 삶에 현대 미국의 문제의식이 정교하게 투영된 모습을 발견한다. 우리는 동물이라는 거울을 닦아 그 속에서 우리 자신의 모습을 찾는다. 생명과학은 원숭이와 유인원에 주목해서, 우리 자신의 개인적·사회적 신체의 형태와 역사 모두를 드러내려 했다. 생물학은 시각적 형태와 가시적 형태의 해부학적 특징, 시각 질서의 수용과 구축에 두드러지게 관계된 과학으로 자리잡았다. 비인간 영장류에 대한 과학, 곧 영장류학은 통찰의 근원이 될 수도 있고 환상의 근원이 될 수도 있다. 이런 문제들은 우리가 거울을 만들어 내는 기술에 달려 있다.

영장류학은 동물을 인간 삶을 이해하는 데 쓰이는 도구로 보면서 그 의미를 해석할 때 두 개의 주제, 성과 경제 또는 재생산과 생산에 초점을 맞췄다. 자연경제에서 정치경제로, 생물학적 사회 집단에서 인간 친족 범주와 교환체계로 이행해 가는 중요한 과정이 기본 관심사였다. 이는, 생명사회과학(biosocial science)의 기술적·이데올로기적 차원과 복잡한 관계를 맺고 있는 오래된 문제들이다. 우리가 재생산과 생산을 이해하는 방식에는 이중적 가능성이 있다. 한편으로는 지배의 자연적·문화적 필요성의 전망을 강화할 수 있다. 다른 한편으로는, 과학을 실천하는 다른 방법을 배울 수도 있다. 즉, 이론의 범주 및 통제와 적대의 실천에 압도적으로 의존하지 않고도 우리 자신의 삶을 생산하고 재생산하는, 현재로서는 단편적인 가능성을 보다 분명히 보여 줄 수 있다.

　　성과 재생산을 토대로 구성된 인간 및 동물사회 이론은 공격성, 경쟁, 위계의 자연적 필연성에 대한 믿음을 정당화하는 데 엄청난 영향력을 발휘했다. 1920년대 무렵의 영장류 연구는 영장류 전체가 다른 포유류 종들과 생식생리학적 특성에서 차이를 보인다고 주장하기 시작했다. 다시 말해 영장류에게는 생리주기가 있었다. 환상을 자극하는 항상적 암컷 '수용성(receptivity)'이라는 '사실'이 표시하는 것처럼, 생리주기라는 생리학적 특성은 다각적인 결과를 불러일으킨다고 주장되곤 했다. 어쩌면 영장목(the primate order)의 독특한 사회성의 핵심은 사회의 성적 기반, 즉 생식샘과 유전자 위에 세워진 가족이라고 많은 사람들이 생각했거나 그것이 사실이기를 바랐을 것이다. 문화는 대상을 명명하고 종류를 창작해 분류하는 활동이기에, 문화를 통해서 위험하고 불가피한 본능을 지배하는 것이 논리적이었을 것이다. 어쩌면 인간은 친족관계의 범주를 통해 모든 질서의 원천이자 그 질서를 위협하는 성을 통제하며 문제의 해법을 찾았을 수도 있다. 우리는 동족에게 이름을 붙여서 친족을 통제할 수 있을 것이라고 배웠다. 영장류학자들이 자연과 문화에 대한 이런 해명이 필수적이라는 가정에 우물쭈물 맞서기 시작한 것은 최근 들어서였다.

생산에 초점을 맞추는 생명사회 이론의 바탕에는 근본적인 가정이 하나 있다. 인류는 진짜 말 그대로 스스로를 만들었다는 것이다. 이를테면 우리 몸은 호모 속(the genus Homo)에 앞서 등장한 도구 사용 적응의 산물이다. 우리는 인간과 자연의 교류를 중재하는 도구들을 써서 우리 자신을 능동적으로 설계했다. 도구라는 실존 조건을 가시화하는 방법에는 서로 어긋나는 두 갈래 길이 있었다. 우선, 도구 자체에 시선을 고정시켜 도구란 노동을 매개할 뿐이라는 점을 망각할 수 있었다. 이 관점에서 보면, 우리는 우리 자신의 두뇌를 비롯한 여러 산물이, 기술이 지배력을 키워가는 역사의 갈림길로 우리를 밀어 넣는 모습을 보게 된다. 말하자면 우리는 자연과 소외된 관계를 구축한 것이다. 우리는 역사적으로 특수한 우리의 부속물을 필연적인 인간 본성이자 기술적 요건으로 간주한다. 이 논리는 기계 및 기계의 산물을 우위에 둔다. 신체는 뒤처진 것이 되며, 인간 개조(human engineering)의 정당성을 확고하게 만든다. 이와 다른 선택은 인간의 미래를 우리 자신의 손에 달려 있게 하는 것이다. 그러기 위해서는 노동과정 자체에 집중하여 자연, 기원, 과거에 대한 우리의 감각을 재구성해야 한다. 우리는 도구를 향한 길에서 발걸음을 돌려, 개인적이거나 사회적인 몸으로 돌아올 수 있다. 이 장은 생명사회적인 생산과 재생산의 조건에 처한 신체에 대해 알아 가는 도정에 있다. 우리의 몸은 우리 자신이다(Our bodies, ourselves).

더 자세하게 말하면, 이 장은 남성/수컷(male)의 신체 및 여성/암컷(female)의 신체와 관련된다. 이 주제는 영장류학과 인간 본성에 대한 형질인류학(physical anthropology)에서 대략 1930년 이후로 줄곧 논쟁거리였다. 논쟁은 과학 담론의 일반 규칙에 구속되어 있었다. 치밀하게 규제된 이 담론 공간은 전문적 문헌이 생산되는 공간이다. 연구비 지원, 학생·교사·실험실이 이루는 비공식 네트워크, 연구 방법과 해석 방식을 홍보하는 공식 심포지엄, 새로운 과학자들을 사회화시키는 교과서가 그런 담론의 공간을 구축한다. 이 공간은 외부자나 아마추어가 들어설 자리는 만들지 않는다. 과학의 독특한 특성 중 하나는 과거의 규칙성과 진행 과정을 알게 되면, 사건을 예측하고 통제할 수 있다고 여긴다는 것이다. 이 관점에 따르면 과학은 (우리의 경험을 특정한 방식으로 이론화하도록 훈련하는 활동이며 역사적으로 가변적인 데에 보태어) 세계 속 우리의 위치를 이해하고 구성하며, 미래를 만드는 전략을 개발한다.

과학이 내가 방금 묘사한 대로라면, 과학은 사랑과 권력에 대한 정치적 입장인 페미니즘과는 어떻게 연결될 수 있을까? 나는 페미니즘이 비판이론의 기본 통찰을 참고할 수 있다고 제안한다. 우리가 마르크스 및 프랑크푸르트학파 등을 통해 배웠듯이, 비판이론은 인간 해방의 사회적·경제적 수단이 우리 손이 닿는 곳 안에 있다고 본다. 그럼에도 불구하고 우리는 지배관계와 결핍 속에서 살아간다. 이와 같은 사물의 질서를 전복할 가능성도 여기에 있다. 모순을 연구한다면, 그 내용을 자연과학을 포함해 우리가 지닌 모든 지식에 적용해 볼 수 있을 것이다. 비판적 전통은 우리가 물질적인 이해관계를 넘어, 의식 속에 자리 잡은 지배관계 또한 분석해야 하며, 지배는 이론에서 유래한 것이지 본성에서 유래한 것이 아니라는 점을 강력히 주장한다. 집합적 성취로 간주되어야 하는 페미니스트 과학사는 해당 생명과학 분야를 검토하는 데쓰일 수 있을 것이다. 즉, 진화생물학의 자취를 추적하면서, 필연적이라고 간주되는 지배의 토대 위에 있는 질서 패턴들이 정당화되는 과정을 살펴볼 수 있을 것이다. 이 검토를 위해서는 전문 용어와 일상어 모두가 지닌 풍부한 모호성과 은유적 가능성을 진지하게 다루어야 한다. 페미니스트들은 과학을 재전유함으로써 우리 자신에게 무엇이 '자연적인가'를 발견하고 정의하려 한다.[1] 우리는 인간의 과거와 미래를 구성하는 방법을 하나 확보하게 될 것이다. 과학에 대해 분명한 관심을 표현하는 접근법은, 과학적 객관성이라는 물신을 숭배하지 않고도 과학 담론의 규칙을 진지하게 다룰 것을 약속한다.

여기서 내가 주목하는 이론은 네 개다. 네 개 모두 인간 본성과 진화를 재구성하는 그물망 속에서, 재생산과 생산의 범주를 강조한다. 첫 번째는 재생산에 집중하는 이론이다. 솔리 주커먼 경(Sir Solly Zuckerman)의 연구가 여기 해당된다. 그는 남아프리카 공화국에서 1904년에 태어나 해부학을 공부했고, 런던의 유니버시티 칼리지 대학병원에서 의학박사와 이학사 학위를 취득했다. 그는 고인류학과 형질인류학, 생식생리학과 영장류의 생리주기, 그리고 영장류에 초점을 둔 광범위한 동물학적·분류학적 질문들을 복합적이고 시사적인 방식으로 결합했다. 영국의 대학교와 의과대학에 있는 동물학 정원과 연구소가 그의 사회적 기반을 이뤘다. 그가 받은 수련과 쌓은 경력은 해부학자, 생화학자, 인류학자, 임상의사, 행정가, 정부 과학 자문위원으로서 역할이 서로 교차하고 있음을 드러낸다.[2] 그는 성생리학을 영장류 사회질서의 기초로 삼은, 매우 영향력 있는 이론의 설계자였다. 그는 또한 인간의 수렵 적응(hunting adaptation)에서 문화의 기원을 설명하는 이론을 하나 제시하기도 했다. 이 이론은 수렵이 성별 노동 분업과 가족이라는 인간 보편의 제도에 끼친 중대한 결과를 다뤘다. 주커먼은 원숭이의 성생물학적 특성에 주목하여, 인간 본성의 경계를 설정하는 논리를 구축했다. 그의 주장은 실질적으로, 모든 영장류에게 보편적인 유일한 현상은 생리주기밖에 없다는 것이었다. 따라서 그는 생리주기를 기초로 할 때만, 인간의 삶의 방식과 인간 외 동물의 삶의 방식 사이에 의미 있는 비교가 가능하다고 보았다.

두 번째 이론 모음은 캘리포니아대학교 버클리 캠퍼스에 재직하는 델마 로웰(Thelma Rowell)의 것이다. 로웰의 이론은 재생산을 강조한다. 그는 1960년대 초반 케임브리지대학의 로버트 힌데(Robert Hinde)의 지도하에 박사학위를 받았다. 힌데는 제인 구달(Jane Goodall)의 침팬지 논문 지도를 했던 그 사람이다. 야생 영장류의 장기 현장 관찰을 기반으로 한 연구 결과가 점점 더 많이 출판되는 것이 당시의 연구 추세였고, 이 추세는 지금도 이어지고 있다. 로웰은 본래 동물학 및 행태학(ethology)을 수학했다. 그의 최초 의도는, 특히 옥스퍼드대학에 있던 니코 틴베르헌(Niko Tinbergen)이 정초한 행태학적 접근을 활용하여 포유류(햄스터)의 의사소통에 대해 논문을 작성하는 것이었다. 틴베르헌은 자신의 방법론을 포유류의 비전형적 사회적 소통을 연구하는 데 적용하는 것이 부적절하다고 생각했기 때문에, 로웰은 미국 비교심리학과 대륙 행태학을 종합한 주요 학자 중 하나인 힌데의 지도를 받아 케임브리지대학교에서 연구를 하게 되었다. 로웰은 자신의 연구(1966a, 1966b, 1970)에서 두 전통 모두를 활용하여 영장류의 의사소통, 개코원숭이의 생리주기, 자연 상태에 있는 원숭이의 행동과 포획 상태 및 실험실 조건에서 원숭이의 행동을 서로 비교했고, 어미-새끼의 사회화 체계를 연구했다. 그는 도착적인 지배 개념을 대놓고 비판했고, 사회적 역할과 스트레스에 가장 큰 이론적 관심을 두었다.

　주커먼과 로웰은 서로 정말 다르다. 하지만 두 사람 모두 생물학적·사회학적 기능주의의 변형태를 채택함으로써 신체와 정체를 설명하는 타당한 방법이 무엇인지 규정했다. 기능주의는 평형, 안정성, 균형의 용어로 설명할 것을 요구하며, 그럴 때 비로소 궁극적인 설명이 완료되었다고 본다. 기능주의는 유기체적 은유의 토대 위에 발전했다. 이 같은 은유에서 다양한 생리적 요소 내지 하위체계는 서로 조화를 이루며 위계적으로 구성된 전체로 통합된다. 갈등은 공통의 이해관계라는 목적에 종속된다.[3] 주커먼과 로웰의 설명은 각자 복잡한 방식으로, 자신들이 속한 사회에 대한 이데올로기적 관심을 반영한다. 이들의 설명 방식에는, 페미니즘을 향한 도정에서 생물학 이론과 사회 이론을 어떻게 다룰 것인지에 대한 시사점이 있다.

　세 번째와 네 번째 이론 모음은 인간 진화 과정을 재구성한다. 두 이론 모두 인간 진화에 중요한 적응(adaptation)의 의미를 밝혀낸다고 주장하고, 생산에 주목하는 특징이 있다. 이 둘이 바라보는 적응이란 기능 복합체와 관련된 개념으로, 행동과 구조가 서로를 참조하는 삶의 방식을 해석하는 개념이다. 로웰과 주커먼이 원숭이에 한정해 연구를 진행했다면, 버클리대학의 셔우드 워시번(Sherwood Washburn)과 그의 제자인 캘리포니아대학교 샌타크루즈 캠퍼스에 있는 에이드리엔 질먼(Adrienne Zihlman) 그리고 그의 동료 낸시 태너(Nancy Tanner)는 형질인류학과 사회인류학의 접점을 다룬다. 이들은 인간 본성에 대해 과학적 설화를 들려주면서도 진화 연구에서 사변적 재구성이 정확히 무엇인지 설명하지는 않는다. 진화생물학과 인류학에서 기계론적 설명 내지는 순전히 구조적인 설명 뒤에 무언가를 숨길 여지는 없다는 것이다. 하지만 이들의 설명 방식에서는 여전히 기능의 개념이 두드러진다. 따라서 그 결과로 생산된 과학적 접근법은 진화론적 기능주의(evolutionary functionalism)라고 부를 수 있을 것이다.

세 번째 모음의 핵심 인물인 워시번은 현대의 남성 수렵자 가설(man-the-hunter hypothesis)과 가장 직접적으로 연관된다. 남성 수렵자 가설에 따르면 적응은 매우 가까운 과거에 이르기까지 호모속이 걸어온 전체 역사의 규칙을 설정하는, 근본적인 기능 복합체(functional complex)였다. 또한 워시번은 도구 사용에 관한 이론을, 두뇌와 언어능력을 포함해, 인간 신체의 진화를 추동하는 동력으로 구성했다. 스스로를 창조한 종이라는 워시번의 영향력 있는 비전은, 엘리너 리콕(Eleanor Leacock, 1972)과 같은 마르크스주의 페미니스트나 도로시 디너스틴(Dorothy Dinnerstein, 1977)과 같은 프로이트주의 페미니스트의 찬사를 받았다. 그는 또한 남성에게 압도적으로 관심을 표하며 남성이 유일한 능동적인 인간인 듯 그려 내 버렸기 때문에 악당의 원형 같은 이미지도 있다. 하지만 내가 볼 때, 워시번은 이와 같은 시각이 알려 주는 것보다는 훨씬 복잡하고 중요한 사람이다. 그는 기능해부학을 통합 진화 이론의 일부로 발전시키면서 그 접근법을 현생 영장류의 사회행동으로 확장해 적용했고, 정교한 유전학 이론과 단련된 현장·실험 방법론을 진화적 재구성의 관행에 통합시켰다.

네 번째 이론 모음의 저자인 질먼과 태너는 워시번의 과학적 성차별주의를 워시번이 고안한 도구를 사용하여 훌륭하게 비판해 냈다. 이 두 학자가, 워시번이 발전시킨 기능주의 형질인류학에 아무런 빚이 없다고 생각하기는 불가능했을 것이다. 태너와 질먼은 또한 페미니즘과 과학의 진화적 재구성 과정을 새로운 방식으로 뒤틀었다. 사회생물학(sociobiology)의 개념들을 사용한 것이

다. 그들의 접근방식이 드러내는 유쾌하고도 아이러니한 측면은,
가장 노골적으로 성차별적인 이론을 동원해서 매우 다른 이야기
를 만들어 낸다는 아이디어에 있었다. 하지만 이 수준에서 페미니
즘의 논변은 여전히 인간 보편적인 본성과 실존에 대한 것이었다.
기원에 대한 이 이론은 신속하게 본질과 한계에 대한 이론으로 바
로 전환되었다. 표1을 보자.

표1. 주요 인물들의 관계

	재생산 중심		생산 중심	
학자	주커먼 →	로웰	워시번 →	태너와 질먼
	1. 생리학적 기능주의	1. 사회 기능주의	1. 수렵 적응	1. 채집 적응
	2. 개체 분석	2. 집단 분석	2. 신다윈주의적 종합의 유전학 도구	2. 사회생물학적 유전학 도구
공통 주제	1. 분석을 동물에 한정		1. 호미니드 계보에 기본 관심을 둠	
	2. 전체를 아우르는 설명 개념 (단, 주커먼: 지배 / 로웰: 스트레스)		2. 진화적 기능주의 + 사회 기능주의	
	3. 스스로를 생물학자, 영장류학자로 간주함		3. 스스로를 인류학자로 간주함	
	4. 생리주기 연구		4. 화석 구조에 대한 연구를 (기능적) 사회행동에 대한 실마리로서 연구함	

표의 범주는 엄격한 구분이 아닌 각 저자의 글에서 발견되는 강조점을 나타냄.
화살표(→)는 일부 직접 영향.

성 내분비학 연구 분야에서 1930년대는 신나는 발전의 시기였다. 1930년대 초반에 솔리 주커먼은 포유류 사회 일반, 그리고 특히 영장류 사회의 생리학적 기초를 설명하는 강력한 이론을 만들어 냈다. 그는 자신이 동물학자의 관점에서 동물사회학을 다루려 했을 뿐이지, 자신의 이론을 언어가 매개하는 인간의 문화적 행동으로 외삽하는 것은 피하려 했다고 반복해서 못을 박았다. 하지만 그의 연구는 인간 조직의 기원을 연구하고 그 과정에서 영장류의 활용법을 제시하는 참고 문헌 구실을 했다. 예컨대 그는 지배의 개념을 새로운 내분비학과 연결하여 최신의 과학적 근거를 부여했던 것이다. 지배는 그의 이론에서 (여성이라는) 자원을 통제하려는 남성 간 경쟁과 긴밀하게 연관되어 있었다. 이와 함께 여성은 생식생리학적인 결과를 통해 남성 질서를 강제하는 천연자원이 된다. 자연의 생리학적 경제를 통제하는 관행은 인간이 이룬 혁신이었다. 짧게 말해, 지배는 문화와 더불어 수준을 바꾸었다.

주커먼이 영장류가 사회성을 지닌 원인을 연구할 때 채택한 출발점은 이중적이었다. 첫째는 인류학계 내부의 논쟁이다. 이 논쟁은 브로니슬라브 말리노프스키의 『미개 사회의 성과 억압(Sex and Repression in Savage Society)』과 지그문트 프로이트의 『토템과 터부』『문명 속의 불만』 사이에 진행되었다. 이 논쟁은 인간 수준의 조직화가 이루어지는 과정에서 문화가 본능을 지배했는지의 여부와 관련되어 있다. 둘째는 신경 및 생식생리학, 비교 및 행동심리학을 토대로 호르몬과 행동을 연결시키는 새로운 생물학 분야다. 주커먼은 두 분야 모두에서 확고한 생리학적·의학적 방향을 채택했다. 그는 현존하는 모든 동물 조직 이론이 인간형태론적이고 목적론적인 뉘앙스가 있다고 비판했다. 주커먼은 생리학적 접근법으로 기능적 적응이 갖는 보다 오래된 진화적 의미를 대체했다. 이 접근법은 특정 메커니즘에 대한 해부학적·생화학적 연구에 기대고 있었다. 기능은 메커니즘을 뜻했다. 행동과 사회는 이후 기계론적 생리학에 연결되었고, 분류학 또한 그 토대 위에서 개혁 대상이 되었다. 분류학적 기획은 『인간, 원숭이, 유인원의 기능적 유연관계(Functional Affinities of Man, Monkeys, and Apes)』(1933)에서 진행되었다. 이 책에서 주커먼은 자연에서 문화로의 이행을 설명하려고 '수렵 가설'을 구축했다.

하지만 우리는 우선 『원숭이와 유인원의 사회생활(The Social Life of Monkeys and Apes)』(1932)에 나오는 비인간 영장류 사회에 대한 일반 이론을 살펴봐야 한다. 주커먼은 영장류학에 중요한 한계를 설정했다. 그는 인간이 거쳐 왔어야만 하는 심적 기능의 단계와 그에 상응하는 사회적 협동(언제나 위계적 조직화를 뜻한다)을 재현하는, 현생 영장류의 완성도 사다리 같은 것을 판별해 내지 않았다. 따라서 "모든 유인원과 원숭이가 공유하는 행동만이, 인간의 발달 과정에서 인간이 전(前) 인간 단계에서 일시적으로 거친 적 있을 사회적 조직화 수준을 대변하는 것으로 여겨질 수 있다". "인간 행동에의 적용 문제를 모두 논외로 하고 목적론적 추측을 외면하는 한, 과학에 기반한 포유류 사회학의 핵심 주제는 생태학, 생식생리학 그리고 개체 간 차이에 따라 생겨났다고 묶어 생각할 수 있는 데까지 영향을 미치게 될 것이다". 이처럼 생태학을 긍정하는 입장은, 후에 선행 원인이 영장류의 섹슈얼리티에 대한 문화적 답변(수렵)을 재촉하게 될 때까지는 찾아볼 수 없게 되었다. 개체변이는 세부 사항들은 설명해 주었지만, "(집단 내 개체들의 상호 관계인) 사회행동은 생식생리학의 메커니즘에 의해 주로 결정되었다".

주커먼은 이미 독자에게 자신이 포유류 사회학에 한눈을 판

것은 인류학자들의 강권 때문이라고 말한 상태였다. 그는 동물 사회에 대한 우연적 설명을 확고한 생리학으로 대체하려고 했다. 그리고 도전의 핵심 이유는 그 자체가 사회의 기원인 인간 가족의 본성과 기원 문제라고 가정했다. 이 지점에서 주커먼은 미국 포유류학자인 G. S. 밀러(G. S. Miller)의 연구에 의존했다. 밀러는 인간 가족은 독특하며, 친족관계가 인간—동물 사이의 핵심 단절점을 대변한다는 말리노프스키의 주장을 비판한 적이 있었다. 말리노프스키는 친족 제도, 다시 말해 부성(fatherhood)을 불가피하게 만드는 인간의 생리학적 특성들이 인간에게서만 드러나는 독특한 특성이라고 간주했다. 그와 대조적으로 밀러와 주커먼은 인간 가족(이른바 지속적인 여성 수용성)의 생물학적 핵심에 해당하는 특성이, 포유류가 번식을 위해 이루는 집단에서 모두 발견된다는 의견을 피력했다. 단지 주커먼은 그로써 형성되는 영장류의 사회 형태에 대한 분석으로 시야를 넓혀 나갔을 뿐이다. 억압을 문명의 기원으로 보는 프로이트의 설화는 인간 이전에 이미 선취되어 있었다. 주커먼의 설화는 그가 최근에 발견했던 개코원숭이의 생리주기와 런던 동물원의 원숭이 언덕(Monkey Hill)에 서식하는 망토개코원숭이 집단에서 1925년 이래로 관찰된 행동처럼, 서로 다른 영장류 집단을 대상으로 하는 비교생리학적 해부학을 근거로 삼았다. 이 동물원에서의 행동 관찰은, 원숭이의 생식을 연구하는 데 쓰일 해부학 자료를 얻으려 남아프리카공화국을 방문했을 당시 다른 종(차크마개코원숭이)을 대상으로 한 9일간의 현장 연구로 보강되었다.

그가 만든 설화의 논리는 하염없이 절묘하게 단순했음에도 불구하고 심층 연구 영역 전반에 영향을 주었고, 사회질서를 연구

대상에 포괄하려고 했던 새로운 호르몬 과학 및 행동과학에 논리
적 기초를 제공했다. 동물은 번식을 위해 모일 때를 제외하면 홀
로 지냈다. 삶의 기본 모델이 희소 자원을 둘러싼 경쟁이었기 때
문이다. 번식을 위한 사회적 결합에는 위험이 넘쳐 났다. 경쟁을
통해 성공하려면 다른 동물들의 협조가 필요했기 때문이다. 수컷
은 번식 기회를 극대화하려 전투를 벌였다. 주커먼은 이런 요소들
을 다윈으로부터 전수받았다. 주커먼은 이런 요소들이, 동물의 이
타성(altruism) 및 협동에 대한 논의와는 달리 목적론적이지 않다
고 보았다. 수컷은 경쟁적인 불복종을 근본부터 차단하기 위해 암
컷을 지배했다. 번식의 기본 골자가 설명되자, 동물들은 성적 전
투에 뒤따르기 마련인 부상을 막기 위해 서로 갈라졌다. 성적 주
기성(계절성)은, 같은 해의 나머지 기간 동안 동물들을 서로 보호
하기 위해 진화했다. 반면 어미–새끼 집단은 사회를 이루지 못한
다. 어떤 경우에든 포유류 역시 이런 집단들을 이루었기 때문에,
이 특징은 영장류 사회를 설명할 수 없다. 지속 기간이 가변적인
성적 사회결합은, 동물들에게 주어진 특정 생태환경에서 번식을
위해 요구되는 행동과 단단히 결합되어 있었다. 수컷들은 (재)생
산 수단을 축적하려 경쟁했고, 이것만 잘해도 진화에서 유전 자본
을 증가시킬 수 있다. 암컷들은 진화적 생산수단이며 잉여가치의
원천이다. 지배가 수컷 사이에서 보편적인 교환 매체이자 가치척
도가 되면서 토머스 홉스의 『리바이어던(Leviathan)』에 등장하는
정치와 자연경제는 20세기의 생물학적 표현을 얻게 되었다. 이런
경제적 질서는 인간을 제외한 모든 종에서는 생리학적이기만 했
다. 인간만이 지닌 차이는 여성과 재산에 대한 문화적 소유권 역
시 발견된다는 것이다.

주커먼에게 사회 진화에서 중심적인 사건은 극단적인 계절
성과 암컷의 지속적인 성적 '수용성'에 토대를 둔 장기간의 유대
(association)가 도입되는 사건이었다. 우선 발징기가 도입되었고,
그 뒤를 따라 생리주기가 도입되면서 성교에 몰두하는 일이 주기
적으로 반복되었다. 월 주기가 계절 주기를 대체했고 사회적 혁
명이 그 뒤를 따랐다. 동물들이 지속적인 유대에서 살아남으려면
강력한 통제장치가 필요했다. 그에 따라 '하렘'이 발전한 것이다.
1925년 개체군이 수립된 이래로 주커먼이 기록을 남겨 왔던, 런
던의 망토개코원숭이들이 1929년에서 1930년까지 일 년 동안 이
원숭이들을 관찰하며 포착한 행동이 사례가 된다. 심지어 런던의
망토개코원숭이들은 원숭이 언덕에서 살아남지 못했다(대부분
이 잔인한 싸움에서 죽어 나갔고 양육에 성공한 새끼는 하나뿐이
었다). 이 원숭이들은 사육되는 상태에 있었고, 극단적인 성적 불
균형과 인구 과밀의 상태를 겪고 있었지만, 그 모든 조건에도 불
구하고 자연 상태의 영장류 사회가 지닌 구조의 핵심을 드러낸다
고 논증하는 것이 주커먼에게 중요했다. 그는 전통적인 생리학적
논변을 동원했다. 극단적 상황은 정상적 상황을 들여다볼 수 있게
하는 최고의 창문이었다. 정상적인 상황이라면 가려졌을 기본 메
커니즘을 드러냈기 때문이다. 위계와 목숨을 건 경쟁은 영장류 사
회의 핵심적인 조절자였고, 인간 포획자들이 만들어 낸 것이 아니
었다. 또한 주커먼은 영장류 사회 형태의 변이는, 비록 야생 상태
에서는 느슨한 연구 이외에는 자료가 없었음에도, 근본부터 생리
학적으로 결정되어 있는 가족이 지니기 마련인 세부적 요소에 불
과하다는 점을 독자들에게 납득시키려 했다. 지배의 패턴 속에서
암컷의 '매춘'[주커먼과 밀러는 비-성적(non-sexual)인 이유로 제

공하는 성이라고 정의했다] 행동은, 다른 방식으로 경쟁해서는 얻을 수 없는 재화를 성적 향응과 교환하는 것이 시초라고 설명되었다. 그루밍, 먹는 순서, 음성 및 행동을 통한 표현, 사회 공간의 배분, 그리고 사회행동의 다른 모든 측면은 몽땅 다 생리학적으로 결정된 영장류의 하렘 조직에서 유래했다. 주커먼은 흔들림이 없었다.

> 위에서 제기된 주장은 인간 이하 영장류 사회의 광범위한 기초를 설명하는 것보다 훨씬 큰 의미가 있다. 인간 이하 영장류의 사회집단의 성격을 결정짓는 주요 요인은 성적 유혹이다. (…) 수컷 한 개체가 보유할 수 있는 암컷 수의 한계는 그의 지배력의 정도에 따라 결정되는데, 이런 지배력은 수컷 자신의 역량뿐 아니라 그의 동료 수컷들과 맺는 관계에 의해서도 결정된다. (주커먼, 1932)

당연하게도 인간은 다른 영장류와 마찬가지로 "원만하고 방해받지 않는 생식 생활"을 누린다. 하지만 인간과 인간 가족은 문화의 영역에 존재하며, 생리학자의 생식샘 해부와 주삿바늘을 피하지는 못하더라도 보호는 받는다. 협동으로 정의된 사회 위계 내에서 가족 보건과 행동 적응을 산출하는 의학 도구를 지닌 생리학자들이, 대체 어떻게 문화의 왕국으로 귀환할 수 있었던 것일까? 수렵, 즉 육식 취향을 통해서였다. 『기능적 유연관계(Functional Affinities)』로 돌아와 보면, 우리는 주커먼이 형질인류학자로 위장한 모습을 목도할 수 있다. 이 형질인류학자는 생리학과 생태학을 통합하여, 가족을 먹여 살리기 위해 더욱 복잡하고 큰 뇌를 지

닌 수렵자 동물을 만들어 내는데, 이런 구조가 발달하려면 수컷의
협동과 암컷의 정절이 필요하다. 다시금 주커먼의 논리는 절묘하
게 단순하다. 무엇인지 알 수 없는 생태적 변화가 인간 이전의 종
에게 새로운 식량 자원을 확보하고 오래된 잡식성 식이 패턴을 수
정하여 대규모의 육식을 가능케 하는 성별 노동 분업을 도입하도
록 선택압(selection pressure)을 가했다는 것이다. 식량 공유는 인
간의 가족 형태를 필수적인 것으로 만들었다. 주커먼의 파악에 따
르면 인간 가족은 '공공연한 일부일처'를 향한 선택압, 그리고 강
제하는 사람이 없어도 유지되는 중요한 사회관계(여성의 소유)를
개념적으로 인식한 결과였다. 이와 같은 주요 전환점에서 여성이
수동적이라는 전제는 비판적으로 검토되지 않았다. 혼인 및 남성
의 사냥 모임은 그렇게 발전하여, 두뇌와 그 산물인 언어 및 문화
라는 놀라운 결과들을 가져다주었다.

　　주커먼은 인간이 스스로를 만든 종의 기원, 도구 사용 적응을
강조한 수렵 가설의 후기 형태에서 이와 같은 점을 암시했다. 하
지만 더 중요한 사실은 남성으로만 이루어진 군단(band), 즉 문화
와 자연의 결별을 알리는 인간의 협동 형태는, 그의 손에 의해 과
학적이고 심지어는 생리학적인 대상으로 탈바꿈했다는 것이다.
가치 있는 여성은 성욕(sexuality)을 통해 무질서의 위협을 계속 야
기했다. 협동은 그전까지 자연적이었던 위계와 경쟁을 남성이 의
식적으로 규제하는 것을 뜻했다. 둘 모두 항상적인 여성 성욕의
결실이었다. 이런 테마는 주커먼에게 새로운 것은 아니었으나, 그
가 이 테마를 현대 생리학 분야로 통합시킨 방식은 새로웠다. 게
다가 그의 생물학적 이데올로기는 동물 및 인간이 지닌 질서의 생
물학과 사회과학이 서로 자율적이라는 중대한 교리를 위반하는

대신 실질적으로 강화했다. 주커먼은 기능주의적 사회인류학에 활짝 열린 공간을 남겼다. 그는, 말리노프스키의 생리학을 개혁했을 뿐이다.

주커먼이 영장류 행동 연구 자체의 발전 과정에서 중요했던 까닭은 그의 연구가 드문드문 행했던 경험적 관찰에 토대를 둔 것이 아니라 신속하게 발전하던 새로운 연구 분야에 필요한 이론을 안성맞춤으로 제공한 데 있었다. 이와 동시에 그는 문화를 이전 시기에 유통되던 생물학적 결정론의 형식에서 해방시켜 자유주의적 이데올로기에 대한 관습적 편견을 다시 과학으로 만들었다. 동일한 자유주의 이데올로기가 '자연'에 대한 과학적 지배의 논리를 정당화한 것이다. 이 논리는 전-합리적 위험 또는 질서 정연한 자원으로 환원되는, 물질적 필연성으로 합리화되었다. 여기서 소외의 중핵은 전혀 은폐되지 않았다. 주커먼은 남성 경쟁은 자연스럽고 여성 성욕은 위험하다고 강조하는 과학적 믿음을 의심하는 연구자까지도 따라야만 하는 질문 형식을 설정했다. 성욕을 지배에 묶어 두는 그의 관점은 1930년대의 생리학과 행동과학이 수용할 수 있는 형태였고 지배 상태를 개념보다는 속성 내지는 사실로 정립하는 데 기여했다. 영장류학은 계속해서 지배 행동의 선택적 이득에 대해 줄곧 질문했고, 번식상의 이득과 지배라 일컬어지는 무엇 사이의 관계를, 검증하기보다는 가정하는 경향이 있었다. 1965년 셔우드 워시번의 학생 두 명이 논문 한 편을 발표해서 연중 지속되는 암컷의 성욕을 영장류 사회의 기원으로 보는 그의 이론에 의문을 제기하기 전까지 그의 이론은 확신 속에 지탱되었다.[4] 잠복한 프로이트주의, 생화학적 메커니즘, 사회적 행동 연구를 혼합하는 주커먼의 방식은 장기적인 영향력을 발휘했다.

얼핏 볼 때, 델마 로웰과 주커먼을 비교하는 유일한 방식은 대조뿐인 듯 보인다. 로웰은 비록 개코원숭이의 생리주기에 대한 주커먼의 획기적인 연구에 찬사를 보냈고, 지배 개념을 역사적으로 연구하는 논문에서 주커먼에 대한 심한 비판은 자제했지만, 그의 연구 전체는 주커먼의 착상과 연구 방법에 반대해 온 것처럼 보인다. 그는 과학 전통을 따르는 언어뿐 아니라 일상의 언어까지도 휩쓸 다중적 의미의 파도가 덮친 언어가 과학적으로 순수하다고 주장하지 않는다. 그의 주장은 생식생리학에서 외삽한 것이기보다는, 동물학적이고 명시적으로 사회학적이었다. 로웰은 포획 상태의 원숭이가 보다 자연스러운 행동을 할 수 있게끔 우리 공간을 나누도록 배려하고, 유발된 극단적 행동을 정상적 상태를 엿볼 수 있는 창문으로 간주해 생리학적 주장의 근거로 삼는 대신 훌륭한 현장 연구를 하게끔 장려한 것으로 알려져 있다. 로웰의 논문들은 영장류의 보편적 속성이 아니라 특수성(particularism)을 강조하고, 복잡성에 주목하도록 조언하며, 문화 개념과 문화적 특수주의의 초기 옹호자들을 연상시키는 방식으로 가변성에 힘을 싣는 태도를 드러낸다. 게다가 로웰은 과학적·이데올로기적으로 매우 다른 상황에서 연구했다. 그는 주커먼을 인용하기는 하지만 주커먼보다 훨씬 탄탄한 근거 위에서 연구했다. 영장류에 대한 직접적인 현장 연구를 토대로 한 풍부한 문헌들에서 혜택을 입은 동시에 그런 문헌에 저자로서 기여하기도 한다. 이와 같은 문헌들은 주커먼이 제시하는 성적 교리를 거부하는 경향이 있지만, 지배를 여전히 관심사로 남겨 둔다. 마지막으로, 로웰은 생명사회학 이론의 페미니즘적 함의를 인식하는 독자를 대상으로 글을 쓴다. 그는 암컷의 행동과 능동적인 사회 역할을 강조하고, 지배란 기껏해야 특정 유형의 학습된 행동이 출현하는 빈도를 예측하는 속기법에 불과하다는 점을 인식한다.

　하지만 로웰의 연구를 단순화하는 것은 위험한 실수가 될 것이다. 그의 연구를, 가령 불필요한 편견을 제거하는 동시에 보다 나은 자료를 축적하는, 정상적인 과학적 진보를 예증하는 사례로 보면 곤란하다. 그는, 분노를 유발하는 주커먼의 남성적 의식을 (내게는) 보다 흡족하게 느껴지는 여성적 편견으로 대체하지도 않는다. 사실 로웰과 주커먼은 결정적인 측면에서 서로와 닮아 있으며, 이런 유사성은 완벽하게 통제된 실험실 조건에서 행해진 흠잡을 데 없는 연구가 수행하는 이데올로기적 기능의 본성을 일부 드러낸다고 나는 생각한다. 로웰은 '스트레스'를 주커먼의 성 생리학에 조응하는 포괄적인 설명 범주로 채택한다. 성이나 지배와 마찬가지로 스트레스는 사회적으로 두루 공유하는 믿음을 생화학자의 시험관 속 추출물에 녹이는 범주다. 스트레스는 아드레날린 농도의 기능, 정신질환의 수준 또는 현대 자본주의에서 생명을 '설명'하는 수준에서 연구될 수 있다. 만약 지배가, 전 세계가 위기에 처한 가운데 사회적 협동과 경쟁의 기초에 대해 과학적으로나 대중적으로 지대한 관심을 보였던 1930년대를 주름잡는 개념이었다면, 특권적 사회질서가 심각한 위협을 받는 최근에는 스트레스가 겉보기에는 각광받는 개념이 되었다. 지배는 죽지 않았다. 하지만 스트레스는 사회 이론에서 정말로 더 유용한 개념이다. 사회체계의 개념과 사회학적 설명 방식의 핵심 양태로서 구조기능주의라는 한 걸음 나아간 지시체를 갖고 있기 때문이다. 내성, 스트레스, 균형, 평형과 같은 체계 이론의 물리적 은유는 다층적인 의미로 우리를 이끈다. 주목해야 하는 개념 하나는 '노후화

(obsolescence)'다. 특정 생물학적 체계나 스트레스 해소 행동의 패턴이 의료적 기능의 측면에서 볼 때, 어쩌면 시대에 뒤처졌다는 것이다. 체계 기능주의에 함축된 두 번째 의미 수준은 사회적 총체이자 번식하는 개체군으로서 체계의 '재생산'에 대한 명령이다. 이때, 행동은 궁극적으로 체계의 유지나 그와 같은 안정성을 확보하는 것과 관련된 병적 마비의 개념을 통해 설명할 수 있다.

1974년 로웰은 사회구조를 이해할 때 지배의 개념을 사용하는 것에 대한 반론을 요약했다. 로웰에 따르면 두 가지 핵심 접근법이 있다. 첫째, 잠정적으로 지배로 간주되는 행동 전체를 학습된 반응으로 봄으로써 현대 동물심리학 이론이 쉽게 설명할 수 있도록 만드는 것. 둘째, 지배를 선택압에 종속된 특징이나 적응적 복합체로 간주하게 만드는 기초를 무너뜨리는 것. 다시 말하면, 이른바 지배 행동은 번식 성공과 연관성이 없어 보인다. 로웰은 '잠재된 지배'의 개념처럼 관찰의 빈틈을 메우기 위해 동원되는 논변은 확대해석되기 쉽다는 점을 지적하고, 이와 관련된 오락적인 측면에 보태 사회적 동물이 지배라고 일컬어지는 반응을 배울 것이라고 기대하게 만드는 요인 자체가 관찰 조건 자체에 의해 유도된 것이라고 힘주어 말한다. 로웰에게 위계는 우선 관찰 방법에서 유래한 인공물이다. 그의 입장에 힘을 싣는 근거들이 있다. 서로 다른 척도로 계산한 지배의 측정치가 서로 강한 연관을 보이지 않으며, 서로 다른 척도로 평가한 위계가 동일한 사회구조를 드러내지 않는다는 것이다. 따라서 지배와 관련된다고 여기며 관찰한 행동 중 어떤 것이 진화와 관련되어 있는지, 즉 선택을 위한 유전적 기초가 되는지 파악하기 어렵다. 로웰의 표현을 빌리면 "지배의 기능은 무의미한 질문이 된다".

하지만 기능은 여전히 본질적 문제로 남는다. 이 장에 등장하는 행위자들을 통합하는 성배이기 때문이다. 로웰은 사회체계 개념과 관련된 용어를 사용해 기능을 파악해야 한다고 보았다. 의사소통 분석, 어미-새끼의 상호작용 연구, 연령과 성별 계급에 따라 변화하는 역할, 모계(친족관계)를 토대로 삼는 사회 하위체계, 공간 질서로서 영토와 위계, 그리고 환경 변수들에 대한 반응으로 다변화되는 사회구조와 같은 용어들이 여기에 해당한다. 여기서 관심 영역, 곧 체계에 대한 구조기능주의 설명은, 기능의 용어와 관련된 분석 대상이 된다. 로웰의 이론적 입장은 매우 유용하고, 언어적으로 정교하게 구축된 『원숭이의 사회행동(Social Behaviour of Monkeys)』(1972)에 가장 쉽게 적혀 있다. 사회체계의 문제는 시공간의 동적 평형 속에서 유동하는 구조에 대한 다변량 분석의 문제다. 동물사회학이 브로니슬라브 말리노프스키, L. J. 헨더슨(L. J. Henderson), 탤컷 파슨스(Talcott Parsons)의 인류학과 인간 사회학에 진 빚은 별다른 관심을 끌지 못했고, 비판적으로 검토되지도 못했다.

스트레스는 사회체계와 어떻게 관련되는가? 아이러니하게도, 종속의 위계라는 개념을 통해서다. 동물들은 스트레스에 대한 감수성의 척도 위에서 서로 비교되었다. 매우 민감한 동물들은 쉽게 공포, 도주, 위축 상태에 빠질 수 있다. 이러한 민감성은 높은 수위의 아드레날린 유도 호르몬과 연관되어 있다고 보는 것이 합리적일 것이다. 따라서 '스트레스를 받는' 상황에서 부신피질자극호르몬을 생산할 수 있는 능력에는 유전적 기초가 있다고 가정하는 것이 타당할 것이다. 이와 같은 명제들은 적어도 원칙적으로는 검증 가능하다. 관찰자들은 차분한 태도의 동물을 '지배적'이라고 부를 수 있다. 사회 공간을 자유롭게 이동하고 이용 가능한 자원을 자유롭게 취하기 때문이다. 반면 긴장한 그의 동지들은 기가 죽어 도망갈 것이다. 로웰은 가엾은 짐승을, 바로 그의 그런 행동으로 인해 산출되는 '위계'의 원인이거나 그 자극원이 된다고 보았을 것이다. 따지고 보면 그러한 사회제도는 종속의 질서라고 불러야 한다. 스트레스를 야기하는 상황에 반응하는 역치의 다양성은 자연 상태의 사회집단에게 적응적일 것이다. 긴장하면서도 차분한 모습을 보이는 동물은 주변을 감시하면서 위험을 파악하거나 집단 간 평화를 유지하는 일을 효과적으로 해낼 것이다. 스트레스 반응의 차이 배후에 있는 개체군의 유전적 다양성은 진화 과정에서 보존될 것이다. 체계 전반의 균형에 대한 사회적 역할의 기능주의적 관념, 생화학적 호르몬 기능에 대한 유전적 개념, 그리고 지배–종속에 대한 심리학적 접근법은 모두 스트레스라는 중심 개념에서 수렴된다.

　　기능주의적 설명에 내장된 포괄적이고 다층적인 개념인 스트레스는 델마 로웰과 셔우드 워시번을 결정적으로 묶어 준다. 데이비드 햄버그(David Hamburg)가 이 관계를 대변한다. 햄버그는 1960년대에 스탠퍼드 의대의 정신의학과 과장이었고, 현대 의학과 진화론의 질문을 따라 영장류 연구를 구축하면서 셔우드 워시번과 공동 연구를 했다. 그들의 관계를 생생하게 폭로하는 것은 후에 국립과학학회의 의학연구소 소장이 될 햄버그와 워시번이 내놓은 기능주의적 설명의 어두운 측면을 통해서다. 스트레스를 둘러싼 은유 구조가 지배의 개념에 비해 딱히 더 입맛에 맞지 않게 된 것이다. 햄버그는 노후한 생물학적 특성(obsolescent biology)이라는 개념으로 이끄는, 정서의 적응적 설정을 다루는 진화 이론에서 핵심 인물이었다. '현대사회'에서 오적응적인(maladaptive) 정서를 의학적으로 관리하는 선택은, 병리적 스트레스를 완화하고 사회체계를 유지한다는 이유로 정당화되는 것처럼 보인다. 사실, '현대사회' 자체가 우리를 제약하는 생물학적 유산 위에 세워진, 일종의 기술주의적 정언명령에 의해 생겨난 것처럼 보인다. 영장류 연구는 스트레스 받는 사회를 관리할 필요에 따라 진행되고, 그런 목적을 통해 정당화된다. 동물들은 우리의 한계, 즉 적응이 유발한 심리적 붕괴(adaptive breakdowns)와 우리의 혁신(도구 사용)을 모두 모델링한다.

　　사회 기능주의와 진화론적 기능주의의 관점에서 보면, 사회는 시간의 흐름 속에서 성공적으로 번식한 개체군을 유지하는 행동과 정서 특성에 대한 진화적 선택을 연구하는 과정에서 통합된다. (사회체계와 그 안에서 구성원 역할을 맡은 유기체들의) 번식은 의무가 된다. 일반적으로 동물들은 진화 과정에서 살아남으려면 해야만 하는 일을 좋아하기도 해야 한다. 여기서 진화론은, 학습 이론의 유기체적 동기(motivation)의 기반과 연결된, 쾌락의 미적분학의 현대적 형태로서 체계 사회학, 인성 심리학, 정서 심리학에 합류한다. 로웰의 요약을 보자.

　　하지만 동물학자는 언제나 선택의 이득 문제로 돌아와야 한다. (…) 원숭이들이 함께 지내기를 즐긴다는 점이 너무 명백하기 때문에 그 현상 자체를 당연시하곤 한다. 하지만 쾌락은 다른 모든 생명 현상과 마찬가지로 진화적 압력에 종속되어 있으며, 그 결과이기도 하다. 우리가 어떤 것을 즐기는 까닭은 우리의 조상들이, 그와 비교되는 자극을 즐기(지 않고 추구하)지 않던 이들과 비교해, 더 잘 생존했고 보다 활력 있는 자손을 낳았기 때문이다. (…) 이것은 어디까지나 추정에 불과하다. 하지만 원숭이를 비롯한 다른 동물들이 지닌 사회체계의 기능을 연구하면, 그 메커니즘을 온전히 이해할 수 있게 될 것이다. (로웰, 1972)

　워시번과 햄버그는 동일한 분석을 제시했지만 자신들이 얻은 결과를 의미심장한 과학적 언어의 용어들을 써서 사물로 간주되던 다른 개념에 적용했다. 이 개념은 공격성, 특히 수컷의 공격성이다. 이 개념을 통해 우리는 인간 진화와 영장류 행동 연구에서, 재생산 이론에 기초한 설명에서 생산에 기초한 설명으로 이행해 가야 한다. 분명 재생산과 생산은 상호보완적이지, 상반되지는 않는다. 하지만 우리는 워시번이 종의 경제적 기능을 고려하며 '남성 수렵자' 이론에 도달한 반면, 주커먼은 생식생리학을 통해 영장류의 질서를 추적하고, 로웰은 재생산 체계에 대한 사회학적·진화론적 개념들의 교차점을 다루는 것이 어떻게 가능했는지 알아야만 한다.

　워시번과 햄버그는 워시번이 스탠퍼드대학교의 행동과학심화연구센터에서 펠로로 1년을 보냈던 1957년, 그리고 워시번과 햄버그가 전 세계의 영장류학자들로 이루어진 고무적인 새 공동체에서 내내 학회와 공동연구를 조직했던 1962−1963년의 기간 동안 협력하면서 만들어 낸 연구 주제를 발전시켰다. 두 공동연구자는 「구세계 원숭이 및 유인원의 공격 행동(Aggressive behavior in Old World monkeys and apes)」(1968)에서, 이 논문은 인류를 만들어 낸 힘에 대한 자신들의 연구 일부라고 소개했다. 그들은 인간의 독특한 생물학적 특성과 인간 진화의 독특한 조건에 주목하기를 원했다. 그들은 공격성을 인간을 포함해 영장목 전체가 공유하는 근본적인 적응 내지는 기능적 구성물이라고 보았다. "가장 우월한(primate) 집단 내의 궁극적 질서는 일차적으로 수컷의 권력에 의존한 위계에 의해 유지"되고……. "공격적 개체는 사회체계에 필수적인 행위자이며, 집단 간 경쟁은 종의 분산과 국지적 개체군의 통제에 반드시 필요하"기 때문이다. 공격성의 생물학적 특징은 광범위한 연구 대상이 되었다. 그들의 주장에 따르면 이런 특징은, 새로운 두뇌 구조 및 일반화된 학습 능력에 의해, 영장류뿐 아니라 인간에서 특히 변형된, 유사한 종류의 호르몬 및 신경 메커니즘에 토대를 둔 것으로 보였다. 저자들은 공격성이 비인간 영장류에서 지속적으로 보상되고, 공격적 개체들(수컷)은 더 많은 자손을 남긴다는 입장을 고수했다. 그들은 이런 방법을 통해 운동 및 자세와 관련된 해부학적 특징, 호르몬, 두뇌 구성 요소, 행동 사이에 이루어지는 복합적인 피드백을 포함하는 상호 적응된 유전자의 체계가 진화적 선택의 대상이 된다고 주장했다. 햄버그와 워시번은 공격성을 필요로 하는 기능들은 인류에게서 약화되지 않았다고 믿었다. 보호, 규제, 그리고 최종적으로는 수렵까지 그 모두는 규제된 싸움, 고문, 살해를 쉽게 배우고 즐긴 수컷 개체들을 계속 선택하도록 요구했다.

인간 역사 전반에 걸쳐 사회는 젊은 성인 남성이 사냥하고, 싸우고, 폭력으로 사회질서를 유지하며 지속되어 왔다. 개인이 협력할 때조차 그들의 사회적 역할은 놀이 과정을 통해 학습되고, 사회적으로 용인되며, 아마도 만족스러울 극단적

공격 행위를 통해서만 충족될 수 있었다. (워시번과 햄버그, 1968)

하지만 이와 같은 생물학적 특성은 문명의 진보와 더불어 문젯거리가 되었다. 점점 빨라지는 기술적 진보 탓에 오적응이 되는 일이 빈번한 것이다. 옛 유전자를 물려받은 우리의 몸은, 언어를 통한 새로운 기술의 문화적 전수 속도에 발을 맞추지 못했다. 그렇다면 이제 사회통제가 와해될 때, 병리적 파괴가 뒤따를 것이라고 예상해야만 한다. 여기서 햄버그와 워시번이 제공하는 사례는 나치 독일, 콩고, 알제리, 베트남의 사례다! 교훈은, 우리는 우리의 본성을 통제하려면 우선 그 본성을 직시해야 한다는 것이다. "근본적인 난점은, 영장류가 현대의 인간 집단을 이끈다는 사실이다. 영장류의 진화사는 생물학적·사회적 전수를 통해 위계에 대한 강한 선호를 낳았다". 이 논리는 정보를 과학적으로 파악하고 과학 이전의 관습을 합리적으로 통제할 필요가 있다는 입장으로 발전해 나갔다. "하지만 과학적으로 진보된 세계에서 과학 이전의 관습에 따라 살아가는 공격적인 종은, 대인 갈등과 국제 전쟁을 통해 어마어마한 대가를 치르게 될 것이다". 자유주의 과학자들의 주장에 따르면 여기서 얻을 수 있는 교훈은 특정한 사회질서를 선호하는 것이 아니라(이런 건 정치와 가치의 문제다) 모든 진보된 사회를 위한 선결 조건을 수립하는 것, 즉 이제는 실효성이 없고 오적응적이며 시대에 뒤처진 생물학적 특성을 과학적으로 관리하는 것이다. 이를테면 하나의 생산물에 불과한 우리는 심각한 심리적 붕괴를 겪을 것이다. 개인적인 수준에서 정신의학적 요법은 수리 작업의 일환이다. 사회적 수준에서는, 과학적 정책의 지휘하에 기술을 동원하여 사회적 통제를 가함으로써 우리의 생물학적 특성을 업데이트해야 한다. 우리의 생산 체계는 우리의 능력을 초월했다. 품질관리가 필요하다.

사회가 과학적 관리를 통해 제어되는 위계와 지배관계를 피해 갈 수 없다고 절망하기는 이르다. 그 전에, 워시번과 햄버그가 우리 혹은 적어도 남성이 비참할 정도로 공격적인 본성을 지녔다고 확신하게 된 까닭은 무엇인지 좀 더 면밀하게 질문해 보자. 따지고 보면 인간 남성은 많은 영장류 수컷이 지닌, 이른바 싸움에 특화된 해부학적 구조를 지니고 있지 않다. 칼처럼 날카로운 송곳니, 행태학적 분석에 딱 들어맞는 위협의 몸짓, 남녀 신체 크기의 과장된 차이, 또는 더 위협적으로 보이게 하는 갈기 같은 추가 구조물이 여기에 해당한다. 공격자를 달래기 위한 회유의 몸짓 같은 것도 없다. 우리 두뇌가 공격적이고 권위를 요구한다고 주장할 이유가 있을까? 워시번의 판단에 따르면, 호모속으로 이어지는 계보는 아주 초기부터 이족 보행과 도구 사용의 특징을 지녔다. 선택압은 더 많은 도구 사용을 선호했고, 이로 인해 수렵에 토대를 둔 삶의 방식과 큰 두뇌, 언어의 진화가 가능해졌다. 인간 남성은 더 이상 이를 드러내고 특정한 몸짓을 취하며 싸우지 않았고, 대신 손으로 만든 무기와 말을 갖고 싸웠다. 우리는 칼을 제작하고 말로 모욕할 수 있기 때문에 큰 송곳니가 없다. 공격을 요구하는 선택압은 약화되지 않았지만, 공격의 기능을 작동하게 만드는 구조적 기반은 새로운 생활 방식을 가능케 하는 적응 복합체 전체와 조화를 이루어 진화했다. 이 주장은 그 자체로 종합적인 진화 이론의 일부로서, 1940년대에 시작된 워시번의 형질인류학 개혁 그리고 인간 진화를 연구할 때 영장류 행동을 연구하기를 장려하는 데 성공한 그의 노력과 관련되어 있다.

워시번은 1940년 하버드대학교에서 형질인류학 박사학위를 받았다. 그는 전통적인 인간 신체 계측법과 영장류 해부학을 수련했다. 1947년 시카고대학교로 이직하기 전에는 컬럼비아대학교 내과·외과학부에서 의료해부학을 가르쳤다. 그는 1937년 아시아 영장류 탐사(Asia Primate Expedition)에 참여했다. C. R. 카펜터는 이 탐사의 결과로, 긴팔원숭이 행동과 사회체계에 대한 첫 단행본을 썼다. 하지만 당시 워시번은 카펜터가 사회체계라는 개념이 지닌 흥미로운 가능성을 거의 인지하지 못한다고 느꼈다. 탐사 여정에서 워시번이 스스로 설정한 과제는 해부학적 수집, 그러니까 표본을 사냥하는 것이었다. 워시번은 1940년대 중반 무렵 형질인류학을 실험과학의 일종으로 수행하고 있었다. 1950년 무렵 그는 자신이 행한 현장 연구의 기초 개념과 방법론을 테오도시우스 도브잔스키(Theodosius Dobzhansky), 에른스트 마이어(Ernst Mayr), G. G. 심슨(G. G. Simpson)이 제시한 새로운 개체군유전학, 분류학, 고생물학과 조화롭게 재해석할 수 있는 강력한 프로그램을 개발하고 있었다. 1958년 무렵에는 포드재단의 연구비를 활용해 동아프리카에 서식하는 개코원숭이들을 대상으로 한 현장 연구를 지원하는 것을 비롯해, 복잡한 방식으로 인간 행동의 진화를 연구했다. 한 해 뒤 그는 버클리대학교로 자리를 옮겼고, 미국에 최초로 생긴 영장류 현장 실험 시설 중 하나를 건립하는 데 쓰일 자금을 조성했다. 그는 학자로서 경력을 쌓던 초기부터 강의를 하면서 대중 문헌을 저술했고, 교육 영화를 제작하고, 교육 전 과정의 커리큘럼을 개혁했으며, 현재 진화 연구 및 영장류 연구에서 잘 알려진 인물들이 성공적인 경력을 쌓을 수 있게 도왔다.

　이 글은 워시번의 생각이 어디서 비롯되었는지, 또는 그가 어떻게 대규모의 연구 및 교육 프로그램을 조직했는지 밝히기 위한 글이 아니다. 이 글은 수렵 가설 및 영장류 행동과 관계된 핵심 측면만을 다룬다.[5] 이 글의 목적은, 조심스럽고 실험적인 과학자로서 워시번이 쌓은 경력이, 어쩌다가 인간 미래의 초석을 놓은 인간 본성에 대한 과학적·사회적 논쟁의 일부가 되었는지 인식하기 시작하는 데 있다. 워시번이 어떻게 공격성의 진화를 다룬 논문의 공저자였고, 사회생물학 반대자였으며, 마르크스주의 페미니스트 몇몇이 애호하는 로버트 아드리(Robert Ardrey)에게 번갈아 영웅이었다가 악당이었다가 할 수 있는지, 그리고 페미니스트 사회생물학자인 에이드리엔 질먼과 사회생물학적 성차별주의자 어빈 드보어(Irven DeVore) 모두의 지도교수일 수가 있었는지 이해할 수 있어야만 한다. 그는 정당하게 이 모두이기도 하고, 대개 방법과 이론, 실천에서 일관성과 통합성을 유지한다. 어쩌면 워시번의 핵심은 그가 다양한 과학 그리고 사변을 통한 진화적 재구성의 규칙을 실행하는 데 엄청난 함의를 지닌 근본적인 이론을 만들어 낸 데 있을 수 있다. 토머스 쿤(Thomas Kuhn)의 용어를 빌리자면 워시번의 작업은 과학적 패러다임과 관련해 무언가 기초적인 요소를 지니고 있던 것처럼 보인다. 마르크스주의 용어로 말하면, 그는 관행이 된 무질서를 소외된 방식으로 이론화하는 것과 관련되어 있다.

　　워시번이 형질인류학에서 이룩한 근본 혁신은 각종 편저에 널리 첨부되는 논문인 「새로운 형질인류학(The new physical anthropology)」(1951a)과 「인간 연구를 조명하는 영장류 진화 연구(The analysis of primate evolution with particular reference to man)」(1951b)에서 분명하게 드러났다. 그는 새로운 개체군 유전학을 영장류 진화 연구에 적용했다. 워시번에게 개체군 유전학은 화석으로 보존되지 않는 결과가 아닌 진화의 과정이 핵심 문제였다는 것을 뜻했다. 따라서 선택과 적응이 그의 중심 개념이 되었다. 적응적 특성은 바로 그 특성을 산출할 수 있는 조건이나 힘을 이해함으로써만 해석될 수 있었다. 형질인류학자들이 최초로 직면한 문제는 어떻게 '특성'을 식별할지의 문제였다. 워시번은 신체를 새로운 방법을 통해 이론적·실천적으로 해부해서, 생애에 걸친 행위의 총체 속에서 그 진화적 의미를 찾아내야 했던 '기능 복합체(functional complexes)'를 만들어 내고 있는 중이었다. 예를 들어 그는 코를 계측하는 대신, 얼굴의 중심부에서 씹기와 생장에 관여하는 힘을 분석했다. 이 작업을 하려면 살아 있는 동물들을 다루는 실험 모델 체계가 있어야 했다. 그는 두뇌 확장에 따른 진화의 정도를 설정하는 대신, 이동과 섭취 내지는 그와 비슷한 기능들과 관련된 적응적 변환 과정에 개입된 신체 부위를 분석했다. 요약하면, "생명, 곧 통합된 기능의 해부학은 지금까지도 시체를 해부하는 기준인 작위적 경계를 알지 못한다".

　　워시번은 새로운 화석의 발견, 연대 측정 기술, 실험적 가능성 그리고 최근에는 분자 분류학(molecular taxonomy)을 수반하는, 보다 광범위한 형질인류학에서 진행된 혁명의 일부였다. 이 혁명의 핵심 연구 대상은 두뇌가 작은 남아프리카의 호미니드 영장류인 오스트랄로피테쿠스(Australopithecus)였다. "인간과 닮은 남아프리카 영장류, 또는 뇌가 작은 인간의 발견은, 인간 확산의 기초가 된 기본 적응을 개괄할 수 있게 해 주었다". 인간 확산의 기원은 다른 모든 포유류 집단과 동일했다. 비록 그 결과는 확실히 참신했지만 말이다. "하지만 도구 사용은 여러 요인들을 도입했으며, 이 요인들은 진화의 풍경을 점차 변화시켰다. 문화에 영향을 받은 신

체 진화의 발전 과정을 분석하는 것은 특히 인류학자들의 과업이
다". 진화적·사회적 기능주의는 다시금 하나로 뭉친다. 둘 모두 워
시번에게는 살아 있는 체계, 행위, 생활 방식의 의미에 대한 분석
이다. 1950년대부터 워시번은 기능해부학과 종합된 진화론은 형
질인류학과 사회인류학 사이의 낡은 분쟁을 영원히 잠재울 것이
라고 주장했다.

    1958년, 행동 및 진화와 관련된 심포지엄에서 워시번과 그의
제자인 버지니아 아비스(Virginia Avis)는 논문을 발표했다. 이 심
포지엄은 1953년에 처음 열렸을 당시부터 비교심리학과 진화적
종합 이론을 통합하려 시도했다. 워시번은 행동의 중요성을 강조
했기 때문에 진화적 적응의 심리적 결과에 관심을 두는 것은 자연
스러웠다. 「인간 행동의 진화(The evolution of human behavior)」
(1958)라는 제목의 논문에서 워시번과 아비스는 호기심과 이동성
의 확대, 사냥과 살생의 기쁨 그리고 우리와 다른 동물들의 새로
운 관계 같은 일련의 수렵 적응의 결과를 발전시켰다. 아마도 가
장 중요한 것은 "수렵은 새로운 활동과 협동을 필수적인 것으로
만들었을 뿐 아니라, 집단 내에서 성인 남성이 수행하는 역할을
변화시켰다. (…) 다른 동물들을 공포에 몰아넣던 행동이 집단 내
협동, 음식 공유, 경제적 상호 의존을 증가시켰다". 인간 삶의 방
식이 출현한 것이다.

    행동을 우선 이동 활동으로 본 뒤에 심리적 경향으로 바라보
는 것. 행동을 사회체계로 바라볼 때 쉽게 도출되는 논리적 이행
이었다. 워시번은 너무나 덤덤하게도, 1955년부터 유기체 개체
의 행위만이 아니라 사회체계의 작용을 연구하기 시작했다. 워시
번과 어빈 드보어의 개코원숭이 연구는, 비록 인간 사회체계의 전

적응(pre-adaptation) 모델로서 남성이 차지하는 보호와 규제 역할을 강조했지만, 진화론의 기능해부학이 뻗어 가는 적절한 방향이었다. 인간과 원숭이 사회 간의 차이는 언제나 강조되었다. 워시번은 존재의 사슬을 재구축한 적이 없다. 그는 동물의 사회체계를 새끼 고양이 두개골의 성장을 결정하는 힘을 바라보듯 바라보았다. 즉, 화석에서 두개골의 구조를 해석할 때 불거지는 특정한 문제들을 이해하는 데 쓰일 모델 체계로 바라본 것이다. 워시번의 과학은 기능 위에 수립된 실험적·비교학적·생물학적 과학이었다. 하지만 개코원숭이 모델 체계는 핵심 논점을 하나 남겼다. 바로 수컷의 우세 위계가 무리(troop) 구조를 만들었다는 것이다. 수렵은 이 구조를 변환시켰지만, 그 결과란 협동하는 남성 군단에 특정한 역할을 부여하는 것이었다. 여성의 재생산 기능과 모계의 사회적 연속성은 머리가 더 커지고 더 의존적인 아기 탓에 보수적인 패턴을 유지하게 되었다.

　수렵의 해부학적·심리학적·사회적 귀결을 한데 묶어서 인간 본성에 기초한 문화의 규칙을 설정한 고전적인 논문으로는 워시번과 C. S. 랭커스터(C. S. Lancaster)의 1968년 논문 「수렵의 진화(The evolution of hunting)」가 있다. 이 논문은 사회주의자와 페미니스트 집단에서 워시번의 평판을 나쁘게 만들었다. 성적·경제적·정치적 권력에 대항하는 시기 한가운데 남성의 수렵 본성을 강조하는 심포지엄에서 이 논문이 발표되었다는 사실은, 현대의 진화적 재구성 연구가 당면한 사회적 상황의 일부이다. 워시번은 이데올로그는 아니다. 그는 과학자이며 교육자이다. 이 점이 핵심이다. 인간 본성을 해석하는 작업은 진화 기능주의에서는 핵심적인 과학적 질문이다. 과거는 가능한 미래의 규칙을 설정한다. 공

격적인 남성 역할, 여성의 의존, 기능주의적 개념으로 적실하게
분석될 수 있는 안정된 사회체계를 선호할 것으로 가정할 수 있는
조건 아래서 생물학이 어떻게 창조되는지 보여 준다는 '제한적인'
의미에서 그렇다. 인간 과거에 대한 설화를 들려주려면 규칙의 지
배를 받아야 한다. 워시번의 과학은 게임의 규칙을 바꿔서, 생산
조건에서 유도되는 논변을 설명의 한 요건으로 만들었다.

　「진화에서의 여성 1부: 인간 기원에서의 혁신과 선택(Wo-
men in evolution. Part I: innovation and selection in human origins)」
(1976)이라는 제목의 논문에서 낸시 태너와 에이드리엔 질먼[6]은
새로운 규칙에 맞춰 수를 두면서도, 인간 본성과 다른 보편성에
대한 이야기를 들려준다. 그들은 도구 자체에는 덜 집중하는 대
신 노동과정에 관심을 기울인다. 즉, 새로운 생산적 적응인 채집
(gathering)에 집중한다. 그들은 그들 자신의 자리를 곧바로 사회
생물학의 최신 개체군 유전학에서 찾는다. 그들은 유전 자본을 증
가시키는 투자전략의 용어를 빌려 자연경제를 탐사한다. 하지만
태너와 질먼은 의도적으로 사회생물학을 페미니즘적 목표를 위해
전유한다. 그들은 워시번에 비해 더 이데올로기적이진 않지만, 그
들이 실천한 과학은 논쟁적인 근거 및 주장 그리고 정치적 이유 모
두 때문에 논란거리가 된다. 그들이 전통적 과학의 사회적 공간을
떠난 적은 단 한 번도 없다. 그들이 그 공간에 머무를 수 있는 이유
중 하나는, 사회생물학이 어빈 드보어나 로버트 트리버스(Robert
Trivers)와 같은 의미에서 성차별적일 이유는 딱히 없기 때문이다.
이는 마치, 스트레스의 개념이 공격성과 인간의 노후화에 대한 햄
버그의 특정한 견해로 넘어가지 않는 것과 같다. 게다가 진화론이
고전적인 자본주의 정치경제 이외의 어떤 다른 언어로 기술될 수

있다고 상상하기란 쉽지 않다.[7] 다른 은유로 단순히 번역하는 것은 가능하지도 않고 꼭 바람직하지도 않다. 태너와 질먼은 별로 제기된 적도 없고 대답된 적은 더더욱 없는 근본적인 질문에 직면하도록 만든다. 과학 실천과 사회변혁에 적절한 개념을 구축하기 위해서는, 과거와 '자연'에 대한 우리의 경험을 어떻게 이론화하면 좋을까? 이 질문은 자연과학 안에서 작업할 때 요구되는 내부의 세공 규칙과 복잡한 관계를 맺고 있다.

태너와 질먼은 인간 본성을 "우리의 신체적·정서적·인지적 특성을 형성한" 과정이라는 견지에서 이해해야 한다는 목표를 공표하며 주장을 시작한다. 그들은 수렵의 명제가 두 성별 중 한 성별의 행동과 사회 활동을 대부분 무시했고, 따라서 평범한 진화 기능주의의 기준을 충족하지 못한다는 명백한 사실을 지적한다. 어떤 성별의 행동도 화석이 되지는 않기에, 문제는 가설들 사이의 선택의 문제, 합리적인 재구성의 문제가 된다.

꼭 집어 말해, 우리는 채집(식물성과 동물성 물질 모두)이 사바나 생활 조건에서 발생한 식이의 특수화(dietary specialization)로 인해 발달했고, 동시에 적절한 도구 사용과 이족 보행에 대한 자연선택을 촉진했다는 가설을 세운다. 우리는 이 가설이 어떻게 친족 선택에서 모성의 사회화가 담당하는 역할과 성선택(sexual selection)에서의 여성 선택과 상호 연관되는지 제시하려 한다. 우리는 사바나의 생활, 기술, 식이, 사회조직, 선택 과정의 상호 관계가 영장류 조상으로부터 새로 등장한 인간 종으로 이행하는 과정을 설명한다고 강조한다. (태너와 질먼, 1976)

이 논문은 질먼이 1966년 워시번이 조직했던, 미국인류학회
(American Anthropological Association) 심포지엄에서 발표한 한
논문, 즉 이족 보행이 수렵과 맺는 관계를 다룬 논문이 정상적으
로 확장되는 궤적을 분명하게 따른다. 논문이 발표된 '남성을 위
한 디자인'이라는 제목의 섹션에서 햄버그 역시 발표했는데, 그는
정서를 적응 복합체로 보고, 오적응적이고 시대에 뒤처진 패턴의
문제를 다루었다.

태너와 질먼은 워시번과 마찬가지로 동물 모델 체계와 개체
군에 적용되는 최신 유전학 이론을 근거로 삼는다. 그들은 유인원
과 호미니드를 출현시킨 줄기 개체군에 제일 가까운 현생 동물종
으로 침팬지를 지목한다. 따라서 침팬지는 인간 삶의 방식이 진화
하는 과정을 엿보는 작업에서 개코원숭이보다 나은 거울 내지는
모델이 된다. 저자들은 표류(drift)나 이주 같은 종합 이론의 전통
적인 유전 척도에 사회생물학에서 비롯된 유전학 개념인 포괄 적
합도(inclusive fitness), 친족 선택(kin selection), 성선택, 부모 투자
(parental investment)를 추가한다. 개체에 작용하는 선택압으로 인
해 개체군의 유전자 빈도에 어떤 변화가 생기는지 이해하는 것이
목표다. 그들은 침팬지가 도구를 빈번히 사용할 뿐만 아니라, 도
구 사용에 성별 편차가 있다는 점에 주목한다. 수컷이 더 쉽게 사
냥에 나서는 것처럼 보이는 대신, 암컷은 도구를 더 많이 만들어
활용한다는 것이다. 높은 순위와 영향력의 개념은 상황을 설명하
는 데 유용해 보이지만, 이들 집단에서 엄격한 우세 위계는 발생
하지 않는다. 사회구조는 유연하지만 임의적이지는 않다. 사회적
연속성은 암컷, 새끼, 동료 사이의 지속적 유대를 통해 생겨나는
것처럼 보인다.

호미니드를 출현시킨 변환 단계의 개체군은 새로운 적응 지대인 사바나로 옮겨 갔다고 상상된다. "행동의 변화가 새로운 삶의 방식을 개시했다. 해부학적 변화가 뒤이어 발생한다."(태너와 질먼, 1976) 새로운 행동은 도구 사용을 수반하는 식이 선택의 폭을 매우 크게 확장했다. 채집은 호미니드에서 결정적인 초기 발명품이었다. 여성과 자손으로 이루어진 평범한 사회집단이 (남성 역시도) 음식을 공유하는 결과가 발생했다. 땅을 파는 막대, 식량 저장 용기 그리고 무엇보다도 아기를 나르는 장비가 새로운 식단 및 나눔 습관과 연관된 초기의 기술적 혁신이었을 가능성이 매우 높았다. 동식물 자체 그리고 그들의 계절에 따른 변화와 서식처에 대한 광범위한 지식이 중요해졌다. 더불어 상징적 의사소통에 대한 선택압이 증가했다. 사바나에서는 아마도 직접 싸우기보다는 영리하게 대응함으로써 포식자의 위협에 대처했을 것이며, 호미니드는 개코원숭이와 같은 지배 및 싸움을 위한 수컷의 해부학적 구조 따위가 덜 필요했다. 침팬지의 유연한 사회구조는 훨씬 더 기회주의적이었고, 인간 문화가 가진 다양성의 기초를 보다 잘 이해할 수 있도록 했다. 태너와 질먼은 로웰과 마찬가지로 인간의 가능성과 다양성을 강조할 수 있는 기회는 절대 놓치지 않는다. 동식물의 채집은 생물학적 공격 성향에 높은 선택압을 지속적으로 가했을 가능성이 낮다. 반면 인지 과정은 새로운 생산양식 속에서 고도로 정교화되었다.

이 시점에서 태너와 질먼은, 친족 선택과 성선택, 부모 투자를 도입하려는 목적으로, 어미 중심적인 단위를 활용한다. 새로운 선택압은 보다 높은 사회성과 협동성에 추가적인 이득을 부과했다. 아기를 기르기가 더 힘들었으므로 양성의 협동이 유용했을 것이다. 남성은 이방인들과도 우호적으로 상호작용하는 패턴을 학습했다. 이는 언어공동체나 작은 군단, 타 집단과의 빈번한 생식 활동에 기초한 인간 삶의 방식에서 결정적인 요소가 되었다. 하지만 큰 송곳니와 같은 싸움에 특화된 해부학적 특성이나 정형화된 위협의 몸집과 같은 것을 유지하는 것은 새로운 기능적 행동과 양립 불가능했을 것이다. 여성은 친절하고 위협적이지 않은 남성과 더 기꺼이 짝짓기를 할 것이다. 암컷의 성선택은 포유류 집단에서 일반화되어 있다는 사실이 입증되고, 호미니드 계보 역시 예외였을 가능성은 적다. 주커먼과 워시번의 수렵 논변을 추적해 온 독자의 눈에 띄는 것은 두 가지다. 첫째로, 암컷 수용성은 암컷 선택이라는 다른 이름을 얻었고 그 유전적 결과 또한 컸다는 점이다. 둘째로, 송곳니의 축소라는 해부학적 현상은 다른 행동과 다른 기능이 가정될 때 재해석의 대상이 된다는 점이다.

태너와 질먼은 비슷한 증거에 토대를 두고 다른 방식으로 재구성하는 작업이 보다 나은 인류학을 만든다고 믿었다.

관찰자는 보통 자기 자신의 관점에서 출발한다. 따라서 부지불식간에 다음과 같은 질문이 표준이 되었다. 서양의 성인 남성이 보이는 행동의 능력과 경향은 어떻게 진화했는가? 이 관점은 비서구 사회의 여성 역할이 보이는 변이의 범위를 이해하거나, 현재 서구에서 진행되고 있는 남성 및 여성 역할의 변화를 분석하는 데 도움이 별로 되지 않는다. (태너와 질먼, 1976)

달리 말하면, 진화적 재구성은 현대의 사건과 미래의 가능성을 이해하는 조건을 결정한다. 태너와 질먼은 도구 사용 적응에 대한 해석에서, 수렵의 과거에 묶여 있는 인간 신체가 시대적으로 뒤처졌다는 이야기를 삼간다. 새로운 미래는 새로운 과거에 달려 있다.

이 글은 재생산과 생산의 범주에 주목함으로써, 인간 역사와 인간 본성에 대한 네 가지 주요 입장을 추적했다. 네 입장은 모두 현대 생리학과 유전학, 사회 이론의 경계를 엄격하게 지키며 주장을 펼쳐 왔다. 그리고 모두 기능의 개념을 경첩으로 삼았고, 자연과 문화의 자율성이라는 '자유주의적' 교리를 인지했다. 이에 따라 생물학적 환원주의의 입장에서 주장하는 규칙들에 반대해 왔다. 하지만 각 설화의 목표는 인간 보편성과 문화의 기초로서 인간 본성을 그려 내는 것이었다. 아이러니하게도 페미니즘에 유용한 인간 본성의 재구성은 사회주의페미니즘의 사유에서 가장 경멸당하는 두 이론에서 도출되었다. 기능주의와 사회생물학이 바로 그것이다. 이 두 분야는 불평등한 경제와 정치적 구조를 이데올로기적으로 정당화한다고, 신체와 정체의 현재 관계를 재생산하는 것을 합리화한다고 비판받았다. 그러나 분명 로웰, 태너, 질먼이 보여 준 것처럼, 이 이론들은 다른 목표에 기여할 수 있다. 인간과 동물의 가변성과 복잡성, 변화의 능력을 강조하는 것이다. 페미니즘은 바로 과학 내부로부터 생명사회적 논쟁에 진지하게 참여할 수 있다.

하지만 우리는 또한, 새로운 이야기를 들려주려는 목적으로 낡은 규칙을 활용할 때 어떤 위험이 불거지는지 날카롭게 인식해야만 한다. 이는 과학이 객관성이라는 물신을 세우는 발견에 불과하다거나, 물지각한 이상주의에 의존하는 발명품에 불과한 것처럼 대하는 것을 폭넓게 거부하는 입장과도 양립 가능하다. 우리는 자연과 우리 자신에 대해 배울 뿐 아니라 그들을 창조하기도 한다. 우리는 생명사회적 과학을 역사 속 인간의 현실과 가능성 사이의 간극 내지는 모순을 해결하는 과정이라는 관점에서 바라보아야 한다. 과학은 기능 개념을 통해 의미를 이해하고 예측 가능한 통제 수단을 산출하려는 목표를 갖고 있다. 이러한 과학은 과거와 미래 사이의 변증법에서 주어진 것과 가능한 것 모두를 보여 준다. 미래 는 종종 과거의 가능성에 따라 주어진다. 과학은 또한, 사회체계와 상징체계 사이의 상동 관계(homology)를 생산하는 메타언어를 합리화하기도 한다. 신체와 정체에 대한 과학에 관한 한, 가슴 저미 는 사실이다. 엄밀한 의미에서 과학은 우리의 신화다. 하지만 이런 주장은, 과학을 행하는 사람들이 세계를 연구하기 위해 서로에게 적용하는 규율을 해치지 않는다. 우리는 우리의 몸, 다른 동물들, 화석 그리고 우리가 지닌 것들 모두가 과학적 탐구에 적절한 대상 임을 알고, 그 대상을 구축하는 데 우리의 역할이 어떤 역사적 결 정 과정을 거쳤는지 모두 알 수 있다. 동물, 호미니드, 우리 자신에 대한 사회적·진화론적 지식이 기능주의적이고 자본주의적인 경 제 용어에 따라 발전했다는 사실은 자연의 변칙이 아니다.[8] 페미 니즘은 과학의 분명한 성차별적 편향에 응답하는 논변에서조차도 생산과 재생산에 대한 적절한 최종 이론을 만들어 낼 것이라고 기 대해서는 안 된다. 그런 이론들은 여전히 우리를 비껴간다. 왜냐하 면 우리는 이제 우리가 과학 이론을 조립하는 데 쓰일 규칙들을 정 식화하는 정치-과학적 투쟁에 가담하고 있기 때문이다. 영장류학 의 영토는 논쟁의 지대다. 핵심 문제는 미래다.

<u>3장.</u>

생물학적 기업:
인간공학에서 사회생물학까지 성, 정신, 이윤

생명은 파악 가능한 모든 형태로 만들 수 있다. 개나 인간의
특징을 그려 보라. (…) 환경을 통제할 수 있는 시간을 충분히 준다면,
그 꿈에 살과 피를 입혀 주겠다. (…)
분별력 있는 산업 체계는 인간을 목재, 석재, 강철과 마찬가지로,
그 본성과 일치하는 장소에 놓은 뒤, 시계, 전기 동력기,
자동차를 다루는 것만큼 섬세하게 다뤄서, 효율적인 서비스를
제공할 수 있는 형태로 가공할 것이다.
— 프랭크 파슨스(Frank Parsons), 인간공학자(1894).

이제 그들은 느릿느릿 움직이는 거대한 로봇 속에 안착하여 외부
세계와 차단된 채 리모컨으로 세계와 소통하면서 대규모로 무리 지어
다닌다. 그들은 내 몸 안에도, 당신의 몸 안에도 있다. 우리의 몸과
마음을 창조한 건 바로 그들이다. 그들을 보존하는 것이 우리 실존의
궁극적 논리이다. 그들은 먼 길을 걸어왔다. 복제자들 말이다.
이제 그들은 유전자라는 이름으로 일컬어지며, 우리는 그들의 생존
기계다. — 리처드 도킨스(Richard Dawkins), 사회생물학자(1976).

'자연(nature)'이라는 범주를 만든 뒤 기술에서 그런 정의를 강화
해 과학을 다시 제작하는 과정은, 우리 자신을 사회주의 페미니스
트 인간으로 재구성하는 작업의 일부다. 과학은 지식 및 권력과

관련되어 있다. 우리 시대에 자연과학은 자연과 역사에서 인간의 자리를 정의하며 신체와 공동체를 지배하는 도구를 제공한다. 자연과학은 자연의 범주를 구성함으로써 역사와 자기 형성의 한계를 강요한다. 따라서 과학은 우리 삶의 본성(nature)을 둘러싼 투쟁의 일부다. 나는 현대 생물학 분야가 어떻게 신체와 공동체에 대한 이론을 자본주의적이고 가부장제적인 기계와 시장으로 구축했는지 조사해 보고 싶다. 여기서 기계는 생산을 위한 것이고, 시장은 교환을 위한 것이며, 기계와 시장 모두 재생산을 담당한다. 이를테면 나는 사회생물학이 어떻게 자본주의적 재생산의 과학인지 보여 주고 싶은 것이다.

표1. 20세기 생명과학의 변모

R. M. 여키스가 대변하는 제2차 세계대전 이전	E. O. 윌슨이 대변하는 제2차 세계대전 이후
심리학	사회생물학
인간공학	커뮤니케이션 통제
유기체	사이버네틱스 기계
생리학	체계이론
지능	정보
인격체	유전자
인성 과학	개체군 유전학과 생태학
성과 정신	유전자와 생존 기계
본능과 공학	경로의 제약과 선택 및 재설계
시간-운동 연구	인체공학
인사관리	사회기술적 체계 관리
적응성	최적화

인종 위생을 위한 우생학	유전적 이득을 위한 성적 투자전략
통합을 위한 신경계	환경 변화 추적을 위한 정보 수집 채널과 처리 센터
통합을 위한 내분비계	환경 변화 추적을 위한 화학적 의사소통
항상성	피드백을 비롯한 통제 체계 메커니즘 개체군
초유기체	인구

왼쪽의 목록은 유기체의 생물과학에 적절한 항목으로, 과학적 개입 모델은 의학적이고 임상적이다. 분석은 본질적으로 유기체적 기능주의로서, '인격체'의 필요를 충족시킨다는 이데올로기적 호소력을 갖는다. 오른쪽의 목록은 자동화된 기술 장치를 다루는 공학과학에 적절한데, 여기서 과학의 개입 모델은 기술적이고 '체계적'이다. 이런 분석은 본질적으로 기술적 기능주의로서, 스트레스를 비롯해 인간의 노후화를 드러내는 다른 징후를 경감시킨다는 점에서 이데올로기적 호소력을 지닌다.

　　제1차 세계대전과 현재 사이에, 생물학은 기능주의의 용어들로 파악된 유기체에 초점을 맞추는 과학으로부터, 사이버네틱스 체계의 용어를 통해 자동화된 기술적 장치들을 이해하고 연구하는 과학으로 변환되었다. 유기체는 '자연스러운' 지배와 노동 분업에 기초한 위계적이고 생리학적인 협동과 경쟁에 관련된 형태를 지녔고, 인간이 잠재적으로 시대에 뒤처진 상징 활용 장치가 되는, 커뮤니케이션 네트워크와 논리적 기술 체계를 기반으로 하는 통제 계획에 자리를 내주었다. 생명과학은 생리학에서 체계 이론으로, 과학적 의학에서 투자 경영으로, 테일러주의적인 과학적 경영과 인격체의 인간공학에서 현대의 인체공학과 인구 통제로, 심리생물학에서 사회생물학으로 움직였다.

생명과학이 이 같은 근본적인 변화를 역사적 진공 상태에서 겪은 것은 아니다. 생명과학의 변화는 자본주의적 재생산이 지속되는 가운데, 권력의 본성과 기술의 변화를 수반했다. 이번 장은 과학의 내용과 사회적 맥락 사이의 역사적 관련성에 대한 연구를 지향하는 가운데 과학에서 발생한 변화들을 개괄한다. 나의 비판을 이끄는 더 큰 질문은 사회주의페미니즘적 생명과학을 어떻게 발전시킬 수 있느냐는 것이다.[1]

과학은 우리 자신의 본성을 깨닫고 정교하게 만드는 과정의 일부이자, 시작부터 자연의 범주 자체를 구성하는 과정의 일부이기 때문에, 페미니즘적이고 사회주의적인 과학에 대한 우리의 의무는 복합적이다. 우리는 우리의 생물학적 특성이 정확히 어떤 것인지 이해하려면 아직 멀었다. 하지만 이해에 도달하게 될 전망은 우리의 실제 삶에 뿌리내리고 있고, 과학은 우리가 역사적으로 구성해 낸다는 점을 안다. 마르크스가 부(wealth)의 과학에 대해 분석했던 것처럼, 우리가 지닌 지식을 재전유하는 과정은 우리의 삶을 생산하고 재생산하는 수단을 혁명적으로 전유하는 과정이다.

이번 장에서는 로버트 먼스 여키스와 E. O. 윌슨(E. O. Wilson)의 생물학을 서로 비교하고 대조하며 생물학이 성적 유기체들에 대한 과학에서 유전적 배치의 재생산에 대한 과학으로 변모되어 가는 과정을 보여 줄 것이다. 나는 논문 전반에 걸쳐 생명과학을 조직하는 개념으로서 기계와 시장에 주목한다. 표1은 비교의 범주들을 개괄한다. 이 장에서 여키스와 윌슨이 가부장적 자본의 수요와 의식적인 관계를 맺고 홀로 지적 체계를 구축하지 않았음을 짚고 넘어가는 것은 중요하다. 하나 이번 장에서 더 중요하게 생각하는 것은 이 두 학자가 중요한 구성체를 대변한다는 점을 보여 주고, 다른 생물학이 생성되는 과정을 통해 전통적인 생물학

을 비판적으로 읽어 내려면 어느 지점을 공략해야 하는지 아이디어를 하나 제시하는 것이다.[2]

여키스는 생리학과 과학적 의학의 모델을 따라 인성 과학(personality sciences)을 개발하는 데 기여했다.[3] 같은 시기에 산업에서 과학적 경영의 목표는 개별 노동자들을 미시적으로 통제하고, 협동의 위계를 구축하며, 통제 기능과 수작업을 분명하게 나누는 것이었기 때문에 여키스의 심리생물학은 개별 유기체와 합리적으로 관리되는 현대사회를 창조하기에 적절한 지능 및 적응도 위계에 토대를 두고 있었다. 그는 성과 정신, 원재료와 공학, 본능과 합리적 통제를 배치하는 복잡한 진화적 그림을 구축했다. 그가 제시한 것은 현장에 투입할 수 있는 진정한 자본주의적 과학이었다.

하지만 1940년을 전후한 시기, 여키스의 경력이 끝자락에 도달했을 때 그의 과학은 이미 시대에 뒤처져 있었다. 여키스의 과학은 그와 다른 유형의 공학적 관점으로 대체되고 있었는데, 이 관점은 생리학이 아니라 물리학에 토대를 두고 있었고, 확률론적으로 배열된 정보와 에너지를 분석했다.[4] 유성적 유기체의 생리학이 생화학, 구조 분석, 정보 기계의 분자유전학에 자리를 내준 것이다. 항균제 내성유전자(integron), 복제자(replicator), 바이러스나 세포 소기관, 개체군처럼 자기조립하는 생물학적 체계 등이 그런 사례다. 새로 출간된 자연에 대한 책은 수학자들을 독자로 삼았다. 현대 유전학이 언어 과학으로 간주되고, 기호, 띄어쓰기, 통사법, 기호학(semiotics), 기계 판독, 지향적 정보 흐름, 코돈(codon), 전사(transcription) 등등[제이컵(Jacob), 1974; 왓슨(Watson), 1976]에 주목한 것은 우연이 아니다. 새로운 생명과학의 사회적 목표는 정교한 커뮤니케이션 체계를 통해 대중을 통계학적으로 통제하는 데 있는 것이 분명했다. 이와 비슷하게, 모든 유형의 체계에서 변

이, 대규모 패턴의 예측, 최적화 기술의 발전을 제어하고 통제하는
것이 사회제도의 기본 전략이 되었다. 이에 따라 모든 것이 다중
적 체계가 되었고, 이익을 극대화하기 위해서 진화적으로 안정적
인 전략을 모색하게 되었다. 생명과학에서 사회생물학은 이와 같
은 접근법이 무르익어 생겨난 열매다. 자연과학과 사회과학 사이
의 구분을 시대에 뒤떨어진 것으로 만들어 버린, 진정한 새로운 종
합(new synthesis)이었던 것이다.[5]

　　로버트 먼스 여키스는 심리생물학적 연구와 과학을 홍보하
고 경영하는 데 전 생애를 바쳤고, 유인원(anthropoid apes)을 인
간 모델로 연구하는 최초의 상설 종합 연구소를 건립했다. 1924년
에서 1942년에 걸친 기간 동안, 여키스는 예일대학교와 록펠러재
단을 통해 연구 기금, 동물, 연구자, 건물, 관리 직원, 출판물을 하
나로 조립함으로써, 포획 상태의 침팬지를 번식시키고 기르며 연
구하는 작업을 가능하게 만들었다. 그는 최초의 야생 영장류 현장
연구 또한 가능하게 만들었다[힐가드(Hilgard), 1965]. 보다 폭넓
은 층위에서, 여키스는 과학적으로 관리되는 기업 자본주의(즉 자
연이라 일컫는 것) 속 인간의 자리를 해석하는 데 영장류가 지닌
유용성을 입증했다. 그가 수행했던 정신과 성에 대한 심리생물학
적 탐구는, 물벼룩이나 춤추는 쥐부터 사이코패스, 군인, 기업 관
리자에 이르기까지 다양한 유기체들의 정신 기능 전체의 모든 측
면의 검사 방법을 설계하는 작업을 포함했다. 또한 여키스는 성적
본능과 합리적 정신의 진화적 상호 연관 속에서 발견되는 자연 속
지배와 협동 역시 연구했다.[6] 이 작업은 일반적으로 채택되는 문
화의 비합리성을 적절하게 대체할 과학적 공학이라는 그의 명시
적 기획의 핵심을 차지했다.[7]

　　여키스는 보수적인 사회제도를 합리화하는 데는 전혀 관심이 없었다. 그는 과학은 자연을, 사회를 포함한 자연 대상을 새로 구상하도록 촉진하는 범주로 구축했다. 여키스는 자연과 사회를 자본주의 경영의 용어를 통해 파악했다. 자연은 설계 검증 과정에서 문젯거리였다. 적응성은 개별 유기체 및 그 사회적 유비물, 즉 가족이나 노동 집단을 비롯한 초유기체[8]의 수준에서 자연을 합리적으로 통제하는 문제의 해법을 찾는 것을 뜻했다. 영장류의 행동과 생물학적 특성을 해석하는 과학적 틀은 제1차 세계대전 이전, 여키스의 초기 연구 시절 이래로 근본적으로 변화했다. 영장류에 대한 지식은 정치적 갈등 못지않게 생물학·심리학·사회학의 일반적 발전에 상응했다. 영장류 과학을 인간의 필요에 연결시키려 구축된 논변의 형태 역시 변화했다. 하지만 영장류 연구의 상수가 되는 차원은 인간의 역사를 자연화하는 것이었다. 이를테면 인간의 본성을 역사의 산물보다는 원재료로 만든 것이다. 그렇게 공학은 20세기 생명과학을 이끄는 논리가 되었다.

　　인간공학은 개별 유기체를 모델로 삼아, 신경계를 정점에 두는 통제 위계를 구축할 방법을 찾았다. 이런 유기체적 모델은 사회를 조화롭고 기능이 적절히 분배되어 균형 잡힌 전체로 파악하기 쉽게 만들었다. 유기적 생명과 본능 그리고 성은 경영의 대상이 되었다. 유기체 피라미드 맨 위에는 정신이 놓여 있어서, 경쟁이 과도해지면 이타성이 상황을 완화할 수 있게끔 했다. 후에 사회생물학이 되는 심리생물학은 경쟁으로 얼룩진 세상에서 이타성을 합리화하는 문제에 직면했다. 지배라는 기본 구조는 위협하지 않고 말이다.

로버트 여키스:
인간공학을 위한 시험 공장으로서 영장류학 실험실

우리 계획은 언제나 침팬지를 자연적 상태 그대로 보존하려고
애쓰는 것보다는, 지능적으로 만들어서 분화시킨 뒤 실험동물로
사용하는 것이었다. 우리는 침팬지를 가능한 한에서 생물학
연구에 적합한 이상적 존재로 변환하는 것이 중요하다고 믿었다.
이와 같은 의도와 더불어, 실험이 최종적으로 성공하면,
인간 자신을 일반적으로 수용 가능한 이상의 이미지를 통해
재창조하는 것이 가능함이 효과적으로 입증될 것이다.
— 로버트 여키스, 『침팬지, 실험을 위한 개체군(Chimpanzees,
    A Laboratory Colony)』

1930년대 무렵 인사관리의 형태를 취한 인간공학은 물리학·생물
학·사회과학의 방법론을 통합하여 조화와 팀워크, 조정을 가능하
게 만들고자 했다. 협동의 구조에 확실할 만큼 반영되었던 것은
전면적이고 복잡한 노동 분업 및 자본주의적 생산과 재생산의 권
위 체계였다. 협동은 손과 머리, 종속과 지배, 본능과 정신 간의 합
리적인 조직화를 분명히 포함하고 있었다. 협동의 장려는 경영의
문제였다[메이오, 1933; 배리츠, 1960; 브레이버먼, 1974].

　　이는 또한 생의학적 문제이기도 했다. 이에 따라 병리학적으
로 변모시킬 수 있는 '비합리성', 이를테면 본능, 인성, 문화와 같
은 것들을 생리학적으로 자세히 알아야만 했다. 이 셋은 유기체적
성과 긴밀하게 결부되어 있었으며 내분비학, 젠더에 따라 분화된
인성에 대한 연구, 프로이트주의적 심리치료, 인성과 문화에 토대
를 둔 인류학, 인종 위생에 대한 우생학적 원칙, 피임 운동을 통한
성생활 상담과 같은 과학의 분과가 만개하도록 했다.[9] 이 모든 접

근법들 사이에 발생한 논쟁에도 불구하고, 그 모두는 섹슈얼리티에 기반한 유기체적 기능주의를 근간으로 삼았다. 공학은 인간이라는 원재료를, 유기체, 가족, 문화, 사회, 산업이 공유하는 이해관계에 따라 합리적으로 배치하고 수정하는 작업을 뜻했다. 인간공학은 지능적 통합을 달성하는 자연스러운 항상성 메커니즘을 의학적으로 장려했다. 유기체의 능력과 변이를 생리학적 관점에서 연구했던 생명과학은, 어떤 것을 인간공학적 적용의 과학적 토대를 제공했다. 여키스는 이런 과학의 수립에 힘을 보탰다.

　여키스는 1902년 하버드대학교에서 박사학위를 받았다. 제1차 세계대전 이전에 케임브리지대학교와 보스턴대학교에서 그가 수행한 연구는 다양한 유기체들에 대해 감각의 심리생리학적 특성 및 정신 능력을 알아내는 것과 관련되어 있었다. 감각생리학은 개인과 진화의 틀 모두에서 '적응' 또는 학습의 양태와 긴밀하게 연관되었다. 여키스는 경력의 초창기에 자신의 연구 성과를 영장류로 확대 적용하는 것에 관심이 있었고, 생리학적 특성이나 학습, 사회행동을 포함하는 포괄적인 영장류 연구를 수행할 기반을 마련하는 꿈을 꾸었다. 그는 비교심리학의 틀 내에서 작업했다. 이 분야는 인간 행동의 진화를 존재의 사슬, 그러니까 지능의 성장에서 가장 잘 드러날, 점차 복잡해지는 생리학적 조직의 연쇄로 다루었다. 지능을 문제 해결 행동으로 정의했던 여키스는 서로 다른 종과 같은 종 내 다른 개체들의 학습 전략을 비교하는 검사 장치를 구축하는 데 의지했다. 이렇듯 위계적으로 개념화된 생리학을 앞서 말한 심리학의 모델과 연관 짓기로 한 그의 선택은 아무리 강조해도 지나치지 않다. 과학적 의학이 실험생리학에 기초했던 것처럼, 심리치료는 실험심리학에 의존했다(여키스, 1913, 1921).

여키스는 영장류의 적응을 연구하면서(1927b, 1928), 세 단계의 복잡성 개념을 발전시켰다. 그는 각 단계를 원숭이짓(monkeying), 유인원짓(aping), 생각(thinking)이라고 이름 붙였다. 전쟁 전, 오랑우탄인 줄리우스와 보스턴정신병원의 환자들을 대상으로 한 그의 관념론적 연구들은, 유기체 범주가 지니는 온갖 문제에 다 적용할 수 있는 검사를 개발하는 과제의 일환이었다. 제1차 세계대전은 이와 같은 심리생리학적 자연과학의 유용성을 입증하는 기회였다. 여키스는 징병자의 지능검사를 고안하는 데 기여한 조력자로 잘 알려져 있다. 그가 고안한 검사의 결과는 전쟁 이후에는 이민 제한을 비롯해 인종주의적 목적으로 활용되는 경우가 빈번했다. 그가 군 의무관의 원조를 받아 검사를 설계했고 자신의 작업을 의학적 사회 관리의 일환으로 간주했다는 사실은 비교적 덜 알려져 있다[케블스, 1968; 앤 아버(Ann Arbor), 1977; 크레이븐스(Cravens), 1978].

여키스는 전쟁이 끝난 후에도 워싱턴 D.C.에 남아 영장류 연구소 건립이라는 평생의 목표를 실현할 경제적·정치적 기반을 다졌다. 1919년부터 1924년까지, 그러니까 예일대학교에 새로 건립된 심리학센터 교수직을 수락하기 전까지 그는 국립과학원의 국립연구자문위원회(National Research Council)에서 근무했다.

국립연구자문위원회(NRC)의 찬조를 받아 수립된 두 개의 위원회가 이번 장의 주제와 관련되어 있다. 인간이주의과학적측면위원회(The Committee on Scientific Aspects of Human Migration, CSAHM)와 성문제연구위원회(The Committee for Research on Problems of Sex, CRPS)다. 여키스는 두 위원회 모두의 위원장이었다. 그는 CSAHM은 1922년부터 1924년까지, CRPS에서는

1922년부터 1947년까지 위원장직을 맡았다. 두 위원회 모두 인간 변이를 연구해서 합리적인 사회 경영 정책을 수립하려는 목적으로 설립되었다. 두 위원회 모두 인구 집단의 관점에서 연구를 수행하기보다는 유기체적 능력, 변이, 보건에 대한 생리학적 모델의 관점에서 연구를 수행했다. 인구학적 특성과 섹슈얼리티에 대한 개체군유전학 및 생태학적 접근법이 널리 수용되기 시작한 것은 제2차 세계대전 이후였고, 이와 같은 분야들은 커뮤니케이션 기술 및 정보과학의 발달과 연관되어 있었다.

성문제연구위원회는 뉴욕시 사회위생과가 성교육, 가족 상담, 우생학, 성병, 이혼, 피임과 같은 문제들에 대해 계몽적인 사회 정책을 수립하는 데 쓰일, 순수 연구의 구조를 수립하려는 노력의 일환으로 성장했다.[10] 반면 국립연구자문위원회는 의학-생리학적 연구를 사회문제와 연결하려는 노력의 일환이었다. 이곳에서는 직접 실행 기구는 배제하고 네 범주의 연구를 지원했다.[11] (1) 성 생물학(분류학적·유전학적·생리학적 측면), (2) 생식생리학, (3) 인간 내 성 심리생물학, (4) 인류학적·사회심리학적 접근을 포함하는 인간 성 심리생물학. 위원회의 기록에서 두 가지 가정이 두드러지게 발견된다. 첫째, 사회적 실천은 독립적인 전문가들이 수행하고 통제하는 기초연구의 토대 위에 있어야만 했다. 모태가 된 자선단체는 일단 위원회가 수립되고 난 후에는 연구비 배분에 직접 관여할 수 없었다. 둘째, 성적 본능은 생명 및 인간 과학의 피라미드 전체의 토대로 문화와 인성을 이해하는 핵심이라고 간주되었다. 성문제연구위원회는 과학이 성적 억압을 합리화할 것이라고는 상상하지 않았다. 오히려 그 반대에 가까웠다. 오히려 넓은 의미에서 해방적인 역할을 맡았다고 여긴 것이다.[12] 이 위원회는 합리적인 사회공학을 촉진하는 데 헌신했다. 인간의 유기체적 능력과 변이에 대한 동물 모델은 인간공학이 실험적 자연과학이 되게 했다. 이런 의미에서 여키스는 자신의 영장류 실험실을 인간공학을 위한 시험 공장으로 만들었다.

여키스는 오랜 친구이자 동료인, 막강한 권력을 지닌 인물이었던 예일대학교 총장 제임스 롤런드 에인절(James Rowland Angell)과 상의하여 예일대 심리학연구소를 자신의 영장류 연구의 본거지로 만들려는 계획을 세웠다. 이 심리학연구소는 적응과 관련된 문제 일반을 다루는 대학원생들의 다양한 연구의 장이 되었고, 연구소 직원은 인간이주의과학적측면위원회의 기존 구성원으로 충당되었다.[13] 이들은 하나같이 생리학에 근거한 생의학의 맥락 속에서 구성된 유전, 충동, 학습, 환경에 대한 과학을 기반으로 인종, 성, 계급을 과학적으로 관리한다는 과제에 몰두했다. 1924년 여키스는 뉴헤이븐으로 자리를 옮겼다. 초기의 연구 시설은 뉴햄프셔에 위치한 자신의 농장과 예일에 있는 용도 변경한 낡은 건물을 사용했다. 여기서 어린 침팬지 네 마리가 현대 과학이 그들이 성장하는 전모를 지켜보는 가운데 자라났다. 이 침팬지들의 심리성적·개념적 발달이 최우선의 관심사였다. 정신과 성은 자연스러운 짝을 이루었다(빙엄, 1928).

1929년 여키스는 대형 유인원을 수용하는 거대한 상설 연구 시설을 건립하는 데 쓸 연구비 50만 달러를 록펠러재단에서 받음으로써 자신의 꿈을 이룰 수 있었다. 연구비 지원서와 그가 주고받은 재단과의 서신은 이 프로젝트가 인간의 사회적·심리학적 문제와 얼마나 깊은 연관을 맺고 있는지에 대한 내용으로 빼곡하다.[14] 그 외엔 침팬지를 실험동물로 쓰는 데 드는 막대한 비용을 정당화할 방법이 달리 없었다. 이 결과로 생긴 예일대학교 영장류 생물학 실험실은 세 부서로 나뉘어 있었다. 첫 번째는 단기 과제를 수행하는 특수 실험실로, 연구를 위해서는 존 풀턴(John Fulton)이 과장으로 있던 의과대학 생리학과의 긴밀한 협조하에서만 이용할 수 있는 특수 장비가 필요했다. 두 번째는 플로리다의 오렌지파크(Orange Park)에서 번식하며 생활했던 침팬지 개체군 연구실이었다. 이를 통해 장기간 수행되는 성적·개념적 심리생물학적 관찰과 실험이 가능했다. 마지막은 자연 서식지에 살고 있는 야생 영장류를 연구하기 위한 특별 연구실이다. 이를 통해 동물들이 자연 상태에서 보이는 사회생리학적 특징에 대한 기본 정보를 얻을 수 있었다.[15] 이곳에서의 연구는 진화의 개념에 치중되어 있었고, 개체군의 개념은 완전히 간과되었다. 동물행동학은 여키스 및 그와 동시대 연구자들에게는 유전과학이 아니었다. 오히려 비교심리학자들은 유전(genetic)이라는 말을 늘 개체 능력의 발생이라는 의미에서 사용했다. 이 모든 상황은 제2차 세계대전 이후의 행태학, 신경생물학, 개체군유전학 및 생태학의 종합과 더불어 변화한다. 표2는 1930년 전후에 여키스가 알고 있던 생명과학을 그 모습대로 도해한다.

예일대학교 영장류 실험실에서 근무하던 사람들은 유기체 생리학에 근거한 두 개의 조직화 개념을 보유했다. 첫째는 지배/우위로서, 두뇌 부위 사이의 우위, 개체 간 경쟁 활동에서의 우위, 리더십과 관련된 인성 특질로서 우위, 그리고 사회구조로서 우세 위계라는 개념이다. 우위는 개별 유기체가 보유하는 특성으로 여겨졌다. 아마도 홍채의 색이나 IQ처럼 유전력을 지닐 것이었다. 두 번째 개념은 협동이었다. 모든 층위의 항상성 메커니즘에서 고

표2.

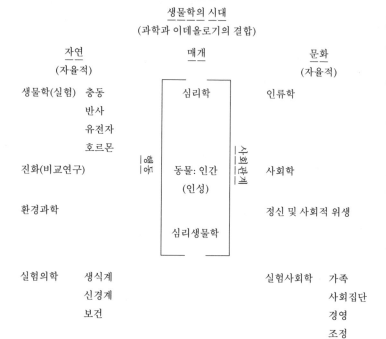

생명과학

생물학의 시대

(과학과 이데올로기의 결합)

자연	매개	문화
(자율적)		(자율적)
생물학(실험) 충동	심리학	인류학
반사		
유전자		
호르몬		
진화(비교연구)	동물: 인간	사회학
	(인성)	
환경과학		정신 및 사회적 위생
	심리생물학	
실험의학 생식계		실험사회학 가족
신경계		사회집단
보건		경영
		조정

인간공학

정신병리학

(통합된 기술)

1930년 무렵 생명과학은 유기체, 인성, 문화에 초점을 두었다. 그림의 좌우측
모두 유기체적이고, 기능주의적 원칙에 기반한다. 둘 다 실험의학을 모델로 하여
기초과학과 응용과학의 역할을 분화시킨다.

차원적인 조직화를 위한 우세 관계의 정교한 수정, 실험실 운영과 관련된 일상적 규칙에 이르기까지 많은 것이 여기에 포함되었다. 협동과 우세는 통합의 형식으로, 유기적 수준에서 긴밀하게 연결되어 있었다.

가족 중심적인 실험사회학의 맥락에서 지배에 대해 탐구하려는 목적으로 [실험체에게] 선택의 기회가 제시되었다. 실험은 성적충동, 지위에 대한 갈망, 남성적이거나 여성적인 인성 유형, 보다 고도의 사회적 통제를 향한 진화적 변환 등을 검증했다. 이 연구는 충동과 인성을 사회질서에 연결시킴으로써, 상담을 비롯한 인간의 공공서비스와 관련해 큰 함의를 지녔다.

여키스는 언어 발생에 대한 연구의 일부로 지연된 반응 및 표상 과정을 검증하는 과정에서, 성적 주기성과 지배-종속 관계가 우리에 갇힌 한 쌍 중 어느 쪽이 먹이 공급 장치로 와서 검사를 받을 것인지에 영향을 주는 듯한 현상을 관찰했다. 그리고 여키스(1939)는 한 우리에 가두는 짝을 네 가지 유형으로 구성해 먹이 경쟁 실험을 진행했다. 네 유형은 암수 한 쌍, 두 암컷 성체, 수컷 성체와 미성숙한 암컷 개체, 그리고 미성숙한 암컷 개체 둘이었다. 우리에 있는 먹이 공급 장치를 통해 바나나 조각을 한 번에 한 개씩, 열 번에 걸쳐 주었다. 관찰자는 다른 정보를 기록하는 동시에 짝 중 어느 쪽이 바나나 조각을 먹는지를 기록했다. 결과는 암컷의 성적 상태를 지배-복종의 관계 및 '권리 또는 특권' 반응과 맺는 상호 연관 관계를 조사함으로써 얻을 수 있었다. 권리나 특권은 암컷의 생식기가 가장 부풀어오른 시기, 즉 발정기일 때 일반적으로 우위에 있는 수컷이 암컷에게 바나나를 차지할 특권을 부여하는 것을 뜻했다. 우위 그 자체는 역전되지 않는 것으로 보였지만 말이다. 하지만 암컷은 마치 당연한 권리를 행사하는 것처럼 행동했다. 여키스는 자료에 여러 문제가 있다는 사실을 알아챘다. 예를 들어 생식 주기 전체에 걸쳐 관찰된 사례는 하나뿐이었고, 존재한다고 가정된 규칙성을 반응 패턴의 변이가 뒤덮었다. 통계적 유효성 검증 결과는 보고되지 않았다. 암컷으로 이뤄진 짝에서 성적 부종(swelling)은 먹이 우선순위 실험에 영향을 주었으나, 성적 호의를 제공하는 개체는 이전에도 '우위'에 있거나 '종속'되어 있던 침팬지였다. 암컷들 사이의 성적 시장은 무질서했다. '짝' 사이에서도 이전의 '우정' 여부가 결과에 큰 영향을 미쳤다. 하지만 여키스는 논문의 대부분을 우세가 권리 및 특권과 분명하게 대체되는 경향을 보인 짝을 설명하는 데 할애했다. 글의 논조가 잠정적이고 추정적이었기 때문에, 여키스의 관찰은 매우 중요한 연구의 시발점이 되었다. 여키스의 실험 사회심리학은 인간의 결혼 제도 (및 결혼의 '병리적' 형태인 매춘)에서 문화적 협동의 기원을 찾음으로써 성적 시장이 근본적인 위상을 차지한다고 보고 연구한 오랜 역사를 지니고 있다(허슈버거, 1948).

여키스의 견해에 따르면 충동으로서의 우세 관계는 특정한 성별에 한정되지 않았다. 우세는 사회적 지위에 대한 유기체의 기본적인 갈망의 표현이었다. "우세는 유전되고 성별과 무관하게 전달된다고 가정한다면, 남녀는 대략 동등한 빈도로 창조적인 리더가 될 것이라 기대해 볼 수 있을 것이다"(여키스, 1939). 실제 상황에서 수컷 리더가 더 많은 원인은 문화라고 설명되었다. 하지만 '리더십'과 생물학적 우세의 결합 자체는 자연적인 것으로 간주되었다. 여키스는 당대의 성역할 논쟁에서 자유주의와 중도의 중간 지대에 있었고, 인간 여성이 전통이 허락하는 것보다 더 큰

'기회'를 지녀야 한다는 견해를 분명히 밝혔다. 여기서 관건은, 여키스를 비롯한 비교심리학의 대변자들이 그들의 시대에 자유주의자였는지의 여부가 아니라, 본능으로부터 합리적 통제에 이르기까지 위계의 용어를 사용하여 인성과 관련된 교육적·의학적 치료 요법으로 문제를 자연화해 가는 논리였다. 종교의 약화와 더불어 비교생명과학이 가치 평가의 새로운 근간, 곧 진화적으로 적응적인 방식으로 판단을 내리는 근거가 되었다. 모든 사회의 노동 분업 모델이었던 가족 내 노동 분업과 관련하여 자연화의 논리가 재생산에 기초한 역사적 설명의 시금석이 되었다. 억압이 아니라 경영이 역학을 제공했다.

　위에서 제시한 논점을 다지기 위해 여키스가 성에 대한 갈망과 우세 충동의 결합이 갖는 함의를 분석하는 논의를 따라가 보자. 첫째로, 여키스는 성적충동과 지배-종속에 대한 탐구 전체를 격렬한 동시대 논쟁의 맥락 속에 확고하게 위치시켰다. 여키스는 페미니즘이 남성과 여성이 생물학적으로 '동등'하다는 명제와 같다고 가정했다. 다시 말해, 정치철학에서 권리의 개념이 자연경제에 적절히 뿌리내렸다고 가정했던 것이다. 여키스는 '과학적 근거'를 통해 남성이 정신적으로 우월하다거나, 자연적으로 우위에 있다는 명제를 분명하게 거부했다. 남성과 여성은 동일한 심리적(개념적) 충동(동기) 구조를 지니고 있었다. 하지만 호르몬 구조의 결과로 인해 충동 표현에 차이가 생겨났다. 그 결과물은 인성이었다. 생명과학은 내적 상태를 가늠할 수 있게 하는 물리적 표지를 요구했다. 여키스의 작업은 심리생물학 및 현대 생물학과 성생리학의 관계를 규정했다. 앞의 두 범주는 성 문제에 관한 연구 협회의 홍보용 프로그램이었다. 사회에서 노동 분업이 충동 표현의 차이와 상호 연관될 수 있었다면, 여키스 시대의 페미니스트들은 잘못된 길로 들어선 것이었다(여키스, 1943).

여키스는 "성별에 따른 분명한 대조가 지배와 종속, 리더십과 통제, 공격 및 방어 행동의 복잡하고 가변적인 표현에서 드러난다. 이에 따라"라고 적은 뒤, "남성성과 여성성에 대한 진전된 설명은 고유한 중요성을 갖지만 그에 상응하는 깊은 주의를 기울여야 한다"고 덧붙였다. 남성과 여성이 사회적 통제를 행하는 기술의 분화를 논의하는 맥락에서, 여키스는 충동의 표현이 생물학적으로 결정된 차이라고 묘사했다. 침팬지의 '사회적 통제 기술'에서의 차이의 존재는 인간의 차이 유형 또한 심리생물학적으로 정당화되어 불가피한 것임을 암시했다.

한마디로 남성적 행동은 무엇보다도 스스로의 주의를 분산시키는 행동이다. 여성적인 행동은 우선적으로 호의를 바라고 우선권을 확보하는 것이다. 관찰자가 볼 때에는 수컷이 자신의 종속된 위치를 잊으려고 애쓰는 것처럼 보이는 경우가 다반사다. 암컷의 경우에는 이와 대조적으로 수컷이 자신에게 먹이 공급 장치에 자리를 내주리라는 희망을 품고 애를 쓴다. (⋯) 암컷에게 가장 선호되는 자원은 간계, 속임수, 기만적인 교활함, 이를테면 수컷의 명단에서 제외될 때 두드러지게 나타나는 태도들이다. 성적인 유혹 및 각종 사교 행동은 더욱더 그러하다. (⋯) 그러니까 암컷은 카멜레온과 같은 다중적 인격의 피조물이라는 것이, 우리의 관찰을 통해 분명해진다. (여키스, 1943)

여키스는 먹이 공급 장치의 실험사회학에 토대를 두고 이 같은 '관찰'을 수행했다. 그는 인성의 문화적 변형, 따라서 사회 변화 가능성의 한계에 대해서는 상상의 여지를 남겨 두지 않는다.

먹이경쟁 상황이 드러내는 태도와 활동의 대조는 인상적이며, 나는 이것을 수컷과 암컷 침팬지가 신체와 마찬가지로 행동에서도 분명하고 유의미한 차이를 지녔다는 점에 대한 증거로 제시하고 싶다. 나는 문화적 영향을 역전시키는 방식으로, 남성성과 여성성을 특징짓는 그림 또한 역전시킬 수 있다고 믿지 않는다. (여키스, 1943)

이 견해는 공학으로 인간을 바꾸고 완성할 수 있다는 여키스의 믿음에 비춰 평가해야 한다. '개인적 차이'는 어리석게도 부정해서는 안 된다. 차이는 관리의 대상일 뿐이다.

여키스는 유인원(anthropoid) 자료를 사용한 인성 연구가 사회적 금기 및 개인적 억제가 없는 상황에서 행해지므로 특별히 강력한 증거가 된다고 믿었다.

따라서 나는 이 보고서를 비롯하여 유인원에 대한 성 심리학 연구에서 제시되는 것과 같은 관찰 내용이, 사회행동의 문제에 개입한 사람들, 특히 현재라는 역사적 시점에는 정신분석학적 관찰 및 해석 기법을 평가하고 완성하며 사용하려는 정신병리학자들에게는 비할 바 없는 가치를 갖는다고 제안한다. (여키스, 1939)

인간 종에 비해서는 덜 분화되어 있어도, 침팬지들에게는 "사회조직의 단위로서" 인성이 "분명하게" 존재했다. 인성이란 기능적 전체, "유기체의 심리생물학적 속성과 능력 전체가 통합된 산물"을 뜻했다. 정상적인 인성의 경우 유전된 특징 및 기본적인 유기체적 충동은 의식적 자아와 통합되어 있었다. 요약하자면, 인성은 생명과 인간 과학에서 절대적으로 핵심적인 과학적 연구 대상이었다. 남성적이거나 여성적인 인성을 갖는 것은 사소한 문제가 아니었다. 인성이 적절하게 발달해야, 개인과 정체가 조율되어 행복할 수 있었다. 여키스는 다양성과 가변성을 과소평가하기를 원치 않았다. 성과 지배처럼 핵심적인 충동과, 남성성 및 여성성이라는 의미심장한 표현과 관련해 인성 교화는 과학적 공공서비스를 책임감 있게 제공하는 문제였다. 합리적 기준에 따라 사회적 역할을 할당할 가능성이 여기 걸려 있었다. 만약 충동과 인성이 이른 나이에 측정될 수 있다면 적절한 치료가 개시될 수 있었다. 여키스는 조심스럽게 희망을 가졌다.

만약 침팬지에서 명백하게 드러나는 것처럼 인간에게 인성 특질로서의 우세가 리더십과 강한 양의 상관관계를 맺고 있다면, 개체의 주도권, 호기심, 임기응변, 창의력의 조건이거나 그에 분명하게 보탬이 된다면, 나아가 어린 시절에 신뢰할 수 있을 정도로 측정 가능하다고 판명된다면, 우세는 직업 적합성이나 사회적 유용성의 지표로 두드러진 가치를 지니게 될 수 있고, 따라서 차별화된 교육 방침과 직업 선택의 기초역시 될 수 있을 것이다. 심지어는 부부 관계에 대한 조언까지도 이 영향을 받을 수 있다. 합치성이나 사회적 적합성이,

짝이나 동료의 인성 특질로서 우세의 유사성이나 그 반대의
상황에 두드러지게 의존할 수 있기 때문이다. (여키스, 1939)

1930년대 인류학에서 문화 개념이 인성 개념에 의존하고 있
었다는 점은 의미심장하다. 여키스와 더불어 인성을 통해 본능으
로부터 문화로 그리고 인간공학으로 이행해 간 것이다. 과학자들
은 성과 정신, 사회를 동기부여 학습으로부터 실험사회학에 이르
는 영장류 비교심리생물학이라는 전도유망한 새 생명과학 분야
를 정립하는 과학적 공공서비스의 소명 안에서 결합했다. 영장류
학은 자연과 문화라는 원칙이 개혁되는 중대한 시기에 생명과학
과 인문과학 사이의 매개자 역할을 했다. 여키스는 이 과학이 보
다 고차원적인 개인 및 사회적 의식을 고취하는 것, 즉 자유주의
적 인본주의의 이데올로기적 목표에 기여하리라는 믿음을 토대로
자신의 삶을 설계했다.

이 장의 두 번째 주요 항목인 사회생물학(sociobiology)을 본
격적으로 다루기에 앞서, 인간의 모델로서의 영장류의 충동과 인
성에 대한 여키스의 입장이 무르익은 1930년대 후반에서 그가 산
업 인사관리 연구에 참여했던 1920년대 초반으로 돌아가 보자.

1920년 여키스는, 인사관리연구연합(Personnel Research Fed-
eration)의 학회에서 임시 의장을 맡음과 동시에 허용된 권한을 활
용해 인간공학을 향한 그의 연구를 물들인 주제들을 발전시켰다.
그는 "산업 체제와 그 산물이 인간 복지를 목표로 한 것으로 간주
되어도 좋을지"라는 문제를 두고 "우리 종족을 현명한 해결책으
로 이끌, 중립적인 연구가 가능할 것이라는 확신을 갖고 앞을 내다
보자"라는 호소로 시작했다(여키스, 1922). 그는 새로운 시대의 핵

심 분야가 인사관리 연구, 즉 생산에서의 인간 요소에 대한 연구라고 여겼다. "인간공학이 머지않아 실천적 노력의 주요 형태 중 하나로 자리 잡을 것이라고 생각할 이유가 충분"했다. 여키스는 산업 체제가 노예제에서부터 임금제 그리고 다시금 협동에 기반한 현재의 체제로 진화했으며, 사람의 가치가 이제야 비로소 실현될 수 있다고 믿었다. 인사관리 연구는 사람을 생산에 적절한 단위로 간주했기 때문에, 이 분야는 지능적인 협동을 과학적으로 배양함으로써 노동과 비적응적인, 진화적으로 시대에 뒤떨어진 자유방임적 자본주의 사이의 계급투쟁을 대체하는 길을 열었다. 여키스와 그의 자유주의자 동료들은 몸, 마음, 정신, 성격의 특질을 연구하여 '사람'을 산업 속에서 적절한 위치에 꼭 들어맞게 배정해야 한다고 주장했다. 평등은 분명, 유기체적 동일성을 뜻하지 않았다. 따라서 그 대신, "미합중국에서는 나이, 성별, 인종의 한계 내에서 사람들이 법 아래서 평등하며 인간을 위한 봉사와 책무의 기회 같은 시민의 권리를 주장할 수 있다"라는 점을 뜻하는 것이 확실했다(여키스, 1922).

여키스의 논리에 따르면 평등은 중립적인 과학에 의해 판단된 자신의 자연스러운 자리를 차지할 수 있는 권리를 뜻했다. 차이는 새로운 과학에게 던져진 핵심 주제였다. 인사관리 연구는 고용 매니저와 '사람'을 위한 적절한 직업 상담에 보탬이 되는 믿을 만한 자료를 제공할 것이었다. '직업' 자체는 산업 과정의 중립적 산물로 간주되기에 문제는 민주주의 내에서 발생하는 인간 문제의 항목 중 하나일 뿐이었다. 분석의 단위는, 생리학·의학·심리학·인류학·사회학을 경영 서비스로 결합하는 과학적 인성 개념에 따라 변형된 형태의 사람이었다. 게다가 '사람'과 '인성'은 강력한 반유물론적 함의를 동시에 가졌기 때문에, 그와 결부된 이데올로기는 지능검사, 동기 연구, 성 심리생물학과 같은 객관적 방법에 따라 과학적으로 환원될 수 있었다. 철학적 이상주의가 자연과학과 결혼하여 공장과 가정에서 행실이 바른 근대적 아동을 생산해 냈다. 간단히 말해, "산업은 이제 성격, 마음, 몸의 성질과 관련해 사람을 측정할 수 있는 적절한 방법을 개발할 수 있으며, 이와 같은 정보를 사람의 배치, 직업의 선택과 조언과 관련해 바로 활용할 수 있는 기회를 풍부하게 지닌다"(여키스, 1922).

　비록 사람은 과학적 경영, 곧 협동의 과학에서 지배의 핵심 구조의 대상이 되어야 했으나, 자기표현의 이데올로기 또한 여키스의 해설에 내장되어 있었다. 개인과 사회를 대상으로 하는 조화로운 경영은 자본주의적인 인성 원칙에 기대고 있었다. 그 자체가 과학에 의해 알려진 기본적 본능의 충족이 이 모델에서 자기표현의 정수였다. 계급 갈등이 아니라 과학이 인간의 적응적 진화를 진전시킬 수 있었다. 충동이 사회적으로 유용하려면, 비로소 적절한 산업 발전을 찾아내는, 협동의 생물학적 진화와 양립 가능한 유기체적 본능의 일종이어야 했다. 여키스는 논리적인 방법을 동원해 인성이라는 과학적 대상을 사람의 영적 가치 위로 무너뜨렸다. "인간의 모든 핵심적 측면과 관계를 반영하는 적절한 지식을 이용 가능하게 만들고 사람이라는 지상의 가치를 분명하게 새김으로써 (기계의 발명보다) 훨씬 더 중요하고 이로운 혁명이나 개혁을 추진해야 할 임무는 이제 인사관리 연구에 할당되었다"(여키스, 1922). 결혼의 시장 교환과 산업이라는 생산 기계를 합리화하는 과정에서, 비교심리생물학은 자본주의적 가부장제의 논리를 따라 자연과 인류를 이론화하는 생명 및 인간 과학의 한가운데에 자리를 잡게 되었다.

체계공학과 투자 경영의 과학: 사회생물학

성은 진화에서 반사회적 힘이다. (…) 유성생식이 도입되었을 때
집단 구성원의 유전적 구성이 달라진다. (…) 이로 인한 이해관계의
충돌은 불가피하다. (…) 이와 같은 이해관계의 충돌은 이타성의
범위에 가해지는 긴장과 엄격한 한계 그리고 노동 분업을 말한다.
— 에드워드 윌슨, 『사회생물학: 새로운 종합(Sociobiology:
The New Synthesis)』

사람에 기초한 유기 공학은 20세기 후반의 지배적인 생명과학의
형식은 아니다. 심지어 생물학은 더 이상 존재하지 않으며 유기
체는 물리과학과 생명과학 그리고 인문과학의 관계를 급진적으
로 변화시킨 사이버네틱스 체계에 의해 대체되었다고까지 주장
할 수 있다.[16] 사회생물학자들이 그런 주장을 했는데 내 생각에는
이 주장은 아주 설득력 있다. 어떻게 이런 일이 벌어졌을까? 특히
성, 마음, 이윤의 관계와 관련해 어떤 결과가 발생하는가? 이번 장
에서 탐사할 수 있는 것은, 분자생물학, 개체군유전학 및 생태계
생태학 그리고 사회생물학을 낳은 생물학적 혁명의 일부뿐이다.
1930년대 중반 무렵 여키스의 심리생물학은 그의 동료들의 연구
프로그램과 마찬가지로 록펠러재단과 갈등을 겪었다. 자연과학
분과의 새 수장이었던 워런 위버(Warren Weaver)는 생물학과 생
명과학으로서 공학의 미래에 대해 상당히 다른 비전을 갖고 있었
다. 위버는 훨씬 거대한 힘들의 도구이자 징표였다.[17] 1960년대 초
반 무렵 커뮤니케이션 혁명이 확고해졌다. 생물학에서 그 효과는
계시적이고 집합적이며 권위적인 문헌 네 개를 통해 추적해 볼 수
있는데, 이 문헌들은 에드워드 윌슨과 동료들이 함께 쓴 유려한 최

신 일반 생물학 교재에 집대성되어 있다.[18] 자본주의적 생명과학에서의 기계와 시장이라는 주제는 윌슨(1929년생, 1955년 박사학위 취득)과 그의 수많은 동료들의 작업에서 반복적으로 등장한다. 사회생물학은 제2차 세계대전 이후의 자본주의라는 역사적 조건에 적절한 통제 논리를 지닌 커뮤니케이션 과학이다.

커뮤니케이션 혁명은 통제 전략을 바꾸어, 운영 연구에 기반해 유기체에서 체계로, 우생학에서 인구 관리로, 인사관리에서 조직 구조(사회기술적 체계와 인체공학)로 그 대상을 바꾸었다[릴리엔펠드(Lilienfeld), 1978]. 커뮤니케이션 혁명은 자연적 대상을 정보의 생산, 이전, 저장의 메커니즘을 통해 적절하게 이해할 수 있는 기술적 장치로 다시 이론화하는 것을 뜻했다. 실제 커뮤니케이션 체계와 관련된 기술적 변화가 이 근본적인 과학 개혁의 물리적 기반의 일부를 제공했다. 전쟁과 군대 경영의 문제가 새로운 과학 발전을 추동했다. 운영 연구는 제2차 세계대전과, 총체적 또는 체계적 방식을 통해 파악된 적의 위치에 대한 정보와 레이더 장치를 조율하려는 노력과 더불어 생겨났다. 여기에서는 인간 운영자와 물리적 기계장치가 통합된 분석 대상으로 간주되었다. 통계 모델은 중요한 결정을 내리기 위한 시뮬레이션과 예측의 문제에 점점 더 많이 적용되고 있었다. 전쟁 이후 이루어진 전자공학 산업과 커뮤니케이션 기술의 폭발적인 발전은, 축을 중심으로 여러 개의 면이 조직화된 안정적인 체계를 고안하고 관리하는 사회적, 군사적 계획 수립 전략과 점점 강한 관계를 맺었다.[19] 변수의 범주들과 관련된 변이와 상호작용 효과에 대한 지식이 개인의 상태에 대한 관심을 대체했다. 커뮤니케이션 기계인 컴퓨터는 새로운 통제 전략을 가능하게 만들고, 그 자체가 상징이 되기도 했다.

커뮤니케이션은 곧 통제라고 가정해 보자. 하지만 통제의 목표는 무엇인가? 그리고 그와 같은 목표는 과학의 구조 전체를 심층적인 의미에서 자본주의적이라고 부를 만한 근거가 정말 되는가? 두 번째 질문에 최종적인 대답 같은 것은 없지만, 그래도 일단 첫 번째 문제를 살펴보기로 하자. 복합적이고 안정적인 배열(configuration), 즉 안정적인 진화 전략은 어마어마하게 복잡한 경제적·정치적 상황에서 이윤을 실현하기 위해 핵심적이었다. 체계 이론이 고심한 문제는 위기가 상주했던 제2차 세계대전 전후 자본주의에서 이윤을 지속적으로 산출하며 극대화하는 것이었다. 잉여가치의 추출과 이윤의 실현을 매개하는 구조의 범위는 커뮤니케이션 혁명을 구성했던 담론과 기술 전체를 요구했다.

자연과학과 인문과학의 어떤 분야도 이와 같은 기술적·이론적 변환의 영향을 피해 갈 수 없었다. 각각의 과학 담론이 이러한 역사적 변동과 어떤 관계를 맺는지는 세심한 연구를 통해 접근해야 하는 문제다. 이 연관 관계가 직접적이거나 간단할 리는 없다.[20] 하지만 사회생물학에 체현된 공식적 자연 이론이 투자전략이나 노동 통제 체계, 인구학 위에서 보험 문제를 다루는 진보된 자본주의 이론과 구조적으로 닮았다는 점은 의미심장하다. 게다가 사회생물학은 모든 현대 생물학과 마찬가지로 통제장치를 핵심 대상으로 삼는다. 자연은 커뮤니케이션의 문제로 이론화된, 서로 결합된 일련의 사이버네틱스 체계로 구조화되어 있다. 자연은 자본주의적 기계와 시장의 용어로 체계적으로 구성되었다. 먼저 시장을 살펴보기로 하자.

시장은 자연선택 개념의 역사를 통해 가장 잘 이해할 수 있다. 동시대인들은 다윈의 자연경제, 즉 이윤을 위한 만인의 만인에 대한 경쟁적 투쟁이 정치경제와 거북한 대응을 이룬다는 암시를 깨달았다. 다윈은 토머스 맬서스에게 진 빚을 스스로 인식하고 있었다. 희소성은 역사뿐만 아니라 자연의 동력이다(맬서스, 1798). 생물학적 개체수는 영구적인 희소성뿐 아니라 영구적인 기술 진보를 보장하는 속도로 증가했다. 진보와 희소성은 자본주의 발전에서 쌍벽을 이루는 힘이다.[21] 생물학적 유기체의 번식은 자연과 역사 모두의 기본 과정으로 보였고, 번식은 본질적으로 경쟁의 문제였다. 생산이 아니라 재생산이 사회의 자연과학이 초점을 두기에 적절한 대상으로 보였다. 이와 비슷하게 마르크스가 지적했던 것처럼 부르주아 정치경제학자들은 시장에서 이루어지는 동등하고 경쟁적인 교환에 초점을 두면서 생산의 지배관계를 모호하게 만들었다. 이런 관계는 기술을 포함한 특정 메커니즘에 의해 강제되었는데, 이런 메커니즘들은 통제의 중심지를 노동자에게서 다른 곳으로 옮기도록 설계되어 있었다. 이 관점에서 보면 사회생물학은 자연선택 이론의 확장과 발전에 불과하다.

　『사회생물학』(윌슨, 1975)은 집단, 즉 사회 및 개체군에 대한 생물학적 이해다. 모든 자본주의적 과학에 관한 한 설명이 필요한 근본적인 문제는, 개체가 공동선을 위해 조립되는 현상이다. 다윈의 자연선택이론에 재생산된, 원자론적 개인주의라는 출발점에서 보면 이타성(*altruism*)은 설명의 대상이었다. 일관된 선택 이론의 견지에서 이타성은 비합리적으로 보였다. 사회생물학에서 이타성은 "자기파괴적인 행동을 감수해서 다른 이에게 혜택을 보게 하는 것"으로 정의된다(윌슨, 1975). 자기파괴적인 관대함을 베풀며 시간을 낭비하고 위험을 감수한다면, 개체는 어떻게 장기적으로 이득을 볼 수 있는가? 이 문제는 사회성 곤충과 비인간 영장류를 비롯하여 물론 인간 사회와 같이 가장 진보된 자연 사회에서 특히 첨예하게 불거지는 것으로 보였다. 사회생물학의 해법은 자연선택과 개체군유전학을 정교한 양적 방식으로 확장하여 포괄 적합도(inclusive fitness), 즉 "한 개체의 적합도에 직계존속 이외의 친족에 미치는 적합도 영향을 모두 더한 것, 따라서 한 개체와 관련해 친족 선택의 효과 총체"를 고안하는 것이었다(윌슨, 1975).

　　포괄 적합도와 관련된 개념들, 이를테면 친족 선택이나 성선택, 부모 투자는 오래된 논변에 다시금 주목하게 만들었다. 말하자면 이런 질문들이 불거진다. 어떤 층위에서 선택이 발생하는가[윈-에드워즈(Wynne-Edwards), 1962; 트리버스, 1971, 1972]? 특히 사회집단이 선택의 장소가 될 수 있을까? 만약 그렇다면 집단은 신체적으로나 유전적으로나 개체에 유비될 수 있는 초유기체인가? 사회생물학의 대답은 그렇지 않다는 것이다.[22] 더 정확히 말하면, 이러한 문제 제기는 더 이상 사리에 맞지 않는다. 사회생물학의 유전 미적분학은 유전자와 유전자 조합의 극대화 전략과 관계된다. 현상의 층위에서는 비성적 개체에서부터 단 한 쌍의 번식하는 짝만 지닌 계급구조의 곤충 사회, 번식하는 구성원이 다수 있으며 역할이 분화된 사회에 이르기까지 모든 층위가 가능하다. 이와 같은 질서 중 어느 것도 관심사의 중핵은 아니다. 실체적 대상은 유전자 풀에 있는 유전자로서, 리처드 도킨스는 이를 '복제자(replicator)'라고 불렀다. 사회생물학은 유전자 시장을 궁극의 설명 용어로 삼아 모든 행동을 분석한다.

　　몸과 사회는 모두 스스로의 번식 이익을 극대화하기 위한 복제자들의 전략에 불과하다. 표면에 드러나는 개체 간 협동은 완벽히 합리적인 전략일 수 있다. 장기적인 비용-이득 분석이 유전자 수준에서 이루어지는 한에서 말이다. 그런 분석은 이와 같은 과학이 요청하는 정치경제적·기술적 요구에 직접 연관되는 수학적 도구의 개발과 적용을 필요로 한다. 20세기 후반의 정치 및 자연경제에서 새롭게 등장한 차원은 매우 복잡한 조합의 형태라는 공유된 문제를 인지하는 것으로, 이런 조합은 초국적기업의 이타성과 자유주의적인 기업책임과 같은 현상을 수반하는 자본주의의 경쟁적 근간을 모호하게 만든다.

　'자연'에서 이윤은 유전자라는 통화로 측정되며, 번식 또는 복제는 자연의 정언명령이 된다. 하지만 번식은 성과 동일하지 않다. 사실 성은 위험한 현대적 혁신으로, 기존의 개체 이윤 추구의 논리에 너무나 도전적이기 때문에 상당한 주의를 요구한다. 다른 모든 자본주의 체계와 마찬가지로, 자연 복제 체계는 항상 급진적인 혁신을 창출하도록 추동되며, 그렇지 않으면 활발한 경쟁에 의해 퇴출된다. 성은 그런 면에서 유리하다. 사회는 개체의 이득과 포괄 적합도에 뒤따르는 결과를 통해 합리화될 수 있지만, 가장 고도로 통합된 사회인 곤충 사회는 성의 파괴적 효과를 최소화한다. 성은 사회 구성에 제약을 가한다. 유성으로 번식하는 개체들은 유전적으로 동등하지 않기 때문이다. 따라서 개체들은 서로 다른 투자전략을 통해 경쟁한다(윌슨, 1975).

　그렇다면 왜 위험한 투자전략을 감수할까? 혁신을 가속화하기 때문이다. 환경 변화를 비롯한 다른 우연에 반응할 수 있는 새로운 유전형을 재빨리 생산하는 것이다. 이와 같은 다변화는 장기적 성공의 가능성을 극대화한다. 돌연변이에 일차적으로 의존하지 않은 채 새로운 유전형을 재빨리 생산하는 번식자는 경쟁에서 이득을 확보한다. 사회생물학의 주장에 따르면, 성적 경쟁의 위험이 급속한 분화의 이득을 초과하는 상황이 자연적으로 발생할 수 있다. 성은 만약 이득을 제공하지 않는다면 사라져야 한다. 하지만 유성생식에 참여하는 구성원으로 이루어진 사회는 진정한 평화를 바랄 수 없다. 가장 밝은 전망은, 서로 경쟁하는 투자전략을 조화롭게 관리하여 체계 전체(자연선택)가 보존되도록 하는 것이다.

성에 대한 이와 같은 분석의 결과 중 하나는 수컷과 암컷의 번식 이득이 상충하는 것이다. 이 문제에 관심이 쏟아졌다. 부모 투자전략에 대한 가장 훌륭한 연구 몇몇은 새를 대상으로 진행되었고, 한 번에 품는 알의 개수나 행동(특히 짝짓기에 응하려는 정도)상의 암수 차이와 같은 문제들을 이해할 수 있도록 했다.[23] 사회생물학은 암수가 설령 전략은 다를지언정 동등하게 경쟁할 수 있다는 점에서 유일하게 의미 있는 게임인 유전적 이윤의 축적에서 궁극적으로 서로 평등하다는 주장을 제시했다. 두 성별의 서로 다른 전략은 두 성이 번식에 에너지를 바치는 방식들의 차별화된 함수다. 짝은 서로를 안정적으로 통제할 수 없는 자본축적의 수단으로 간주해야 한다. 자손의 배양과 양육에 어마어마한 에너지 자원을 헌정하는 성별은 조신한 행동을 발달시키고 잘못된 짝을 향해서는 회의적인 태도를 취할 것이다. 이와 같은 근본 행동은 유전적으로 요청되고 제약되는 것임이 거의 확실하다(도킨스, 1976).

암수의 경쟁적인 번식 전략을 강조했던 세라 블래퍼 허디 (Sarah Blaffer Hrdy)의 랑구르 행동에 대한 책을 광고할 때, 하버드대학교 출판부는 그러한 자연사의 영역을 페미니즘이라고 일컬었다[포드(Ford), 1976; 허디, 1977]. 페미니스트 정치경제에서 이보다 더 시장 제약적인 근거를 찾기는 어려울 것이다. 인간에 대한 사회생물학의 적용은 대체로 성적 경쟁을 중심에 두는 경향이 있다[바인리히(Weinrich), 1977].

아직 해명되지 않은 주제들이 많지만, 일단 시장을 떠나 보기로 하자. 그리고 자연을 커뮤니케이션 또는 통제 기계로 이론화하는 사회생물학을 살펴보기로 하자. 다시금 나는 사회생물학이 인간에 적용되는 방식이 아니라, 이 과학에 내장된 근본 개념에 주목하려 한다. 유전자는 안정적인 매개 장치를 만들어야 한다. 다시 말해, 자본이 자본주의 제도를 요하는 것처럼, 진화적으로 안정적인 전략을 체현하는 기계를 만들어 내야만 하는 것이다. 전달과 복제 메커니즘 없는 유전자는 축장된 화폐나 마찬가지다. 시장은 자신의 고유한 명령과 일치하는 생산기술을 요구한다. 여기서 우리는 경쟁과 교환의 영역을 떠나 생명의 공장에 들어간다. 그럼 유전자는 어떤 유형의 매개 기계를 보여 주는가? 필연적으로, 사이버네틱스 체계이다.

사회생물학은 두 가지 근본적인 체계 유형을 연구한다. 바로 개체군과 사회다. 둘 모두 정보의 경계 및 에너지 흐름이라는 용어를 통해 연구된다. 정보와 에너지는 동전의 양면이다. 열역학과 정보과학으로 이 사실을 깨달을 수 있게 되었다. 개체군은 시간에 따른 유전자 흐름의 경계라는 측면에서 계측되며, 유전자는 정보가 물질화된 것이다. 사회생물학은 사회를 커뮤니케이션 지대와 정보교환의 용어를 통해 연구한다(윌슨, 1971, 1975). 개체는 사회생물학 및 다른 생명과학 분야에 공통된 체계다. 개체는 다른 개체들과 상호작용하고, 마찬가지로 정보 및 에너지의 구조화된 흐름의 일부로서 연구된다. 그 결과 보다 높은 차원(개체군과 사회)이 생겨난다. 개체는 유전자가 구성하거나 작동을 지시하는 매개 구조다.

유전자가 진짜로 만들어 내는 것은 행동하는 기계다. 따라서 행동은 사회생물학의 핵심 관심사가 된다. 행동은 진화 리듬의 제조기다. 행동은 변수를 감지하고 그에 따라 반응하는 능력을 통해 체계의 변화 속도를 결정한다. 도킨스는 집필한 책의 한 장인 「유전자 기계」에서 최소 단위가 신경세포인, 생물학적 유전자가 시기를 조절하고 통제하는 운동의 관점에서 행동에 대해 논의한다(도킨스, 1976). 그에 따르면 유전자는 체스를 두는 컴퓨터에서 작동하는 프로그램 같은 것이다. 그러니까 유전자는 두뇌, 작용 기관, 감각 회로를 구축한다. 두뇌는 논리 프로그램을 가지고 정보를 처리하는 장치다. '상상력'(모든 심적 언어)과 같은 용어는 진보된 두뇌로 인해 가능해진 시뮬레이션 유형을 일컫는다. 두뇌의 업무는 환경을 포함해, 상호 연관된 체계의 우발성에 대한 예측 그리고 운동의 속도를 조절하는 것이다. 체계의 목표는 유전적 이윤을 극대화하여 특정한 통제 형식으로 구조화되는 것을 보장하는 데 있다. 처리의 속도와 능력은 통제장치로서 두뇌의 기본 척도이다.

윌슨(1975)은 사회적 행동을 환경 변화 감지장치라고 부른다. 그는 다중적 수준에서 위계적으로 설계된 감지 체계의 개념을 정교하게 발전시킨다. 적절한 감지 메커니즘을 적절한 시간 척도와 연관 짓는 그는, 진화적 적응(본능-반사 체계에서 일반화된 학습 체계를 아우르는 형태학적 변화와 유기체적 '반응'의 위계)의 층위로부터 개체적 적응(학습, 사회화, 놀이)의 층위로 '내려오며' 작업한다. 본성과 양육에 대해 논쟁하는 것만큼 어리석은 일도 없다. 감지장치를 어느 층위에서 고려하고 있는지가 관건이다.

마음에 새겨 둘 중요한 요지는 호르몬에 의한 행동 매개, 개체 행동의 발달, 동기화와 같은 현상들은 서로 다른 지속 시간을 갖는 환경의 변화에 따른 적응의 집합에 불과하다는 것이다. 이 현상들은 종이 그 생물학적 특징을 형성하는 구심점을 제공하는 유기체의 근본 속성이 아니다. (…) 부신피질, 척추동물의 중뇌를 비롯한 통제기관을 제한하는 특징을 찾아서, 이런 현상들에 대한 일반화된 설명을 도출할 수는 없다. 왜냐하면 이 기관들은 그들 스스로가 특정 종이 소유하는 다양한 특수 감지장치들을 갖추라는 요구에 반응하여 진화한 것이기 때문이다. (윌슨, 1975)

해서 생리학은 다른 분석 층위에 종속되어 있다. 이 층위는 레이더보다 훨씬 민감한 생물학적 감지장치를 대상으로 하는 운영 연구의 층위다. 행동, 적응, 두뇌를 제2차 세계대전 당시 연구되었던 작전 용어들로 파악하는 이와 같은 접근법은 여키스의 마음, 두뇌, 사회에 관한 심리생물학적 원칙들과 뚜렷이 대조된다. 생물학적 범주(biological inventory)와 인사관리는 대체되었다. 한편으로는 사람이나 초유기체(협동을 산출하기 위해 정신이 성적 본능을 조율한다), 다른 한편으로는 유전자의 전략인 정신을 지닌 다중적인 감지 체계 사이에 거리가 크게 벌어진다.

커뮤니케이션이론은 사회생물학이 행동을 다루는 방식과 긴밀하게 연관된다. 운영 연구에서 정보과학으로 넘어가는 것은 순식간이다. 커뮤니케이션이란 유의미한 신호를 보내고 받는 것으로 행동이 취해질 가능성을 변경한다. 윌슨(1975)에 따르면 자신의 과제는 '동물기호학(zoosemiotics)'을 구축하는 것, 즉 커뮤니케이션의 일반적 속성에 대해 탐구하는 것이었다.[24] 이 과제의 기본적인 작업은 커뮤니케이션의 양태를 분석하는 것으로, 청각, 촉각, 음성, 화학 등의 감각 경로에 주목할 수밖에 없다.

따라서 다수의 감각 양태의 장단점을 마치 이들이 메시지를 실어 나르는 특권을 둘러싸고 형성된 열린 시장에서 상호 경쟁하는 것처럼 분석하는 것은 정당하다. 더 친숙한 방식으로 표현하자면, 우리는 종이 에너지나 정보의 효율성을 극대화하는 감각 신호의 혼합물을 향해 진화할 것이라고 온당하게 가정할 수 있다(윌슨, 1975).

윌슨이 사회생물학에 기여한 주요 연구 성과 하나는 페로몬을 매개로 하는 곤충들의 화학적 커뮤니케이션으로서, 위와 같은 맥락에서 이 연구를 음미해야 한다. 페로몬은 화학물질인데, 보통은 내분비샘에서 분비된다. "한 개체가 이 물질을 신호로 방출하면 다른 개체가 그를 맛보거나 냄새 맡은 후 반응한다"(윌슨, 1975). 사회성 곤충은 이런 양식을 광범위하게 활용한다. 1958년 무렵 윌슨(1962; 1971)은 수학적 기법을 변형하여 불개미의 냄새 궤적이 전달하는 정보의 양을 측정한 뒤, 꿀벌이 엉덩이춤으로 전달하는 정보의 양과 비교했다. 모든 유형의 행동을 에너지, 능력, 소음, 모호성 등을 상호 연관 짓는 관행적인 정보 이론에 따라 처리 가능한 조각으로 변환하는 것이 그의 주된 기획이었다. 윌슨의 목표는 커뮤니케이션을 위계적으로 층위가 나뉘고 시간 축 및 물리적 양상에 따라 분화된 진화적으로 안정된 전략의 일부로 이해함으로써, 유전적 적응도나 유전적 이윤의 극대화를 살피는 것이었다.

영역성과 우세 위계 체계는 중기적으로 안정적인 배치를 유지시키는 커뮤니케이션의 양태다(윌슨, 1975). 경쟁의 형식인 공격성은 기본적으로 커뮤니케이션의 한 유형으로, 기능적 내용과 에너지 효율성을 술어로 삼아 분석해야만 한다. 원칙적으로는 진화의 공학자가 필요로 할 수는 있겠지만, 공격성은 성과 마찬가지로 없어도 괜찮다. 가능성은 매우 희박하지만 시대에 맞지 않는 공격성의 표현이 발견될 것이라 예측해야 하고, 인간 질서에 맞는 사회적·심리적 치료 모델을 제공해 줄 것으로 기대된다. 자동화된 기술 장치의 생물학에서 노후화는 중심적인 주제다. 한 사람에게 구현되는 여키스의 유기체적 심리생물학적 특성과는 분명히 대조된다. 사회생물학자에게 우세는 특성도 아니고, 개별 유기체의 성향도 아닌, 체계의 속성이다. 사회생물학에 잘 들어맞는 공학적 개입의 유형은 체계 분석과 설계이지, 생리학과 의과학의 유비에 기초한 임상적 분석이 아니다. 하지만 두 공학 형식 모두 인간 수준에서 역사(체계)를 설계할 때 과학적 전문가가 특별한 역할을 수행한다고 주장한다.

체계 설계의 핵심은 최적화(optimization)다. 최적화는 완벽함을 뜻하지 않는다. 하나의 체계는 주어진 조건 아래서 생존할 만큼은 좋아야 한다. 자연은 게으를 수 있고, 적응적 완벽화라는 신학적 기획을 내버린 것처럼 보인다. 여키스는 적응성에서 완벽을 찾으려고 했지만 사회생물학자들은 그렇지 않았다. 최적화는 모든 상황에서 생산 효율을 극대화하는 것을 뜻하지 않았다. 최적화된 사회의 곤충은 부지런한 만큼이나 게으를 수 있고, 그 정도를 정확하게 측정할 수 있었다. 체계의 최적화에 핵심적인 것은 개별적으로 완벽한 일꾼 개미가 아니라, 여러 변수들이 산출하는 집단적 효과다. 그렇기에 테일러주의적 과학 경영은 자연경제에 대한 현대 과학 연구의 유비물이 되기에는 부적절하다.

1960년대 초반 윌슨은 인간의 자본주의 생산의 사회학에서 개발된 인체공학의 체계 과학을 참조했다.[25] 인체공학은 노동, 작업, 능률의 분배를 정량적으로 연구하는 분야다. 여기에서는 체계의 역사를 해명해야 할 필요가 있다. 이용 가능한 소재를 비롯해 다른 제약들에 한계를 설정하는 것이 역사이기 때문이다. 자연 체계에서 이와 같은 제약들은 유전 프로그램에 새겨져 있을 가능성이 높다. 현존하는 생산 체계는 자연경제와 정치경제 모두에서 타협의 결과물이다. 공학자는 가능한 한 최선의 경로를 결정하고, 유토피아적 활동가에게 사과 따위는 하지 않는다. 윌슨은 인체공학을 적용해서 곤충 사회의 여러 계급이 어떤 수로, 어떤 유형으로, 언제 생산되는지의 문제를 다룸으로써 '최적성을 분석'했다. 이런 분석은 어떤 종에게 주어진 특정한 환경조건 속에서 어느 시기에 얼마나 많은 생식형이 성적으로 번식할 것인지를 드러내야 한다.

> 첫째로, 군집의 번식에서 비용의 개념을 생각해 보자. (…) 성숙한 군집은 기존에 결정된 크기에 도달하면 최적의 혼합률에 근접한 계급 비율을 지닐 것이라고 예상할 수 있다. 이 혼합률은 군집이 최대 크기에 도달했거나 그에 근접했을 경우 새 여왕과 수컷을 최대로 생산할 수 있는 비율이다. 사회성 곤충의 군집을 요새의 내부에 건설된 공장 비슷한 방식으로 작동한다고 간주하면 이해하기 쉽다. (…) [이] 군집은 먹이 수집 일꾼을 밖으로 내보내 먹이를 모으는 동시에, 군집 내부에 확보된 먹이를 서식지 안의 새로운 여왕과 수컷으로 가능한 한 빨리 그리고 효율적으로 변환해야 한다. 유성생식 형체를 생산해 내는 비율은 중요하지만 군집 적합도의 유일한 구성 요소는 아니다. (윌슨, 1971)

군사작전, 경쟁적 섹슈얼리티, 자본주의적 생산에 근거한 체계 과학의 관점에서 생물학적 대상을 이보다 더 분명하게 분석한 예는 찾기 어려울 것이다. 사회생물학이라는 윌슨의 과학은 성을 더 이상 인성의 문제나 가족, 교육, 산업에 적용된 인사관리학의 관점에서 바라보지 않는다. 설계 공학자가 분석한 최적화된 커뮤니케이션 체계를 다루는 새로운 생물학에는 여키스가 참고하는 용어들이 들어설 자리가 더 이상은 없다. 이 모든 것에 의해 불안해지는 측면은, 사회생물학자들이 이런 분석을 통해 곤충의 계급 분포를 정확하게 예측할 수 있고 또 실제로 해냈다는 것이다.

윌슨은 커뮤니케이션의 기원과 진화에 대한 『사회생물학』의 결론 부분을 공학으로서 생물학의 핵심 요소들을 제시하면서 마무리했다. 공학으로서 생물학이란, 잠재적으로 시대에 뒤떨어진 자연 통제 체계를 인간이 매개해 개선한다는 전망을 갖고 체계 설계를 연구하는 과학을 뜻한다. "만약 자연선택 이론이 정말로 옳다면 진화하는 종은 수중에 있는 소재가 허락하는 한 가장 완벽한 전달 장치를 조립하려 애쓰는 커뮤니케이션 공학자에 비유할 수 있을 것이다"(윌슨, 1975). 자연 체계의 진화에 대한 계통 발생상의 제약은 인간의 경우에도 연구될 뿐만 아니라 다시 설계될 수도 있을 것이다. 하지만 설계에는 한계가 있을 것이다. 위계적 통제 체계와 다른 형태의 지배 형식을 부정하는 인간의 정치적 관점, 예컨대 사회주의페미니즘의 관점에서 볼 때는 중요한 한계 말이다.

품질관리 산업의 유형으로서 유전공학과 생명윤리의 아래 도사리고 있는, 자연에 대한 이론적 관점은 사회생물학에서 분명하게 드러난다. 윌슨의 책 『인간 본성에 대하여』(1978)는 제약 및 심층적으로 결정된 궤적을 강조하지만, 시대에 뒤떨어진 체계에 전면적으로 공학적인 방식으로 접근하는 데 대한, 논리적 장벽은 물론이고 도덕적인 장벽도 존재하지 않는다.[26] 그런 의미에서 이 책은 성차별적, 인종주의적, 계급주의적인 방식으로 현상 유지의 필요성을 노골적으로 광범위하게 합리화한다. 사회생물학의 기초는 자연에 대한 자본주의적이고 가부장제적인 분석으로 지배관계를 요구하지만, 그 형식만큼은 매우 혁신적이다. 사회생물학에서 공학적 재설계에 가해지는 제약은 가치의 사적 전유에 대한 자본주의적 동역학과 이로 인해 요청되는 정교한 지배관계의 목적론에 의해 결정된다. 성차별주의의 근간은 성역할을 유전적으로 설정되었다고 합리화하는 데 있기보다는, '인간'이 '자연'을 지배한다는 기본 공학의 논리에 따라 설정된다. 사회생물학의 인본주의는 윌슨이 자신을 변호하며 올바르게 인용하듯이, 그의 학문이 지닌 성차별주의의 핵심 자체다.[27] 물론 이에 보태 인간 사회에 적용된 사회생물학적 추론은 직업 분리, 우세 위계, 인종주의적 쇼비니즘 그리고 성에 기초한 사회가 유전적 경쟁의 더 추악한 측면을 통제하기 위해 지배구조를 만들어 낼 '필요성'을 안이하게 자연화하는 경로로 미끄러져 들어간다. 하지만 반어적으로 사회생물학은 심리생물학 및 여타 기능주의 생물학에 비해서는 성차별과 인종주의와 덜 명확하게 결부되어 있다. 사회생물학은 급진적인 공학으로서, 자연적 설계의 노후화한 오류라는 대상을 간단하게 정화할 수 있다. 유기체적 신체의 신성함은 진화적으로 안정된 전략의 새로운 설계자들에게는 성스럽지 않다. 윌슨이 『인간 본성에 대하여』에서 판도라를 거부하면서 지배를 통한 인간 해방을 상징하는 거인인 프로메테우스를 새로이 숭배할 것을 제안하는 것도 놀랄 일은 아니다. 그리스어로 프로메테우스는 선견지명을 뜻하며, 이는 커뮤니케이션 과학에 최적인 결과다.

표3. 자본주의와 가부장제를 구성하고 지탱하는 생명과학

공학으로서의 생물학

기계 (생산)	통제	공학
유기체로서의 기계	기능주의	조율, 범주, 다양성의 표준화
사이버네틱스 체계로서의 기계	커뮤니케이션, 정보	확장된 통합과 재설계

핵심 생물학: 생리학, 세포 및 발달생물학, 분자생물학

핵심 기계 하위체계: 신경계, 생식계(마음과 성, 문화와 자연, 지능과 본능)

기본 은유: 균형, 평형, 스트레스

붕괴 모델: 노후화, 결함, 소음 또는 무질서

기본 윤리: 품질관리로서의 생명윤리

공학적 관점을 허용하는 기본 과정: 붕괴와 조립, 재조립, 자기조립(가령 바이러스, 세포막, 시각계, 세포소기관), 조절과 통제(언어학, 신논리학, 전자공학 산업 및 기초 생물학 범주를 제공하는 과학)

투자 과학으로서의 생물학

시장(교환)	포트폴리오 관리

핵심 생물학: 유전학, 개체군 생물학, 생태와 진화

전략: 개인의 이기심, 이익 극대화, 축적, 다각화

기본 스캔들: 이타주의

기본 윤리: 계약 준수 및 기회주의

투자 관점을 허용하는 기본 과정: 극대화 전략 유형으로서의 경쟁과 협동, 게임 전략, 모든 사회의 기원으로서 계약과 교환(생물학적 범주를 제시하는 핵심 산업: 보험, 컨설팅, 광고)

결론: 페미니스트-사회주의 과학은 가능한가?

> 자연은 무엇보다도 낭비적이다. (…) [그 기본 구도는] 무한한
> 자본을 지닌, 일탈한 조울증의 정신적 자손이다. 사치. 자연은 무엇이든
> 한 번은 시도할 것이다. 곤충의 체형이 말해 주는 바다. 지나치게
> 징그러운 형태란 없고, 지나치게 그로테스크한 행동도 없다.
> 유기화합물을 수중에 지녔다면 서로 결합하게 놓아두라.
> 작동한다면, 빠르게 움직인다면, 풀숲에서 딸깍거리게 내려놓아 보라.
> 하나쯤 더 놓을 자리는 언제든 있다. 사실 당신도 그리 잘생기지는
> 않았다. 이것은 낭비의 경제다. 잃어버린 것은 전혀 없지만,
> 모든 것이 사용되었다.
> — 애니 딜러드(Annie Dillard), 『자연의 지혜(Pilgrim at Tinker Creek)』

지금까지 가부장적 자본주의의 지식 및 관행과 관련된 공학으로서 생물학의 두 변종을 살펴보았다. 객관적 과학과 이데올로기적 오용 사이에는 분명한 구분이 없었다. 지식과 역사적 결정 요인의 관계는 보다 복잡한 개념을 요구하기 때문이다. 중요한 의미에서 과학은 자본과 마찬가지로 진보적이다. 컴퓨터는 단순히 노동이나 전쟁과 관련된 지배의 법칙에 따라 구축된 기계가 아니다. 커뮤니케이션 과학은 사회생물학을 포함하여 세계와 상호작용해 얻어진 인간의 성과이다. 하지만 자본주의적 관계와 지배관계를 재생산하려는 목적으로 그 관계를 전유하는 방식에 따라 자연경제를 구축하는 과정은 매우 심층적 차원에서 진행된다. 선한 자와 악한 자의 수준이 아니라, 근본 이론과 실천의 수준에서 진행되는 것이다.

　　사회주의-페미니즘 과학은 세계와 상호작용하는 삶을 다르게 구축하는 과정에서 발전해야 할 것이다. 물질적 투쟁만이 지

배의 논리를 종식시킬 수 있다. 마르크스는 너무 빨리 건너뛰어도 안 된다고 주장했다. 그렇다면 불임의, 무지한 환상적 유토피아에 멈춰 서게 될 것이기 때문이다. 풍요는 중요하다. 사실 풍요는 인간 본성의 전모와 역사적 가능성을 온전히 발견하는 데 필수적이다. 진정한 지식과 의미에 대한 욕구를 포함하여 우리의 욕구를 충족시키거나 그렇지 못한 가운데에서 우리가 스스로를 만들 것인지가 중요하다. 하지만 자연사 그리고 그 자손인 생물과학은 희소성에 기초한 분과 학문이었다. 자연은 인간의 본성을 포함해 희소성과 경쟁의 기초 위에 이론화되고 구축되었다. 게다가 우리의 본성은, 자본주의와 가부장제 안에서 그를 위해 구축된 생명과학을 구성함으로써 이론화되고 개발되었다. 이것은 풍요를 공동선이 아니라 사적 이해를 위해 전유하는 형태로서, 희소성 관리의 일환이다. 이는 또한 가부장제에 근본적인 명령-통제 체계의 논리와 기술이 점증하는 형태로 지배관계를 유지하는 과정의 일부다. 이와 같은 관행이 자연을 이론화하는 우리를 이끄는 만큼 우리는 계속 무지하며, 우리는 과학의 실천에 개입해야만 한다. 이것은 투쟁의 문제이다. 나는 우리 삶의 역사적 구조가 지배를 최소화한다면 생명과학이 어떤 모습이 될지 모른다. 다만 생물학의 역사를 통해, 기초 지식이 낡은 세계에 참여하고 그 세계를 유지해 온 것과 마찬가지로, 새로운 세계를 반영하고 재생산할 수도 있다는 점만큼은 확신한다.

2부.

경합하는 독법들: 서사의 성격

4장.

태초에 말씀이 있었다: 생물학 이론의 창세기

"내가 어떤 단어를 사용할 때는," 험프티 덤프티가 다소 조롱조로
말했다. "정확히 내가 선택한 말뜻 그대로야, 더도 덜도 아닌 말뜻
그대로."

"문제는," 앨리스가 말했다. "단어들이 그처럼 무수히 다른 뜻을
가지도록 만들 수 있냐는 거겠죠."

"문제는," 험프티 덤프티가 말했다. "어느 게 주인이어야 하는가.
그게 다야."

— 루이스 캐럴(Lewis Carroll), 『거울나라의 앨리스(Through the
Looking Glass)』

주인: 어떤 것을 사용하고, 조절하고, 처리할 수 있는 능력이나
권력을 가진 자. 한 가구의 남성 가장. 혹은 승리자나 정복자.
무엇인가를 탁월하게 잘할 수 있는 장인. 그런 호칭을 가지고 있는 자.
— 랜덤하우스 영어 사전

페미니스트들은 자연과학에 관해 특별히 할 말이 있는가? 페미니
스트들은 성차별적 학문과 그런 학문의 생산 조건을 비판하는 데
주력해야 하는가? 혹은 페미니스트들은 과학적 지식에 관한 모
든 측면을 조명하는 인식론적 혁명의 토대를 마련해야 하는가?

혹은 그 함의에 그리스 학문의 유산과 17세기 과학혁명의 유산에
견줄 만한 오늘날 특히 부상하고 있는 페미니스트 지식 이론이 있
는가? 과학적 탐구를 제공하는 페미니스트 인식론이 기존의 재현
이론과 철학적 실재론의 가족구성원이 될 수 있는가? 혹은 페미
니스트들은 실제 세계와 객관적 관점에 대한 접근 가능성을 부인
하는 급진적인 인식론의 형태를 채택해야 하는가? 페미니스트 지
식의 기준은 주체와 대상 사이, 혹은 비-침략적 지식과 예측과 통
제 사이의 균열이라는 딜레마를 진정으로 종식시킬 수 있을 것인
가? 페미니즘은 과학과 인본주의 사이를 연결하는 데 어떤 통찰
을 제공하는가? 페미니스트들은 지식과 권력이라는 곤혹스러운
관계에 관해 새롭게 말할 수 있는 것을 가지고 있는가? 이름 짓기
에 대한 페미니즘의 권위와 권력은 이 세계에 새로운 정체성과 새
로운 이야기를 제공할 수 있을 것인가? 페미니즘은 주인 학문이
될 수 있는가?

현대 자연과학의 작은 모퉁이에서 말을 건넸던—생물학적
결정론과 인간 본성에 관한 논쟁—근래 출판된 저서 네 권을 꼼
꼼히 살펴봄으로써, 이런 거창한 질문들을 유용하게 끄집어낼 수
도 있을 것이다. 18세기 후반에서부터 19세기 초반에 형성되었
던 초기의 공식(formulation) 이후로, 생물학에 관해 부인할 수 없
는 한 가지 사실이 있다. 그것은 생물학이 기원에 관해, 창세기에
관해, 자연에 관해 이야기하고 있다는 점이다. 게다가 근대 페미
니스트들은 우리의 이야기를 가부장제적 목소리로부터 물려받았
다. 생물학은 아버지의 말에 의해 잉태되고 창시된 생명과학이다.
페미니스트들은 부계로부터 지식을 전수받았다. 그 말은 아리스
토텔레스의 말이자 갈릴레오의 말이며, 베이컨의 말이고 뉴턴의

말이자, 린네의 말이고, 다윈의 말이었다. 반면 육신은 여성의 것이었다.[1] 그리고 말씀은 자연스럽게 육신으로 만들어졌다. 우리는 젠더화되어 왔다(engendered). 샌드라 길버트(Sandra Gilbert)와 수전 구바(Susan Gubar)는 19세기 여성작가들을 연구하면서, 목소리를 구성하고, 권위를 가지고, 텍스트를 저술하고, 이야기를 말하고, 말씀을 출산하려고 애쓴 여성들의 노고에 관해 논의한다. 저술한다는 것은 창시하고 이름 짓는 권력을 갖는 것이다. 글쓰기와 말하기를 배워야만 했던 우리의 자매들이 그랬던 것처럼, 자연과학적 지식을 생산하고자 하는 여성들은 남성들에 의해 합법적 권위를 부여받았던 텍스트인, 자연의 책(book of nature)을 읽어내야만 했다.

길버트와 구바는 이야기를 창작하고 싶어 했던 19세기 여성작가들에게 끼친 밀턴(Milton)의 비범한 영향력을 분석하면서, 밀턴이 그들에게 신의 방식을 정당화했다고 주장한다. 여성작가들은 우리의 결핍과 차이를 표시하는 언어로 책을 읽지 않을 수 없었고, 그런 점에서 본다면 우리 모두는 밀턴의 딸들로서 출발한다고 제시한다.『다락방의 미친 여자』(1979)는 밀턴의 문학적 딸들이 저술의 권위를 획득하기 위해 두 가지 주요한 전략을 채택했다고 주장한다. 그중 하나는 일단 기원 설화를 바로잡기 위해 다시 한번 재해석하거나, 아니면 완전히 새로운 이야기를 반역적으로 선언하는 것이다. 그와 대단히 유사한 방식으로, 현대의 기원 설화들―말하자면 생물학―의 제작에 책임이 있는 페미니스트들은 그런 설화를 올바로 세우고, 진화, 뇌, 호르몬에 관한 조잡한 과학을 청소하고, 생물학이 어떻게 이성과 권위의 틈새에서 아무런 갈등 없이 제대로 생성될 수 있는지를 보여 주려고 노력할 수도 있다. 혹은 페미니스트들은 보다 더 과감하게 완전히 새로운 탄생을 선언할 수도 있다. 이 두 가지 전략 모두에서, 페미니스트들은 자기 목소리를 내기 위해 경합한다. 따라서 발화의 조건(terms of speech)을 설정하고자 경합하는 수사학적인 전략은 자연과학 분야의 페미니스트 투쟁의 핵심이다. 이 장에서 거론하는 책 네 권은 좋은 학문과 과학을 정의하는 조건을 수립하는 데 필요한 수사학적 전략을 다투기 위한 시합에 참여한 선수 명단으로 무엇보다 우선 읽어 낼 수 있다. 그렇다면 우리가 누구를 믿어야 할지 어떻게 알아낼 수 있을까? 이 네 권과 그들이 들려주는 이야기들 그리고 그 책들이 권위를 입증하려고 채택한 말하기 양식을 검토한 후에 우리는 새롭게 귀를 열고 이 장의 도입부 문단에서 제기했던 질문으로 되돌아가고자 한다.

시초부터 시작하자. 워싱턴대학교 동물학자이자 사회생물학자였던 데이비드 바래시(David Barash)는 청둥오리들의 강간에 관한 정밀한 탐구를 했으며, 권위 있는 교재인 『사회생물학과 행동(Sociobiology and Behavior)』(1977)을 저술했다. 『내부의 속삭임(The Whisperings Within)』(1979)은 생물학 내부의 목소리인 문화라는 당의정 아래 놓인 자연이라는 케이크, 말하자면 유기체의 메시지를 구성하는 유전자의 생명문법(biogrammar)을 일반 대중들에게 알려 줌으로써, 그야말로 현대인들이 자기 자신을 알게 되고 자신의 잠재력을 실현할 수 있도록 의도한 것이다. 바래시는 생물학이 자기를 알고 자기를 성취하도록 하는 인본주의 기획에서 가장 강력한 도구라고 주장한다.[2] 바래시는 문학적 장치, 창세기의 주제 구조, 창세기의 주해자들을 마음껏 활용한다. 하퍼앤로우 출판사는 금발에 푸른 눈인 젊은 백인 남자와 갈색 머리카락에

푸른 눈인 젊은 백인 여자 한 쌍이 생식기를 가린 채, 마시 피어시의 『시간의 경계에 선 여자』에 등장하는 루이스(Lewis/Luis)의 묘목장에서나 마주칠 법한 소드플랜트(sword plant)로 뒤덮인 정원에 서 있는 그림으로 『내부의 속삭임』의 책 표지를 제작함으로써 사실상 마케팅을 했다. 바래시는 자기 꾸러미를 풀어놓았다. 그가 처음 인용한 것은 비오12세의 결혼에서의 자연법과 생식을 위한 섹스에 관한 꾸러미다. 이 책 2장의 첫 문장은 "태초에 유전자가 있었다"로 시작한다. 밀턴은 이 새로운 아이들에 관한 이야기를 좋아하지 않았을지도 모른다. 아니면 바래시의 독창적인 파트너 관계에서 '진보를 위한 영원한 진화 투쟁'에 가담했던 아담과 이브로서의 남성과 여성은 "어떤 후손에게든 공동 주주"가 된다는 점을 밀턴은 인정하고 싶어 하지 않았을 수도 있다. 그렇다고 그 계보가 훼손된 것은 아니었다(바래시, 1979).[3] 바래시에 이르게 되면 밀턴의 강고한 결정론은 인간에 관한 교리로 변형된다. 여기서 인간이란 "피부로 둘러싸인 일시적 자아이자 잠재적으로는 불멸의 유전자들이 자신의 복제 수단으로 이용하는 복잡한 도구"로 기능하는 자들이다.

　　실제로 계보에 대한 바래시의 관심사는 그의 수사학적 전략에서 핵심이다. 그는 아버지의 권위를 요청하면서 그것을 과학적 지식이라고 명명한다. 가장 중요한 점은 바래시가 다윈의 아들들, 말하자면 바래시 자신을 포함하여 유독 남자들인 로버트 트리버스나 W. D. 해밀턴(W. D. Hamilton)과 같은 아들들을 통해 다윈이 사회생물학을 탄생시켰다고 주장하고 싶어 한다는 점이다. 사회생물학적 추론을 입증하는 전문가들을 소개하면서 바래시가 하나의 이름이나 하나의 주장만을 거론한 적은 거의 없다. 그의 권위는 하버드대학교 생물학자 X, 위대한 물리학자 Y, 선도적인 진화생물학자 Z 등에 기반한다. 1장에서―2장의 유전자 발생 기원 이야기와 위대하고 끝없는 유전자 복제 드라마, 성적 재생산, 유전자의 속박 가운데서 거대한 마켓 투쟁과 관련된 이야기를 하기 앞서 행한 경건한 설교에서―바래시는 사회생물학을 코페르니쿠스와 과학혁명의 후손이라고 일컫는다. 인간을 알게 해 주겠다는 과학의 약속은 마침내 이루어졌다. "그와 동일한 전통 속에서, 사회생물학은 우리 모두의 내부에서 생물학이 속삭이는 소리를 엿듣고 그로 인해 우리의 본성을 발견하도록 도울 수 있다". 정통성을 가진 계보에 속한 진정한 과학자는 안정적이기 때문에 진리가 아닌 것을 선호하는 그런 조롱꾼들[4]의 조롱에 단호하게 맞서야 한다. 다윈처럼 탁월하고 용감한 진리 수호자는 마침내 영예를 얻게 될 것이다. 사회생물학은 자기에 관한 지식 이상을 약속한다. 사회생물학은 모든 인문과학과 마찬가지로 인간의 통일성, 문화의 언어적 표피 아래 놓인 자연의 진정한 통합성 또한 약속한다. 고독한 영웅이자 진정한 후손은 우리를 우리들의 정원으로 다시 데려다줄 것이다.[5]

　　따라서 부계에 주목하는 것이야말로 사실을 생산하기 위한 바래시의 첫 번째 허구적인 전략이다. 그의 두 번째 전략은 인본주의의 약속을 성취하기 위해 사회생물학의 권위와 권력을 정당화하는 것이다. 사회생물학은 기본적으로 공통의 통화(coin)이자 교환의 수단이며, 실재(reality)를 정의하는 등가물이자 의미의 생성자임을 밝힘으로써 자아실현을 가능케 하는 과학적 인본주의다. 얼핏 보아도 복제의 목적에 이바지하는 장황한 코드-유전자-코인-말 내부와 같이 바래시의 피부에 둘러싸인 자아는 인본주의와

인간의 주체성, 자기 정의, 자유와는 완전히 대립되는 환원주의와
객관화 전략의 일부처럼 보인다. 표면적으로 볼 때 바래시는 가혹
한 경쟁과 특히 남성 지배라는 추동력으로 추진되는 모든 주요한
형태의 지배에 필연적인 생물학적 결정론의 교리를 제공한다. 태
초에 유전자가 있었다. 유전자는 배가 고팠다. 산다는 것은 증식이
었다. 하지만 사회생물학의 '궁극적인 메시지'는 그와는 전혀 다
르다. 그것은 자연의 은밀한 목소리가 전하는 암호를 해독하고, 말
씀의 지식과 통화의 통제를 통해 자연 위에 군림하면서 효과적인
권력을 행사할 수 있는 권위를 가진 합당한 전문가를 확인하는 데
있다. 바래시의 메시지는 권력의 테크놀로지다. 그는 '자연주의적
인 오류'를 부인한다. 그에게 '존재(is)'는 '당위(ought)'가 아니다.[6]
통화의 가치를 평가하고, 말씀을 읽어 내는 방법을 안다는 것은 이
런 도구를 사용하는 사람들에게 결정권을 부여하는 것이다. 당연
하게도 자유와 필연은 인본주의자들을 위해 마땅히 그래야 하는
것처럼 통합된다. 궁극적으로 자유는 우리가 정말로 하고 싶은 것
을 행하고 있으며, 그것은 사회생물학의 부계 속에서 해석되고,
내부의 목소리에 귀를 기울임으로써 드러나는 것이다. 하지만 우
리는 우리가 원하는 것을 바꿀 수 있다. 인본주의적인 권력은 급진
적이다. 권력과 저자의 권위가 현실을 직조한다. 사회생물학에서
부계의 목소리는 텍스트의 전체 차원에 물살을 일으키면서 뿜어
져 나오는 성차별이라기보다는 오히려 말씀의 도구를 제작할 때
새겨진 지배의 논리다. 과학과 인본주의는 언제나 협력자였다. 그
들 사이의 논쟁은 둘을 하나의 육신으로 변형시키는 것에 관한 논
쟁이다. 주체와 대상은 서로가 서로를 필요로 한다. 그들의 결합으
로 가부장적인 권위 있는 목소리가 탄생하게 된다.

사회생물학 텍스트를 읽을 때면 "이런 이야기에 누가 귀를 기울이는가?" 하는 성가신 질문이 집요하게 제기된다. 그레고리(Gregory) 외 다수가 집필한 논문 모음집 『사회생물학과 인간의 본성(Sociobiology and Human Nature)』(1978)에 실린 논문 17편을 살펴보면 그런 질문에 긍정적인 대답이 나타난다. 아이러니하게도 이 모음집의 편집자들은 인문학을 위한 국가기금의 후원으로 과학-인문학 융합 프로그램(National Endowment for the Humanities, NEXA)의 공식적인 찬조 아래 개최된 심포지엄을 바탕으로 이 책을 기획했고, "사회생물학적 연구의 인문학적인 함의를 탐구하기 위해 (⋯) NEXA는 일련의 생물학자, 사회생물학자, 인류학자, 심리학자, 물리학자, 경제학자 그리고 인문학자 들이 사회생물학 연구 분야에서 현재 제기되고 있는 질문들의 중요성을 이해하려는 노력을 결속시킬 수 있는 무대를 제공했다". 그러자 전문가들은 과학과 인본주의 사이의 부부 싸움을 해석하고 중재하며, 양자 사이의 보다 고차적인 통일성을 보여 주고자 결집했다. 그들은 각자 권위 있는 편집자와 패널이라는 위치에 힘입어, 우리에게는 익숙하던 수사법으로 논쟁에 합류했다. 각각의 발표자들은 과학사에 관한 자기의 해석이 선정됨으로써 합법적인 계보가 확립되었으면 하고 간절히 갈망하는 것처럼 보였다. [여기 초대되었던 유일한 여성은 원로 학자인 마저리 그린(Marjorie Greene)이었다. 그는 정신철학과 관련된 사회생물학적 함의에 대하여 토론하는 임무를 할당받았다. 가부장제의 목소리는 종종 이처럼 대놓고 웃긴다.] 이 논문 모음집에는 대단히 논리적이고 몹시 흥미로운 논문들이 실려 있지만, 지금 논의하려는 것은 과학 담론을 장악하는 데 중요한 페미니스트들의 수사 전략이라는 주제에 초점을 맞춘 것이므로, 이들 논문을 충분히 분석하기에는 한계가 있고, 그런 면에서 공정을 다하지는 못할 것이다.

그 당시 대과학자 E. O. 윌슨은 순수하게 진리를 추구하는 자로서, 그 모든 열광에 놀라워하는(그레고리 외, 1978) 영원히 젊은 과학자의 언어로 이 책을 소개한다. 윌슨은 사회생물학이 최고의 사회적 목표를 수립하고, 과학과 인문학이라는 두 문화를 연결하는 관점을 제공하는 데 오로지 목적을 둔다는 주장을 되풀이한다. 데이비드 바래시는 대단히 값비싼 납세자들의 후원을 받는 포럼에 초대되어 발언할 수 있는 권위를 인정받은 연사로서 과학혁명에 대한 선언문을 제안하면서, 비용편익 이론가들의 '계시적 통찰력'에 감탄한다. 사회생물학자 피에르 L. 판덴베르허(Pierre L. van den Berghe)는 제 역할을 다하지 않는 사회과학을 훈계하면서 생물학의 초원으로 되돌아와야만 인문과학을 진리의 토양에 다시 뿌리내리게 할 수 있다고 주장한다. 과학사는 그 점을 잘 보여준다. 반면 셔우드 워시번은 사회생물학이 사회과학을 생물학화함으로써 사회과학을 망쳤다고 신랄하게 꾸짖는다. 그의 사회과학사는 사회적 사실에 대한 사회적 설명의 필요성을 보여 준다.[7] 물리학자이자 물리학사가이기도 한 제럴드 홀턴(Gerald Holton)은 사회생물학이 '위험을 감수하고' '도전장을 내민다'는 이유로 칭찬한다. 홀턴의 말이 권위를 갖는 이유는 그것이 가장 진정한 과학으로부터 비롯된 것임이 분명해 보이기 때문이다(그는 첫 문단에서 생물학에 관한 자신의 발표를 관련 전문가들에게 검토받았다고 적어 놓는다). 간단히 말해 사회생물학은 고유한 남성적 속성을 갖는다. 홀턴은 에른스트 해켈(Ernst Haeckel), 자크 러브(Jacques Loeb), 루크레티우스(Lucretius)부터 당연히 뉴턴까지 포함하는 계보에 관해 말하는 방향으로 주장을 이어 간다. 여기서 요점은 사회생물학이 새로운 종합의 수준에 도달할 수 있느냐를 평가하는 데 있다. 동물심리학자 프랭크 비치(Frank Beach)는 진 정한 과학은 근사치에 접근한 메커니즘과 세부적인 경험적 조사에 관해 많이 이야기하면서, 손쉬운 결론적 주장과 미숙하고 위태로운 이론을 피해야 한다고 설득력 있게 주장한다. 진화생물학과 골상학의 역사를 비교하는 역사가이자 철학자인 데이비드 헐(David Hull)은 과학이론의 어떤 진리 선언이든 거부하면서, 역사의 판단은 성공과 관련이 있다고 지적한다. 자원을 집결시켜 게임에서 살아남아야 하므로 성공은 당연히 좋은 과학을 실천하는 데 달려 있다는 것이다. 간단히 말해 그는 냉소적이고 불가지론적인 과학사에 사회생물학적인 기준을 적용하는데, 이는 역사적으로 과학은 권력투쟁을 통해 산출된다는 점을 보여 준다는 의의가 있다. 침몰하는 구명정과 훼손당한 공유지의 윤리학으로 미국에서 유명해진 개릿 하딘(Garrett Hardin)은 단순한 공산주의자 박해의 수사를 채택한다. 이기적인 세계의 진실에 반대하는 자들은 자기기만적인 마르크스주의자들이다. 민중을 위한 과학(Science for the People)*을 대변한 조지프 앨퍼(Joseph Alper)는 객관성의 이데올로기 비판을 간략히 요약하면서 사회생물학의 그릇된 정치적 중립성을 시사한다.

    이 전문가들의 모음집에 실린 마지막 논문은 실제로 노벨상 수상자가 선언한 인간 조건에 관한 발언이다! 조지 월드(George Wald)는 과학적 급진주의자들의 좋은 친구인데, 그는 "과학자

---

* 1960년대 후반 미국의 반전 문화에서 나온 좌파 사회주의 조직.

는 단지 자연을 연구하는 것이 아니라 인류, 생명 나아가 우리의 지구라는 행성을 보살펴야 한다"라고 과감하게 주장한다(월드, 1978). 이 텍스트는 순수에서 순수로, 윌슨에서 월드로 이동했다. 이처럼 경건한 마무리 후에, 편집자들의 목소리가 이 모든 것들을 요약하면서 다시 개입한다. 사회생물학자들을 대변했던 윌슨은 우리의 관심사(가 흔들렸던 것처럼)를 '우리의 인류애'에 대한 탐구로 되돌려놓았다. "우리는 윌슨의 도전을 받아들이는 수밖에 도리가 없다. 너무나 극단적 형태를 취함으로써, 역설적이게도 그는 우리의 감사를 충분히 받을 만하다". 주님에게 감사를.

　　이제 이런 수사학적 유산을 치밀하게 따지고 살펴본 밀턴의 과학적 딸들에게로 되돌아가 보자. 우리는 독창적인 담론의 조건을 정립하지 않았다. 그 사실이 우리의 텍스트를 결정한다. 페미니스트로서 과학적 생산을 재형성하려면 어느 정도의 자유가 허락되는가? 우리 수중에 있는 텍스트가 제시한 수사학적 전략을 탐구함으로써 이 질문에 다시 한번 다가가기로 하자. 『유전자와 젠더(Genes and Gender)』에서 허버드와 로(Hubbard and Lowe, 1979)는 생물학에서 발생 기원이라는 핵심적 문제틀을 가지고 남사스러운 줄도 모르고 말장난을 한다. 『여성은 여성을 바라보는 생물학을 바라본다(Women Look at Biology Looking at Women)』 [허버드 외(Hubbard et al), 1979]라는 책 제목은 실재에 관한 허구적인 과학적 생산의 문제에 관한 거울 주제를 이보다 더 분명하게 보여 줄 수는 없다. 이들 저서의 표지들 사이에 말씀에 대한 생산적, 재생산적 권력에 관한 분명한 논평들은 계속된다. 논문 모음집 두 권 모두에서 거의 모든 저자들의 주요한 관심사는 언어였다. 수전 리 스타(Susan Leigh Star)는 『유전자와 젠더』에서 설득

력 있는 주제를 명시적으로 밝힌다. 담론의 언어를 결정하는 권력
은 육신을 만드는 권력이자,

> 우리의 억압을 육화한 것이다. (…) 성차를 논의하기 위해 데
> 카르트식 본성/양육의 이분법을 반영하지 않는 그런 언어가
> 지금으로선 우리 수중에 없다. '하지만 그 모든 것 아래 놓여
> 있는 남자와 여자 사이의 진정한 차이가 무엇인가?'라고 물
> 어보고 싶은 충동을 억제하기 어렵다. 우리가 과학자와 페미
> 니스트로서 목소리를 내기 시작해야만 하는 지점은 그 모든
> 것의 바탕이 되는 그런 것, 혹은 그런 곳은 아니라는 점이다.
> 문자적·경험적·생리학적·해부학적·신경학적으로 (…) 서로
> 에게 말하고 있는 우리에 관하여 연구하기 위한 유일하게 적
> 확한 장소(locus)는 시간의 흐름 속에서 직조되는 언어, 권력
> 구조, 자연환경, 신념의 견지에서 변화하고 움직이는 상호작
> 용의 복잡한 그물망이기 때문이다. (허버드와 로, 1979)

스타는 성차의 제반 측면에 관한 연구 기준을 재정립하고자
설정한 이 책에서 이렇게 쓴다. 『유전자와 젠더』는 지금 당장 그
런 연구는 불가능하다고 결론짓는다. 왜냐하면 과학적 지식의 기
준에 그야말로 도달할 수가 없기 때문이다. 그러면서 이 페미니스
트 집단은 탐구 조사의 규칙을 호명하기 시작했다. 스타는 이 집
단에서 노벨상 수상자이거나 아니면 뉴턴의 영향력은 아니라 할
지라도 적어도 다윈의 영향력 아래 있다고 주장할 만한 주요 대학
의 종신직 사회생물학자로서 말한 것이 아니다. 그는 『불길한 지
혜(Sinister Wisdom)』라는 시집의 편집자이자 래드클리프대학교

학부생 세미나에서 뇌의 비대칭성에 관해 발표한 노인의학 전공 대학원생으로서 말한다. 래드클리프대학교는 많은 여성들에게 권위를 부여한 학교다. 『유전자와 젠더』의 저자들은 연구자들에게 새로운 기준을 받아들이면서 사실상 그들에게 자기 분야를 포기하라고 설득한다. 이러한 설득 방식은 마치 물리학자들이 생물학자들에게 계량될 수 없는 것은 과학적 질료가 될 자격이 없다고 주장하는 것과 흡사하다. 그렇다면 이와 같은 새로운 기준의 강화와 마주치면서도 자연선택과 진화생물학 자체는 자기 분야를 포기하지 않으려 하는 것인가 하는 의문이 남는다. 무슨 이유로 『유전자와 젠더』의 저자들은 이런 허무주의적인 결론에 이르게 된 것일까?

첫째, 그들은 성차의 영역에 만연한 '나쁜 과학'을 그 이유로 꼽는다.[8] 이런 전략은 페미니스트들이 가부장제 목소리에서 거론되는 이름들을 상속받으면서 이야기를 시작해야 하는 역사적 필연성에서 기인한다. 우리는 물려받은 기존 텍스트에 관한 논평을 하지 않을 수 없다. 존 머니(John Money)는 젠더 클리닉을 갖고 있고, E. O. 윌슨은 비교동물학 박물관의 교수인 마당에, 누구도 무로부터 시작할 수는 없다. 밀턴의 페미니스트 딸들도 바래시나 홀턴 혹은 하딘만큼이나 계보에 관심이 많다. 상속받은 기존의 이야기를 재해석하는 전략은 이 책의 저자들에 의해 널리 활용되고 있다. 이 저자들이 제시한 '후예'들 중에서, 다윈과 갈릴레오는 악당이다. 그들은 빅토리아조의 사회적 편견을 과학화하거나 혹은 계량화 특질의 우선 원칙에 바탕하여 주체와 대상을 완전히 분리시킨 반(反)영웅이 된다(허버드와 로, 1978). 나쁜 과학에 대한 비판은 지식생산의 물질적 조건의 분석으로 곧장 이어지고, '순수하고 완결 무결한 사실들' 이면에 가려진 객관적 목소리는 사적인 동일시로 곧장 연결되어 버린다. 실재(reality)는 저자를 가진다. 저자는 언제나 고유명사를 갖는다. 하지만 그것은 든든한 후원이 있는 실험실에서 간행되어 출판된 논문에 삽입된 서술 문장이나 심지어 그래프 속으로 사라지는 방식으로 가능하다.[9]

이런 분석을 통해『유전자와 젠더』에서 저자들은 나쁜 과학이 우연히 출현한 것이 아니라 체계적으로 출현했다고 우리에게 말해 준다. 섹스와 젠더에 관한 좋은 과학을 만들려고 개별 과학자들이 아무리 노력해도 나쁜 과학은 지속적으로 <u>반드시</u> 출현할 수밖에 없다는 점을 그들은 설득하려고 애쓴다. 사실에는 이론이 실려 있다. 어론에는 가치가 실려 있다. 가치에는 역사가 실려 있다. 이런 경우 그런 역사는 특정한 연구자가 일상적이고 경험적인 젠더 지배로부터 가능한 멀리 벗어나서 신빙성 있는 젠더 연구를 하는 것을 불가능하게 만든다. 사실상 연구 대상으로서 젠더와 섹스의 구성 자체가 발생과 기원이라는 문제를 재생산하는 것의 일부가 된다. 인본주의를 비롯하여 그와 연관된 생명과학과 인문과학이라는 역사적 프로젝트는 자아의 성취를 위한 그리고 자아를 위한 연구이다. 지식의 특권적 대상으로서 섹스와 젠더의 구성은 자아를 추구하는 도구다. 이런 구조물은 환영적 주체를 추구하는 끝없는 퇴행으로 되살아남으로써 역설적이게도 전체주의적인 대상, 즉 자연, 유전자, 말씀과 같은 대상을 정기적으로 발견하는 것으로 마무리된다.

이런 말들은 너무 강력해서『유전자와 젠더』에 속한 페미니스트들이 불가지론에서 벗어나 무엇이 과연 섹스와 젠더에 진정한 <u>사례인가</u>를 말하고자 할 때 곤란해지고 만다. 또한 밀턴의 문학적 딸들로서 페미니스트들은 두 번째 전략을 채택하고 진정으로 권위 있는 새로운 이야기를 말하고 싶어 한다. 하지만 나쁜 과학에 대한 비판이 '모든 과학적 진술은 권력의 행사를 통해 사실로 만들어진 역사적 허구'라는 급진적 교리로 나가게 되면서, 페미니스트들이 "페미니스트 과학이 세계의 몸체를 통제하고 예측하는 데에 단지 더 나은 것을 넘어, 더 진정한(true) 과학이다"라고 논의할 때 교리적 문제가 발생했다. NEXA 편집본—과학은 기회주의적인 생존을 통해 공식적인 것이 된다—에서 데이비드 헐이 주장한 성공 스토리가 페미니스트들에게도 똑같이 해당되지는 않을 것이다. 왜냐하면 페미니스트들은 중립적 입장이라는 가면을 채택하고 싶어 하지도 않고, 과학사의 방계로서 그저 방관자가 되고 싶어 하지도 않기 때문이다. 소모적인 회의주의는 새로운 이야기의 분만을 유도하는 산파가 될 수 없다. 나오미 바이슈타인(Naomi Weisstein)이 『여성은 생물학을 바라본다』에서 "증거는 나의 주인공이 되었다"라고 말했을 때, 그는 그 점을 잘 짚어 준 셈이다(허버드 외, 1979).[10]

나쁜 과학을 폭로하고, 모든 과학의 허구적 성격을 보여 준 다음에 진짜 사실을 제안하는 작업 과정은 두 권의 책에 실린 페미니스트 논문들이 검증되지 않은 모순을 되풀이하도록 만든다.[11] 이런 모순들은 중요하다. 이런 모순들은 또한 이 장의 첫머리에서 제기했던 질문으로 되돌아가도록 만든다. 『유전자와 젠더』 『여성은 생물학을 바라본다』 이 두 권을 출판하는 데 일종의 과학적 어머니 역할을 했던 루스 허버드는 이런 이슈에 관해 세련된 분석을 제공하면서 생물학에 대한 현존하는 페미니스트 분석이 처한 상당한 모순점들 또한 분명히 보여 준다.

「오로지 남자만 진화했다(Have only men evolved)」라는 논문에서 허버드는 과학 전반에 걸쳐 재현 이론과 객관성의 이데올로기를 철저히 비판하는 것으로 시작한다.

> 인간에게 언어는 실재를 생성하는 데 주요한 기능을 한다. (…) 하지만 이름 짓기의 모든 행위들은 한 사회가 실재로 받아들이는 것을 배경으로 하여 일어난다. 문제는 어떤 사람이 온전하고 책임감 있는 존재로 받아들여지려면 (…) 그 사람의 일상적 경험과 부합하는 보다 더 큰 실재를 규정할 때 <u>누가</u> 그런 사회적 승인권을 갖느냐는 점이다. 지금으로서는 과학이야말로 새로운 실재를 규정하는 가장 믿을 만한 입법관이다. (허버드 외, 1979)[12]

언어는 어쩔 수 없는 권력의 맥락 속에서 실재를 <u>생성한다</u>. 언어는 특정한 사회역사적 탐구의 범주에서 언제나 뒤로 물러나 저기 바깥 어딘가에 감추고 있는 인식 가능한 세계를 <u>상징하거나 지칭하는 것</u>이 아니다. 그럼에도 시시포스로서 과학자의 과업은 세계의 모습을 생산하고자 노력하는 것이다. 그런 세계의 모습은 "우리 자신과 우리의 사회적 배치의 다양한 모습을 단지 반영하는 것 이상"이다. 다음으로 허버드는 남성으로 '젠더화된' 인간 진화의 기원 설화에 대한 미묘한 독법을 제공한다. 그러다가 과거를 재구성하는 것이 얼마나 힘든가를 토로하던 중에, 그는 범주상으로 사실임을 주장하는 짧은 문장을 끼워 넣는다. "우리 인간과 원숭이가 천오백만 년 전 서로 갈라진 그때 이후로, 고생물학적인 화석 발견물에서 읽어 낼 수 있는 인간 진화의 주요한 특질은 직립 자세, 치아 크기의 축소, 뇌 크기의 확대다". 그럴지도 모른다.
그럼에도 이 이야기를 명백한 것으로 읽어 낼 만한 해석의 규칙들
은 무엇인가? 이런 규칙은 사회 진화와 행동 진화를 읽어 내는 규
칙들과 어떻게 다른가? 여기서 주요한 차이는 직립 자세는 이제
비(非)젠더인 것과 관련하여 합의가 되었고, 그래서 이런 독법은
다툼의 소지가 없는 것처럼 보인다는 점이다. 하지만 논쟁이 종료
되었다면 이런 이야기는 사실적 지위를 획득했으며, 사회적 결정
론에서 벗어났고, 객관적인 것이 되었다는 뜻인가? 그렇게 하여
혹독한 해체의 소용돌이 속에서 순진한 선언적 진술문이 제안되
기에 이른다. 하지만 직립 자세와 원숭이와 유인원의 계보가 서로
갈라지는 시점에 관한 문제는 진화 이론에서는 여러 번 치명적인
전투가 벌어졌던 경기장이었다.

　　이런 문제점들은 허버드가 페미니스트들의 과업을 과학 생
산에 책임지는 것이라고 제안하는 이 논문의 결론에서 심각하게
드러난다. 특히 재현 이론과 자기 발견의 인본주의자 기획 사이에
감춰진 연결고리가 곤란을 초래한다. 허버드는 농담과 패러디가
아니라면 여성들이 거울 이미지인 에스트로겐 이야기를 생산해
서는 안 된다고 경고한다. 우리는 날것의 데이터를 찾아내기 위해
현재 작업을 세밀하게 검토해야 한다. 하지만 모든 사실에는 이론
이 실려 있고 따라서 가치와 역사가 실려 있다는 이야기 또한 우
리가 들었다면, 어떻게 해야 하는가? 우리는 남성주의 과학을 탈
신비화해야 한다. 그리고 '남성주의 과학을 넘어서 사유할 수 있
어야 하고, 그 분야에서, 그 실험실에서, 그 도서관에서 필요한 작
업을 마땅히 해야 하며, 사실을 파악하고 해석하는 방법들을 제시
해야 한다'. '잘못된 사실들'과 '남성중심주의 과학'은 너무 오래

지속되었다. 그리고 페미니스트 과학은 우리 자신을 찾는 데, 그리고 우리의 진정한 유산을 찾는 데 필수적이다. "우리는 누구이며, 우리는 어디서 왔으며, 우리는 어디로 가고 싶은지를 탐구하는 공간을 획득하고 싶다면, 우리의 대안을 찾는 것이 핵심이다". 간단히 말해, 페미니즘은 진정한 지식에 바탕을 둔 진정한 인본주의거나 혹은 적어도 진정한 해석에 바탕을 둔 진정한 인본주의다. 하지만 인본주의와 리얼리즘의 인식론적, 정치적인 모든 문제점들이 여기에 잠복되어 있다(노골적으로 드러나 있기도 하다).

페미니스트들은 인식론적인 무정부주의라는 문제에서 벗어날 수 있는 재현 이론을 원한다. 사물의 본성에 대해 어떤 입장도 취하지 않는 것을 정당화하는 인식론은 공통의 정치학을 건설하려는 여성들에게는 아무런 쓸모가 없다.[13] 하지만 페미니스트들은 어떤 사물에 이름을 부여하는 권력이 객관화하고 총체화하는 권력이기도 하다는 점 또한 알고 있다. 타자는 생명과학과 인문과학, 자연과학과 인본주의라는 쌍둥이 담론에서 좀 더 리얼한 것 바깥에 자리함과 동시에 생산된다. 이것이 '서구'의 지식을 괴롭히는 차이의 창조다. 이것은 합법적인 계보에 복종할 때여야만 이름을 가질 수 있는 담론 생산에 각인된 가부장제의 목소리다.

낸시 하트삭(Nancy Hartsock)과 샌드라 하딩(Sandra Harding)은 약간 다른 방식을 주장함으로써 이런 딜레마를 극복하려고 한다. 우리의 역사적 입장 때문에 우리 여성은 객관성 이론과 급진적인 물질적-사회적 지식생산 이론과 이름에 의한 지배를 가능한 종식시킬 수 있는 이론을 가질 수 있다. 우리는 숨길 것이 없으므로. 따라서 자아는 물신을 앞세워 놓고 뒤로 물러나는 통상적인 속임수를 쓰지 않을 것이다.[14] 주체와 대상은 주인과 노예의 지배 관계가 아니더라도 공존할 수 있다. 하딩과 하트삭은 마르크스주의 전제를 바탕으로 억압받는 자들은 실재로 행세하는 사물의 표상(appearance)에는 아무런 관심이 없으므로, 따라서 그들은 사물이 작동하는 방식을 정말로 보여 줄 수 있다는 점을 전제로 한다. 생명과학과 인문과학은 우세한 아는 주체(knower)의 입장에 따라 모호해질 따름이었다. 나에게 이런 접근법은 가망성은 있지만 충분히 신빙성이 있어 보이지는 않는다. 이런 주장은 기다려야 한다. 하지만 대단히 분명하게 드러난 사실은 페미니스트들이 권위를 가지고 과학적 지식의 성격과 권력에 관한 논쟁의 장에 이제야 뛰어들었다는 점이다. 우리는 말해야 할 것을 분명 가지고 있다. 남아 있는 유일한 문제는 우리가 다양한 목소리로 여기서, 무엇을 말하느냐는 것이다. 다시 시작하기 위한 목소리 하나를 『여성은 생물학을 바라본다』의 후기가 제공한다.

남성 인간/자연의 안티테제는 인간에 의해 발명되었다. 우리가 할 일은 자연과 더불어 인류의 통일성을 실현하게(현실화한다는 말뜻 그대로) 될, 그리고 내부로부터 이해하게 될 관계를 재발명하는 것이다. (…) 과학은 인간의 자연 지배가 긍정적이고 가치 있는 목표처럼 보였던 특정한 역사적 조건 아래 출현했다는 점에서 인류의 구성물이다. 그런 조건들은 변했고 우리가 여행하고 있는 그 길이 자연을 설명하고 향상시키기보다 파괴하기 쉬울 것이라는 점을 이제는 알고 있다. 여성들은 우리가 자연의 일부이며 자연의 운명은 제대로 보살펴 주지 않았던 인간의 손에 달려 있다는 점을 남성들보다 훨씬 더 빈번히 인정해 왔다. 이제 우리는 그런 지식을 바탕으로 실천해야 한다. (허버드 외, 1979)

　　이것이 페미니스트의 목소리다. 또한 인본주의의 속삭임이
기도 할까?

5장.

영장류의 본성을 둘러싼 경합: 연구 현장에 있는 남성-수렵자의 딸들, 1960–1980

호미니드(hominid) 유인원에 관한 논증으로 통과된 것들을 위해.
— 샬럿 퍼킨스 길먼(Charlotte Perkins Gilman), 「유사 사례들(Similar Cases)」

우리가 속한 영장목에게 언어는 순수하지 않다. 언어는 인간이 스스로를 만드는 도구로서 우리를 말할 줄 모르는 멍청한 동물들의 정원에서 끌어낸 뒤 사물의 이름을 짓고 의미를 강조하며 대립을 창조하고, 그럼으로써 인간 문화를 만들게 했다고 전해진다. 이런 급진적 단언으로 일축해 버리는 사람들조차 공적 삶 및 주요 지식 개혁이 언어순화를 향한 기획과 맞물려 있다는 사실은 언급해야 한다. 과학의 역사에서 사물의 아버지는 무엇보다도 우선 말의 아버지였다. 또는 학문 분야들이 학생들에게 그런 이야기를 들려준다. 아리스토텔레스는 존재들을 명명하고 그로써 논리의 규칙을 구축했다. 베이컨은 아리스토텔레스를 깎아내리면서 언어를 개혁하는 기획을 통해 비로소 참된 지식을 가능하게 만들고자 했다. 베이컨은 또한 자신이 붙인 정확한 명칭에 적합한 새로운 논리학을 필요로 했다. 칼 린네(Carl Linnaeus)는 1758년에 자신이 이름 붙인 영장류라는 목[질서, order]을 통해 인간 존재와 동물의 친족

관계를 정당화했다. 린네의 분류학은 명칭을 통해 사물들의 관계를 질서 짓는 논리이자 도구이며 기획이었다. 린네는 마침내 사물의 정확한 명칭을 선포했던 자신 스스로를 신의 눈이자 과학과 신뢰할 만한 지식을 구축한 두 번째 아담으로 여겼을 수도 있다.[1] 우리 시대에서까지도 그만한 거물이나 아버지가 죽었을 때, 무엇이 공적 지식으로 간주될 수 있을지 공표하는 언어를 둘러싼 경합이 이루어진다. 원숭이, 유인원, 그러니까 영장류에 대한 과학의 논쟁은, 공적 의미를 구성하는 중요한 이야기들을 생산하는 사회적 과정이다. 과학은 우리의 신화다. 이 장은 과학이라 일컬어지는 이 신화의 일부를 이루는, 랑구르(langur)라는 이름의 초식성 아시아원숭이의 삶을 기록하려는 최근의 시도들에 내재한, 특정 면모들에 대한 이야기다.

　　이 장은 순수하지 않다. 인간의 본성 및 가능성의 설화에 대단히 중요한 생명과학 분야에서 과학의 공적 의미와 관련된 페미니즘의 질문을 어떤 방식으로 제기할 수 있을지 실마리를 찾는 이해관계를 지닌 이야기이기 때문이다. 페미니즘은 일부, 공적 삶과 의미를 재구성하는 기획이기도 하다. 그러므로 페미니즘은 새로운 이야기를 탐색하고, 이를 통해 가능성과 한계에 대한 새로운 전망을 명명할 언어를 탐색하는 활동이다. 다시 말해, 페미니즘은 과학과 마찬가지로 하나의 신화, 공적 지식을 위한 경합이다. 페미니스트와 과학자는 정치적 의미와 과학적 의미를 잡담으로 축소하지 않고도, 영장류 이야기를 두고 벌어지는 싸움에 함께 나설 수 있을까?

　　나는 여기서 형질인류학 내의 특정한 사회 네트워크를 통해 연결된 네 영장류학자의 글을 탐색하려 한다. 이들은 모두 유럽계 미국인 여성이기도 한데, 이런 측면들을 탐구해 보는 것 또한 나의 목표다. 특히, 현대 생물학-인류학 분야의 여성들이 수행하는 과학은, 페미니즘이 흥미롭게 느끼는 방식으로 담론의 구조를 구성하는 과정에 실질적 역할을 담당하는가? 여성에게 남성과 다를 것을 기대해야 하는가? 조사 중인 과학 분야에서 과학적 의미가 사회적으로 구조화될 때, 성과 젠더가 놓인 자리에 대해 제기되는 질문들 중 올바른 것은 무엇인가? 그럼 가장 쓸모없는 질문은 무엇인가? 우리의 영장류 친족인 미국의 백인 영장류학자와 랑구르의 활동을 따라가 본 뒤에 이 질문들로 다시 돌아오기로 하자.

왜 하필 말과 이야기라는 창문을 통해 들여다봐야 할까? 과학의 본질은 다른 곳, 가령 자연에 대해 검증 가능한 명제를 구축하는 데 있는 것은 아닐까? 하지만 무엇이 연구 대상으로 간주될 수 있는가? 무엇이 생물학적 대상인가? 왜 이 대상은 역사적으로 그토록 근본적인 변화를 겪는가? 이와 같은 논쟁들은 복잡하게 뒤얽혀 있다. 여기서 나는 생물학과 인류학의 이야기, 신화, 과학적 설화 및 정치 이론이 공유하는 구조를 비롯해, 이 모든 형식을 진지하게 취급할 수 있는 방식으로 면밀히 관찰해서 성과물을 내놓으려고 할 뿐이다. 이야기는 과학적 지식의 대상이 구성될 때 핵심적 측면 중 하나가 된다. 자연과학적 실천을 정치적 실천으로, 또는 그 반대 방향으로 환원하고자 하는 것이 아니다. 단지 성과 젠더가 매우 중요한 것처럼 보이는 생물학-인류학의 분야에서, 설명으로 간주되는 그 무엇이 진행되는 사회적 작업에 함축된 다층적 의미가 어떻게 서로 교차되는지 관찰하려 한다.

영장류학의 역사의 연구자는 이미지들과 이야기들이 직조하는 화려한 천을 바로 마주하게 된다. 유대기독교의 신화적 유산을

물려받고 성장한 사람에게, 창세기 설화가 대중적 재현에서 번성
할 뿐 아니라 인간 진화의 과학적 재구성 과정에 끈질기게 달라붙
어 있다는 점은 주목해야 할 측면이다. 그만큼 눈에 띄는 것은 세
속의 기원 설화다.[2] 과학과 종교가 맺는 관계의 역사는, 가령 20세
기 초반의 경우 동물 모델을 사용하여 성적 행동을 도덕적인 방식
이 아니라 의학적인 방식으로 제시하려는 맥락에서 영장류의 층
위에 재현되었다(여키스, 1943). 야생 영장류의 사회조직을 단행
본 분량으로 다룬 최초의 문헌 중 하나는, 토머스 홉스와 사회적
리바이어던에 견주어 볼 때만 이해될 수 있다(주커먼, 1932). 가
족, 언어, 기술, 협동과 공유, 사회적 지배관계에 대한 이야기 모두
는, 수중에 있는 은유나 특정한 역사적 조건 속에서만 의미 있는
이야기를 말하는 규칙에 체현된 의미의 반향에 민감해질 것을 요
구한다. 다층적으로 구성된 이야기들이 문제의 핵심은 아닌지 의
심하지 않기란 불가능하다. 그 이유는, 현대의 영장류학자들의 진
지한 논의 대상이 딱히 인간 영장류에 국한되지 않았는데도, 하
렘, 여러 일자리에서 일하며 엄마 노릇 하기, 사이버네틱스 커뮤
니케이션 통제 체계로서 사회적인 신호, 무리 강탈과 영아살해,
급속한 사회 변화, 시간-에너지 예산, 번식 전략과 유전적 투자,
이해관계 충돌과 비용-이득 분석, 비인간 동물 암컷의 오르가슴
빈도, 암컷의 성선택, 수컷 권력자와 리더십, 사회적 역할, 그리고
노동 분업이기 때문이다.[3]

하지만 영장류학에서 다층적 의미가 교차하는 현상을 탐구
하겠다는 목표를 세운 마당에 뭔지도 모를 초식성 아시아원숭이
인 랑구르를 봐야 하는 까닭은 무엇일까?[4] 랑구르는 영장류학자
들에게는 친숙한 주요 영장류 집단이다. 희귀 포유류인 고릴라는

제대로 알아보는 일반 대중에게는 매우 최근에야 알려지게 되었다. 유인원, 특히 침팬지와 긴꼬리원숭이, 개코원숭이와 붉은털원숭이가 인간 진화, 인간의 차원을 설명하며 동물 모델을 활용할 때 적절한 방법과 부적절한 방법, 영장류 사회조직의 본성과 중요성, 젠더가 사실과 이론의 사회적 구성에 미치는 영향[페디건(Fedigan), 1982]과 같은 논쟁의 중심에서 가장 빈번하게 등장했고 또 가장 중요했었다. 랑구르의 사회생활과 진화에 대한 논쟁의 심장부에서 영아살해의 문제가 수면 위로 떠오르기 전까지의 일이었다. 무슨 이유로, 어떤 경우에 랑구르 수컷들이 새끼들을 죽이는가? 이런 행동을 뭐라고 명명해야 하는가? 이번 장에서 다루는 주제를 부각시킨 것은, 영장류학의 작은 귀퉁이에 불과한 이런 질문들이었다. 1970년대 후반 무렵의 전문가 담론에서 어떤 이유로 무슨 과정을 거쳐 이런 질문들이 중요해진 것일까? 이 질문에 답을 찾다 보면, 과학의 실천을 중요한 공적 이야기의 사회적 생산 과정으로 보고 조사하는 문제로 되돌아갈 것이다.

하지만 우선 19세기와 20세기의 진화생물학은 자연에서 인간의 위치, 즉 정치와 사회의 본성을 둘러싼 공적 논쟁의 일부였다는 점을 기억할 필요가 있다. 영장류의 사회행동은 누가 성숙하고 건전한 시민인지 판별하고 그렇게 보는 까닭은 무엇인지를 두고 전개된 서구 자유민주주의의 복잡한 투쟁의 일부로 연구될 수밖에 없었다. 자연 상태의 인간 정치에 대한 논변은 서구의 정치 담론에서는 머리가 희끗한 전통이다. 생물학과 사회과학의 자연경제 및 정치경제 설화를 함께 엮는 것은 이 전통의 현대적 변주이다. 게다가 나는 인기가 많을뿐더러 과학적이기도 한 영장류 설화들이 인간 삶의 생산과 재생산의 물질적, 사회적 과정에 의존하고 그 모습을 반영하기도 한다고 주장하고 싶다. 특히 1920년대의 영장류 생물인류학은 누가 인간 재생산 수단을 통제할 것인가를 둘러싼 이데올로기적·실천적 경합 그리고 인간이 벌이는 전쟁의 원인과 이를 통제하는 법, 가족과 공장에서의 기술적 창의성과 협동 능력을 둘러싼 투쟁에 관련된 경합에서도 부각되었다. 내 견해로 이와 같은 일반화는 각각의 영장류학자가 자신의 연구가 그런 투쟁의 일부가 되기를 의도했는지 여부와 별개로 옳다. 이 학자들이 들려주는 이야기는 문제의 경합에서 일종의 공적 자원이다. 또한 영장류학자들은 자신이 연구하는 동물뿐만 아니라, 자신이 속한 시대나 장소, 젠더, 인종, 계급에 매우 적합한 이야기들을 들려준다.

어쩌면 살해되었을 수도 있는 사라진 새끼 랑구르들과 원숭이를 직업적으로 관찰하는 유럽계 미국 여성들에 대해 알고자 한다면, 본격적인 이야기로 들어가기 전에 몇 가지를 간단하게 살펴보는 준비운동을 하면 좋을 것이다. 1920년대에 심리생물학자, 비교심리학자, 그리고 번식 및 신경생리학자들의 수중에서, 실험실의 영장류는 인간의 정신적 기능과 성적 조직화를 둘러싼 논쟁에서 두드러진 존재였다. 부부 생활 상담, 이민 정책, 실험적 산업 모두는 로버트 여키스의 말을 빌리면, '과학의 시종'인 영장류와 영장류학자들에게 큰 빚을 지고 있다. 영장류는 언어와 문화로 불투명해진 적이 없는, 자연 상태의 협동의 모델로 보였다. 1930년대 야생 영장류를 관찰하는 초기 현장 연구에서, 자연적 협동의 성생리학(수컷의 암컷 지배 및 무리의 인구학적 구조의 형태)이, 노동 파업이나 이혼과 같은 사회 무질서와 관련된 인간 사회 요법의 논쟁 사이에서 출현했다. 교외에 사는 핵가족에서 아빠 노릇을 하는 문제뿐만 아니라 엄마가 없어서 생기는 서글픈 결과에 대한 영장류 모델이 1950년대로부터 1960년대 전반 동안 미국의 사회 문제에 대한 공적 논쟁에서 출현했다. 인간 우울증을 연구하는 데 쓰일 영장류 모델이 열렬히 탐색되었고, 전문가적 창의력의 큰 부분이 원숭이에게 정신병을 안정적으로 발생시키는 방법을 찾는 데 할애되었다. 인구정책과 인구 조절 문제를 다루는 사람들은 영장류 연구를 참조했다. 1960년대 각종 봉기가 발생하던 도시에서 스트레스 상황에 처한, 어쩌면 흑인 남성이라는 영장류에 대한 정신병리학도 마찬가지였는데, 심지어는 그들을 원격으로 제어하는 방법까지 제안되었다. '인간' 본성의 자연적 협동성이나 호전성에 대한 긴박한 질문들이 베트남전 기간 내내 심포지엄과 강의실에서 논의되었다. 이런 논의들은 아프리카 남부 및 동부에서 발견된 최신 화석, 현생 영장류에 대한 새로운 현장 연구 그리고 현대의 수렵채집자들에 대한 인류학을 토대로 고안된 새로운 인간 진화 이론에 지속적으로 빚지고 있었다. 명확한 정치적 소속을 전혀 바라지 않았던 '편'을 포함하여, 진행 중인 논쟁의 대부분에서 영장류학자들을 발견할 수 있었다. 연구 중인 영장류학자들의 피부에 가장 와닿았을 직접적인 정치적 문제는, 연구 대상 지역 전반에서 비인간 영장류가 급속히 소멸되고 있다는 사실이었다. 이러한 우려는 가장 비정치적인 과학자들을 제국주의의 역사가 깊이 뒤흔드는 국제정치에 신속하게 연루시켰다.

랑구르에 대한 생물인류학 연구가 1970년대와 1980년대에 미국에서 대중의 관심을 널리 끌기 시작했다는 사실은 놀랍지 않다. 이 시기는 가정폭력(특히 여성과 아동을 향한 폭력), 출산의 자유(또는 출산의 강요), 임신중지, 부모 역할(엄마의 역할을 표

현하는 완곡어법이자 아빠의 역할에 대한 양가적인 시선), 그리고
사회집단(즉 가족)에 따라 정의되지 않는 '자율적인' 여성이 두드
러지게 눈에 띈 시기이기 때문이다. 엄마 노릇은 그 자체로 '이기
적'인가? 이 시기를 살펴보면 인간과 비인간 동물의 엄마 역할과
암컷의 번식 전략에 대한 페미니스트적이거나 반페미니스트적
인, 생물학적이거나 설교에 가까운 말들, 신중하거나 노골적인 온
갖 종류의 출판물이 쏟아지는 데 혀를 내두를 수밖에 없다. 이런
맥락을 감안하면 랑구르에 대한 이야기 속에서 전문 지식의 가닥
과 대중적 이해의 가닥을 떼어 놓기란 쉽지 않고, 설령 떼어 놓는
다 쳐도 과학의 순수성을 보존하려는 이해관계 속에서 특정한 이
데올로기를 취하는 수를 두게 된다. 어쩌면 현재 시점에서 더 흥
미롭고 심지어 더 책임감 있는 선택은, 이 뒤얽힘을 그대로 둔 채
인도에서 신성한 존재로 여겨지는 하누만원숭이에서 발생하는
영아살해에 대한 핵심 주장들을 가려내 보는 것일 수도 있다.

부계적 영장류학: 생활 방식

생물학에서는 형질이 변경된 후손에서, 인류학에서는 친족이라
는 사회적 대상에서 이야기의 가닥을 잡기 시작하는 것은 적절한
선택이다. 그러니 부계(patriline)라는 픽션을 통해 이번 장에서 다
룰 주제에 접근해 보기로 하자. 이 계보는 영장목(제일 질서, the
primate order)에서 아주 눈에 띄는 아버지인 셔우드 워시번의 계
보다. 앞으로 검토할 여성 연구자들, 곧 필리스 제이[Phyllis Jay,
이후 돌리노우(Dolhinow)가 됨], 수잰 리플리(Suzanne Ripley), 세
라 블래퍼 허디, 제인 보제스(Jane Bogess)는 모두 워시번의 학문

적 '딸'이거나 손녀로서, 제2차 세계대전 이후 미국 영장류학자들이 결성한 중요 네트워크에 소속된다. 이번 장의 이야기를 만드는 랑구르 연구자들은 픽션의 구성 전략, 허용되는 이야기, 기존과 다른 이야기의 개요를 벼리는 도구의 핵심 요소들을 워시번의 계보를 통해 직접 물려받았다. 현재까지 영장류학은 전지전능한 아버지의 자손이 아니라 집합적 역사의 산물이 되어 왔다. 하지만 워시번의 학문적 분석, 사업 활동, 제도적 권력은 영장류의 과학을 현대의 신다윈주의 진화론과 구조기능주의 사회인류학의 뿌리인 형질인류학에 가지 하나를 접붙였다. 랑구르 새끼에 관련된 논쟁을 추적하려면 이렇듯 뿌리가 되는 과학들을 둘러봐야 한다.

　　이번 장에서 다루는 여성들은 다양한 형태로 부계 영향력을 경험했다. 부계 픽션은 독자적 영향이나 필연적 조화 중 어느 것도 함축해서는 안 된다. 사실 가족은 피 터지는 갈등의 현장이라고 봐야 한다. 하지만 부계와 아들딸의 언어는 어떤 사람을 저명한 인물의 전·현재 학생이라고 공적 판정을 내리며 생물학자나 인류학자 사이의 학문적 '계보'에 대한 공통 논의를 모두 분명하게 함축한다. 이런 언어 자체가 독립과 의존(indebtedness), 개인적 성공과 할당된 정체성의 질문들로 장전되어 있다. 가부장제에 맞선 여성들은 자신들이 펼치는 투쟁의 일부를 자신의 이름이 아버지의 이름과 독립적으로 명명되어야 한다고 주장하는 데 할당했다. 나는 가족의 언어를 사용함으로써 문제와 긴장을 암시함과 동시에, 남성 지배적 위계가 역사를 통해 질서를 부여한 현재 과학계의 사회관계를 출발점으로 삼는 것이 양가적 선택임을 밝히려한다. 나는 워시번이 전문가로서 지녔던 권력이 여성과 남성 학생들 모두에게 심오한 영향을 미쳤다는 점에는 의심의 여지가 거의

없다고 생각한다. 다른 가족 명칭과 마찬가지로, 학계의 아버지
성은 사회적 픽션이다. 부계의 언어는 학계 가족의 자연사를 들려
주지 않는다. 이 언어가 명명하는 것은 투쟁의 계보, 공통의 관심
사, 연구 도구의 상속 및 공적인 사회적 정체성이다.

　　고정된 구조 대신 생활양식을 재구성하라는 명령은 워시번
일가의 형질인류학 부계가 물려준 주요 지적 유산이다. 화석을 현
존하는 동물들의 토대로 탈바꿈시켜서 현생 영장류를 세심한 규
칙에 따라 인간 생활양식의 면면을 설명하는 모델로 해석하는 것
이다. 고정된 구조나, 완벽함 내지는 복잡성의 정도를 가늠케 하
는 위계적이고 자연적인 척도가 아니라, 적응, 기능, 행동이 진정
한 과학적 탐구 대상이 되었다. 워시번과 그의 제자들은 기능 비
교 해부학을 통합 진화 이론의 일부로 발전시키고, 이 접근법을
현생 영장류의 사회행동으로 확장함으로써, 유전적 선택 이론과
훈련을 거친 현장 연구 및 실험 방법론을 진화적 재구성의 실천으
로 편입시켰다.

　　워시번 부계의 관행이 낳은 산물 중 가장 유명한 것은 1960년
대의 '남성 수렵자' 가설이었다. 이 가설은 호미니드 계보가 경험
했을 것으로 추정되는 생태 환경에서, 인간 삶의 양식을 가능하게
만든 핵심적인 진화적 적응이 새로운 식량 확보 전략과 결부된다
고 가정한다. 이는 사회적 협동을 토대로 삼는 인간의 미래를 함
축하는 생계 유형의 혁신으로서, 인간이 사회적 협동, 학습된 기
술, 핵가족 그리고 최종적으로는 온전한 상징 언어를 지니게 된다
는 사실까지도 함축했다. 여기서 강조되어야 하는 점은, 10년 이
상에 걸쳐 영장류 현장 연구의 방향을 제시해 온 남성 수렵자 가
설의 근본적인 요소가 협동과 사회집단을 주요 적응으로 삼았다
는 것이다. 공격, 경쟁, 지배구조와 같은 현상은 주로 사회적 협동

의 메커니즘이자 질서 정연한 집단생활의 축으로서, 조직화의 선결 조건으로 간주되었다. 또한 물론 남성 수렵자 가설은 남성의 생활양식을 인간의 과거와 미래의 동력으로 취급했다. 이 이야기의 주장에 따르면, 사냥은 남성적 혁신이었고 남성의 전문 분야였다. 이 설화는 사냥에 보편적이지 않은 측면도 사냥의 특징에 해당된다고 주장했다. 사냥은 변화의 원칙이었다. 나머지는 기본선이거나 변화를 보조하는 체계였다.[5]

그리하여 위시번의 딸들은 생명과학자들의 복잡한 사회적 가족구성원으로 현장에 들어가서 생물학과 인류학이 구성하는 논쟁적인 경계 지대에서, 오랜 논쟁거리였던 영장류라는 대상의 의미에 대해 논의했고 과거의 제약과 미래의 가능성에 대해 논쟁적인 기원 설화와 행위 설화를 구성했다. 전쟁 전에는 소박한 수준으로 진행되었던 현생 영장류에 대한 현장 및 실험실 연구는 국제적인 차원에서 폭발적으로 동시에 증가했다. 그 이유는 복잡했다. 제2차 세계대전 이후의 소아마비 연구, 아프리카에서 새로 발견된 호미니드 화석, 비교 인류학의 일환으로 영장류 사회를 장기적으로 관찰한 일본의 영장류 연구 발전, 사회 경영을 염두에 둔 사이버네틱스 통제 모델 내에서 정서장애와 사회 해체에 대응할 동물 모델을 찾아 나서는 노력 등이 그 이유였다. 하지만 이와 같은 이유들을 따라가다 보면 이번 장의 주제를 넘어서게 된다. 위시번은, 전쟁, 국제 관광을 가능케 하는 신기술과 열대병 통제, 현대 의학 연구의 제도화, 탈식민화되었지만 서로 경합 중인 신식민주의적 세계질서 속에서 국제 자연보전 단체와 같은 거대한 역사적 결정 요인에 영향을 받아 생겨난, 십여 명 되는 핵심 행위자 중 한 사람이다.[6]

위시번은 형질인류학 박사학위를 1940년 하버드대학교에

서 받았다. 그가 받은 수련은 형질인류학과 영장류학의 의학적 유
산과 식민주의적·인종차별적 사회 기반을 반영한다. 그는 전통
적인 인체 계측법과 영장류 해부학을 다루는 학파에 속했기 때문
에, 1947년까지는 컬럼비아 의과대학에서 의료해부학을 가르친
뒤 시카고대학교로 이직하여 필리스 제이를 포함해, (엄격한 기능
주의 비교 해부학에 대립되는 것으로서) 사회행동에 대한 연구를
함께 진행한 초기의 주요 대학원생들을 가르쳤다. 워시번이 속한
형질인류학자 세대는, 백인, 남성, 전문가, 부르주아적 사회조직
을 암묵적으로나 명시적으로 목적론적 기준으로 삼아 진화가 복
잡성과 완벽성이 증대하는 방향으로 진행된다는 가정 아래 비교
생명과학을 실천하는 것, 즉 자신의 과학을 활용해 인종적 위계를
구축하는 것을 혐오했다. 워시번은 쉽게 인종주의적 의미를 산출
하지 않는 진화 이야기를 서술하는 규칙들을 주로 만들어 냄으로
써, 형질인류학을 이런 유산으로부터 빼내려고 적극적으로 경주
했다.[7] 그는 그와 유사한 과학의 틀이 젠더의 위계질서를 보거나
만들어 내는 과정에 대해서는 인식을 하거나 대항하지 않았다. 개
인적인 악의 때문이 아니다. 당시는 전 세계적인 반인종주의 투쟁
이 식민주의를 종식시키고 있었으며, 생명과학을 포함하여 공적
지식을 만들어 내는 규칙이 상당 부분 가시화되고 있었기 때문이
다. 1970년대의 여성운동은, 남성이든 여성이든 두뇌의 천재성이
불러일으키는 영감을 통해서가 아니라, 과학을 통해 다른 모습의
젠더를 구성해 냈다. 하지만 바뀐 사회가 제시하는 가능성의 토대
위에서, 성과 젠더를 둘러싼 과학적 시합의 논쟁 내용을 변화시
킨 것이, 특정한 여성 및 남성인 것은 사실이다. 이 영장류 과학자
들은 워시번이 아프리카, 아시아, 미국에서 이루어진 해방 투쟁과

맺었던 관계와 비교해, 다양한 페미니즘이나 혁명화된 여남 사회관계의 차원과 딱히 더 직접적인 관계를 맺은 것은 아니었다. 하지만 워시번과 그의 학문적 자손들 중 누구도 개코원숭이 및 랑구르의 사회생활과 직접적인 관계를 맺지는 않았다. 공적 이야기는 동시에 여러 방식으로 매개된다. 하지만 이런 내용들은 이번 장의 이야기를 앞질러 가고 있으며, 무엇을 말해야 하는지를 단언하고 있다.

　　1940년대 중반 무렵 워시번이 추구하던 형질인류학은 실험 과학의 일환이었다. 1950년 무렵 그는 테오도시우스 도브잔스키, 에른스트 마이어, 조지 게일로드 심슨이 개발한 최신 개체군유전학, 계통학, 고고학에 부합하게 자신의 현장 연구의 기본 개념과 방법을 재해석하려는 목적으로 강력한 프로그램을 개발하고 있었다. 1958년 그는 동아프리카에 서식하는 개코원숭이의 현장 연구에 할당된 초기 지원금을 포함해, 다양한 관점에서 인간 행동의 진화를 연구하기 위하여 포드재단 연구비를 확보했다. 이 연구는 그의 학생인 어빈 드보어와 협력하에 진행되었고, 남성 수렵자의 관점에서 호미니드 진화를 해석하는 데 쓰일, 개코원숭이의 비교 모델을 최초로 개발하는 토대가 되었다. 드보어와 워시번은 미국국립과학재단에 제출한 후속 연구 제안서(「영장류 행동의 분석(Analysis of Primate Behavior)」, 1961)에서 중심 연구자였다. 비록 이 연구비는 다른 연구자들 또한 지원했지만 말이다. 재단 제출용 최종 보고서는 개코원숭이에게서 얻은 자료와 해석의 차이점을 언급했으며, 제이의 랑구르 연구에 상당히 주목했다. 이를 비롯한 초기 연구 제안서들은 개코원숭이의 사회 행동이 인간 심리학과 정신병리학 연구에 유의미하다는 점을 인용했다. 국립보건원의 제안서에서 거론된 조언자 가운데에는 정신병리학자 데이비드 햄버그와 위스콘신대학교의 비교심리학자 해리 할로(Harry Harlow)가 속해 있었다. 워시번은 1959년 버클리대학교에서 미국 최초의 영장류 현장 연구소 가운데 하나를 세울 연구비를 조성했다. 워시번은 경력 초창기부터 강의를 하고, 대중 문헌을 저술하고, 교육용 영화를 만들고, 교과과정 전체의 학습 일정을 개혁함으로써 진화학 및 영장류학에서 저명한 인물들이 경력을 쌓는 데 도움을 주었다.[8]

여기서 나는 1958년 이후 시카고대학교와 캘리포니아대학교에서 영장류 행동과 진화를 주제로 박사학위를 받은 워시번의 제자들을 그의 부계에 포함시키고 있다. 다른 곳에서 학위를 받은, 그의 제자의 제자들 역시 다수 포함된다. 예를 들어 제인 보제스(1976)는 워시번의 박사 제자인 필리스 제이/돌리노우(1963)의 학생이었다. 세라 블래퍼 허디(1975) 또한 워시번의 박사 제자인 하버드대학교의 어빈 드보어(1962)의 박사과정 학생이었다. 여기서 우리는 가족이 평온하게 조화를 이룰 것으로 기대하기는 어렵다. 대신 워시번 아래서 함께 수학한 동기뿐 아니라 아버지의 이야기에서 많이 벗어난 인물들 사이에 큰 논쟁이 벌어지는 것을 우리는 보게 될 것이다. 드보어와 워시번은 1970년대 후반부터 사회생물학을 둘러싸고 갈등을 빚었다. 제이(돌리노우)와 보제스는 리플리, 허디와 맞서는 입장을 공유한다. 이 모든 대립은 번식 전략과 그 의미를 중심으로 조성된다. 우리는 또한, 1970년대 이전에는 가능하지 않았던 성과 젠더 논쟁을 중심에 둔 결과로서 상속된 이야기들이 어떻게 변환되며 그 이야기들이 공유하는 담론장은 어떤 것인지 보게 될 것이다.

워시번의 직계(시카고, 캘리포니아대학교 버클리 캠퍼스)에
대한 예비 조사 결과는, 그에게 박사과정 학생이 최소한 40명 있
었고, 그중 열다섯은 현재도 학계에 있는 전문가 여성임을 보여
준다. 이 숫자는 영장류학 전반에 대한, 매우 대략적인 예비적 통
계로 간주되어야 한다. 영장류 행동과 진화를 연구하는 과학자
가 소속되는 주요 학회에는 세 개가 있다. (1) 국제영장류학회
(The International Primatological Society, 1966년 설립)의 회원 수
는 750명 정도이다. 그중 380명은 미국 학자이고, 120명(16퍼센
트)은 여성이다. 직장 주소를 볼 때 IPS 회원 130명 정도는 스스
로를 인류학자로 간주하며, 그중 17퍼센트만이 여성이다. (2) 미
국영장류학회(The American Society of Primatologists, 1977년 설
립)에는 445명 정도의 회원이 있고, 이 중 23명은 외국인인데, 그
대부분은 캐나다 사람이다. 30퍼센트에 해당하는 131명이 여성
이고, 16퍼센트(70명)는 인류학과에 주소지를 두고 있다. [의학
(16퍼센트)이나 심리학(13퍼센트)을 비롯해 특정 전공이 더 많
은 비중을 차지하지는 않는다.] ASP에는 여성 인류학자가 30명
있고(인류학자 회원 중 45퍼센트) 이 중 7명은 캘리포니아대학
교 버클리 캠퍼스에서 박사학위를 받았다. 그 구성원들의 회고에
따르면, 워시번의 계보는 처음부터 비전형적으로 많은 여성 대학
원생들을 포함하고 있었다. 영장류 논쟁에서 저명한 여성들이 워
시번의 계보에 있는 것은 분명한 사실이다. 하지만 이와 같은 통
계는 1980년 무렵 인류학을 전공하는 여성이 미국의 영장류학에
서 국제적 인물의 총 인원수를 비롯하여 미국에서의 다른 영장류
학 관련 전공자에 비해 일반적으로 많았음을 보여 주는 수치다.
(3) 미국형질인류학회(The American Asssociation of Physical An-

thropology)는 회원 1200여 명을 보유하고 있는데, 그중 26퍼센트
가 여성이다. 이런 수치들 중 어느 것도, 다른 분과와 비교할 때 영
장류학에서 얼마나 많은 수가 영장류의 행동과 진화를 연구하고
있는지 정확하게 알려 주지 않는다. 학자의 전문 분야를 결정하는
것 역시 작위적일 때가 종종 있다. 인류학은 어디서 끝나고 비교
심리학은 어디서 시작되는가? 게다가 주소 또한 모호할 때가 있
다. 하지만 이런 대략적인 숫자는, 영장류 연구의 집합적이고 국
제적인 성격, 특히 미국에서 높은 영장류학 분야의 여성 참여도와
워시번 계보의 선명한 존재감을 보여 준다.[9]

　　이야기하는 법을 제시하는 규칙은 어떤 사회적 메커니즘을
통해 전달될까? 남성 수렵자의 딸들에게 성과 젠더를 연구의 대
상 및 조건으로 과학적으로 구축하는 과정에서 자신이 물려받은
유산을 변경하는 도구들을 물려줄 때, 워시번의 계보가 작동하는
방식은 어떤 것인가? 우리는 워시번이 들려주는 이야기의 논리적
구조를 이미 엿보았다. 가장 중요한 규칙은, 기능, 행동, 생활 방
식에 대한 이야기를 엮는 것이었다. 영장류에 대해 어떤 이야기가
권위를 지닐지를 정하는 그의 '계획'이라고 부를 만한 것이 무엇
인지 또한 신속하게 살펴보아야 한다. 이 '계획'을 이루는 주요 요
소 중 하나는, 자신의 학생들이 발언할 자리를 마련해 주는 것이
었다. 이 자리는 처음에는 그가 지녔던 상당한 사회적 권위를 통
해 마련되었지만, 궁극적으로는 학생들이 스스로 확보한 전문가
적 기반을 통해 마련되었다. 워시번의 지도 과정에서 또 다른 중
요 요소 하나는, 1960년대의 형질인류학에서는 드물었던 구조, 즉
수업 및 현장-실험실 연구가 짝을 이루는 구조였다. 워시번의 제
자들은 자신의 최종 연구 주제가 무엇이 되었든, 기능 비교 해부

학과 사회생물학에서의 사회-문화 이론, 현생 영장류에 대한 현장 연구를 모두 배워야 이상적이라고 간주했다. 몇몇 학생들은 세 요소를 모두 공부하지는 않았지만, 이와 같은 이상은 워시번의 연구비 지원서 및 형질인류학 개혁을 향한 다른 프로젝트를 기술하는 내용에 강조되어 있다. 화석, 현대의 수렵채집자, 현생 영장류 모두는 연구의 방향을 제시하고 설명을 들려주기 위한 이야기를 안내했던, 통합된 남성 수렵자 가설을 만들어 낸 워시번의 프로그램에서 필수적이었다. 그의 학생들은 새로 출현하는 분야의 선도자 역할에 걸맞은 수련을 받았다. 워시번은 자신의 유산을 물질적으로 보존할 기반을 만들 줄 아는 아버지였다.

　　워시번의 영장류학 부계는 1957년부터 1958년까지 진행되었던 시카고대학교에서의 세미나인 '인간 행동의 기원(Origins of Human Behaviour)'과 더불어 탄생했다고 말할 수 있을 것이다. 필리스 제이와 어빈 드보어를 포함한 이 집단의 구성원들은 진화 중인 영장류 현장 연구에서 구성적 역할을 담당하는 인물들이었다. 또한 예수회 신자인 존 프리슈(John Frisch)의 일본어 지식은, 일본 동료 연구자들로 하여금 당대 수행한 연구를 구성할 수 있도록 도와주었다.

　　워시번의 제자들이 일하던 실험실은 딱히 권위주의적이지는 않았다. 학생들이 자기 연구 주제를 스스로 골랐던 것이다. 학생들은 때로 워시번과 다양한 방식으로 엇갈린 의견을 제시하면서, 그의 견해나 지지와는 독립적으로 자신의 연구를 진행했다. 하지만 여러 제자의 회고에 따르면, 형질인류학의 새로운 종합을 통해 고취된 지적 흥분감과, 제자의 선택과 기회(그리고 다른 선택에 대한 무관심)를 만들어 내는 워시번의 태도는, 보다 명시적인

계획이 존재했음을 암시한다고 말한다. 예를 들어 수렵 생활 방식
에 적합한 기능해부학적 특성은 이야기의 핵심 부분을 이루었다
든지 1960년대에 남성 수렵자 가설을 통해 볼 수 있게 된, 새로운
해부학적 적응 복합체를 연구하는 학생들이 발견된다는 점은 별
반 놀랍지 않다. 다른 학생들은 손, 척추, 발, 커뮤니케이션, 영역
과 식습관, 양육 행동과 같은 주제를 연구하곤 했다.

　　1960년대 미국인류학회(AAA)에서 열린 특별 세션 두 개는
워시번이 자신의 학생과 동료에게 자리를 마련해 주고 남성 수렵
자 가설을 학계에 확고하게 정착시키는 사회적 메커니즘의 전형
을 드러낸다. 1963년에 하루 종일 열린 한 심포지엄에서는 워시번
의 학생 15명이 발표했고, 그중 여섯 명이 여성이었다. 에이드리
엔 질먼은 영역과 행동에 대해 발표했다. 그는 후에 수렵 가설의
틀 안에서 이족 보행에 대한 박사논문을 썼다. 질먼은 후에 수렵
가설의 설명 틀에 이의를 제기하고, 그에 대한 주요 종합적 대안
을 제안하는 핵심 인물이 된다. 이 연구에서 그의 동료가 된 낸시
태너(1989년 사망)는 대학원생 시절 워시번의 수업 조교로 일했
던 사회인류학자였다. 주디스 시릭(Judith Shirek)은 식습관과 행
동에 대해 발표했다. 그의 박사학위 연구는 마카크(Macaque) 종의
시각 커뮤니케이션을 다루었다. 필리스 제이는 이 심포지엄에서
지배 행동에 대해 발표했다. 그의 박사논문은 랑구르원숭이의 사
회조직을 다루었다. 수잰 슈발리에(Suzanne Chevalier)는 어미–새
끼 행동에 대한 논문을 발표했다. 그의 후속 연구는 수컷의 성적
행동이 일차적인 중요성을 갖는다는 개념에 맞서 널리 제기된 비
판적 견해의 맥락에서, 매스터스(Masters)와 존슨(Johnson)의 질문
과 방법을 편입시켜 비인간 영장류 암컷의 오르가슴을 다루었다.

수잰 리플리는 학위논문 및 후속 연구의 핵심을 이루는 종인 랑구르의 모성 행동에 대한 연구 결과를 발표했다. 제인 랭커스터(Jane Lancaster)는 실험실 밖에서 이루어지는 영장류의 생식 연구에서 새로 주요 관점의 자리를 차지한 것의 초기 형태, 즉 영장류의 연간 생식 주기에 대해 발표했다. 그의 학위논문은 영장류의 커뮤니케이션에 대한 것이었다. 랭커스터가 수행한 후속 연구는 남성 수렵자 가설에 맞서는 딸들의 반란에서 중요한 축이 된다. 워시번의 남학생 제자들은 해부학, 영장류 행동, 사회인류학이라는 삼중 구조 속에서 수렵 가설의 측면들에 대해 엇비슷한 발표를 내놓았다. 이 미국 인류학회의 1966년 세션의 제목은 '남성을 위한 디자인(Design for Man)'이었다. 현대의 정신병리학에서 제시된 스트레스 이데올로기의 맥락에서 심리적이고 정서적인 적응 복합체를 연구하는 방법을 포함해, 남성중심적인 수렵 설화의 모든 구성 요소들이 이미 자리를 잡은 상태였다.

워시번은 '수렵 생활 방식'이라는, 논점이 분명한 발표에서, 세션의 모든 발표를 짧게 요약했다.[10] 형질인류학 분야에서 이 세션이 던지는 교훈은 간과하기 어려웠을 것이다. 또한 각 학생들이 대학원생 수련 과정에서 자신의 연구에 어떤 의미를 붙였든, 1960년대에 캘리포니아대학교 버클리 캠퍼스에서 한 발표는 공적으로 워시번의 해석 틀을 따랐을 (그리고 때로는 보다 적극적인 방향으로 제시했을) 가능성이 매우 높다. 가령 (1) 호미니드 진화를 비교 기능주의적으로 이해할 때 개코원숭이 모델이 갖는 우선성, (2) 영장류의 주요 행동 적응으로서 사회집단이 수행하는 핵심적 역할 (그리고 훨씬 덜 중요한, 성적 유대의 역할), (3) 인간 기원 설화로서 생계 혁신(사냥)에 대한 남성의 기여라는 극적 장치의 중심도 있는데, 여기에는 이족 보행, 도구, 언어, 사회적 협동이 포함되었다. 다시금 수컷의 우세 위계는 협동이라는 전도유망한 현상을 만들어 내는 핵심 메커니즘이 되었다.

랑구르 커넥션

워시번 부계의 딸들이 대중을 상대로 권위(authority)를 갖고, 이야기의 저자가 되게끔(to author stories) 길러졌다는 점을 확실히 해야 한다. 그들은 또한 연구와 출판을 해낼 짬이 있는 교직 자리를 따내곤 했다. 이 영장류 학생들, 그들의 남자 형제, 그들의 부족(무리?)에 대해서는 시간을 할애해 이야기할 가치가 있다. 하지만 여기서는 현장에 있는 남성 수렵자의 딸들이 저술한 이야기 중, 한 세트만 골라서 살펴보기로 하자. 바로 랑구르 연대기에 대한 것이다.[11] 복잡한 이야기 중에서도 한 가닥의 일부만 더 자세하게 살펴보면, 공적 의미를 지닌 이야기가 생명과학과 더불어 어떻게 변화하는지 구명할 수 있을지도 모른다.

　　이 별난 주석의 결론 하나를 미리 밝힐 필요가 있다. 공적 의미를 지닌 랑구르 이야기는, 형질인류학-영장류학 외부에 있는 이데올로기나 사회적 힘을 기계적으로 반영하지 않는다는 것이다. 또한 원숭이의 원형 이외의 것은 드디어 아무것도 보지 않도록 이끌 모종의 방법론을 드디어 개선해 나가는 부지런한 객관적 과학의 산물도 아니다. 자연과학은 그렇게 고분고분하지도 않고, 사태를 그렇게 신비화하지도 않는다. 이 두 논점 모두는 과학을 신화로, 즉 의미로 충만한 공적 지식으로 만드는 과정을 대략적으로 묘사한다. 하지만 이 그림의 양쪽 극단 모두 내가 보기에는 사실이고 또한 어떻게 새로운 종류의 이야기가 탄생하는지 궁금한 사람이라면, 과학의 생산과정을 흥미롭게 만들어 주는 그 무엇에 대한 가설이 하나 제공되는 것을 볼 수 있을 것이다. 자연과학의 이야기들은 생산적이라고 가정된다. 과학을 행하는 사람들이 이전에는 몰랐던 것을 보고, 예상치 못했던 것을 발견하도록 반복해 이끈다는 것이다. 과학의 이야기들은 흥미로운 구성 규칙을 지닌다. 최선을 다해 주의를 기울여도, 기대할 수도 없고 보고 싶지도 않을 것을 관찰자가 보도록 강요한다. 이런 시각을 만들어 내는 도구들은 꽤나 물질적이면서도 심지어 평범하다. 예를 들어 영장류학자들은 수십 년에 걸쳐, 존중받을 가치가 있는 자료를 수집하는 기준을 사뭇 명확하게 발전시키면서 서로에게 점점 더 강제해 왔다. 현장에서 보낸 시간, 관찰자의 신체 위치, 개별 동물을 인식하는 능력, 서로 다른 관찰자가 행동의 '단위'를 이름 짓고 헤아리며 취한 선택 간의 유사성, 자료를 기록하는 표와 그를 저장하는 형식, 이미 흥미로운 것을 보기를 선호하는 관찰자의 성향을 중화시켜 줄 표본 선발 절차와 같은 것들이 여기 포함된다. 워시번의 부계는 다른 이야기를 할 가능성의 구조를 결정짓는 역사적 환경에서, 도발적 전망에 힘을 실을 도구들을 후대에 제공했다. '내부'의 편향을 제거할 수 있도록 고통스러운 과학적 실천을 행하는 것을, 과학의 이야기를 결정하는 '외부'의 사회적 힘이라는 관점과 대립시키는 입장을 주장하다 보면 문제가 생겨나는데, 그중 중요한 것은 내부와 외부라는 개념 자체가 잘못된 은유라는 것이다. 사회적인 힘과 매일의 과학 실천은 둘 다 내부에 존재한다. 둘 모두가 공적 지식을 생산하는 과정의 일부로서, 이 중 어느 것도 순수성이나 오염의 근원이 아니다. 일상적인 과학 실천은 확실히 매우 중요한 사회적 힘이다. 하지만 그러한 실천은, 사람들이 역사를 통해 보는 방법을 배우는 과정을 가시화할 따름이다. 모든 이야기는 다중적으로 매개되어 있다[라투르와 울가(Latour and Woolgar), 1979].

　한마디 더 주의를 당부해야겠다. 이 장에서는 돌리노우, 리플리, 허디, 보제스 중 어떤 학자에 대해서도 그들의 전체 업적이나 출판, 역사적 영향력을 기술하는 것은 물론이거니와 설명하려는 의도가 전혀 없다는 점이다. 이번 장에서는, 현대 영장류학과 특정 논문이 이루는 역사에서 특정 순간들은 여성 인간의 본성, 부모의 역할, 폭력을 둘러싸고 진행된 공적 논쟁을 강조하기 위해 제시될 뿐이다. 이 논쟁들은 과학의 기원 설화에 대해 정치-역사적 질문들을 제기하며 미국에서 현재 진행되고 있는, 인간 여성과 남성의 협동과 경쟁, 가정폭력, 임신중지 및 정치적인 생식 자유 및 제약, 사회병리학과 스트레스, 성역할을 포함해, 인간의 사회적 행동에서 유전된 성향이 무엇인지 주장하는 사회생물학의 논쟁에 맞서는 투쟁의 맥락 속에서, 의미와 가능성을 어떻게 명명할 것인지를 두고 벌어지는 경합으로 우리를 이끈다. 이런 문제들은 진화생물학과 형질인류학의 역사에서는 하나의 전통을 이룬다. 영장류는 인간이 자연에서 차지하는 표지 없는(unmarked) 자리를 명명하면서 인간 사회의 그러한 본성을 기술하기 위한 개개의 역사적 경주에서 특권적 대상의 위치를 점유한다.

병든 사회집단과 건강한 사회집단: 모델의 문제

필리스 돌리노우가 된 필리스 제이는 캘리포니아대학교 버클리 캠퍼스 인류학과의 정교수이자 이 장의 이야기에 등장하는 다

른 딸인 제인 보제스의 논문 지도교수이고 워시번의 대학원생 제
자 가운데 사회행동을 연구한 첫 학생들 중 하나이며 인간 행동
의 기원에 대한 시카고대학교 세미나의 구성원이다. 그는 1958년
에서 1960년에 걸친 18개월 동안, 인도 중부와 북부에서 랑구르
원숭이(*Presbytis entellus*)를 850시간 관찰했다. 이 작업은 그의 박
사학위논문인 「랑구르원숭이의 사회행동(The social behavior of
the langur monkey)」(1963a) 및 다른 여러 논문(제이, 1962, 1963b,
1965; 돌리노우, 1972)의 핵심을 이뤘다. 제이는 제2차 세계대전
이후 이들 원숭이를 현장에서 체계적으로 관찰한 첫 번째 학자였
다. 1961년부터 1963년까지 인도 남부에서 연구를 진행하던 일본
영장류센터의 관찰 팀과 그들의 인도 동료들, 그리고 워시번의 지
도 학생으로 제이의 대학원생 동료이자 1963년 실론에서 회색 랑
구르를 일 년에 걸쳐 연구했던 수잰 리플리는 그의 연구를 재빠르
게 수용했다. 제이의 이야기는 복잡하다. 하지만 나는 분석을 더
다듬기 위해 몇 가지 요소를 분리하려 한다. 초기 호미니드의 생
활 방식의 한 측면을 드러내는 모델을 어떻게 정할 것인가의 문
제, 진화적 적응으로서 사회집단 조직에 대한 논변의 구조, 사회
적 행동을 병리적이거나 건강하다고 결정짓는 기준, 관찰자의 시
야 내에 있는 현상들이 위상을 바꾸는 것과 이런 상전이를 설명하
는 전략, 그리고 그런 상전이가 발생할 때 발생하는 이야기의 의
미 변동 등이 이들 요소이다. 여기서 초점을 맞춘 곳은, 필리스 제
이가 출간한 초창기 논문들이다. 제이는 이 논문들을 제2차 세계
대전 이후 자연 상태의 영장류 행동에 대해 관심이 다시 고취되던
몇 년 동안, 대학원생으로 현장 연구를 수행하여 작성했다.

　　1960년대의 영장류학은 허디와 보제스가 첫 현장 연구를 진
행하고 논문을 출간했던 1980년 무렵의 영장류학과는 여러 가지

점에서 구조적 차이를 보였다. 관련 문헌의 양, 현장 연구 절차의 표준화, 경력의 사회 네트워크와 직업 선택지를 만드는 역학 그리고 생물학(예컨대 생태학과 개체군 생물학)과 인류학(가령 인간 집단에 적용된 사회생물학)에서 다른 논의들의 관계, 이 모두가 변한 것이다. 나는 이번 장에서 이러한 변화의 일부가, 인간 생식의 사회관계 및 자연 상태의 모든 영장류 암컷의 정치적 위치를 둘러싼 주요 정치 투쟁의 함수이자 이를 구성하는 원인이 되어 왔다고 주장한다.

　제이가 현장에서 랑구르를 관찰하던 바로 그 무렵, 그의 대학원생 동료가 아프리카에서 개코원숭이를 관찰하고 있었다. 워시번과 어빈 드보어는 1959년에 케냐에서 12개월 동안 1200시간에 걸쳐 개코원숭이를 연구했다. 이는 워시번이 1955년에 200시간 수행했던 사전 연구를 계승하는 것으로서, 인간 진화에 대한 범아프리카 학회에서 거의 우연에 가까운 기회를 통해 현실화되었다. 드보어의 개코원숭이 현장 연구는, 사바나의 생활 및 수렵 혁신과 연계되어 있다고 가정하고 재구성한 호미니드의 행동 적응 복합체의 특정 측면을 설명하는 과학적 모델의 유효성을 탐구했다. 워시번 학파에서 모델을 수립한다는 것은, 복잡한 인간 행동의 보다 간단한 버전을 찾아낸다는 것을 뜻하지 않았고, 전반적으로 더 단순한 형태의 호미니드 종을 찾는다는 것은 더더욱 아니었다. 여기서 복잡성의 척도는 지식 대상이 되지 않았다. 영역, 식습관, 포식자 압력과 우세 위계의 강도가 맺는 상관관계와 같은, 상당히 구체적인 적응 복합체의 측면들을 이해하고자 할 때면 다른 영장류 종을 모델로 삼을 수 있었다. 그런 모델은 다른 생물학적 모델 체계와 마찬가지로, 현장과 실험실에서의 관찰 및 실험적 조작에 복속해야 했다. 논리적으로 볼 때, 영장류 모델 체계는 세포 운동을 연구할 때의 시험관 속 샘플이나 통째로 합성된 세포막 하부 체계와 동일한 위상을 지녔다. 개코원숭이는 인간 진화를 연구하는 데 적합한 모델처럼 보였다. 생존을 위해 구조화된 사회집단에 의지해 [나무 위가 아니라] 땅 위에서 살아가는 영장류였기 때문이다. 행동, 생태, 기능해부학 모두는 어떤 설명에서도 상호 연관되어야 한다. 모델은 비교군뿐 아니라 대조군으로도 조명될 수 있어야 했다. 모델을 구축하는 작업은 비교학적 진화 과학을 구축하는 과정의 일부였다. 워시번과 드보어(1961)는 역시나 개코원숭이와 호미니드의 차이가 가장 중요하다는 결론을 내렸다. 하지만 이 모든 비교에서 분명하게 드러나는 핵심이 하나 있었다. 호모 사피엔스다. 워시번 학파는 처음에는 동물학자의 질문이 아니라, 인간의 생활 방식을 다루는 연구자들이 할 법한 질문을 제기했다. 그리고 개코원숭이는 워시번의 학생들이 연구했던 다른 종, 이를테면 버빗(vervet)원숭이나 랑구르 같은 종들이 갖는 의미를 결정하는 특권적인 모델 체계가 되었다. 개코원숭이는 수컷 간 협동, 적응적인 사회조직으로서 수컷의 우세 위계 그리고 사바나에 서식하는 잠재적 호미니드에서 무리 방어를 위한 수컷의 필수성 같은 논의들을 진행하는 데 딱 들어맞는 모델 체계로 보였다.

개코원숭이라는 이 중심이 제이의 랑구르 설화가 갖는 의미의 구조를 만들었다고 볼 수 있을까? 제이의 초창기 논문에는 드보어의 개코원숭이 이야기에 대한 인용이 넘쳐 난다. 이 이야기는 특히 무리의 보호자, 내부의 평화 유지자, 자신들의 우세 위계 메커니즘을 통해 질서를 조직하는 자의 역할을 맡았다고 가정된 수컷들의 삶을 조명하는 플롯이 매우 강하게 드러난다. 드보어는,

암컷과 새끼들에게 무한한 매력을 지닌 우세 수컷들의 동맹이 중심을 이루고, 무리가 정착해 있을 때는 가장자리에 있다가 위협을 받을 때는 뒤를 따르며 특별 보초를 서는 다른 수컷들로 이루어진 수컷 중심적인 개코원숭이 무리 구조를 문자 그대로 보았다. 비록 이런 그림은 다른 사람들로서는 물리적으로 관찰하기 어려운 것으로 판명되었지만, 상징적 차원에서는 교과서 삽화를 비롯한 다양한 변주들로 반복해서 제시되었다.[12] 만약 수컷의 지배가 무리를 조직하는 메커니즘이라면, 비교 설화를 생성해 낼 때는 수컷 지배의 변이가 주목의 대상이 되어야 한다. 여기에 함축된 필연적 귀결은, 사회의 조직화 정도는 집단적 사회생활의 핵심 적응 메커니즘인 협동의 전파자로서 안정적인 수컷 위계질서가 발전된 정도와 상호 연관되어 있다는 것이었다. 사회집단의 의학-정신병리학적 요법으로 이어지는 논리적 고리가 명백했다. 사회적 무질서는 중심에 있는 적응 메커니즘의 와해를 암시했다. 스트레스를 받은 수컷들은 부적절한 (과도하거나 부족한) 우세 행동에 연루될 것이다. 무리의 조직, 심지어는 무리의 생존을 대가로 치르고서 말이다.

드보어와 제이 모두, 조직된 사회집단을 종의 기초적 적응 단위로 간주했다. 이는 반드시 집단 선택론적 주장은 아니었고, 이 문제는 사회생물학이 1970년대에 출현한 신다원주의 선택 이론에 도전하기 전에는 (아니면 그로부터 확장되어 나가기 전에는?) 거의 제기되지 않았다. 사회적 역할이 연구의 기본 대상이었다. 집단의 구조를 만들었기 때문이다. 사회적 유대가 무리를 결속시켰고, 수컷의 지배관계는 어느 관찰자에게든 유일한 사회적 유대의 유형은 아니었다. 하지만 드보어의 설명에 따르면, 지배관계는 궁극적으로 집단을 가능하게 만드는 유대 관계였고, 집단은 영장류를 가능하게 했을 뿐 아니라 워시번의 부계에서 두드러진 지식 대상이었던 인간의 생활 방식 역시 가능하게 만들었다. 설명의 주요 층위가 메커니즘과 적응 복합체라는 점에 유의할 필요가 있다. 제이의 초창기 논문들은 이런 설화의 구조에 매력적인 반론을 연이어 내놓았다. 그가 연구했던 랑구르들은 모범적인 개코원숭이처럼 행동하지는 않았지만 여전히 매우 안정적인 집단을 유지했기 때문이었다.

　랑구르의 삶에 대한 제이의 논문의 상당 부분이 새끼와 어미에 관련되어 있었다. 사회조직에 대한 그의 접근 방식은 시계열적이었고 발전론적이었으며, 이는 호미니드를 만들기 위해 사바나에 마련된 무대에 올라와 있는 우세한 수컷을 주연배우로 내세우는 드보어의 장소 중심적 플롯과 대비되었다. 내가 볼 때, 제이의 초창기 연구는 드보어의 연구와 비교하면 생물학적으로나 생태학적으로 실질적으로 훨씬 더 복잡하게 읽히며 다중심적이다. 제이는 새끼와 어미에 대해 서로 다른 논문을 여럿 출간하기도 했다. 여성 학자들은 대학원생 시절 암컷과 새끼라는 주제에 대해 논문을 자주 썼음에도 불구하고, 자신을 그 관계에 너무 투영하지 않으려 애썼다고 회고한다. 암컷에 지나치게 집중하게 되면 관찰자에게 주변인이라는 딱지가 붙게 되기 때문이었다. 어떤 경우든 제이는 영장류에 대한 초기의 편저에 그 주제에 대해 논문을 써 달라는 요청을 반복해서 받았다. 다시금 랑구르의 전반적인 생물학적 특성에 대해 그가 어떻게 지각했든, 제이는 호미니드 혁신의 비교학적 중심으로 명명되지 않았던 이야기와 공적으로 결부되어 있었다. 개코원숭이가 특권화된 모델 체계였다. 그리고 이 사실은 드보어의 수중에서는 수컷의 능동성을 뜻했다. 비록 드보어는, 새끼들이 무리의 구심점이었고 모든 관찰자들이 집단구조의 발생을 기술할 때 새끼의 사회화 과정을 기록했다는 점을 알고 있었지만, 어미와 새끼의 활동에 의지해 집단의 구조를 설명할 수는 없었다. 제이는 랑구르 무리 구조에서 새끼가 핵심 구심점이라고 명시적으로 파악했다. 하지만 이 하위 플롯은 그의 설화의 결론에서 주요 구성 요소가 되지는 않았다. 그가 기술했던 것은, 어미들 사이에 새끼가 건네지는 과정, 새끼에 대한 수컷의 상대적인 무관심, 새끼의 발달 과정에서 발견되는 성차, 성체 암컷 가운데 명확한 우세 위계가 부재하는 현상, 암컷이 다른 암컷들과 갈등을 일으킬 때 성체 암컷끼리 일시적인 동맹을 맺는 현상(1960년 이전 서구인들이 볼 때 암컷이 이루는 조직은 안정적이거나 주요한 조직으로 간주되지 않았고, 그로부터 한참 더 시간이 흘러서까지도 모계는 아들이 차지하는 지위의 문제라고 간주되었다), 낮은 무리 내 공격 발생률 그리고 드보어의 개코원숭이보다 전반적으로 느슨한 무리 조직화와 같은 현상들이었다. 제이는 어미―새끼 관계가 랑구르의 삶에서 가장 강력한 관계라고 주장했으며, 모든 지배구조는 대단히 복잡하고 미묘하며 일상생활에서는 그리 중요하지 않다는 입장을 유지했다. 간단히 말하면, 그는 다른 이야기가 궁극적인 설명으로 간주되어야 했기 때문에 자신의 주요 결론에서 등장하지 못했던 것을 문자 그대로, 물리적으로 보았던 것이다. 워시번의 남성 수렵자에 대한 형질인류학은 비교 영장류 사회행동 연구를 요구했지만, 비교의 구심점이 된 사뭇 시끌시끌한 집단은 아프리카의 사바나 지대에 살았고, 다른 설화 구조 및 결론에 대해서는 자신의 지배자 위치를 재확인하듯이 이빨을 드러냈던 것이다. 모든 비

교는 과학적 목표가 자연에서 '(남성)인간'의 자리를 파악하는 것
일 때만큼은 서로 동등할 수 없었다.

제이는 상황이 허락하는 한에서 무리 내에 자리를 잡고 관찰
을 수행했다. 그는 도발을 피하기 위해 눈을 내리깔아 시선을 직
접 마주하지 않으며 무리에 종속한 것처럼 행동했다. 랑구르 무리
가 높은 나무 위 같은 곳에 있곤 했기 때문에 제이는 랑구르 무리
대부분을 내부에서 직접 관찰할 수 없었다. 그럼에도 제이는 초창
기 논문에서 관찰자로서 자기 신체 위치를 설명하는 연구 방법론
에 관해, 자신이 무리의 내부에 있었으며, 우세하지도 않았고, 원
숭이들이 서로 간의 우세 관계를 표현하도록 도발하는 개입을 하
지도 않았다고만 명시적으로 서술했다. 그와 대비해 드보어는 무
리의 가장자리에서 랜드로버 안에 몸을 숨긴 채 관찰했는데, 그
지역에는 사자가 있었기 때문이었다. 그 때문에 일상생활이 다르
게 보인 것이다. 또한 드보어는 중심 의미를 드러내기 위해 가시
화해야 했던 수컷 간 우세 상호작용을 도발했다. 이는 관찰이라고
일컬어졌다. 반면 제이는 암컷과 새끼의 활동이 아니라 수컷의 활
동을 기술하는 데 훨씬 적은 분량을 할애했고, 수컷이 하는 활동
이 무리의 일상생활에서 정확히 어떤 의미가 있는지 명시화하는
데는 어려움을 겪었다. 하지만 그의 명시적 결론은 다음과 같았
다. "성체 수컷은 무리 내 성체 수컷들의 관계 구조를 만드는 안정
적인 수컷 우세 위계를 수립하고 확인함으로써 무리 내의 안정을
도모한다"(돌리노우, 1972). 그의 관찰 구조에도 불구하고, 수컷
은 무리의 통합과 안정을 조율하는 리더였다. 모계 중심적 집단을
무리 구조에 대한 설명 및 호미니드 진화의 특권적 모델로 편입시
킨 것은, 제이의 세대를 잇는 워시번의 딸 세대였다.[13]

제이의 눈에는 암컷과 새끼가 매우 잘 보였다. 하지만 그는 다른 곳에 있던 관찰자들이 매우 극적인 용어로 보고하기 시작한 것은 보지 못했다. 이 장면은, 수컷이 어떤 무리 내로 이주한 뒤 새끼를 죽이면서 무리 내에 있던 기존의 수컷을 한 마리나 여러 마리 몰아내는 장면이었다. 예를 들어 교토대학교의 형질인류학 실험실 소속의 스기야마 유키마루(Yukimaru Sugiyama) 그리고 1961년부터 1963년까지 다르와르(Dharwar)에서 랑구르를 연구했던 일본영장류센터에서 파견된 팀이 기술한 이야기는 이러했다. "덩치 큰 수컷 한 마리가 무리를 이끈다는 사실 외에는 다른 사회적 분화 현상이 명백하지 않았다". 그는 자신이 무리에서 '사회적 변화'라고 부른 것을 관찰했고, 여기에는 수컷으로만 이루어진 집단이 양성으로 이루어진 무리에 대해 공격을 감행해 무리를 '재구성'하는 것이 포함되었다. 이 사건 이후에는 강탈자 수컷은 하나를 제외하고는 모두 추방되었다. 이후 두 달 동안 무리에 남은 수컷이 유년기의 암컷 한 마리와 무리의 새끼 다섯 마리를 물어 죽이는 것이 관찰되었다. 새끼 중 생존자는 없었다. 하지만 스기야마는 수컷이 새끼를 죽이는 장면을 직접 목격하지는 않은 것으로 보인다. 이 관찰자는 또 다른 양성 집단에서 유일한 수컷('무리를 보호하고 이끌던 우세한 수컷 군주'라고 일컬어짐)을 제거함으로써 무리의 사회 변화를 실험적으로 도발했다. 이 무리에 들어간 수컷 한 마리가 결국 새끼 네 마리를 죽였다. 이런 사건은 직접 목격한 것으로 보인다. 그와 같은 연구에서 무리, 즉 사회조직을 연구하기 위한 모델 체계에서 중요한 실험적 조작은 한결같은 대상에 대해 이루어졌다. 바로 유기적 생명력과 '사회 변화'의 거점으로 간주된, 지위가 높은 수컷이다.[14]

제이가 여기에 비견할 만한 과격한 사건을 기록할 수 없었던 것은 아니다. 인도의 지역에서 그가 연구한 기간 동안에 그런 일이 전혀 발생하지 않았을 뿐이다. 하지만 그는 랑구르의 서식처 및 행동 특성에 주목할 만한 변이가 관찰된다는 점 그리고 생태와 사회행동의 상관관계를 더 많이 연구할 필요를 언급하는 맥락에서, 다른 연구자들이 새끼의 죽음과 관련해 남긴 관찰에 대해 논평했다. 무리 내 수컷의 마릿수와 영아살해의 의미를 정하는 원칙이 진술되는 것은 이 지점이었다. 제이에게 그토록 '급격한 사회변화'는 랑구르의 높은 개체군 밀도를 배경으로 발생했는데, 과밀은 사회적 병리를 낳은 스트레스를 야기했다. 영아살해는 아무것도 설명하지 못했다. 어떤 경우에도, 이와 같은 사건은 영장류의 적응으로서 사회집단의 성공을 재현하는 무대에서 주변적인 위치만을 차지했다. 이 무대는 건전한 지배관계를 통해 표현된 것으로서, 남성 간 관계에 기초한 인간 협동의 조짐, 즉 남성 수렵자에게는 필수적이었다. 제이는 영아살해를 관찰했다는 점을 기록했지만 그 때문에 전체 이야기를 바꾸지는 않았다.

이제 워시번 계보를 낳은 의미 구성의 규칙을 통한 사회생물학적 설명의 도전 속에서, 이 무대를 흔들기 위한 주요한 노력을 살펴볼 것이다. 그러고 나서 설명 설화의 핵심적 사건 대 사회병리의 우연적 발생의 문제로 돌아올 것이다. 세라 블래퍼 허디에게 사회집단에 대한 강조는 반어적으로 암컷의 평등을 감추는 것으로 보인다. 그러니까 번식 전략에서의 평등이다. 하지만 번식 전략은 1970년대와 1980년대 미국에서 정치적 의미를 둘러싼 경합의 심장부에 가까이 놓여 있었다. 생식의 자율성, 즉 '자신의 몸에 대한 소유권'에 기초한 온전한 인간 여성의 시민권과 같은 사안들이 여기 속했다. 번식 전략은 신체적 투자와 관련된다. 적어도 토머스 홉스 이후로 잉글랜드에서 벌어진 주권, 시민권, 참정권, 스스로에 대한 소유권(자신의 투자, 자신의 기업을 처분할 권리와 능력)의 개념은, 합법적인 정치 행위, 특히 자연적이라고 가정된 생식적 가족과 대조해 시민사회를 형성하는 행위의 근거를 마련한다고 주장했다는 사실을 기억해야 한다. 이제 우리가 살펴보게 될 페미니즘의 사회생물학적 논리는 서구의 정치 민주주의의 이론적 원천에서 이야기 자원을 끌어낸다. 물의 오염원은 에드워드 월슨의 인간 본성에 대한 사회생물학 책이 아니다. 번식 경쟁에 대한 생물학의 논리는 우리가 상속한 자본주의 정치경제 및 정치학 이론에 공통되는 초기 논변의 한 형태일 뿐이다. 생물학은 본성적으로 정치 담론에서 뻗어 나온 하나의 가지로서, 객관적 진리의 축약본이 아니다. 게다가 생물학적 담론과 정치·경제적 담론의 관련성을 언급하는 것은 그와 같은 생물학적 논변을 나쁜 과학이거나 이데올로기에 불과할 뿐이라면서 기각하려는 목적을 지녔기에 좋은 논변이 아니다. 랑구르 영아살해를 둘러싼 경합이 살아 있는 정치적, 과학적 신경을 건드리는 것에 놀라서는 안 된다.

랑구르 오디세이: 영웅, 성, 투자전략

세라 블래퍼 허디가 들려주는 랑구르의 삶에서 영아살해 및 수컷의 무리 강탈은 랑구르 사회행동이 지닌 의미에서 핵심이 되었다. 그리고 허디(1977)의 연구는 제이/돌리노우가 한 번도 주장한 적 없는 의미들을 공표하게 되었다. 하버드대학교 출판부에서 출간된 그의 저서 『아부의 랑구르(The Langurs of Abu)』(부제: 암컷과 수컷의 번식 전략)의 표지에는 다음과 같은 홍보 문구가 적혀 있다. "양성 모두의 관점에서 야생 영장류의 행동을 최초로 분석한 책. 또한 페미니즘의 관점에서 영장류의 행동 패턴을 애절하고도 정교한 필치로 탐사한 작품". 하버드대학교에서 어빈 드보어의 학생이었던 허디는 로버트 트리버스와 에드워드 윌슨과 긴밀한 관계를 맺고 연구했다. 이 세 남성은 근본적인 사회생물학 이론가다. 드보어는 뿌리부터 워시번에 대항하여 인간 수렵채집자의 사회생물학을, 유전적 친족의 이해관계 미적분학에서 출현하는 행동 체계라는 관점에서 재해석했다. 허디에게 영장류 사회집단은 자신의 유전적 적합도를 극대화하고 유전적 투자를 자본화하는 개별 번식자의 전략이 낳는, 가능한 결과 중 하나였다. 순수하게 자유주의적이고 실용주의적인 정치경제에 대한 사회 기원 설화가 주된 내용이었다. 개체 간 경쟁은 효율적인 동물 기계(animal machine)에서 가능한 모든 조합 형식을 산출해 냈다. 사회생활은 하나의 시장이다. 여기서 투자가 이루어졌고 단 하나의 유효한 통화, 곧 유전적 증대를 시험할 수 있었다.

  특정 상황에서 영아살해는 랑구르 수컷에게는 합리적인 번식 전략이 되었고, 이는 번식상의 이해관계가 분명 수컷과는 같지 않은 랑구르 암컷에게 합리적인 범위와 대립한다. 사회생물학적 관점에서 볼 때 근본적인 성적 갈등은 역시나 유성생식의 필연적인 결과다. 유전적 차이는 어떤 것이든 얼마간 갈등을 야기했다. 유대의 형식으로 표현되는 때조차 그랬다. 우세 위계를 주요 적응 복합체인 사회집단의 조율 메커니즘으로 간주하는 그림을 역전시킨 패턴이 여기 드러난다. 사회생물학자들은 우세 위계를 사회집단을 조율하는 패턴으로 계속 간주할 수 있지만, 그 기본 논리는 다르다. 모든 생물학적 구조는 이해관계의 유전적 미적분의 표현이다. 달리 말하면 하나의 체계에 있는 모든 구성 요소가 스스로의 번식 성공을 위해 서로를 필요로 할 때, 거기서 발생하는 근본적 갈등에 대해 (완벽한 것이 아니라) 가능한 최선의 타협점인 것이다. 설명의 핵심 층위가 메커니즘, 기능, 생활 방식이 아니라 뼈대만 남은 적합도 극대화라는 점에 주목해야 한다. 설명은 게임이론을 통해 이루어진다. 허디 책의 표지에서 허디가 사용한 이런 논리를 '페미니즘'이라고 쓸 수 있었던 것은 번식상의 이해관계를 추구하는 암컷의 활동에 체계적인 관심을 기울였고, 개체의 행동을 집단의 생존을 위해 서로 조율되는 요소들과 관련된 역할의 관점에서 설명하지 않았기 때문이다. 제이/돌리노우가 적응을 이야기하는 곳에서, 허디는 선택을 이야기한다. 겉보기에는 서로 조화를 이룬 진화적 용어들의 의미가 드러낼 수 있는 모든 차이가 출현하는 것은 직접적인 논쟁이 발생하는 상황 속뿐이다.

　　아마도 허디는 책 표지의 홍보 문구를 직접 쓰지는 않았을 것이다. 하지만 이 문구는 여전히 독자들이 그의 이야기를 이해하는 바탕이 된다. 그러나 허디는 헌사와 감사의 글을 직접 썼다. 이 둘은 모두 위험한 시대 속에서 유전적 투자의 산물을 보존하기 위한 영웅적 투쟁과 오디세이적 여행이라는 언어로 가득한 이 책을 펼치면 바로 등장하는, 공적 의미를 제안하는 경이로운 아이콘임과 동시에 짧게 축소된 이야기다. 저자의 어머니에게 헌정된 이 책은 '영웅의 목록'을 나열하며 시작된다. 허디는 이어서 적기를, "내가 랑구르에 대해 알게 된 것은 처음에는 우연이었다. 하버드대학교 학부 강의 중 가장 인기가 많았던 어빈 드보어의 영장류 수업 과제를 하는 중이었다". 그 수업의 조교는 트리버스였다. 후에

"그 뒤를 따른 여정에서 드보어와 트리버스 교수는 모든 것을 종
합하는 전지전능한 에드워드 O. 윌슨과 함께, 사회 세계에 대한
나의 관점을 변화시킬 이론의 영역으로 나를 안내했다"라고 적었
다. 과학적 사회화 과정의 평범성이 다시금 명백히 드러난다. 힌
두 및 로마 신화의 신과 영웅을 따라 이름을 지은[하누만, 힌두 원
숭이 신, 『아이네이스』에서 권투 챔피언으로 등장하는 엔텔루스
(Entellus)] 랑구르들에게 감사를 표한 뒤, 허디는 이런 결론을 내
린다. "이 책을 끝까지 읽을 수 있을 만큼 영웅적인 사람은 누구나,
랑구르를 전사로 여긴 것이 왜 적절한 분류학적 선택이었으며, 최
종적 경의는 하누만을 처음으로 연구했던 19세기 영국의 박물학
자의 선사 과학에 표해져야 하는지를 알 수 있게 될 것이다"(허디,
1977). 무제약적 자본주의의 결실로서, 이데올로기가 된 부르주아
의 승리가 최고조에 달했을 때 영국에서 진행된 박물학적-제국주
의적 모험에 대한 경의는, 그 뒤를 따르는 이야기에 비춰 보면 이
보다 더 적절할 수 없을 것이다.

　　허디의 책은 그가 집단 선택의 논변 및 구조기능주의 사회체
계 이론이라고 보는 것에 대한, 격렬한 비판의 연속이다. 돌리노
우와 그의 학생들은 정확한 시각을 향한 '영웅적' 투쟁 속에서 허
디의 주요 맞수가 된다. 허디의 목적은, 정통적인 워시번 계보 속
이야기들의 목적과 마찬가지로, 인간의 생활 방식의 논리를 과학
적 설화를 들려줌으로써 조명하고, 그를 통해 공적 의미를 산출해
내는 것이다. 허디는 이렇게 적는다.

　　놀라운 일은 아니지만, 우리와 가장 가까운 비인간 친척인 원
　　숭이와 유인원을 처음 집중적으로 연구하기 시작했을 때, 우

리 자신의 사회에 대해 이상화하는 태도가 그들의 사회까지
뻗어 나갔다. 따라서 최초의 영장류학 보고서에 따르면, 원숭
이는 인간과 마찬가지로 집단의 생존을 보장하는 방향으로
작동하는 복잡한 사회체계를 유지한다. 우리 자신 및 영장류
에 대한 이런 특정한 오해가 랑구르 연구의 역사에 의미를 부
여한다. 다른 영장류에 대한 우리의 오해를 폭로하는 랑구르
의 영웅담은 우리 스스로에 대한 오해의 가면을 벗길지도 모
른다. (허디, 1977)

명령, 통제, 전쟁, 간통, 소유 및 투자전략의 언어와 권력투쟁
에 대한 극적 드라마에서, 허디는 근본적으로, 수컷의 전투가 지
배하는 무리와 암수의 상충하는 번식 손익표에 대한 정치사라고
할 수 있는 이야기를 들려준다. 그는 랑구르 수컷이 초식성 원숭
이의 신체와 생태 적소의 가능성이라는 설계상의 제약 속에서 허
용되는 번식 전략을 여러 개 가지고 있다는 가설을 내세운다. 무
리 외부의 수컷의 관점에서 볼 때 그와 같은 전략 중 하나는 한
무리에 침입하여 무리 내 수컷을 추방하고, 아마도 그 수컷의 자
손일 새끼들을 죽여 암컷이 더 빨리 발정하게 해서, 강탈자인 자
신 역시 내쫓기기 전에 가능한 한 빨리 짝짓기를 하는 것이다. 그
의 자손은 성체가 될 가능성을 최대한 보유해야 한다. 만일 무리
의 점령(급속한 사회 변화?)의 빈도가 허디와 다른 학자들이 수행
한 관찰을 토대로 계산한 결과와 같다면 몇 개월의 차이도 중요
해질 것이다. 암컷은 분명히 이전의 유전적 투자를 보존해야 한다
는 이해관계를 지니지만, 전체적으로 최선인 번식 성공에서 손실
을 입는 것보다는 유리한 지점까지만 그 이해관계를 유지할 뿐이

다. 암컷은 수컷의 행동 패턴뿐 아니라 암컷 서로 간의, 그리고 자신들의 자손 자체와의 번식적 이해 충돌에도 대응할 수 있는 전략을 갖고 있다. 핵심은, 이 설화의 설명적 구속은 모두 시장 조건(종의 생물학적 특성과 서식처) 아래서의 이윤 계산에 대한 호소 아래 무효화된다는 것이다. 이런 계산이 얼마나 '관찰'에 근거하고 있는지, 아니면 단순히 주어진 플롯을 따라가고 있을 뿐인지는 고도로 논쟁적인 문제다. 우리는 돌리노우의 학생인 제인 보제스의 연구에 대한 논의에서 이 지점으로 다시 돌아오게 될 것이다. 보제스의 연구는 허디가 쓴 연속극에 대한 통렬한 비판을 포함한다. 관찰의 규칙 자체가 워시번 가계의 딸들이 벌이는 논쟁의 대상이다. 하지만 무엇보다도 이야기들이 논쟁의 대상이다. 인간과 비인간 모두를 포함한 영장류의 삶을 '이상화한' 것이 과학적 지식의 지위를 확보할 것이다.[15]

기회주의자의 생식권:
생태적 잡식 종으로서 랑구르와 사람들

하지만 워시번의 (합법적?) 직계에서 이탈한 딸들의 반응을 살펴보기 전에, 제이/돌리노우와 거의 같은 세대에 속하는, 버클리대학에서 제이의 대학원생 제자였던 수잰 리플리의 랑구르 이야기를 살펴보기로 하자. 리플리 역시 상속받은 제약 내에서의 인간 가능성의 모델을 제시하는 후보로서 영장류 본성과 관련된 논쟁에 뛰어들었다. 그의 모델은 개체군 조절 메커니즘의 논리에 기대어 구성되었고 생식권을 향한 당대 여성의 투쟁의 언어를 넘어, 생태적 스트레스 및 개체군의 위기라는 언어 역시 요청한다. 스트레스는 이야기 플롯의 기본 결정 요인이다. 스트레스는 워시번의 계보에서 공통된 주제가 되어 왔다. 과거의 적응과 현대의 인간 노후화의 위협에 대한 설화들과 얽혀 있는 것이다. 제이가 『여성의 잠재력(The Potential of Women)』이라는 제목의 책에서 '암컷 영장류'라는 장을 쓰고 질먼이 이후 『첫째와 가족 형성(The First Child and Family Formation)』이라는 제목의 책으로 집대성한, 인간 정신병리 및 가족치료법을 중심으로 조직된 학회에서 '변화 중인 모성'을 썼을 때 리플리는 과학적으로 매우 존중할 만한 상황 설정을 배경에 두고, 사회적으로 매우 의미심장한 맥락 속에서 논문을 발표했다. 이는 1978년에 있었던 인구 과밀, 밀도 의존성, 인구 통제에 대한 학제 간 심포지엄이었다. 학회의 발표 논문 모음집은 예일대학교 출판부에서 간행되었다.

리플리(1980)의 논변 역시 인간의 생활양식에 대한 논리적 모델을 향한 도전이었다. 워시번의 딸들 상당수와 마찬가지로 그 역시 암컷의 활동을 중심에 두었다. 그가 스스로 설정한 문제는 '다른 영장류 종의 관점에서' 인간의 영아살해를 바라보는 것이었다. 그는 널리 퍼진 인간의 영아살해가 병리적인지 적응적인지 질문했다. 돌리노우, 보제스, 허디와는 달리 리플리는 여기서 무엇을 관찰로 간주할 수 있는지의 여부를 둘러싸고 논쟁을 벌이지는 않았다. 그는 무리의 강탈과 영아살해가 정립된 '사실'이라고 받아들였다. 그는 인간과 랑구르 모두를, 기본 생물학적 특성이 규정한 설계상 유사한 제약을 지닌 가까운 근연종들(콜로부스원숭이와 유인원)에 비해 두드러지게 넓은 서식처를 지닌 잡식성 종으로서 비교했다. 랑구르와 인간은 자신의 생물학적 특성이 설정한 한도 내에서 어떻게 잡식성 종으로서 생존하는가? 리플리는 이 질문에 유연한 사회체계와 학습된 행동의 유연성이 번식 관행을 가동시킨다는 것을 답으로 제시한다. 설명의 중심에는 성이 있다. 생명과학에서는 전혀 새롭지 않다. 성은 생물학적 설화에서는 증식(생명력)의 원리이며, 생물학은 18세기에 탄생할 무렵부터 생산 체계 혹은 그보다 생산양식에 대한 담론이었다. 또한 성은 스트레스 및 병리 현상에 특히 취약하다. 마지막으로, 지난 200년간 자연경제와 정치경제 모두의 이론적 희망 사항의 핵심은 재생산과 생산을 연결 짓는 것이었다.

리플리의 이야기는 잡식성 종들의 특수화와 그에서 비롯되는 제한적 결과를 피함으로써 주변적인 서식처를 항상적으로 활용한다고 주장한다. 이러한 생활 전략이 치르는 대가는 주기적인 개체군 붕괴이다. 주변적 위치가 재앙이 되는 것이다. 이때 필요한 것은 개체군을 빠르게 재수립할 수 있는 번식-행동 체계이다. 이와 같은 속성은 조건이 좋을 때 개체군 과잉이 주기적으로 발생하는 것이 불가피함을 함축한다. 따라서 그 결과로, 성공적인 종에서는 상황에 따라 피드백 되는 개체군 조절 메커니즘이 발견될 것이라고 예측할 수 있으며, 영아살해는 여기에 완벽히 들어맞는 후보이다. 동물 기계의 일반적인 사이버네틱스 모델에 주목해야 한다. 모델의 이와 같은 측면은 제2차 세계대전 이후 설화들에서 전형적으로 등장한다. 증기기관과 전화 교환은 생물학에서는 더 이른 시대에 속하는 모델이다.

최고의 피드백 장치는 종의 생활 전략에 따른 번식 및 생계의 하위체계를 한데 묶어 둘 수 있는 과정에 근접하게 작동해야 한다. 그래서 인간의 수렵채집자 집단에서 여성이 통제하는 영아살해는 인구를 지속적으로 조절하는 훌륭한 메커니즘이 될 것이다.

즉, 생계유지의 기회와 지탱할 수 있는 개체군 규모에 근접하도록 하는 것이다. 리플리는 사냥의 지위 하락 및 호미니드의 생계 혁신에서 여성 활동의 기여를 고려할 것을 전제로 삼는다. 1980년의 형질인류학에서 발생한 이야기 흐름의 주요 변화를 그가 이토록 소리 소문 없이 가정할 수 있었던 것은, 워시번 계보에 속하는 이들을 다수 포함해, 다른 많은 연구자들이 '외부' 여성운동의 맥락에서 연구를 진행한 결과이다.

랑구르에서 영아살해는 수컷이 통제한다. 하지만 이는 사소한 논점이다. 랑구르는 비교적 폐쇄된 집단구조에 대응하기 위해 외교배(outbreeding)를 보장하는 메커니즘 역시 필요로 한다. 과밀한 조건에서 수컷의 공격성과 무리 강탈의 습관은 딱 그런 역할을 할 뿐이다. 리플리가 볼 때, 인간은 문화-친족 체계를 진화시켰기 때문에 랑구르는 여기서 인간의 모델이 될 수 없었다.

비록 근본적인 의견 충돌은 없었지만, 리플리는 최종적인 생물학적 설명 층위에 대해 허디와 경합을 벌인다. 이 장에 등장하는 모든 이야기꾼에게 진정한 설명은 진화적이다. 진화 설화에서 과거는 미래를 제약하는 동시에 가능하게 만들고, 변화, 심지어는 진보의 씨앗을 품고 있다. 하지만 리플리에게 영아살해는 메커니즘으로서, 의무적 잡식성 종에게는 능력을 배가하는 전략이기보다는 그저 가능한 전략의 하나다. 수컷 랑구르의 번식 전략은 근접 원인이다. 궁극적 원인('궁극적인 생물학적 가치')은 이런 메커니즘이 없다면 근친 교배가 발생할 사회구조 내부에서 생태적 잡식성인 종이 개체군 내에 유전형의 다형성을 보유하는 것이다. 허디가 말하는 궁극적 원인은 번식의 최소 단위의 전략, 곧 유전자나 개체이다. 리플리는 집단 선택을 옹호하는 것이 아니라, 체계의 존재를 지속시킬 수 있는 유전적 조건을 옹호하는 것이다.

리플리는 결론에서 적응, 병리, 스트레스, 노후화, 모델의 한계라는 문제에 초점을 맞춘다. 랑구르와 인간은 계통학적으로는 거리가 멀지만 동형적인 진화적 딜레마를 마주하여 지속적 생존을 위한 근본 조건의 대립에 대해 공유된 경험을 모델링하는 과정에서 서로 연관된다. 이 관점에서 보면 인구 집단의 딜레마는 새로울 것은 없는 대신, 소규모 사회에서처럼 학습된 행동적 해법(여성이 규제하는 영아살해)을 사람들이 발견해 낸 기본적 진화사의 한 측면일 뿐이다. 다만 현대의 인간은 새로운 거북한 요소를 도입했다. 재생산과 생산에 관련된 결정을 분리시킨 것이다. 미래 생태계의 수용 능력에 대해 결정을 내릴 수 있는 능력은 번식 단위가 보유하는 것이 아니기에, 빠른 피드백 규제는 거의 기대하기 힘들다. 소규모 사회에서 단순한 성취인 것이 현대의 조건에서는 거의 불가능하다. 그와 같은 스트레스를 직면한 가운데 노후화의 위협은 해법을 제안한다. 작은 것이 아름답고, 여성이 인간의 생활 체계에서 생산과 재생산의 고리에 대한 결정을 내려야 한다는 것이다. 물론 생물학적 가치는 사회적 가치가 아니다. 하지만 리플리는 의미심장한 결론을 내린다.

적응적 영아살해의 가능성은 생태적으로 잡식성인 종의 지위에 반드시 수반되는 특징이자 인간이 되고, 인간으로 남아 있는 과정에서 종으로서 치러야 하는 대가일 뿐인 것으로 보인다. 인간과 비인간 영장류 모두가 처한 문제에서 영아살해의 생물학적 가치를 결정하는 것은 수용 능력과 (…) 진화 전략(잡식성 내지는 특수화)이 이루는 조합의 상호작용이다. (리플리, 1980)

여기서 이전 시대 영장류학에서 성에 관한 논변을 특징지었던 것, 즉 인간 행동의 도덕적-정치적 설화를 의학적으로 전유하는 것이, 생물학적 비용-이득 분석에서 자리를 배정받는 영예를 안겼다. 경제학과 생물학은 논리적인 분야다. 허디와 리플리 모두는 이와 같은 공적 설화를 만들어 내는 전문가 담론의 경계 내부에 안착해 있다. 이 모두는 골칫거리가 되는 문제, 즉 인간이 되고 인간으로 남는다는 것의 문제인 셈이다.

누가 무엇을 보았나: 사실의 불안정화

물론 리플리와 허디가 그냥 틀렸을 수도 있다. 적어도 캘리포니아 대학교 버클리 캠퍼스의 제인 보제스가 내놓은 다른 버전의 랑구르 이야기의 결론에서는 그렇다고 주장되어 있다. 보제스는 무리 강탈과 수컷의 목표 지향적 영아살해의 언어를 전파하는 허디를 비롯한 다른 학자들은 동료 연구자들을 설득하는 데 꼭 필요한 조건들을 근본적으로 충족시키지 못했다고 주장한다. 보제스는 허디와 다른 학자들이 자신의 이야기의 논리에 기초해 자료를 외삽했고, 최선의 관찰 자료는 자연선택의 작동을 더 명확하게 많이 강조하긴 해도, 돌리노우의 오리지널 버전에 매우 근접한 이야기로 이끈다는 점을 보여 주기 위해 연구했다. 보제스 설화의 핵심적 의미는 다시금 사회 보건과 병리이다(보제스, 1979, 1980).

보제스는 잠정적인 무리 '강탈'을 '급속한 사회 변화'(제이의 용어이기도 함)로 명명할 것을 주장한다. 사회생물학적 투자 논변의 목적론을 피하기 위해서다. 그는 '수컷의 사회적 불안정성' 개념의 용어를 빌려 무리 구조 속의 수컷을 바라본다. 무리에 소속되는 수컷이 빈번히 바뀌기 때문이다. 그는 수컷과 무리 조직의 결정 요소를 설명하는 언어가 변환되는 흥미로운 현상에 대해 언급하지 않는다. 그는 별다른 논평 없이, 20년 전에는 누구도 말하거나 들은 적 없는 것을 쉽게 말한다. 보제스는 심지어 수컷의 행동만 다룬 논문에서조차 아무 추가 논평 없이 그런 이야기들을 할 수 있다. 1980년에 암컷의 행동은 이야기의 플롯을 어느 정도 다스리는 암묵적 중심이었다. 1960년에 제이에게는 거의 그 반대에 가까운 상황이 참이었다. 여기에 개입한 것은 원숭이 이상, 그리고 영장류학 이상의 것이었다. 보제스는 수컷의 무리 소속의 변화는 대체로 극적인 강탈보다는 충격을 수반하는 도입과 배제의 맥락에서 벌어진다고 주장한다. 게다가 영아를 죽이는 행동이 사실 직접 관찰된 적은 거의 없었다. 그리고 실제로 관찰되었을 때조차 허디의 사회생물학적 이야기에서 논리적으로 중요한 부성(paternity)의 문제가 매우 의심스러웠다. 보고서를 한 번 더 보면, 스트레스를 받은 상황에서는 무리의 암컷이 공격 대상이었을 수 있고, 심지어 랑구르의 특정한 생물학적 측면(특히 암컷들에 의한, 이방인에 대한 낮은 허용도)과 일치하는 것일 수도 있다고 보제스는 해석했다. 보제스의 관점에서 허디가 기술한 강탈과 영아살해는 "무리에 소속된 수컷의 급작스럽고 완전한 교체 그리고 무리에 있던 새끼의 사망"이 되었다(보제스, 1979).

스트레스는 최근의 서식처 파괴로부터 유래한 것, 즉 인간이 매개한 조건일 가능성이 컸다. 서식처에 가해지는 인간의 영향에서 비롯되는 현대의 행동은 랑구르의 진화 이야기에서 무대의 중심에 놓여서는 안 되었다. 새끼를 죽이는 행동은 비자연적인 인간 요소나 '우발성'으로 인해 야기되는 사회병리의 징표일 것이다.

보제스가 주장하기를, 목적 지향적인 영아살해를 증명하는 소중한 관찰 자료는 거의 없고, 자신도 목격된 것으로 인정한 사건들이 이야기 내에서 차지하는 지위는 강등된다. 보제스는 특정 사회 행동을 유전적 투자전략의 핵심이라고 부르기보다는 사뭇 엄격한 기준을 내세워서 병리적이라고 부른다. 만약 문제의 행동, 즉 새끼를 죽이는 행동과 제어되지 않은 수컷의 사회적 불안정성이 양성 모두의 번식 성공에 피해를 준다면, 그럴 경우에는 병리적이고 오적응적(maladaptive)이라고 할 수 있을 것이다.

> 사회적으로 붐비고 인위적으로 밀도가 높으며, 성체 수컷이 양성으로 이루어진 무리 외부에서 살고 있는 특정 집단에서는 종 특이적인 수컷의 사회적 불안정성이 새로운 수컷 거주자를 포함한 모든 무리 구성원의 번식 성공에 맞서는 방향으로 작동할 수 있다. (보제스, 1979)

보제스는 메커니즘의 층위에서 제시되는 설명에 높은 가치를 매긴다. 그는 돌리노우와 마찬가지로 구조기능주의와 신다윈주의 진화론에 헌신한다. 그는 행동상의 적응으로서 사회체계에 흥미를 느끼고, 환경 변수와 사회체계의 유연성이 취하는 범위에 초점을 맞춘다.

하지만 보제스는 유전적 적합도의 극대화 전략에 대한 논변에 빠져들지는 않는다. 현대의 진화 담론에서는 그런 주장이 요구되지만 말이다. 그는 수컷의 번식 성공을 극대화하는 수컷의 주요 전략으로서 수컷 간 우세 경쟁에 초점을 둠으로써, 수용된 논변의 논리 내부에 있다. 하지만 그는 무리의 조직 자체에 이 논리를 적용하지는 않는다. 그는 수컷의 우세 경쟁이라는 말로 정확히 무엇을 말하고자 하는지 섬세하게 기술한다. 경쟁의 비율과 형식은 설명의 논리보다 더 큰 경합의 대상이 된다. 하지만 다른 랑구르 연구자에게 보제스의 논문이 던지는 가장 큰 도전장은 무엇을 자료로 간주할 수 있는가의 문제다. 그는 자신의 이야기를 구축하는 과정에서 매우 높은 기준을 물려받아 세공해 냈다.

풀림과 엮임: 의미를 향한 경주

나는 누가 가장 훌륭한 랑구르 설화를 엮어 내고 있는지를 말할 수는 없다. 가장 좋아하는 이야기는 있지만 말이다. 나는 사실이 무엇인지 거명할 과학적 권위도 없고, 그렇게 하는 것이 이 장에서 내가 목표한 바도 아니다. 반면 나는, 스스로 의미를 만들기 위해 쥐어짠 글들의 저자인 여성들이, 인간 삶을 모델링하는 과정에서 비과학적이었다거나 모종의 비합법적 방식을 취해 여성의 이해관계를 내세움으로써 과학 담론을 오염시켰다고 주장하고 있는 것은 분명히 아니다. 그들은 여성의 '자연적' 통찰을 편입시켜 과학을 정화하지도 않았다. 나는 다만, 이야기들의 변형에 대한 설화를 페미니즘 관점에서 반추할 때, 흥미로운 의미들이 드러난다는 점은 알 수 있다. 이 의미들은 현재와 미래에 과학을 공적 신화로 세공해 낼 페미니스트 의무의 본성과 관련된다.

　　내 견해로는, 한 개인이나 집단이 사람들이 서구의 전통을 따라 자신과 다른 존재들에 대해 말하는 이야기에 가공할 만한 규제를 강요할 수 있다고 가정할 때, 사람과 동물을 비교하는 설화를 금지하는 것은 공적 담론을 빈곤하게 만들 뿐이다. 하지만 이런

이야기의 어떤 범주도 일상을 생산하고 재생산할 때, 역사적으로
특정한 사회관계나 일상 속 실천에 의한 결정에서 자유롭거나 무
고하지 않다. 과학적인 이야기들은 분명 그런 의미에서 무고하지
않다. 또한 어떤 종류의 이야기도 적절한 이야기를 규제하는 장르
적 규칙에서 자유롭지 않다. 여기서 다룬 장르는 생명과학 담론
이다. 생물학의 규칙을 탈신비화하는 것이 내게는 중요해 보인다.
자연은 구성되고 역사적으로 구축되지, 화석 지층이나 열대우림
에서 헐벗은 형태로 발견되지 않는다. 자연은 논쟁 대상이며, 여
성은 그 싸움에 열정적으로 참여했다. 일부 여성에게는 과학적인
이야기의 저자가 될 수 있는 사회적 권위가 있다.

   이 사실은 꽤나 새롭다. 제2차 세계대전 이전, 즉 워시번의
부계를 이루는 딸들이 탄생하기 이전, 여성은 영장류의 본성에 대
한 경주에 직접 참가하지 못했다. 이 점은 중요하다. 영장류학의
지도자들(로버트 여키스나 솔리 주커먼 등)의 작업을 회의적인
시각으로 흘깃 살펴보기만 해도 그 중요성이 분명해질 것이다. 여
성 학자를 포함한 많은 영장류학자들은 젠더가 자연과학의 내용
을 물리적으로 결정하지 않는다고 주장한다. 만약 그렇다면 그 결
과는 형편없는 과학이라고 일컬어지게 될 것이다. 나는 이 증거가
다른 해석을 지지한다고 생각한다. 적어도 젠더는 관찰에서 피할
수 없는 조건이다. 계급, 인종, 국가도 마찬가지다.

   공적으로 중요한 논쟁에서 여성이 서로 간에 권위를 지닌 중
요 경쟁자가 되는 모습을 보는 것도 새롭다. 랑구르를 연구하는
남성이 많지만, 특별한 정당화 없이 유럽계 미국 여성에게만 초점
을 두어도, 종에 대한 논쟁이 생성되는 중심이 사라지지 않는다.
나는 이 백인 여성들이, 랑구르가 그들의 본성에 어떻게든 호소력

을 지니기 때문에 랑구르 연대기에서 주요 인물이 된다고 생각하
지 않는다. 영장류학에 백인 여성은 상당수 존재한다. 그들은 각
종 논란에서 가능한 거의 모든 위치를 점유하며, 이야기의 명시적
이고 암묵적인 논리를 구성하는 규칙을 집합적으로 변형해 왔다.
수컷뿐 아니라 암컷과 새끼의 활동을 고려하지 않고 인간 삶을 설
명하는 동물 모델을 주장하면, 이제 더 이상은 과학에서 수용될
수 없다. 이 결과는 역사적인 세계 여성운동과 문화적으로 특수
한 남성과 여성이 영장류학에서 현장 및 실험실 연구를 진행함으
로써 가시화된 현상 둘 모두의 복잡한 산물인 것으로 보인다. 과
학적 실천을 통해 최근의 역사에 응답한 것은 여성만이 아니었다.
진정으로 다인종적인 실천의 장에서, 이야기는 어떤 모습이 될까?

　　여성 과학자들이 남성에 비해 더 착하거나 심지어 더 자연적
인 이야기를 생산해 내지는 않는다. 다만 그들은 과학이라는 규
칙의 안내를 받은 사회적 학문을 공적으로 실천함으로써 자신들
의 이야기를 만들어 낸다. 이들은 규칙을 만드는 데 기여한다. 구
체적인 여성의 삶 속에서 훈련된 에너지를 사용하는 평범한 문제
인 것이다. 과학적 이야기의 질을 유지해야 한다는 의무, 비교 설
화들의 의미를 향한 의무, 모델의 지위를 책임질 의무는 다면적이
고 신비롭지 않으며 과학의 '내부'와 '외부'에 있는 평범한 여성들
에게 잠재적으로 열려 있다. 과학을 만드는 사회적 과정을 무시하
고, 그 과정에 참여하는 데 실패하고, 과학적 작업의 결과만을 사
용하거나 오용하는 태도는 무책임하다. 나는 현재의 역사적 조건
속에서 여성, 양육 그리고 남성의 전쟁으로 얼룩진 오염에서 자유
롭다고 주장되는 다른 무언가를 이상화하는, 자연에 대한 반과학
적 설화를 추구하는 것은 책임감이 훨씬 덜한 태도라고 생각한다.

과학의 이야기는 우리 삶에서 의미를 작동시키는 과정에서 공적 신화로서 너무 많은 권력을 지니고 있다. 게다가 과학의 이야기는 흥미롭다.

내가 제시하는 도덕은 차이의 문화적 장을 가로질러 분포하는 페미니스트들의 이야기를 듣고, 플롯을 상상하기 위한 역사적 조건을 설정하기 위한 경합에 참여해야 한다는 것이다. 페미니즘의 본성은 랑구르의 사회적 습관 못지않게 중요하다는 사실을 분명히 밝혀야 한다. 여성을 단순히 설명의 중심에 두는 것이 어떤 의미에서 페미니즘적이라는, 하버드대학교 출판부 책 표지에 인쇄된 선언에는 진실 한 조각이 담겨 있는 것으로 보인다. 하지만 아무 이야기나 그런 진실을 지니는 것은 아니다. 우리의 사회적 삶을 그려 내는 우리의 환상에 대한 허디의 감각은 나의 것이 아니다. 이런 차이는 문제가 된다.

인간 여성의 성생리학적 특성에 대한 설명은 여성을 중심에 둔 이야기의 사례로서 훌륭하지만, 근본적으로 남성의 우월성을 지탱한다. 호미니드 계보에서 발정기의 실종은 영장류 사회에 대한 설명의 일환으로 오랫동안 자리를 지켜 왔다. 차라리 암컷의 발정기 상실은 설명을 요구하는 현상이었다고 말하는 편이 정확할 것이다. 우리의 서사에서 차이는 일반적으로 설명을 요구한다. 영장류학에서 중요한 아버지인 솔리 주커먼은 아리스토텔레스에서부터 허디가 칭송한 19세기의 박물학자들에 이르기까지 자신의 아버지들의 사례를 추종했다. 암컷의 성적 패턴이란 남성이 여성을 통제하기 위한 것이라는 것이 그들이 따르는 주장의 내용이다. 주커먼은 기능적 생물학을 통해 하나의 설명을 제시했다. 따라서 그에게, 그리고 매우 최근까지 이 서사 공동체에 속한 다른

이들 모두에게, 인간 여성의 비발정기적 생리주기는 주인-남성
이 다른 남성과 협동하며 문화를 만들러 나가 있는 동안, 성적 갈
망의 주기에 사로잡히지 않은 여성의 성적 정숙을 남성이 신뢰할
수 있게 만들었다. 1967년에 워시번 부계의 아들인 도널드 린드버
그(Donald Lindberg)는 다윈 이래로 알려진 사실, 즉 암컷의 성선
택을 강조했다. 동물 암컷이 일반적으로 누구와 짝짓기를 할 것인
지를 결정한다는 내용이다. 린드버그는 이 원칙을 영장류의 생리
학적 특성과 진화에 대한 논쟁의 맥락에 위치시켰다. 몇 년이 흐
른 후 딸인 에이드리엔 질먼이 린드버그의 요소를 가져와서 인간
의 생활 방식의 진화를 가능케 하는 생리학적 조건에 대한 이야기
로 편입시켰다. 이 생활방식은 채집-공유의 생계 경제 혁명과 인
간 진화에 기초적이고 안정적인 여성 중심의 사회집단과 협동하
는 방법을 아는 남성을 선발하게끔 하는 변경된 생식 관행의 맥락
에서, 여성이 자신의 성욕을 더 많이 통제함으로써 가능해졌다.[16]
나는 이 새로운 이야기를 좋아한다. 또 나는 이 이야기가 발정기
에 대한 과학적 논쟁에서 어떤 것이 유효한지 가늠하는 규칙들을
바꾸었다고 말하고 싶다. 정말 최소한으로만 말하더라도, 저자가
될 권위를 지녔고 과학적 담론의 규칙에 따라 작업하는 누군가가
들려주는 이야기가 다양한 지면에 출판되고 있다. 그는 워시번의
계보에 있는 다른 딸인 제인 랭커스터로서, 여성의 성적 자기 결
정에 대한 새로운 이야기를 학술지『인간 본성(Human Nature)』
(1978)에 기고했다. 이 논문은 널리 읽히는 인기 많은 논문이다.
이야기는 퍼져 나간다.[17]

　　이 장에서 나는 영장류의 주요 적응으로서 사회집단에 대한
제이(그리고 드보어)의 이야기들, 게임 이론 및 엄격한 자유주의

정치경제, 홉스적인 기원 설화에 기반한 허디의 사회생물학적 도전, 스트레스 상황 속에서 생식권을 설명하는 리플리의 독특한 방법, 무엇이 유효한 사실인지 가늠하는 기준을 탈안정화시킨 보제스의 논의 이 모두가 논문 출판 과정에서 적용되는 기준에 의해 그 유효성을 인증받은, 평범하고 훌륭한 과학적 실천의 중요한 과학적 산물이라고 주장했다. 이 실천의 전통은 부계 내의 논쟁이라는 픽션 장치를 통해 상징화된다. 나는 또한 검토된 과학적인 이야기들 모두가 지난 사반세기 동안 생식에 대한 여성의 사회적 행동을 둘러싼 특정한 갈등 속에 있는, 동시대의 정치투쟁에 의해서도 물질적으로 구성되어 왔다고 주장했다. 나의 핵심 논점은 공적 담론에서 과학적 의미들이 출현하는 과정을 탈신비화할 것을 주장하는 데 있었다. 특정한 역사적 상황에 있는 사람들이 의미를 만든다. 이는 영장류의 본성에 따른 것이다.

6장

부치 에메체타 읽기: 여성학 연구에서 여성의 경험을 위한 쟁점들[1]

여성학 강의실에서 수업하는 것은 역사적으로 특수한 활동이다. 그런 수업은 정치적으로 대단히 복잡하고 특별한 독법과 글쓰기 실천을 상속받아서 구성하고 전달하는 것이다. 이 같은 유물론적 실천은 여성들의 운동[2]에서 개인적·집단적 차원의 '경험'으로 여기게 될 것들을 생산하는 장치의 일부다. 여성학 연구 기관에서 경험의 정치학에 대한 설명가능성(accountability)은 대단히 핵심적이다. 하지만 그런 설명가능성은 쉬운 일이 아니다. 어떤 형식을 취해야 할 것인지도 모호하다. 경험에 대한 제각기 다른 표명 (articulation)과 그런 표명이 나오게 된 제각기 다른 입장성(positioning)을 두고 경쟁하면서 어떤 말을 건네야 할지도 모호하다. 우리들 자신의 '내면'을 들여다볼 때, 이 내면이 오로지 자신의 내면이든 혹은 자기 집단의 내면이든 간에 경험은 무한히 다양하여 의심의 여지가 없거나 혹은 마치 자명하고, 쉽게 접근 가능한 것처럼 보이도록 내버려 둘 수도 없다. 경험은 여성들의 운동에 주요한 제품이자 수단이다. 우리는 그런 표명의 용어들을 두고 투쟁해야 한다. 여성들이 '경험'을 쉽게 발견하는 것은 아니다. 그것은 그들/우리가 언어와 문화의 침범이 없는 곳에서 언제나 순수하게 기다리고 있는 이미 형성된 '자연'이나 '몸'을 쉽게 발견하지 못하는 것과 다를 바 없다. 자연이 가장 놀랍고 불순한 문화의 산물인 것과 마찬가지로, 경험 또한 역사적으로 체화된 운동의 양태들 가운데 순수하거나 자명한 것과는 거리가 먼 것 중 하나다.

연계된 경험이라는 정치적으로 폭발적인 영역을 매개로, 페미니스트들은 연결을 시도하고 운동에 가담한다. 복합성, 이질성, 특수한 입장성, 권력으로 충전된 차이들은 자유주의적 다원주의와 같은 것이 아니다. 경험은 기호학이며 의미의 체현이다[드 로레티스(de Lauretis), 1984]. 페미니스트들이 반드시 표명해야 하는 차이의 정치학은 경험의 정치학에 근거해야 하는데, 이런 경험의 정치학은 자기 자신의 끝없는 차이에 대해 심리학적이고 자유주의적으로 호소하는 것이 아니라 투쟁을 통해 특수성, 이질성, 연결성을 추구하는 것이다. 페미니즘은 집단적인 것이다. 차이는 정치적이다. 말하자면 차이는 권력, 설명가능성, 희망에 관한 정치다. 경험은 차이와 마찬가지로, 모순적이고 필연적인 연결에 관한 것이다.

여기서 나는 유럽계-미국인 종신직 교수이자 페미니스트인, 40대 중산층 여성으로서 이 글을 쓰고 있으며, 페미니스트 문화로 활기찬 대학 캠퍼스에서 학부생들과 대학원들과 함께 작업한다. 캘리포니아대학교 샌타크루즈 캠퍼스(UCSC)에서 1989년에 여성학 강의를 하는 것과 하와이대학교에서 1970년에 여성학 강의를 하는 것은 전혀 같지 않다. 하와이대학교는 여러 가지 중요한 측면에서 미국의 교육적 특혜의 변방에 위치했던 분명히 식민주의적인 교육기관이었다. 여성학 수업에 출석했던 남녀 학생들 중 다수는 유색인이었고, 호텔경영학과 여타 관광산업 과목을 전공했다. 페미니즘이란 단어는 언급된 적이 거의 없었다. 여성해방운동은 여성들의 운동을 하면서 내가 알게 되었던 다수의 사람들과 나에게 대단히 새롭고 대단히 급진적이며 의문의 여지없이 고유하고 특이한 것이었다. 우리는 그 점에서 많은 것들을 잘못 판단했다. UCSC는 비교적 좌파이고, 페미니스트이며—형용모순임이 분명하지만—대체로 백인이 가득한 캠퍼스로서, 격렬한 인종차별주의나 계급 적대, 언어 쇼비니즘, 성차별주의, 동성애에 대한 공포, 캘리포니아주 및 미국 전역에서 여러 종류의 정치적 반격이 있었던 시기에 주립 고등교육기관으로서 가장 특혜를 누렸다. 또한 이 시기는 캘리포니아주와 국가 차원에서 인종적·민족적 구성과 권력관계에 거대한 변화가 초래된 시기이기도 하다. 또한 무척 신나는 다문화 생산의 시대이기도 하다. 20세기의 마지막 사반세기에는 다채로운 유색 문화적·정치적·지역적 글로벌 문예부흥이 일어난다. 백인 헤게모니 시절이 분명 얼마 남지 않은 것처럼 보인다. 그 어느 때보다 권력 강화가 더욱 위험해 보이는 시절이다. 이런 것들이 강의실에서 '여성 경험'을 구성하는 데 심대한 영향을 미친다.

　　이런 상황에서 나는 '여성학 연구 방법론'의 문제를 여성학 전공 필수과목으로서 정규적으로 가르치는 책임을 맡고 있다. 현재의 강력한 정치적 계기 속에서, 페미니즘 이론의 심화된 상호교차성, 공동 구성, 식민주의 담론 비판, 반인종차별주의 이론 등은 근본적으로 무엇을 '여성의 경험'으로 간주할 것인가를 두고 언제나 논란이 분분한 해석들을 개별적으로, 또 집합적으로 재구성해왔다. 무엇을 '여성 경험'으로 간주할 수 있는가라는 문제는 페미니즘 역사 전반에 걸쳐 페미니즘의 담론 실천을 변화시켰다. 강의 배치 자체가 어떻게 이론 실천이 되는가를 보여 줌으로써, 여성학을 가르치는 우리들은 초보 학생들에게 이런 문제를 교육적으로 접근하면서 함께 풀어 나갈 필요가 있다. 여성학 페다고지는 지식과 행동의 대상으로서 '여성 경험'을 구성하고 동원하는 이론 실천이다. 이 장에서 나는 내가 거주하는 여성학 강의실에서 여성의 경험에 대한 담론 생산 장치의 작은 한 부분을 검토하고자 한다. 나는 여성들의 운동의 회로 속에서 타자들에게 그리고 타자와 함께 그 점을 설명하고자 한다.

전형적인 수업이었다면 복잡한 범주 중에서도 훨씬 더 복잡한 '여성'이라고 일컬어지는 범주에 대한 진지한 논리적인 농담, 즉 여자는 A이면서 동시에 A가 아닌 것이 참일 수 있다는 농담으로 시작했을 것이다. 이것은 정확한 과장인 셈인데, 페미니스트 분석은 변증법적이든 혹은 그 밖의 어떤 것이든 간에, 가장 단순한 문제마저도 모순적인 순간과 신중한 해결책을 고집스럽게 요구한다. '상황적 지식'(situated knowledge)은 이런 고집을 짧게 표현한 용어다. 상황적 지식은 설명가능성으로 구축된다.[3] 포착하기 힘든 중간 지점에 위치한다는 것은 내가 표1에 그려 놓은 의식/경험의 '관목' 혹은 '지도'처럼 가지 뻗어 나간다고 기술할 수 있는 그런 행위자들의 세계를 특징으로 한다.[4] 상황적 지식은 남성우월주의자, 인종차별주의자, 식민주의자들의 지배 역사에서 넘쳐 나도록 생산되었던 인종과 섹스로 표지된 범주 안에 새겨진 사람들을 위한 의식의 지도를 산출하는 데 특히 더 강력한 연장이 된다. 상황적 지식은 언제나 표지된(*marked*) 지식이다. 상황적 지식은 남성주의적 자본주의와 식민주의 역사에서 이질적인 세계의 몸체를 지구화했던 거대한 지도로 재표지하고, 재정립한다.

'여성 의식의 관목' 혹은 '여성 경험의 관목'은 도표로 작성된 단순한 모델인데, 페미니즘 이론과 식민주의 담론의 비판적 연구가 두 가지 주요한 이분법적 쌍—말하자면 <u>지역적</u>/<u>지구적</u> 그리고 <u>개인적인</u>/<u>정치적인</u> 것—과 관련하여 어떻게 상호교차하는지 표시한 것이다. 페미니즘 담론에서는 개인적/정치적 어조가 강하게 들리는 반면, 식민주의 담론의 비판적 연구에서는 지역적/지구적 어조가 가장 강하게 들리지만 이 이분법적 두 쌍은 각각의 항을 구성하는 데 핵심적인 도구들이다. 이분법에서 각각의 용어는 물론 대립적으로 구성된다. 나는 도표의 최상단에 지역적/지구적 한 쌍을 올려놓았다. 무엇보다 특정한 기술적(descriptive) 실천(기술적이라는 표현은 결코 그냥 순진하게 이용될 수는 없다. 기술은 <u>생산된다</u>)을 이끌어 냄으로써, '여성의 경험'이나 '여성의

표1. 여성 의식/여성 경험의 '관목' 혹은 '지도'

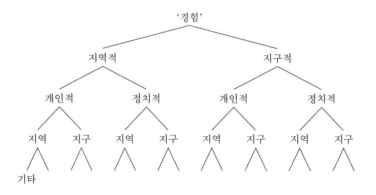

의식'에 관한 설명은 꼭대기에 놓인다. 이 단순한 '이분법적인 기계'는 즉각적으로 경험을 두 가지 양상, 즉 '지역적/지구적' 혹은 '개인적/정치적'으로 갈라놓는다. 어디서 시작하든, 각각의 용어는 차례차례 두 갈래로 갈라진다. '지역적'인 것은 '개인적∧정치적'인 것으로, '지구적'인 것 또한 '개인적∧정치적'으로 갈라진다. 그와 유사하게 무한히 계속되면서, 분석적인 한 쌍인 '개인적/정치적'인 것의 모든 사례들 또한 제각기 '지역적/지구적'인 것으로 쪼개진다.

　이 소란스럽고 작은 분석 엔진은 유럽 르네상스 수사학자 페트뤼 라무스(Peter Ramus)가 보여 준 것과 같은 이분법적인 체계와 거의 흡사하게 작동한다. 그런 이분법 체계는 대상을 동시에 둘로 쪼갬으로써 뚜렷하게 만들어 주는 분석 테크놀로지를 통해 동시적으로 설득하고, 가르치고, 분류한다. 유럽 르네상스를 참조하려면, 일반적인 이분법적 분석과 이 글에서 채택한 특수한 이분법적 분석 쌍들에 대한 특정한 서유럽 역사를 의식하고 경계해야 한다. 나의 관목에서 나타나기 마련인 다른 이분법적인 쌍들은 '해방적인/적대적인' 혹은 '저항/혁명'의 쌍인데, 이들 쌍은 특정한 서구 역사에 깊이 새겨져 있다[옹(Ong), 1988]. 이런 서유럽의 이분법 전통이 그것의 용도를 쓸모없는 것으로 만드는 것은 아니다. 오히려 그런 전통의 용도를 위치시키고 그것의 부분성(partiality)과 설명가능성을 고집하는 것이다. 차이는 중요하다. 내가 아는 페미니스트들에게는 다소 수상쩍어 보이겠지만, 그래도 이분법은 때때로 괜찮은 작은 연장이 될 수도 있다. 사실상 이런 분석 엔진이 발생시키는 소음은 페미니즘의 설명가능성에 일정 부분 쓸모가 있음을 보여 주는 것이다. 하지만 재현을 순수하고, 실체적이고, 초월적인 실재라고 착각하기는 힘들다. 재현 테크놀로지는 너무 많은 소란을 일으키기 때문이다.

이 표의 관목은 '여성 경험'이라는 고정되지 않은 지시체에 아무런 매개 없이 접근 가능하다고 분명 보장하지 않는다. 하지만 이 관목은 자신의 해석적·생산적 테크놀로지에 관해 대단히 그럴듯한 성찰성(reflexivity)에 열려 있으면서 두 갈래로 갈라지는 담론을 보장한다. 서구 수사학과 의미론의 전통 속에서 그런 담론이 갖는 임의성과 불가피한 표면성은 페미니즘 프로젝트의 덕목이 된다. 페미니스트 기획은 강력한 대상인 '여성의 경험'을 구성함과 동시에 이런 창작물들이 받아들인 특수한 형식에 내재된 설명 가능성과 정치성의 그물망을 고집하기 때문이다.

나는 이 단순하고 작은 도표 기계를, 반식민주의 담론과 페미니즘 담론이 서로에게 말을 건네고 서로에게 그들 나름의 분석적 발전 과정을 요구하는 여러 가지 방식 중 일부를 개괄하는 초보 기하학으로 제시하고자 한다. 사람들은 분석적/기술적 관목을 통해 자기 방식대로 작업할 수 있다. 예를 들어 특정한 지역적 경험의 정치적 측면에 관한 지구적 차원에만 오로지 집중함으로써 지도의 어떤 지역을 배제할지 결정할 수 있다. 그럼에도 관목의 나머지 부분이 암묵적으로 존재하기 때문에, 여성 경험이란 관목을 통해 어떤 특정한 흔적에 반향하는 반향실을 제공한다.

이런 분석 방식을 통해 분명히 밝혀야 할 것은 '경험'으로 간주된 것이 결코 특정한 사회적 사건들, 담론들 그리고 다른 여러 실천에 앞서 이미 존재하는 것이 아니라는 점이다. 바로 그런 것들을 통해 경험은 경험 그 자체로 표명되고 다른 설명들과 더불어 표명될 수 있으며 종종 강력하면서도 신비하게 작동하는 수많은 집단적 경험을 구성할 수 있도록 해 준다. '여성 경험'은 일종의 선험적 자원이어서 이런저런 기술(記述)로 쉽사리 변형시켜 사용할 수 있도록 미리 존재하지 않는다. '여성의 경험'으로 간주될 수 있는 것은 다수이면서 종종 불화하는 의제들 안에서 형성된다. '의식'과 마찬가지로 '경험'은 의도적 구성물이며 무엇보다 중요한 창작물이다. 경험은 또한 재구성되고 재기억되고 재표명된다. 그렇게 할 수 있는 강력한 수단 중 하나가 타인의 생애와 의식에 접근 효과를 불러일으키는 방식으로 픽션을 읽고 또다시 읽어 내는 것이다. 그런 타자가 개인이든 아니면 역사라 불리는 일대기를 가진 집단적 개인들이든지 간에 말이다. 이런 읽기는 공명하는 읽기의 장에 존재하는데, 그런 장에서 각각의 해석은 협화음과 불협화음 두 가지 방식으로 나머지 해석에 어조와 형상을 첨가한다.

'여성 경험'에 대한 주장은 웬디 로즈(Wendy Rose)가 선주민 미국인의 경험을 전유하는 것에 관한 시에서 "영혼의 관광산업"이라고 적절히 표현한 데서 부분적으로 파생될 수도 있고, 그것에 기여할 수도 있다. 여성학은 타자의 경험(결코 순수한 적이 없는)을 전유하는 것과 지역적/지구적 역사에서 사실상 차이를 만들어 낼 수도 있는 실낱같은 친화성, 실낱같은 연대의 섬세한 구성 사이에 그어진 가느다란 선을 따라 협상해야 한다. 페미니즘 담론과 반식민주의 담론은 연결과 친화성을 구축하려는 바로 그 미묘하고 섬세한 노력에 집중한다. 그런 노력은 자기 자신의 경험이나 타인의 경험을 완결된 서사를 위한 자원으로 만들지 않는 것이다. 이것은 정말 어려운 문제라 '우리'는 빈번히 실패한다. 우리는 친화성의 구축 방법에 대해서는 알지 못하지만, 그 대신 대립관계의 구축에 대해서는 잘 알고 있는 그런 완결된 서사를 위해서

자기 자신과 타인을 자원으로 재생산하는 페미니스트, 반인종차
별주의자, 반식민주의 담론들을 쉽게 발견할 수 있다. 하지만 '우
리의' 글쓰기는 정체성 대신에 친화성을 구축하는 방법을 배우게
되리라는 희망으로도 가득 차 있다.

　　이 장에서 내가 검토하고 싶은 실천은 여성학 강의실에서 픽
션 읽기와 여성학 출판물을 통해 '여성 경험'을 구성하는 것이다.
나는 샌타크루즈대학에서 그리고 세계 속에서, '우리' 역사의 바
로 이 순간에 특히 순수하지 않은 대상에 주목하고자 한다. 바로
'아프리카' 여성의 픽션이다. 이 픽션에 대한 독법은 대단히 논쟁
적이며, 지역적·지구적으로 수많은 정치적 지지층을 위한 알레고
리 형상 중 하나로서 '아프리카 디아스포라' 안에서 여성의 의식
과 여성의 경험을 구성하고 있다. 내가 주목한 소설은 영어로 쓰
였다. 장르, 언어, 유통 양식 모두 식민주의와 포스트식민주의의
모순과 투쟁으로 가득 찬 역사를 드러낸다. 이런 강력한 소설들
에 대한 여성들의 글쓰기와 독법에는 모순과 투쟁이 더욱 날카롭
게 드러나 있다. 라타 마니(Lata Mani)가 인도의 사티 풍습*에 관
한 18세기 식민주의 담론 연구(1987)를 통해 분명히 밝히고 있다
시피, 여성 경험의 구성은 '전통' '문화' '종교'의 발명에 근본적일
수 있다. 여성은 특권적인 '담론의 장소'다. 이 영토에서 과세제
도, 노동 이주 정책, 혹은 가족법은 합법화되어 왔고 아직 합법화
될 수 있거나, 혹은 그런 것들에 저항해 왔고 아직 저항할 수 있는
곳이다. 경험, 역사, 의식에 관한 여성들의 '자기 구성'은, 우리 '자
신의' 물질적 실천을 포함하여, 유물론적 실천의 토대와 결코 다

* 인도의 힌두교 풍습으로서 남편을 화장할 때 아내가 함께 불길 속으로
　뛰어드는 풍습.

르지 않을 것이다(학술적·활동가적 맥락 속에서 중요한 유럽-아메리카의 민족 철학을 포함하여, 다수의 미국 문화에서 특히 메아리치고 있는 '경험' '역사' '의식'처럼 그 모든 복잡한 용어들이 어떻게 유럽어에서 파생되었는지 주시해 보라).[5]

　　픽션 읽기는 여성학 실천에서 강력한 자리를 차지해 왔다. 픽션은 여러 면으로 전유될 수 있다. 일단 어떤 것을 픽션으로 간주할 것인가라는 문제 자체가 논란거리다. 그것은 시장의 고려, 언어적 기호적 실천, 글쓰기 기술, 독자의 유통 회로에 의해 부분적으로 해소된다. 여성학 연구 시장에서 특정한 책을 두드러지게 가시화하거나 아니면 특별히 이용 불가능하게 만드는 출판 관행을 전면에 부각시키거나 혹은 흐지부지 잊히게 하는 것은 가능하다. 물질적 대상으로서 책 자체는 비가시적이고 투명한 것처럼 만들 수도 있고, 혹은 의미와 권력의 순환구조에 대한 물리적 실마리를 제공하도록 만들 수도 있다. 그런 점들은 오드리 로드(Audre Lorde)의 『자미(Zami)』(1982)*에 나타난다. 『자미』에서 등장하는 새로운 글쓰기 방식인 자전신화는 역사, 전기, 신화가 혼합된 것이라고, '장르'를 읽어 낸 케이티 킹(Katie King)은 강력하게 주장했다(1988). 읽기는 무엇이 여성의 경험으로 간주될 만한 것인가를 구성하는 테크놀로지로 기능할 수 있다. 픽션 읽기는 또한 여성들 가운데서 연결과 분리를 지도화하고, 지역적/지구적 세계에서 그들이 구축하고 그들이 참여한 사회운동을 지도화하는 테크놀로지로 기능할 수도 있다. 픽션은 의식의 지도에서 대립, 분

* 오드리 로드에 의하면 마디빈, 프렌딩과 마찬가지로 자미는 서인도제도 그레나다에서 레즈비언을 지칭한다. 『자미』는 같은 제목으로 국내에도 출간되었다.

화, 융합뿐만 아니라 동일시를 자극하는 것으로 동원될 수도 있다. 픽션은 또한 동일시 없이도 연관성을 읽어 낼 수 있다. '유색 여성'에 관한, 유색 여성에 의해 출판된 픽션은 현재의 역사적 계기 속에서 많은 장소에서 여성학 실천의 강력한 마디로 특히 자리한다. 어떤 독자의 인종, 계급, 젠더가 상호교차하는 장에서 그가 차지한 위치와는 상관없이, 이런 픽션에 대한 특별한 읽기 실천을 통해 전유된 것들은 순수한 것과는 거리가 멀다.

　　독법은 적극적으로 참여해서 얻어 내는 것임이 분명하다. 독법은 텍스트로부터 자연스럽게 흘러나오는 것이 아니다. 어떤 텍스트에 대한 가장 직설적인 독법마저도 의미와 권력의 장 속에서 논쟁적으로 자리한다. 어떤 독법이든 의식, 연대, 활동을 가능하게 하는 안내 책자이기도 하다. 아마도 이런 점들은 픽션이 개인적 자서전, 집단적 역사, 그리고/혹은 교훈적인 알레고리에 대한 문제적 진실을 제공하는 것처럼 보일 때, 더욱더 사실적으로 다가온다. 이런 점들은 동일시, 비교, 도덕적 담론을 요구하는 텍스트의 효과다. 이런 것들은 전부 여성학 담론에서 피할 수 없는 문제적 차원이다. 독법을 두고 비판적으로 경합하는 것은 여성학 실천에서 기본이다. 그런 실천은 정치와 의미가 구성된 특징을 주장함과 동시에 독자들에게 강력하고 다의적인 범주로서의 '여성'을 생산하면서도 해체하는 방식으로 구성하는 것에 대한 책임을 요구하는 것이다. 이런 범주에서 페미니스트 담론, 식민화 담론, 반식민주의적 담론, 우머니스트(womanist) 담론들은 힘차게 수렴되고 분기된다. 부분적으로는 연대하고 부분적으로는 갈등하면서 제각기 다른 상황에 처한 여성들이 개인적으로, 텍스트상으로 '제1세계에 거주하는 제3세계 유색 여성들'에 의해 출간된 소설을 읽어 내고 있는데, 그들의 독법은 내가 여기서 개괄하려고 하는 문제를 전경화하고 있다. 인종, 섹슈얼리티, 국적, 독서 대중에 대한 접근성, 픽션 자체에 대한 접근성을 포함하여, 독자들 또한 다양한 역사와 위치에 묶여 있으면서도 분리되어 있다. 그렇다면 이런 읽기들이 어떻게 포스트식민주의 여성해방담론의 영토에 대한 친화성과 차이라는 가능한 마디의 지도가 될 수 있는가? 아프리카 디아스포라 속에 나타난 여성의 통일성에 대한 형상들이 어떻게 민족주의자, 페미니스트, 우머니스트, 포스트모더니스트, 흑인, 다문화, 백인, 제1세계, 제3세계 또 그 밖의 다른 정치적 위치로 들어갈 수 있는가?

　　웬디 로즈가 경고했던 '영혼의 관광산업'에 빠져들 위험을 무릅쓰면서, 나는 인기 있는 저자에 관한 세 가지 다른 독법을 개괄할 것이다. 아마도 그의 독자들은 여성학에는 아무런 관심이 없을 테지만 그의 소설은 여성학 수업에 등장하고 우머니스트/페미니스트 문학비평과 정치학에서 논쟁의 대상이 되고 있다. 세 가지 독법에 참여하기에 앞서, 저자의 생애 텍스트에 관한 짧은 글을 살펴보고자 한다. 저자의 생애 텍스트는 그의 픽션을 읽어 내려는 내 관심사의 한 부분이 될 것이다. 그 저자는 다름 아닌 부치 에메체타(Buchi Emecheta)다. 그는 1944년 나이지리아 이부자에서 태어났다. 에메체타는 1962년 결혼해 남편과 함께 런던으로 갔다. 남편은 장학생이었다. 영국에서 부부는 어려운 상황 가운데서 다섯 자녀를 두었고 결혼은 고통스럽게 끝났다. 런던에서 에메체타는 복지에 의존하는 흑인이자 이주민이고, 공영주택에서 살면서 도서관학 학위와 그 이후에는 사회학 박사학위를 따려고 대학에 다니고 있는 싱글맘이라는 자신의 처지를 실감할 수 있었다.[6]

또 에메체타는 작가이기도 했다. 작가로서의 출발은 앞 마지막 문단에서 언급한 전기적 텍스트에 내재된 '경험'의 그물망으로부터 비롯되었다. 그는 어머니이자 이민자였고, 독립적인 여성, 아프리카인, 이보족, 활동가 그리고 '영국물 먹었던' 작가였다. 남편은 에메체타의 첫 원고를 없애 버렸는데, 이유인즉 자기 아내가 독립적으로 생각하고 행동한다는 점을 견딜 수 없었기 때문이라고 한다[스히퍼르(Schipper), 1985]. 그는 소설을 연달아 출판했다. 교훈적이면서도, 대중적이고 동시에 역사적이고 정치적이며 자전적이고 낭만적이면서 또한 논쟁적인 소설들이었다.

책 표지를 살펴보고, 에메체타의 생애에 관한 참고 문헌 텍스트를 좀 더 살펴보기로 하자. 학위를 따고 사회학자로서 직업을 갖고 있으며 글을 쓰기 위해 이른 아침 시간에 일어난다는 사실뿐만 아니라, 우리는 에메체타가 아동 소설 이외에도 『모성의 기쁨(The Joys of Motherhood)』(1979)을 포함하여 다른 소설 여덟 편을 썼다는 사실을 알 수 있다. 『모성의 기쁨』은 저명한 아프리카 작가 시리즈에 실렸다. 이 시리즈의 창간 편집자는 『모든 것이 산산이 부서지다(Things Fall Apart)』와 더불어 국제적으로 명성이 높은 다른 픽션의 저자이기도 한 치누아 아체베(Chinua Achebe)였다. 에메체타의 작품은 영국에서는 앨런앤언윈과 앨리슨앤버스비 출판사에서, 미국에서는 브라질러 출판사에서, 나이지리아에서는 오구구아포 출판사에서 출판된다. 최근에 이르기까지 에메체타의 픽션은 나이지리아보다는 영국이나 미국에서 구하기가 더 쉬웠다. 영국에서 에메체타의 작품은 강의실에서 읽히기보다 대량생산된 저렴한 종이책으로 제작되어 기차와 버스에서 읽혔다. 이제 그의 작품은 아프리카와 서구에서 동시에 출판되고 있으며,

아프리카의 영어 사용권 독자들 가운데서 논쟁의 일부가 되고 있다. 페미니스트로 알려진 해외이주자가 제기한 아프리카 여성들의 문제를 다룬 탓이기도 하다. 그래서 에메체타의 글쓰기는 논쟁적이다. 아마도 특히 나이지리아에서 그리고 어디서든지 그 작품을 읽은 정치학자들 사이에서 특히 논쟁거리다.

　네덜란드 비평가인 미네케 스히퍼르(1985)는 "에메체타의 소설이 나이지리아와 다른 여러 곳에서 엄청나게 인기가 있긴 하지만, 아프리카 비평가들에게서는 냉랭하게 받아들여질 뿐만 아니라 심지어 무시당하기도 한다"(스히퍼르, 1985)라고 주장했다. 페미니즘과 에메체타의 관계, 그의 독자와 페미니즘의 관계는 그야말로 이 문제의 핵심에 자리한다. 미국에서 벨 훅스(bell hooks)가 페미니즘 운동에 본질적이라고 부르는 관점을 채택하자, 1979년에 한 인터뷰에서 에메체타는 자기 글쓰기를 설명하면서 자기 관심사가 여성에게 국한된다는 입장을 분명히 거부했다.

　　내 소설의 주요한 주제는 아프리카 사회와 가족이다. 아프리카에서 여러 사건을 통해 여성으로서 경험하는 역사적, 사회적, 정치적 생활에 대한 것이다. 나는 아프리카 남성은 한편으로 억압받지만 다른 한편 아프리카 여성들을 억압하기도 한다는 점을 보여 주려고 언제나 노력한다. 나는 오로지 여성을 위한 대의에 헌신해 오지는 않았다. 나는 아프리카 전체에 관해 쓴다. [브루너(Bruner), 1983]

　『모성의 기쁨』은 대략 1920년대와 1930년대 나이지리아를 배경으로, 아이를 낳을 수 없었던 젊은 기혼 여성의 삶에 드러난 갈등과 다층위적인 모순을 다뤘다. 나중에 그 여성은 너무 많은 아이들을 임신했지만, 그때는 이미 자기 나름의 거래망을 잃어 수입이 없어진 직후였다. 어머니는 시골에서 도시로 이사했다. 아이들은 캐나다, 미국, 오스트레일리아로 이주했다. 그에게는 아들이 많았지만 20세기 초반의 나이지리아 여성들이 도시와 시골의 현실에서 마주쳤던 극도로 고통스러운 이야기 속에서 곁을 지킨 자식 하나 없이 홀로 죽었다.

　　아체베처럼 에메체타에게서도 '전통'과 '근대성' 사이의 갈등으로 갈라지기 이전의 아프리카 역사에서 순수의 순간은 전혀 찾아볼 수 없다. 에메체타 픽션의 대다수가 20세기 초반 이부자를 배경으로 한다. 그곳은 아프리카의 문화 융합주의라는 거대한 패턴이 등장인물들의 삶에 모태가 되는 곳이다.『신붓값(The Bride Price)』(1976)과『노예 소녀(The Slave Girl)』(1977)에서 에메체타는 결혼을 둘러싼 근본적인 문제들, 서로 다른 여성들의 관점에서 본 어떤 사람의 삶에 대한 통제, 외국인이든 아니면 선주민이든 상관없이 아프리카 문화 지도상의 모든 곳에서 이부자 여성들이 처한 특히 모순적인 위치에 관한 근본적인 문제들을 탐색했다. 에메체타의 등장인물들에게는 유럽 또한 그에 못지않은 투쟁의 장소였다.『이등 시민(Second Class Citizen)』(1974)은 런던에서 작중인물의 결혼이 파탄에 이르는 과정을 탐구했다.『도랑에서(In the Ditch)』(1972, 1979)에서는 영국공영주택에 거주하는 주요인물인 싱글 맘을 따라가면서, 그가 복지국가의 조건에 도전하는 영국 여성 조직과 페미니스트 조직, 그리고 백인과 유색인 노동자계급과 연대하는 과정을 추적했다.『이중구속(The Double Yoke)』(1983a)은 20세기 후반의 나이지리아로 되돌아가서 나이지리아의 소수부족 지역을 오가는 여정을 허구적으로 재구성한 관점으로 전개되는데, 에메체타는 아프리카 디아스포라들의 지역적/지구적인 연결망 속에서 여성들의 투쟁의 조건들을 심문하는 것으로 또다시 되돌아간다.[7]

'여성학에서의 방법론적 문제들'이라고 불리는 교과과정에서, 학생들은 아프리카 디아스포라에게서 나타난 여성의 픽션과 여성의 통일성이라는 패러다임 속에 에메체타를 위치시킨 문학 이론가 두 명이 쓴 정치적으로 개입한 논문을 읽었다. 하나는 바버라 크리스천(Barbara Christian)의 논문인데, 그는 캘리포니아 대학교 버클리 캠퍼스 아프로-아메리카 연구교수이며 흑인 페미니스트 문학비평의 선구자다. 그리고 다른 하나는 치크웨니에 오콘조 오구예미(Chikwenye Okonjo Ogunyemi)의 논문이었다. 그는 나이지리아 이바단대학교 영문학과에서 아프로-아메리카 문학과 아프리카 문학을 가르치는 교수다. 이바단과 이페 출신 여성들과 함께 오구예미는 1988년 나이지리아에서 여성학 발전을 위한 단체에 참여했다[톨라 올루 피어스(Tola Olu Pearce)와의 개인적 대화로 알게 되었다]. 그는 다른 곳에서 에메체타의 픽션에 관해 출판했다(오구예미, 1983). 하지만 우리가 수업시간에 읽었던 텍스트에서 에메체타를 명백히 주변화시킨 사람은 다름 아닌 오구예미였고, 우리는 그가 처했던 특수한 출판적 상황과 다른 정치적 측면에 주목하여 그의 논문을 읽고자 했다. 바버라 크리스천은 페르가몬 출판사의 아테나 시리즈의 하나로 『흑인 페미니즘 비평(Black Feminist Criticism)』(1985)을 출판했다. 이 시리즈는 영국과 미국의 여성학 출판에서 주요한 페미니스트 출판물이다. 세 번째 독법은 나의 것인데, 대체로 백인으로 구성된 미국 주립대학에서 유럽-아메리카 여성학과 선생의 관점에서 전개한 읽기다. 이 글은 식민주의 담론의 비판적 연구와 페미니스트 이론을 공동으로 구성한 학회에서 처음 발표되었다. 나는 여성학 학부생들이 한 번 읽고, 잘못 읽고, 다시 읽기를 원했다. 그렇게 함으로써 말 그대로 출판된 소설 자체의 표지에 적힌 그의 생애에 관한 담론적 구성을 포함하여, 특별히 논쟁이 분분한 저자에 관해 가능한 읽기의 장들을 성찰하고자 했다. 이런 읽기는 우리 모두에게 상당한 이해관계가 있었던 픽션, 말하자면 출판업자의, 에메체타의, 오구예미의, 크리스천의, 나의 이해관계 그리고 학생들 각자의, 여러 나라에서 종이책으로 읽었던 수천 명에 달하는 익명의 독자들의 이해관계가 걸린 픽션을 향한 것이었다. 나는 이런 이해관계들이 여성의 자의식적인 해방 담론의 지도에서 독자들을 어떻게 위치시키는지, '우머니즘(womanism)'과 같은 구조물이 '페미니즘'을 삭제하는 위치에서 어떻게 여성운동을 위한 다른 규범적 계보를 제안하기에 이르게 되는지 살피고자 했다. 그런 읽기의 목표는 상황적 지식의 지역적/지구적, 개인적/정치적 관계망 속에서 부분적으로는 연대하고 부분적으로는 대립하는 여성 의식의 지도를 작성함으로써, 비판적이고 반성적인 읽기를 통해 위치의 복잡성과 친화성을 열어 놓으려는 것이었다.

첫째로, 대체로 비아프리카권 독자들을 염두에 두고 출판했던 잡지인 《기호들(Signs): 문화와 사회 속의 여성을 위한 잡지》(1985)는 미국 페미니즘 이론에서 주요한 학술 기관지인데, 여기에 실린 논문에서 오구예미가 에메체타를 어떻게 읽어 내고 있는지—혹은 읽어 내고 싶어 하지 않는지—검토해 보자. 1987년 《기호들》에 투고한 국제 기고가 17명 중 한 명이 아프리카 출신이었

는데, 그중 아촐라 팔라(Achola Pala)는 케냐인이었다.《기호들》
에 실린 많은 논문들은 여성학 수업의 과제로 이용되는데, 수강생
들 전부는 아닐지라도 그들 중 대다수는 유럽-아메리카인들이었
다. 이 논문에서 오구예미는 '페미니스트'라는 명찰과 자신은 거
리가 멀다고 주장하면서 자신을 '우머니스트'라는 표지(marker)
와 연결하고자 했다. 그는 우머니스트라는 용어를 독자적으로 발
전시켰는데, 앨리스 워커(Alice Walker)도 이 용어로 이미 작업하
고 있었음을 나중에 알게 되었다고 주장했다. 오구예미는 식민화
가 종식되었던 대략 1960년대 이후 아프리카와 아프로-아메리카
영어 사용권 여성들의 문학에 대한 고고학을 연구했고 지도를 작
성했다. 지도를 작성하며 오구예미는 우머니즘이라는 정치적 희
망의 장소로 나가게 되었다. 오구예미는 우머니즘이란 용어를 '전
체 민중(entire people)', 여성과 남성, 아프리카인들과 아프리카 디
아스포라 민중들의 생존과 완전성에 헌신하는 여성을 지칭하는
데 사용한다. 그는 에메체타에 대한 자기 담론을 디아스포라들이
아프로-카리브해 문학, 아프로-아메리카 문학, 아프리카 영어 사
용권 문학으로 합류하는 지점에 위치시킨다. 오구예미는 우머니
스트란 특별한 성숙의 계기를 대변한다고 주장한다. 그런 성숙의
계기는 '민중의 어머니들'로서 여성의 경험을 다층위적으로 탐구
함으로써 전체 민중의 통합을 긍정하는 순간이다. 뿔뿔이 흩어진
민중들의 상처를 감싸는 그런 어머니 이미지는 흑인 남성 쇼비니
즘, 페미니즘의 부정성, 관습 파괴, 미성숙과는 거리가 먼 우머니
즘 운동에 중요하고 강력한 힘이 되었다.

　　하지만 오구예미에게 주요한 이미지는 어머니의 이미지와는
다소 어긋나 있었다. 어머니가 아니라 다름 아닌 <u>결혼한 여성</u>의

이미지였기 때문이다. 오구예미는 "보이지 않는 남편과 함께 사는 친근한 공동아내들"(1985)로서 디아스포라 여성의 관계를 구성하기 위해 1960년대 이후의 픽션을 읽어 냈다. 영어 사용권 아프리카와 아프로-아메리카 문학의 고고학을 통해 흑인-원조 어머니-작가들에게서 우머니즘의 흔적을 발굴하면서, 오구예미는 에메체타를 그런 어머니로 인정하지 않았다. 에메체타의 픽션은 국제적으로 흑인 민족들의 통일성을 대변할 수 있었던 성숙한 이미지로서 결혼을 긍정하지 않았기 때문이었다. 긍정은커녕 오히려 에메체타는 빈번히 결혼의 실패를 탐색하는 데 몰두했다. 특히 일부다처제를 해방적인 여성운동을 위한 이미지로 복원시키기는 커녕, 에메체타는 이런 관행을 "여성들이 점점 더 교육받고 스스로 결정할 자유가 주어지면 쇠퇴할 제도"(브루너, 1983)로 간주했다. 에메체타의 픽션은 심지어 『이중구속』과 같이 그나마 긍정적인 작품에서도 결혼 전반에 관해 날카로운 모서리를 갖고 있다. 오구예미는 작중 등장인물들을 단순히 반항아로 묘사하면서, 에메체타 픽션에 드러난 허구적이고 사적인 관계를 가혹하게 다루면서 조롱하기까지 한다. 에메체타가 '결혼 생활의 파경 이후에' 쓰기 시작했으므로 그의 작품은 흑인 남성을 여성화하고, 여주인공을 분만 중이나 결혼이란 노예제도로 인해서나, 정신이상으로, 혹은 자녀들에게 버림받아서 마침내 죽게 만든다고 진술한다. 오구예미는 "에메체타가 자신의 여주인공을 파괴하는 것은 페미니스트의 특징인데, 그런 특징은 작가의 편에서 드러난 일정한 정도의 나르시시즘에서 비롯된 것"이라고 주장하기에 이른다(1985).

정치적 행동에서 에메체타는 아일랜드와 영국 페미니스트들과 연합하면서 오구예미의 우머니즘에 관한 설명과는 대단히 다른 국제적 담론을 발전시켰다. 에메체타의 결혼에 관한 담론과 결혼과 관련한 역사를 비판하는 데 덧붙여, 오구예미는 에메체타의 망명객으로서 지위를 집중 조명했다. 20년 동안 해외에서 살다가 나이지리아로 되돌아온 에메체타는 1980년부터 1981년까지 칼리바대학교의 수석 연구교수로 가르쳤다. 이 특정한 글에서, 오구예미는 귀향한 이주 작가로서 에메체타의 '진정성'을 문제 삼았다. 아프리카계 영어 사용권 문학 연구에서, 사회주의, 페미니즘, 레즈비어니즘 등은 전부 미숙한 계기들을 명시적으로 상징하는 것이며, 아마도 시간이 경과하면 만회할 계기가 있을지는 몰라도, 당분간 '공동아내들'이라는 목소리 안에 그런 주의들은 포함될 수 없다. 공동아내들은 흑인 여성의 통일성에 대한 정의(definition)를 상징했기 때문이었다. 우머니즘은 '문화'의 요구가 '성의 정치학'에 우선한다는 것을 의미한다. 그런 관계로 인해서, 우머니스트 작가는 가부장제의 불평등을 여전히 망각하지 않는다. 그럼으로써 "아프리카에서 모계사회와 일부다처제 사회는 우머니즘 소설에 역동적인 자원이 된다"(오구예미, 1985). 민족주의, 젠더, 국제주의에 관한 정치학의 한 부분으로 부상하고 있는 문학적 고전에 포함과 배제의 논리를 제안했던 오구예미는 아프리카의 일부다처 결혼 제도라는 핵심적 이미지를 통해 그 점을 주장했다.

바버라 크리스천은 에메체타를 대단히 다른 이해관계 속에서 읽어 냈다. 『흑인 페미니즘 비평』에서 전경화한 특정한 페미니즘의 이미지에서 발견되는 모계 전통을 특별히 재주장하기 위해 크리스천은 『모성의 기쁨』(1979)을 앨리스 워커의 『머리디언(Meridian)』(1976)과의 밀접한 관계 속에서 읽어 냈다. 아프리카 전통에서, 아프로-아메리카 노예제에서, 후기 노예제와 후기 시민권 운동의 미국적 맥락 속에서 흑인 여성들의 모성에 대한 찬양과 동시에 모성의 붕괴/파괴를 논의하려고 크리스천은 1970년대 출판된 주요한 소설 두 권에서 모계적 연계와 모성에 관한 담론들을 위치시켰다.[8] 크리스천은 모성의 모순과 복잡성을 벗겨 내면서, 역사적으로 모든 지역에서 모성을 누리고, 찬양하고, 강제하면서, 여성들에게 이중구속으로 변질되었던 여러 가지 방식에 관해 성찰한다. 그러면서 크리스천은 '침략자들'이 쳐들어오기 전에 이미 잃어버린 모성의 유토피아적인 순간에 대한 희미한 노래를 들려주었다. 그때의 침략자들은 백인 노예무역상들만은 아니었다. 오히려 침략자들은 모성과 동시대의 동년배 인물들이었다. 세계는 이미 언제나 무너지고 있다.

　　하지만 오구예미에게서 그런 것처럼, 크리스천에게서도 어머니는 시공간을 거쳐 아프리카인들이 디아스포라가 되는 과정으로 인해 여성의 통일성에 대한 근본적인 이미지가 되지 못한다. 크리스천은 특정한 형태의 페미니즘을 전경화하기 위해서 『머리디언』과 『모성의 기쁨』을 서로 섬세하게 반향하는 방식으로 읽어 낸다. 그런 특정한 페미니즘은 흑인 페미니즘 안에서, 돌봄을 끊임없이 파괴하는 불가능한 세계의 조건 속에서도 서로 보살피는 아프리카로부터 물려받은 어머니와 딸의 유대 관계의 모델 속에서, 레즈비어니즘을 긍정하는 의제를 수행한다. 바버라 크리스천은 유색 여성 페미니즘 담론에서 레즈비어니즘의 주변화를 방지하려고 노력해 왔다. 오구예미가 아프리카 디아스포라 우머니즘의 계보로부터 에메체타를 배제한 것과 정확히 똑같은 이유로, 크리스천은 에메체타를 자기 교재 중 하나로 교묘하게 포함시켰다. 하지만 오구예미와 마찬가지로 크리스천은 문학적 원조 어머니의 글쓰기 역사에서 성숙의 서사를 제안했다. 각각의 이론가에게 성숙의 궤도는 디아스포라 여성들을 위한 자아(selfhood)와 공동체의 성장이라는 특수한 모델을 제공했다. 페미니즘과 사회주의가 '밀월' 관계 속에서 민족독립운동을 전개한 이후로, 오구예미는 서아프리카 여성 작가들의 의식의 역사를 도식화했다. 그런 의식사는 '부재하는 남편과 공동아내'라는 이미지에 핵심이었던 어머니, 치유사, 작가로서의 여성 공동체라는 비유를 중심으로 조직된 성숙한 우머니즘에서 절정에 도달했다. 마지막 이미지는 식민주의와 포스트식민주의 아프리카에서 수많은 농촌 여성들이 노동력으로 이주하는 냉혹한 현실을 떠올리지 않을 수 없었다. 비록 그런 이미지가 (이)성애화된 백인 부르주아 부부들이 보여 주는 의존적이고 고립된 아내라는 상투적인 모습과 부정적인 '페미니스트' 항의의 정치와는 결과적으로 대조적인, 아프리카 기혼 여성들의 자족성을 긍정적으로 환기시킨다 할지라도, 농촌 이주 여성의 냉혹한 현실을 떠올리지 않을 수 없다.

오구예미의 서사가 연상시키는 닮은 점과 차이점의 연대기와 관련해서 본다면, 크리스천의 서사는 아프로-아메리카 여성 작가들의 의식사를 도식화했다. 크리스천은 대략 1950년대 이전부터 아메리카 흑인 여성들은 그들을 대체로 배제시켰던 청중에게 들려주는 글쓰기를 했다고 주장했다. 크리스천은 픽션을 내면의 탐구라기보다 타자 지향적인 것으로 특징짓는데, 왜냐하면 흑인 여성들에 대한 지배적인 백인 사회의 인종차별적 규정에 맞서기 위해서였다. 조라 닐 허스턴(Zora Neale Hurston)은 이런 패턴에서 예외였다. 크리스천은 1950년대 초기의 자기 인식 과정과 검은색 피부의 평범한 흑인 여성들에 대한 관심의 고조 과정

을 추적했다. 개략적으로, 1960년대는 공유된 흑인성에서 통일성
을 찾아내고자 했던 시기였다. 1970년대는 흑인 공동체에서의 성
차별주의를 폭로하는 시기였다. 1980년대는 자기를 발견하는 데
집중하면서 여성들 사이에 연결을 시도했던 흑인 여성들의 다양
한 문화가 출현한 시기였다. 이들은 어머니와 딸의 유대로 패턴
화된 전 세계의 공동체를 통해 인종, 계급을 초월하고자 약속했
다. 1980년대에 이르면 흑인 여성들의 개성(personhood)에 대한
이해의 폭이 증가하면서, 디아스포라 픽션에서 형상화된 흑인 여
성들의 지형은 전 세계로 퍼졌다.

　나는 에메체타에 대한 세 번째 순수하지 않은 독법을 제시함
으로써 결론을 짓고자 한다. 세 번째는 나의 독법인데, 유럽계 아
메리카인 중산층이자 대학에 토대를 둔 페미니스트로서 독법이
다. 나의 독법은 1980년대 유색인보다 백인이, 남자보다 여자들
이 압도적으로 다수인 강의실에서 미국 여성학의 교육적 실천의
일부로 산출된 것이었다. 포스트모더니즘, 여성들의 자기 제작과
강제된 사회적 주체성의 다수성, 20세기 후반의 지역적/지구적
세계에서 페미니스트 정치학의 가능성에 관한 질문의 소용돌이
에 휘말리던 시기에, 나의 이해 관심사는 에메체타의 소설과 그의
생애에 관한 픽션에 나타난 엄청난 모호성에 있었다. 나의 독법
은 망명자, 나이지리아인, 이보족, 아일랜드-영국 페미니스트, 흑
인 여성, 아프리카 작가 시리즈의 정전에 오른 작가, 싸구려 종이
책으로 출판된 대중적인 작가, 동화작가, 사서, 복지수당을 받는
어머니, 사회학자, 싱글 맘, 아프리카 전통의 재발명가, 아프리카
전통의 해체론자, 인종과 평등에 관한 영국 내무성 자문위원회 위
원, 헌신적인 다인종 우머니스트와 페미니스트 이론가들과 국제

적인 인물들 사이에서 논쟁적 주체로서 그의 이질적인 위상에 가치를 두었다. 오구에미와 크리스천에게서처럼 나의 독법에도 유토피아적인 계기가 자리했다. 그런 유토피아적인 순간은 정치적인 설명가능성에 대한 공간과, 정체성으로 고착되지 않는 모호성, 다의성, 친화성을 소중한 것으로 희망한 것이었다. 그런 것들은 황량한 포스트모던의 영토에서 경험하는 영원한 관광객으로서의 쾌락에 자칫 빠져들 위험을 무릅쓰는 것이다. 하지만 나는 정체성이나 진정한 자아탐구로 끝나 버리지 않는 친화성에 머물러 있고 싶었다. 나의 독법은 다름 아닌 모호성, 망명객으로서 위상, 기원과 귀향의 시기에 접근 불가능한 '영국물 먹었던' 자들의 딜레마를 당연시했다. 제국주의, 인종차별주의, 남성우월주의의 대학살을 가로질러 기대되는 여성의 통일성에 대한 나의 이미지는, 설명가능성의 제조와 긴장 관계에 있는 모순이었다. 그런 이미지는 어머니와 딸들, 공동아내, 자매들, 혹은 레즈비언 연인들과 같은 페미니스트 이미지가 아니라, 입양된 가족과 불완전하고 의도적인 공동체로 형상화된 페미니스트 이미지였다. 그런 이미지는 '선택'에 바탕을 둔 것이라기보다 이미 언제나 무너진 세계의 구조에 대한 희망과 기억에 바탕을 둔 것이었다. 나는 아프로-아메리카 SF 작가인 옥타비아 버틀러의 픽션에 등장하는 홀로코스트 이후 재발명된 '가족'과 유사한 것을 에메체타에게서 발견하고 그 점을 높게 평가했다. 그것은 젠더, 계급, 제국주의, 인종차별주의, 핵극단주의 글로벌 문화를 헤쳐 나가도록 '우리'를 인도하는 비유로서 소중한 것이었다.

　에메체타에 관한 나의 독법은 『이중구속』을 바탕으로 한 것이었다. 이 작품에서 '전통'과 '근대성'의 충돌 가운데서 여성에 대한 일관성 없는 요구와 가능성은 심문의 대상이 된다. 그와 동시에 '전통'이나 '근대'로 간주된 것들이 대단히 문제적인 것으로 드러난다. 포스트모더니즘, 페미니즘, 포스트식민주의의 지역적/지구적 그물망들이 상호교차하는 데 중요한 픽션들은 물질적 대상으로서의 책과, 책에 기록되어 전 세계 영어권 독자들이 저자의 생애를 구성할 수 있게 하는 단편적인 전기적 사실들에서 시작된다. 책 표지에 적힌 소개에 따르면, 초기의 책 표지 설명에서 저자는 다섯 아이를 두고 복지수당에 의존하는 동시에 대학에 다니고 처음 소설 여섯 권을 쓰기까지 새벽 4시에 일어났던 여성에서부터 나이지리아 칼라바르대학교의 수석연구원이자 영국 학술위원회 위원으로 변신한다. 여러 책 표지에 적힌 여러 에메체타들이 있지만, 어쨌거나 이 모든 텍스트들은 어머니, 작가, 런던으로 이주한 나이지리아 이주민이라는 이미지로 모인다.

　　간단한 요약이지만 그런 이미지들은 부족, 지역, 젠더, 종교, '전통'과 '근대성' 사회적 계급, 교수의 지위 등 복잡하게 상호교차하는 세계를 조명하기에 분명 도움이 되었을 것이다. 그런 세계 속에서 에메체타의 등장인물들은 자신의 자아 감각과 그들 서로 간의 헌신과 연결관계를 재발명한다. 『이중구속』에서 '영국물 먹었던' 블레와오 양은 칼라바르대학교에서 주로 청년 집단에게 창작을 가르쳤다. 블레와오 양이 학생들에게 낸 과제와 한 남학생의 이야기에 제기된 윤리적 딜레마에 대한 그의 반응을 틀로 삼은 이 소설의 핵심은 에테 캄바가 제출한 작문이었다. 그는 젊은 여성인 웅코와 사랑에 빠졌다. 웅코는 마을로부터 1마일 떨어진 곳에서 살았다. 웅코는 젊은 에피크족 여성인데, 이키키오족인 에테 캄바와는 다른 부족 출신이었다. 결혼을 바라는 두 사람 모두 장학금

으로 대학을 다니고 있었고, 두 사람 모두 자신들의 야심뿐만 아
니라 부모에 대한 복잡한 의무가 있었다. 하지만 두 사람의 젠더
로 인해 그들의 상황은 동등한 것과는 거리가 멀었다. 말레이시아
에 진출한 일본 다국적기업에서 일하는 젊은 말레이시아 공장 노
동자들에 대한 아이화 옹(Aihwa Ong, 1987)의 설명을 독자들에게
언급하지 않을 수 없는 이야기 속에서, 에메체타는 칼라바르대학
교를 민족독립 이후 나이지리아에서 서로 대립적인 세력들이 충
돌하는 소우주로 묘사했다. 그곳에서는 신기독교 운동, 이슬람 정
체성, 부족 집단의 요구, 글로벌 경제 속에서 가족과 국가의 위치
로 인한 경제적인 제약, 마을과 대학 사이의 모순, 페미니즘과 같
은 '외국' 이데올로기에 대한 논쟁들에 이르기까지 온갖 세력들이
충돌하고 있었다.

　　이 모든 세력들이 에테 캄바와 응코 사이의 사랑의 결과를 구
조화했다. 이 한 쌍은 어느 날 밤 마을에서 벗어나 성관계를 가졌
다. 그 이후 에테는 응코가 아직도 처녀인지 아닌지를 두고 온통
걱정에 사로잡혔다. 그들은 옷을 입은 채로 서서 성관계를 했기
때문이었다. 응코와 결혼하려면 그녀가 아직 처녀여야 한다는 사
실이 그에게는 관건이었다. 응코는 자기 처녀성에 대한 강박적인
그의 질문에 대답하길 거부했다. 어머니와 딸을 연계시키는 모계
이미지나 혹은 집단적 통일성의 상징으로 공동아내로서의 여성
공동체 이미지 대신에, '처녀성'의 해체는 기원, 진정성, 여성의 위
치에 관해 이 소설을 논쟁거리로 만들게 된다. 여성의 위치는 독
립 이후 나이지리아의 이질적인 세계에서 '민중'으로 일컬어지는
강력한 단위를 구성하는 핵심이기 때문이다. 젊은 남자는 조언을
청하려고 응코 마을의 원로를 찾아갔다. 그 원로는 대학교수였고,

대학에서는 미국 사상에 고취된 종교 부흥 운동가이자 신기독교 운동의 지도자이기도 했다. 교수이자, 종교 지도자이며 모범적인 가장인 이 남자는 자기 학생이기도 한 응코를 성희롱해 왔다. 에 테 캄바의 방문 이후 이 나이 든 남자는 응코와 강제로 성관계를 맺었고 그로 인해 응코는 임신하게 되었다.

　응코는 에테 캄바에게 자기를 '처녀' '창녀' 혹은 '아내' 등 어떤 이름으로 부르든지 간에 그 모든 명칭은 그가 붙인 이름일 뿐이라고 말했다. 그녀는 자기 노력의 결실로 학위를 따려고 대학에 진학했다. 그럼에도 자기 주변에 드리워져 옥죄고 있는 성애화의 그물망과 타협함으로써 학위를 따지 않을 수 없었다면, 응코는 포스트식민주의 '여성'이라는 텍스트가 쓰일 수 있는 투명한 백지로 여전히 납작해질 수밖에 없었다. 응코는 에테 캄바가 요구하는 것처럼 비모순과 순수성이라는 불가능한 상징으로 형상화된 지역적/지구적, 개인적/정치적 모순들을 통해 그와 그들이 어떤 사람이 되어야 하는지 규정하도록 내버려 두지 않으려 했다. 아마도 수많은 식민주의 담론이 그랬던 것처럼, 에메체타의 픽션은 응코와 같은 여성들이 그들의 몸이라는 영토 위에 타자가 써 내린 포스트식민주의 담론을 막아 내고자 한 분투로 읽어 내야 한다. 아마도 에메체타는 아프리카 여성들이 더 이상 위대한 대문자 여성의 이미지를 위한 어떤 인물도 되고 싶지 않다고 주장하고 있는지 모른다. 말하자면 식민주의자들이나 혹은 토착 민족주의자들이 붙여 준 처녀, 창녀, 어머니, 자매 혹은 공동아내들과 같은 인물 형상이 더 이상 되고 싶지 않다는 주장처럼 들린다. 대다수 영어 사용권 디아스포라의 어떤 지역에서도 거의 발화된 적이 없었던 어떤 것이 일어나고 있다. 아마도 이런 진행 과정의 일부는 지역적/지구적으로 개인, 가족, 커뮤니티를 건설하는 데 있어 여성의 역할이 대문자 여성의 이름과 기능으로 고정될 수 없다는 뜻일 것이다.

에테 캄바는 블레와오 양에게 제출한 자기 과제물을 통해 자신의 딜레마와 응코의 이야기를 말해 주었고, 이에 불레바오 양은 이야기해 보려고 그를 불렀다. 개인적인 것, 정치적인 것, 학문적인 것이 깊이 얽혀 있는 교수와 학생의 면담이 보여 주는 탁월한 묘사를 통해 블레와오 양은 에테 캄바에게 자신이 사랑하는 여성과 결혼하라고 조언했다. 작문 과제를 돌려주려고 했을 때 청년은 나타나지 않았다. 그는 응코를 만나기 위해 떠났다. 응코는 아버지를 매장하려고 고향 마을로 돌아갔었다. 그들의 결혼은 열린 결말로 남았다.

에메체타에 대한 오구예미, 크리스천, 그리고 나의 독법은 전부 출판된 픽션에 근거한 것이다. 이 모든 독법은 예민하게 특수하고, 막강하게 집단적인 여성해방담론을 언명하려는 당대 투쟁의 일부다. 포함과 배제는 인종, 젠더, 섹슈얼리티, 혹은 국적과 같이 고정된 범주에 의해 미리 결정되지 않는다. '우리'는 픽션 읽기라고 일컬어지는 고도로 정치적인 실천을 통해 생산된 포함과 배제, 동일시와 분리에 대해 설명할 수 있다. 우리가 누구에게 설명해야 하는가 하는 문제는 읽기 자체 속에서 생산된다. 모든 읽기는 잘못된 읽기이자, 다시 읽기이며, 편파적인 읽기이자 강제적 읽기이며 상상된 텍스트의 읽기이기도 하다. 텍스트는 원래부터 궁극적으로 그냥 그곳에 존재하는 것이 전혀 아니다. 세계가 원래부터 무너져 있었던 것처럼, 텍스트는 이미 언제나 서로 경합하는 실천과 희망으로 뒤엉켜 있다. 여성 의식을 표시한 당대의 지도 위에서 대단히 특수하고 순수하지 못한 지역적/지구적, 개인적/정치적인 우리의 위치에서 비롯된, 이들 각각의 읽기야말로 교육적 실천이다. 그런 실천은 세계를 변혁시키는 '여성 경험'이 라는 막강한 창작물을 만들어 내는 권력으로 충전된 차이, 특수 성, 친화성이라는 호명을 통해 작동한다. 만회 불가능한 하나라는 환상의 상실은 차이 속에 자리한다.

3부

부적절한/부적절해진 타자를 위한
차이의 정치학

7장

마르크스주의 사전에서 젠더:
용어의 성적 정치학

1983년 서독의 독자적인 마르크스주의 학술 잡지《논쟁들(Das Argument)》의 자율여성공동체(autonomous women's collective) 회원인 노라 렛셀(Nora Räthzel)이 나에게 새로운 마르크스주의 사전에 들어갈 '키워드' 표제어를 써 달라고 부탁했다.《논쟁들》 편집진은 몇 권으로 된『마르크스주의 비판 사전(Dictionnaire Critique du Marxism)』[라비카(Labica)와 브뉘센(Benussen), 1985] 을 독일어로 번역하면서, 프랑스어 편집본에서는 다루지 못했던 신사회운동을 포함하여 별도의 독일어 증보판 또한 준비하겠다는 야심 찬 기획에 착수했다.[1] 신사회운동은 지난 20년 동안 국제적 으로 비판사회학 이론 영역에서 혁명을 일으켰다. 신사회운동은 같은 시기 동안 정치적 언어에서도 혁명을 초래했으며, 부분적으 로는 그런 혁명에 의해 다시 신사회운동이 촉발되기도 했다. 뢰트 젤이 표현한 것처럼 "우리, 말하자면 우리 여성 편집진은 빠진 키 워드 상당수를 수록하고, 나머지 키워드 중 상당수는 다시 써 달라 고 제안할 참입니다. 왜냐하면 여성들이 마땅히 모습을 드러내야 할 곳에서 사라지기 때문"(개인적인 대화, 1983년 12월 2일)이다. 부드럽고 겸손하게 제안했지만, 이 영역은 페미니스트 투쟁에서 주요한 경합장으로 밝혀졌는데, 말하자면 표준 참고 서적을 포함하여, 출판실천에서 언어적·정치적·역사적 서사들의 정전화를 두고 치열한 경쟁이 벌어지는 장으로 드러났기 때문이다.

"여성들이 마땅히 모습을 드러내야 할 곳에서 사라진다". 이 진술이 보여 준 모호성은 강력하고 유혹적이었다. 여기서 참고 텍스트를 생산하는 데 참여할 기회가 제공되었다. 나에게 제시된 과제는 거의 다섯 페이지에 이르는 섹스/젠더에 관한 것이었다. 멍청하게도 나는 그 과제를 수락하겠노라고 답했다.

하지만 즉시 문제가 생겼다. 나는 영어 사용자이며, 독일어, 프랑스어, 스페인어는 그럭저럭 했지만 곤란할 때도 있었다. 이런 기형적 언어능력은 미국이 장악했던 여러 기획의 헤게모니와 백인 중에서도 특히 미국 시민들의 비난받을 만한 무지로 인해 왜곡된 사회세계에서 살아온 나의 정치적 위치가 반영된 것이었다. 영어, 그중에서도 특히 미국식 영어에서 섹스와 젠더는 구별된다. 이런 구별은 수많은 사회적 경합장에서 피 흘린 대가였다. 독자들은 그 점에 관해 뒤따라올 논의들에서 보게 될 것이다. 독일어로 성은 게슐레히트(Geschlecht) 하나뿐이다. 그런데 이 단어는 영어에서의 섹스 혹은 젠더 어느 것과도 실제로 같지 않다. 게다가 이 사전 기획은 외국 기고자들이 보내 준 표제어를 독일어로 번역하는 것이므로, (편집진은) 각 항목의 키워드를 독일어, 중국어(표의문자, 표기문자 모두), 영어, 프랑스어, 러시아어(표음문자 하나만), 스페인어로 적어 달라고 했다. 이런 언어들의 목록은 마르크스주의와 제국주의가 혼재된 역사를 두드러지게 부각시켰다. 각각의 키워드는 그런 역사를 물려받았을 것이다.

적어도 영어의 섹스와 젠더에 벌어지고 있었던 것과 동일한 현상이 스페인어 성(género), 프랑스어 성(genre), 독일어 성(Ge-schlecht)에서는 일어나지 않을 것임을 나는 알았다. 이런 언어들이 생생한 정치학의 일부가 되었던 방대한 지구지역에 걸쳐 일어난 여성들의 운동(women's movement)의 특수한 역사야말로 그런 차이를 발생시킨 주요한 이유들이었다. 헤게모니를 장악했던 원로 문법학자들—성과학자를 포함하여—이 젠더에 대한 통제력을 상실하면서, 젠더의 자매들이 증식하는 것을 막지 못했다. 유럽과 북아메리카는 20세기 동안 젠더가 제국주의적인 언어가 될 운명임에도 통제력을 발휘할 수 없었다. 하지만 나는 러시아어와 중국어로 섹스/젠더의 문제가 어떻게 형성되었는지 그 단서조차 알지 못했다. 영어에서의 섹스/젠더가 영어 사용권 나라들에서는 말할 것도 없거니와 심지어 미국에서조차 어떻게 형성되었는지 아무런 단서조차 없다는 점이 나에게 점점 더 분명하게 다가왔다. 미국 한 나라에서만도 너무 많은 (소문자) 영어들이 있다. 갑자기 이 모든 것들이 신사회운동에 주목하려고 프랑스 부모 사전과 갈라서면서 독일어 마르크스주의 사전 기획과 관련하여 내가 약속했던 5쪽짜리 텍스트와 밀접한 관련이 있는 것처럼 보였다. 나의 영어에는 인종, 세대, 젠더(!), 지역, 계급, 교육, 정치적 역사 등의 흔적이 표지되어 있다. 과연 그런 (특수한) 영어가 어떻게 일반적인 섹스/젠더에 관한 모태가 될 수 있었겠는가? 일반적인 섹스/젠더는 실체는커녕 단어로나마 존재한 적이 있었던가? 분명히 없었다. 이런 점들은 이 사전의 기고자들이 처음 마주한 새로운 문제는 아니었지만, 나는 두려워졌다. 그러니까 정치적으로 겁먹었다는 것이 느껴졌다. 압력은 점점 심해지고 마감 날짜는 다가오고 있었다. 깃털 펜을 뽑아 들고 쓰기 시작할 때가 되었다. 20세

기 후반에 이르러 어쨌거나 우리들 자신은 말 그대로 글쓰기 테크
놀로지로 체현된 존재들이다. 그 점이야말로 서구 테크노사이언
스에 의해 가능해진 섹스와 언어에서, 생물학과 통사론에서 젠더
가 내파된 이유 중 하나였다.

　　1985년에 나는 편집진이 섹스/젠더 체계라는 표제어를 진정
으로 원한다는 사실에 상당히 고무되었다. 그 점이 도움이 되었
다. 이 용어가 처음으로 사용된 특별한 텍스트 속 맥락이 있었다.
이 용어는 미시간대학교 대학원생이었던 게일 루빈(Gayle Rubin)
이 쓴 놀라운 논문 「여성 거래: 성의 정치경제에 관한 노트(The
traffic in women: notes on the political economy of sex)」(1975)에서
최초로 사용되었다. 루빈에게 신세진 바 있는 사회주의페미니즘
과 마르크스주의 페미니즘이 생산한 폭발적인 저술에서, 나는 '섹
스/젠더 체계'가 처한 운명을 그야말로 추적할 수 있었다. 그러나
그런 생각이 주었던 위안의 시간은 짧았다. 첫째, 편집진들은 마
르크스와 엥겔스가 그 단어를 정확히 사용했든 그렇지 않았든 간
에, 어쨌거나 그들의 저작들과 관련하여 각각의 키워드를 정확히
자리매김해 달라고 요구했다. 비디오 디스플레이 단말기 앞에서
죽은 손이 살아 있는 커서를 이리저리 움직이는 것을 보았더라면
마르크스가 무척이나 기뻐했을지도 모르겠다는 생각이 들었다.
둘째로, 루빈의 공식을 채택한 사람들은 학술적, 정치적 이해관계
를 포함한 수많은 내력을 토대로 그것을 채택했다. 미국 백인 사
회주의 페미니스트들은 좁은 의미에서 '섹스/젠더 체계'를 추적
하는 가장 확실한 저술들을 산출했다. 그 사실 자체는 복잡한 문
제였지 해결이 아니었다. 20세기 마지막 이십 년 동안 가장 도발
적인 페미니스트 이론 중 상당수는 젠더와 계급의 상호교차 담론

에 좀 더 초점을 맞췄고 섹스/젠더 체계의 분만에 따른 산고를 문제시하면서 섹스와 <u>인종</u>의 결합을 고집했다.[2] 그로 인해 서문에서 밝힌 저자들의 발언은 물론이거니와 그들의 모든 선의와 다채로운 목소리에도 불구하고, 인종, 섹스/젠더, 계급을 분석적으로 종합한 페미니스트 이론은 거의 없는 것처럼 보였다. 여기에 덧붙여 페미니스트들로서는 섹스/젠더 체계만큼이나 인종/젠더 체계를 주장할 만한 상당한 이유가 있었지만, 이 두 가지 체계는 분석적인 조치로 볼 때 같은 <u>유형</u>이 아니다. 다시 한번 계급에 무슨 일이 일어났던가? '차이'의 이론이 필요하다는 증거가 구축되고 있고, 그런 기하학, 패러다임, 논리학은 이분법, 변증법, 어떤 유형이든 자연/문화의 모델을 깨고 나온다. 그렇지 않을 경우, 삼항은 언제나 이항으로 환원될 것이며, 그런 이항은 재빨리 고독한 일항이 되어 선두에 서게 된다. 누구도 사항까지 세는 법을 배우지 못한다. 이런 것들은 정치적으로 중요한 문제다.

심지어 마르크스와 엥겔스—혹은 이 문제에서는 게일 루빈까지—마저 섹스/젠더 체계 혹은 여성문제를 논하기 위한 성과학, 의학, 혹은 생물학에 과감히 뛰어들지 않았음에도 불구하고, 나는 내가 바로 그 일을 해야 한다는 것을 알았다. 그와 동시에 섹스, 섹슈얼리티, 젠더에 관한 근대 페미니즘 글쓰기의 또 다른 큰 흐름은 내가 맡은 과제를 아무리 겸손하게 해석한다고 하더라도, 끊임없이 서로 얽히고설켰던 것이 분명했다. 그런 <u>대부분</u>의 흐름들 중에서도 특히 프랑스와 영국 페미니스트 정신분석학적 문학적 흐름은 나의 성(Geschlecht) 표제어에 포함되지 않는다. 대체로 아래 제시된 표제어는 미국 페미니스트들의 글쓰기에 초점을 맞추었다. 이것은 결코 사소하지 않은 결점이다.[3]

　　결과적으로 육 년의 세월에 걸쳐 지속적으로 재구성하다 보니 이상한 비약이 뒤따르게 되었다. 백과사전적인 표제어의 총칭적 형식뿐만 아니라 균열과 거친 모서리들은 표준화라는 정치적, 관습적 처리 과정에 주목하도록 한다. 아마도 가장 매끄러운 구절들이 그런 문제점을 가장 잘 보여 줄지도 모른다. 왜냐하면 논란이 분분한 영역을 미봉책으로 덮어 버렸을 수 있기 때문이다. 어떤 키워드 아래 적어 넣은 표제어가 얼마나 문제적일 수밖에 없는지를 배웠다는 점에서, 아마도 나에게만 그런 구체적 교훈이 필요했을 수도 있다. 하지만 나의 자매들과 다른 동지들 또한 참고 문헌에서 찾아본 것을 종종 그대로 믿어 버리지는 않나 하는 의구심이 든다. 이런 형태의 저술—시험적이고, 희망적이고, 다성적이고, 유한한—은 그런 가능한 세계가 서식하도록 하는 또 하나의 과정일 뿐이라는 점을 기억하는 대신에 말이다. 마지막으로 키워드 표제어는 다섯 페이지를 초과했고, 닭털이 완전히 뽑힌 닭은 벌거숭이가 되었다. 이런 몸은 그야말로 텍스트 자체가 된다. 기록을 위한 도구는 깃털 펜이 아니라 마우스였다. 섹스/젠더 체계가 결과적으로 권력으로 충전된 차이라는 또 다른 세계 속으로 변신하여 들어가는 것처럼, 글쓰기의 새로운 생식기는 분석가에게 은유를 제공할 것이다.

키워드

　젠더(Gender: 영어), 게슐레히트(Geschlecht: 독일어), 장르(Genre: 프랑스어), 제네로(género: 스페인어)

영어, 프랑스어, 스페인어에서 이 단어의 어근은 라틴어 동사 제네라레(*generare*)인데, 낳다(to beget)라는 뜻이다. 라틴어 어간 제네르(*gener*)는 인종 혹은 종(種)이다. 영어의 'to gender'의 뜻 중에서 폐기된 것이 교미하다(to copulate)라는 뜻이다(옥스퍼드 영어 사전). 실사인 '게슐레히트' '젠더' '장르' '제네로'는 종류(sort), 유형(kind), 분류(class)란 개념을 지칭한다. 영어에서 '젠더'는 이와 같은 총칭적(generic) 의미로 줄곧 사용되었다. 적어도 14세기 이후부터 그랬다. 프랑스어, 독일어, 스페인어, 영어에서 '젠더'라는 단어는 문법적이고 문학적 범주를 지칭한다. 근대 영어와 독일어 단어들인 '젠더' '게슐레히트'는 섹스, 섹슈얼리티, 성차, 세대, 발생하기 등등의 개념과 대단히 밀착되어 있다면, 그와 달리 프랑스어와 스페인어는 그런 의미들이 실린 것처럼 쉽사리 보이지 않는다. '젠더'와 가까운 단어들은 오히려 친족, 인종, 생물학적 분류 체계, 언어, 국적에 함축되어 있다. 실사로서 게슐레히트에 섹스, 가축, 인종, 가족이란 의미가 담겨 있다면, 형용사 형태로서 '게슐레히트리히'(geschlechtlich)는 영어로 번역하면 성적이고 총칭적인 속(屬) 모두를 뜻한다. '젠더'는 차이의 체계를 구성하고 분류하는 핵심이다. '섹스'와 '젠더'라는 용어의 복잡한 분화와 융합 과정은 이 단어들의 정치적 역사의 한 부분이 된다. '섹스'와 관련되었던 의학적 의미들은 20세기를 통과하면서 영어에서는 점진적으로 '젠더'에 축적된다. 이 단어의 의학적·동물학적·문법적·문학적 의미들은 근대 페미니즘 영토에서 하나같이 다툼의 소지가 분분해졌다. 젠더에 관해 공유된 범주적·인종적·성적인 의미들은 몸의 생산과 각인과 결과적으로 해방적인 담론과 적대적인 담론 체계 속에서 식민주의, 인종주의, 성적인 억압이라는 근대

사와 교직되어 있음을 가리킨다. 마르크스주의 계급이론에서 인
종적·성적 억압을 수용하기가 어려운 이유는 그들 용어의 역사
와 평행선을 그리기 때문이다. 그런 배경은 1970년대 서구 영어
사용권 페미니스트들이 작성한 '섹스-젠더 체계'의 이론적 개념
에서도 반향하고 있음을 이해하는 것이 필요하다.[4] 어떤 해석이
든지 간에 하나같이 페미니스트 젠더 이론은 섹스와 젠더 사이의
구분을 부각시키는 문화적 맥락 속에서 경험하는 여성 억압의 특
수성을 표명하려는 시도다. 섹스/젠더의 구분이 두드러진 이유는
일군의 이분법적 쌍들, 즉 자연/문화, 자연/역사, 자연적/인간적,
자원/제품 등에 몰려 있는 의미의 관계 체계에 의존하고 있기 때
문이다. 이항대립이라는 핵심적인 서구의 정치적·철학적 장을 토
대로 한 상호 의존은—그런 상호 의존을 기능적·변증법적·구조
적 혹은 정신분석학적으로 이해하든 어쨌든 간에—섹스와 젠더
를 둘러싼 개념들의 보편적 적용 가능성에 대한 주장을 문제시한
다. 따라서 이런 이슈는 유럽-아메리카 페미니즘의 여러 이론들
[스트래선(Strathern), 1988] 사이에 교차문화적 관련성이 있는가
에 대한 현재진행 중인 논쟁의 일부가 된다. 분석적 범주의 가치
는 역사적 특수성과 문화적 한계에 대한 비판 의식에 의해 반드시
무화되는 것은 아니다. 하지만 페미니스트들의 젠더 개념은 문화
적 비교, 언어적 번역, 정치적 연대에 날카로운 문제를 야기한다.

역사:
마르크스와 엥겔스의 저술에 나타난 문제 영역의 표명

비판적·정치적 의미로 볼 때, 젠더 개념은 제2차 세계대전 이후
페미니스트 여성운동의 맥락 속에서 점진적으로 표명되고 논쟁하

면서 이론화되었다. 근대 페미니스트들이 말하는 젠더 개념은 마르크스와 엥겔스의 저술에서는 찾을 수 없다. 비록 그들의 저술과 다른 실천들 그리고 마르크스 전통 속에 있는 다른 이론가들의 저술들과 실천들이 이후 젠더의 정치화와 이론화에 적대적인 장벽뿐만 아니라 핵심적인 연장을 제공했는데도 말이다. 여러 가지 중요한 차이점이 있음에도 불구하고, 젠더에 관한 모든 근대 페미니즘적 의미들은 제2차 세계대전 이후 여성을 집단적·역사적 과정 중의 주체로서 구성할 수 있도록 해 주었던 사회적 조건 속에서, 여자는 "여자로 태어나는 것이 아니다"(1949)라는 시몬 드 보부아르(Simone de Beauvoir)의 주장에 토대했다. 젠더는 수많은 투쟁의 장에서 성차를 자연화하는 것에 반발함으로써 발전된 개념이다. 젠더를 둘러싼 페미니스트 이론과 실천은 성차의 역사적 체계를 설명하고 변화시키려고 한다. 성차를 통해 위계질서와 적대관계 속에서 '남자'와 '여자'는 사회적으로 구성되고 자리매김하기 때문이다. 젠더 개념은 자연과 사회 사이의 구분, 혹은 자연과 역사 사이의 서구적인 구분과 너무나 밀접한 관련이 있으므로, 섹스와 젠더의 구분을 통해서 본 페미니즘의 젠더 이론과 마르크스주의의 관계는 마르크스주의 정전에서, 나아가 좀 더 폭넓게 본다면 서양철학에서 자연과 노동 개념 사이의 운명과 묶여 있다.

전통적으로 마르크스주의 접근법은 두 가지 주요한 이유로 인해 젠더의 개념을 정치화하는 방향으로 나가지 못했다. 첫째, 마르크스와 엥겔스의 맹아적 저술에서 여성은, '부족'민들과 마찬가지로, 자연적인 것과 사회적인 것의 경계에 불안정하게 위치했고 따라서 여성의 종속적 위치를 설명하려는 그들의 노력은 자연스러운 노동의 성별 분업이라는 범주와 더불어 검토되지 않은 자연스러운 이성애에 근거함으로써 약화되었다. 둘째, 마르크스와 엥

겔스는 여성 억압의 근거를 결혼에서의 경제적 소유관계로 이론
화했으므로 그와 같은 여성의 종속은 자본주의의 계급관계와 관
련하여 검토될 수 있었지만, 남자와 여자 사이의 특수한 성의 정치
학과 관련해서는 검토될 수 없었다. 이런 고전적인 논쟁이 자리한
곳이 엥겔스의 『가족, 사유재산, 국가의 기원(The Origins of the
Family, Private Property and the State)』(1884)이다. 엥겔스는 계급
과 국가 사이의 매개적인 구성체로서 가족을 최우선적으로 분석
함으로써, 성별의 구분을 분리하여 고려하는 것이면 무엇이든 적
대적인 구분에 포함시켰다[카워드(Coward), 1983][5] 가족 형태의
역사적 다양성과 여성의 종속이라는 문제의 중요성을 주장했음에
도 불구하고, 마르크스와 엥겔스는 자연스러운 이성애를 토대로
했기 때문에 섹스와 젠더를 역사화할 수 없었다.

　　『독일 이데올로기(The German Ideology)』의 1부 '포이어바
흐에 관한 테제'는 마르크스와 엥겔스가 성별 노동 분업을 자연화
한 주요한 장소다. 이 저술은 성행위(이성애 성교)를 사회 이전 단
계의 노동 분업으로 가정하고, 가족 안에서 남성과 여성의 재생
산 활동을 자연스럽고 당연한 귀결로 가정함으로써, 결과적으로
남성과의 관계에서 여성을 분명히 역사의 편에, 충분히 사회의 편
에 위치시키지 못하도록 만들었다. 『1844년 경제 철학 수고(The
Economic and Philosophic Manuscripts of 1844)』에서 마르크스는
여성과 남성의 관계를 '가장 자연스러운 인간 대 인간의 관계'라
고 지칭한다. 이런 가정은 『자본론(Capital)』 1권에서도 집요하게
계속된다. 여성의 노동을 충분히 역사화하지 못하는 이런 무능력
은 『독일 이데올로기』와 그 이후에 뒤따른 저술의 목적과 관련해
서 본다면 역설적이다. 왜냐하면 이들 저술에서 가족은 사회적 분
업이 발생하는 곳으로서 역사상 가장 핵심적인 자리를 차지하기

때문이다. 그와 같은 근본적인 문제점은 섹스 자체 또한 역사화하지 못하는 무능력으로 드러났다. 자연과 마찬가지로 섹스는 역사적 작업을 위한 일차적 물질 혹은 원자재로서 분석적으로 기능했기 때문이다. 마르크스의 민족지학적인 저술(1972)에 의지하고 있는 엥겔스의 『가족, 사유재산, 국가의 기원』은, 가족, 소유 형태, 노동 분업의 조직화, 국가로의 이행이 서로 연계되어 있다는 마르크스의 관점을 체계화했다. 엥겔스는 직접적인 생명의 생산과 재생산을 충분히 유물론적으로 분석해 보면 두 가지 특징을 드러낸다는 짧막한 주장을 통해 여성 억압의 특수성에 대한 이론화의 기초를 거의 세워 놓았다. 그 두 가지 특징이 생존 수단의 생산과 <u>인간 자체의 생산</u>이다(1884; 1972). 후자의 특징에 대한 탐구는 섹스/젠더 노동 분업을 이론화하는 데 다수의 유럽 아메리카 마르크스주의 페미니스트에게 이론적 출발점이 되었다.[6]

　'여성문제'는 19세기 후반과 20세기 초반 유럽 마르크스주의 정당에서 널리 논의되었다. 독일 사민당의 맥락에서 여성의 위치에 관한 가장 강력한 영향을 미친 두 가지 마르크스주의 논의 중 하나가 아우구스트 베벨(August Bebel)의 저서 『여성과 사회주의(Woman under Socialism)』[1883; 원제는 『과거, 현재, 미래의 여성들(Women in the Past, Present and Future)』이다]였다. 알렉산드라 콜론타이(Alexandra Kollontai)는 러시아와 소비에트연방에서 여성해방투쟁을 위해 베벨의 이론에 의지했다. 독일 사민주의 내부에서는 클라라 체트킨(Clara Zetkin)이 있었는데, 국제사회주의 여성운동의 지도자로서 그가 1889년에 쓴 「지금 시대 여성 노동자와 여성들이 처한 문제(The Question of Women Workers and Women at the Present Time)」[7]는 베벨의 입장에서 발전시킨 것이었다.

현재의 문제틀: 젠더 정체성 패러다임

1960년대 이후 서구 페미니스트들에 의한 젠더의 정치적 재정식화 이야기는 섹스와 젠더의 의미와 테크놀로지의 구성을 통과해야만 했는데, 미국에서는 대체로 심리학, 정신분석학, 의학, 생물학, 사회학을 포함하여 자유주의적·개입주의적(interventionalist) 치유적·경험주의적·기능주의적 생명과학 영역 등을 정상화하는 과정에서 그런 구성을 통과해야만 했다. 젠더는 부르주아적이고, 남성 지배적이고, 인종차별적인 사회를 특징으로 하는 섹슈얼리티에 관한 광범위한 "담론으로 이끄는 선동(incitement to discourse)"(미셸 푸코, 1976) 안에서 개인주의적인 문제틀로 확고하게 자리했다. '젠더 정체성'의 개념과 젠더 테크놀로지는 여러 가지 구성 요소들로 제작되었다. 말하자면 프로이트에 대한 본능주의적 독해[19세기의 위대한 성과학자인 크라프트 에빙(Krafft Ebing)과 해블록 엘리스(Havelock Ellis) 그리고 그들의 추종자들이 읽어 낸 성적·육체적 정신병리학], 1920년대 이후로 계속 진행 중인 생화학적·생리학적 내분비학의 발전, 비교심리학으로부터 자라난 성차의 정신생물학, 1950년대에 이르러 수렴되고 있는 호르몬, 염색체, 신경 등 성적인 동질이형태성(dimorphism)에 관해 급증한 가설들, 1960년 즈음 최초의 젠더 재할당 수술[로빈 루스 린덴(Robin Ruth Linden), 1981] 등을 바탕으로 제작되었다. '생물학적 결정론' 대 '사회구성주의'와 섹스/젠더 차이에 관한 생명정치학을 둘러싼 '제2물결' 페미니스트 정치학은 1950년대와 1960년대 무렵 결정체(結晶體)가 된 젠더 정체성 패러다임에 의해 앞서-구성된 담론적 장 안에서 발생했다. 젠더 정체성 패러다임은 시몬 드 보부아르의 1940년대의 통찰, 즉 "여자는 여자로 태어나는 것이 아니다"라는 진술에 대한 기능주의적이고 본질적인 해석이었다. 의미심장하게도 무엇을 여자로(혹은 남자로) 간주할 수 있는가에 대한 구성은 부르주아 기능주의자와 선행-페미니스트 실존주의자들에게는 하나의 문제가 되었다. 왜냐하면 역사적으로 동시대였던 전후 시기 동안 자본주의적 남성 지배 세계 체제 속에서 살아가는 여성들의 삶을 구성한 사회적 토대가 근본적으로 재정립되고 있었기 때문이었다.

1958년 간성(intersexual)과 트랜스섹슈얼을 연구하기 위해 젠더 정체성 연구 프로젝트가 캘리포니아대학교 로스앤젤레스 캠퍼스(UCLA) 메디컬 센터에 설립되었다. 정신분석학자 로버트 스톨러(Robert Stoller)의 연구(1968, 1976)는 UCLA 프로젝트의 결과물을 논의하면서 일반화되었다. 스톨러(1964)는 1963년 스톡홀름에서 개최되었던 국제정신분석학회에서 '젠더 정체성'이란 용어를 소개했다. 그는 생물학/문화를 구분하는 프레임 안에서 젠더 정체성 개념을 공식화했는데, 섹스는 생물학(호르몬, 유전자, 신경계, 형태학)과 관련된 것으로, 젠더는 문화(심리학, 사회학)와 관련된 것으로 공식화했다. 생물학에 문화가 작동하여 만들어진 산물이 중핵으로서 획득되고 젠더화된 사람, 말하자면 여성 혹은 남성이 되었다. 1950년대 초반 무렵 존스홉킨스 의과대학 젠더 정체성 클리닉(1965년에 설립되었다)이란 연구 기관을 기반으로 정신내분비학자 존 머니는 동료인 엔케 에르하르트(Anke Ehrhardt)와 함께 젠더 정체성 패러다임의 상호행동주의 해석을 발전시키고 대중화시켰는데, 그런 젠더 정체성 패러다임 안에서 수술, 상담, 교육, 사회적 서비스 등등을 포함하여 생물학적이고 사회적인 인과 작용을 기능주의적으로 혼합함으로써, '섹스/젠더 차이'에 관한 무수한 연구와 치유 프로그램을 가능케 하는 공간을 열었다. 머니와 에르하르트(1972)의 공저『남자와 여자, 소년과 소녀(Man and Woman, Boy and Girl)』는 전문대학과 대학교의 교재로 널리 사용되었다.

젠더 정체성 패러다임 안에서 자연/문화의 다양한 구별 짓기 (distinction)는 폭넓게 진행된 생명과학과 사회과학에 관한 자유주의적인 재정립 과정의 일부였다. 그런 과정은 제2차 세계대전 이후 서구의 전문 직업적 통치 엘리트들이 전전(戰前) 시대의 생물학적 인종주의적 전통을 철회하는 작업의 일환이었다. 이런 재정립은 식민주의적인 서구 담론 안에서 자연/문화와 같은 이분법적 범주의 정치적-사회적 역사를 심문하는 데 실패했으며, 그와 마찬가지로 섹스/젠더를 심문하는 데도 실패했다. 이런 담론은 자연의 자원을 문화로 전유한다는 점에서 세계를 지식의 대상으로 구성한 것이었다. 최근의 수많은 저항적이고, 해방적인 문헌은 '자연'의 범주에 거주하거나 혹은 이항대립의 경계에서 살아가는 사람들(여성, 유색인, 동물, 비인간적인 환경 등)을 지배하는 자민족중심적·인식론적·언어적 차원을 비판해 왔다[하딩, 1986, 피(Fee), 1986]. 제2물결 페미니스트들은 마르크스주의-인본주의 이야기에서 노동을 통해 인간이 자연을 지배하고 전유하거나 혹은 매개하는 변증법적인 해석을 포함하여, 자연/문화 한 쌍의 이항대립적 논리를 일찌감치 비판했다. 하지만 이런 노력들은 그로부터 파생된 섹스/젠더 구분을 충분히 비판하면서도 확장하는 것은 망설였다. 섹스/젠더의 구분은 학교, 출판사, 임상 진료소 등에서 긴급한 '성차'의 정치적 투쟁을 하는 데 페미니스트들에게 끊임없이 적대적이었던, 만연한 생물학적 결정론에 대항하여 싸우는 데 너무나 유용했기 때문이었다. 치명적이게도 이처럼 강압적인 정치적 분위기 속에서 초기의 비판들은 섹스 혹은 자연과 같은 '수동적' 범주들을 역사화하고 문화적으로 상대화하는 것에 초점을 맞추지 못했다. 이렇게 볼 때 여성으로서 혹은 남성으로서 본질적인 정체성의 공식화는 분석적으로 손대지 못했고, 정치적으로 위험하게 남아 있었다.

　　여성을 자연의 범주에서 벗어나, 문화적으로 구성되고, 역사적으로 자기 구성적인 사회적 주체로 자리매김하려는 정치적·인식론적 노력 중에, 젠더의 개념은 생물학적 섹스의 오염으로부터 격리되는 경향이 있었다. 결과적으로 여성은 태어날 때부터 종속적인 존재로 출현한다고 주장하는 '나쁜 과학'을 제외하고는, 무엇을 섹스 혹은 여성으로 간주하여 구성할 것인가라는 진행 중인 문제는 이론화하기 힘들어졌다. '생물학'은 개입에 열려 있는 사회적 담론이라기보다 몸 자체를 지칭하는 것이 되어 버렸다. 이렇게 되자 페미니스트들은 '생물학적 결정론'에 반발하면서, '사회구성주의'에 동조하게 되었고, 이 과정에서 페미니스트들은 성차화되고 인종화된 몸을 포함하여, 몸이 '생물학'에서 지식의 대상으로서, 개입의 장소(site)로 드러나는 과정을 해체하는 데는 점점 힘을 잃게 되었다. 그와는 대안적으로 페미니스트들은 자연과 몸을 역사의 지배에 저항하는 장소로 종종 긍정하게 되었지만, 그런 긍정은 '자연' 혹은 '여성의 몸'을 이항대립적인 이데올로기적 자원으로 간주하는 범주적이면서 중층결정적인 측면을 모호하게 만드는 경향이 있었다. 그 대신 자연은 그냥 그곳에 존재했으며, 전체 문명의 침입으로부터 보존해야 하는 보호구역으로 간주되었

다. 범주적으로 결정된 한 항목으로 표지되기보다, '자연' 혹은 '여
성의 몸'은 가부장제, 제국주의, 자본주의, 인종주의, 역사, 언어와
같은 사회적 강제와는 구별되는 실재의 중핵을 간직한 것으로 너
무 쉽게 간주되어 버린 것이다. '자연'의 범주가 구성된다는 점을
억압함으로써 사회적 주체로서 여성의 행위자성과 위상을 이론화
하려는 페미니스트들의 노력은, 그런 노력에 찬성하는 데도 반대
하는 데에도 모두 이용되어 왔고 이용될 수 있었다.

　　주디스 버틀러(Judith Butler, 1989)는 젠더 정체성 담론이 이
성애 일관성이라는 허구에 내재되어 있으므로, 페미니스트들은
비일관적인 일체의 젠더들에 대한 서사적 합법성을 생산하는 법
을 배울 필요가 있다고 주장했다. 젠더 정체성 담론은 또한 페
미니스트 인종차별주의에 내재적인 것이기도 한데, 그것은 페
미니스트 인종차별주의는 일관된 여성과 남성의 환원불가능성
(non-reducibility)과 적대적인 관계를 고집한다. 이런 과제는 섹스
혹은 자연처럼, 단일성으로 나가는 분석적 범주를 '실격 처리' 하
는 것이다. 그런 조치는 젠더의 중핵을 조직하는 내부적인 환상
을 폭로하고 재의미화에 열려 있는 인종과 젠더 차이의 장을 생산
할 수 있게 한다. 다수의 페미니스트들은 버틀러가 권장하는 것과
같은 조치를 거부해 왔는데, 왜냐하면 핵심적 정체성과 그런 정체
성의 구성적 허구성이 공격받게 되어 주체 개념이 위축되면 여성
의 행위자성 개념을 상실하게 되지 않을까 하는 두려움 때문이었
다. 하지만 버틀러는 행위자성은 능력 강화적 제약(enabling con-
straints) 속에서 행해지는 제도적 실천이라고 주장한다. 일관된 내
적 자아는 (문화적으로) 획득되는 것이든 혹은 (생물학적으로) 타
고나는 것이든, 복잡한 행위자성과 책임성을 생산하고 긍정하는

페미니스트들의 프로젝트에 불필요한—사실상 금지하는—규율
적 허구라는 것이다.

서구 젠더 개념에 기본에서부터 결부된 '규율적 허구(regula-
tory fiction)'는 모성은 자연적인 것이고 부성은 문화적인 것이라
고 고집한다. 어머니들은 자연적이고 생물학적으로 아이들을 만
든다. 그래서 모성은 한눈에 알 수 있다. 반면 부성은 추론해야 한
다. 멜라네시아인들의 젠더 개념과 젠더 실천을 분석했던 매릴린
스트래선(Marilyn Strathern, 1988)은 '여성은 아이들을 만든다'는
것을 자명하게 여기는 서구적인 주장의 자민족중심적 특징과 그
리고 모든 시각은 추론적인 성격을 지닌다는 점을 보여 주려고 부
단히 노력했다. 여성이 아이를 만든다는 생산주의자들의 굳건한
신념(그런 신념과 한 쌍으로서 '남자는 자기 자신을 만든다')은 섹
스와 젠더에 관한 서구적 공식에 내재되어 있음을 그는 보여 주었
다. 스트래선은 하겐* 부족의 남자와 여자는 아리스토텔레스, 헤
겔, 마르크스, 혹은 프로이트의 이론틀처럼 주체와 대상으로서 위
치가 영원히 고정된 것으로 보지 않는다고 주장했다. 하겐 부족
의 행위자성은 다른 역동성과 기하학을 갖는다. 어떤 사람이 다른
사람에 의해 대상화되어 위상이 바뀌게 되면 주체로서 자신의 위
상을 강탈당할 수 있다는 서구인들의 생각은 젠더 차이의 개념이
초래한 중대한 결과다. 서구인에게 고유하고 적절한 상태는 자아
에 대한 소유권을 갖는 것이다. 마치 재산처럼, 핵심적인 정체성
은 소유하는 것이다. 그런 소유물은 오랜 시간에 걸쳐 다양한 원
자재로부터 만들어지는 것, 말하자면 문화적 산물일 수 있거나 아

* Hagen. 멜라네시아 지역의 토착 부족.

니면 가지고 태어나는 것일 수 있다. 젠더 정체성은 그런 소유물이다. 자아에 대한 소유권을 갖지 않는 것은 주체가 되지 못하는 것이며, 따라서 행위자성을 갖지 못한다. 그러나 행위자성은 하겐 부족에게는 다른 통로를 따른다. 하겐 부족에게 사람은 '젠더화된 여러 부분으로 구성되거나 다수로 젠더화된 사람으로서, 서로 간에 몸을 매개로 하는 다양한 요소들의 흐름 속에서 공여자와 수혜자로서 상호작용하는 자들이다'[메리 더글러스(Mary Douglas, 1989)]. 사람들 사이에 성차별적인 지배는 체계적으로 발생할 수 있고 또한 발생하지만, 그것은 서구적인 수많은 사회적 의미의 장에서 적합했을 수 있으므로 어디서나 그와 동일한 분석적 전략으로는 추적되거나 혹은 언급될 수 없다(스트래선, 1988). 버틀러는 행위자성이 가진 힘을 잃지 않으면서도 젠더 일관성을 분산시키는 한 가지 방법을 보여 주려고 스트래선의 민족지적 주장을—조심스럽게—사용할 수 있었다.

그래서 생명과학과 사회과학에서 진행 중인 섹스/젠더 구분의 전술적 용도는, 충분히 정치화되고 역사화된 젠더의 개념 안에서 그런 한계를 초월하려는 반복된 노력에도 불구하고, 상당수 페미니즘 이론을 자유주의적이고 기능주의적인 패러다임에 묶어 놓는 몹시 부정적인 결과를 초래했다. 그런 실패는 부분적으로는 섹스를 역사화하고 상대화하지 못한 데서, 그리고 섹스/젠더 구분에 함축되어 있고 한 쌍의 항 각각에 함축된, 분석적 논리의 역사적-인식론적 근거를 역사화하고 상대화하지 못한 데서 비롯되었다. 이런 차원에서 경험적인 생명과학과 사회과학을 이론화하고 그것을 위해 투쟁하면서 보여 준 근대 페미니즘의 한계는 가족을 역사화하려는 그들의 존중할 만한 기획에도 불구하고 이성애 안에서 자연화된 노동의 성별분업을 추방하지 못한 마르크스와 엥겔스의 무능과 흡사하다.

섹스/젠더 차이 담론은 1970년대와 1980년대 미국 사회학과 심리학 문헌에서 폭발적으로 증가했다. 예를 들어 '사회학 논문 초록' 분야에서 1966년에서 1970년 사이 섹스/젠더 색인 항목은 0개였지만 1981년에서 1985년 사이에는 724개 색인 항목이 등재된 점과 '심리학 논문 초록' 분야에서 1966년에서 1970년 사이 논문 초록 색인에서 섹스/젠더 키워드는 50개였다면 1981년에서 1985년 사이에는 1326개로 증가한 점을 보면 알 수 있다. 색인화된 논문 초록에서 키워드로서 젠더란 단어의 출현 빈도 수로 잘 드러난다. 이런 폭발적 증가는 범주로서, 부상하는 역사적 실재로서, 섹스와 젠더의 구성에 관한 활발한 정치적·과학적 경합으로 인한 것인데, 그런 경합 속에서 페미니스트 글쓰기는 1970년대 중반 무렵 주로 '생물학적 결정론'과 성과학과 테크놀로지에 대한 비판, 그중에서도 특히 생물학과 의학에 대한 비판을 통해 두드러지게 부상했다. 자연/문화, 섹스/젠더의 인식론적 이항대립적인 프레임 안에 자리하면서, 많은 페미니스트들(사회주의 페미니스트와 마르크스주의 페미니스트를 포함하여)은 유럽과 미국에서의 수많은 논쟁 과정에 생물학/섹스보다 문화/젠더의 우선성을 주장하기 위해서 섹스/젠더 구분과 상호행동주의 패러다임을 전유했다. 이 같은 논쟁은 수학적 능력에 드러난 소년과 소녀의 유전적 차이, 신경조직에서 성차의 현존과 의미화, 인간 행동과 동물 연구의 관련성, 과학 연구 조직에서 남성이 압도하는 원인, 언어에 나타난 성차별주의 구조와 사용 패턴, 사회생물학 논쟁, 성염색체 기형의 의미에 대한 다툼에서부터 인종차별주의와 성차별주의의 유사성에 이르기까지 광범하게 걸쳐 있었다. 1980년 중반 무렵에 이르러, 젠더 범주와 섹스/젠더 이분법에 대해 의구심이 증폭되면서, 페미니즘 문헌에 이런 논쟁들이 등장했다. 그런 회의주의는 부분적으로는 유럽 아메리카 여성운동에 드러난 인종차별주의에 대한 도전의 결과였다. 그리하여 이런 프레임에 드러난 식민주의와 인종차별주의적인 뿌리의 상당 부분이 점점 더 분명해졌다.[8]

섹스-젠더 체계

페미니스트 섹스/젠더 이론과 정치학의 또 다른 흐름은 '섹스/젠더 체계'에 관한 게일 루빈(1975)의 영향력 있는 공식 속에서 라캉(Lacan)과 레비스트로스(Lévi-Strauss)를 거쳐 읽어 낸 마르크스와 프로이트를 전유하여 출현했다. 루빈의 논문은 미국에서 사회주의/마르크스주의 페미니스트 인류학 선집에 처음 실렸다. 루빈과 그의 이론화에 신세 진 사람들은 자연/문화의 구분을 채택했지만, 그런 흐름은 미국의 경험주의 생명과학과 사회과학보다는 프랑스 정신분석학과 구조주의로부터 보다 더 많은 영향을 받았다. 루빈은 '여성의 길들이기'를 검토했는데, 인간 문화 제도 속에서 남성에 의해 통제되는 친족의 교환 체계를 통해 인간 여자(female)는 여성의 사회적 생산을 위한 원자재가 된 점을 발견했다. 루빈은 섹스/젠더 체계를 생물학적 섹슈얼리티를 인간 행위의 산물로 변형시키는 사회관계 체계라고 정의했다. 그 결과 역사적으로 특수한 성적인 욕구가 충족되었다. 그런 다음 루빈은 정치적 투쟁을 통해 변경할 수 있는 인간 행위의 산물로서 섹스/젠더 체계에 대한 마르크스주의 분석을 요구했다. 루빈은 성별 노동 분업과 욕망(특히 오이디푸스적으로 형성된)의 심리적 구축을, 정작 여성 자신은 가질 수 없는 권리를 남성에게 부여함으로써 인간존재를 만들어 내는 생산 체계의 토대라고 보았다. 남자와 여자가 서로 상대의 일을 수행할 수 없는 곳에서 물질적으로 생존하기 위해, 남성이 여성을 교환하는 섹스/젠더 체계 속에서 욕망의 심층구조를 만족시키기 위해, 이성애는 의무적인 것이 된다. 따라서 의무적 이성애는 여성 억압에 핵심적이다.

> 성적인 소유 체계가 여성 위에 군림하는 남성의 압도적 권리를 박탈하는 방식으로 재조직된다면(만약 여성의 교환이 없다면), 그래서 젠더가 없어진다면, 오이디푸스 드라마는 모두 유물이 될 것이다. 간단히 말해 페미니즘은 친족체계의 혁명을 요구해야 한다. (루빈, 1975)

에이드리엔 리치(Adrienne Rich, 1980) 또한 강제적 이성애를 여성 억압의 근원으로 이론화했다. 리치는 '레즈비언 연속체'를 새로운 자매애의 토대를 위한 강력한 은유로 형상화했다. 리치에게 결혼 저항은 역사를 가로질러 레즈비언 연속체를 구성하는 규정적인 실천이었다. 모니크 위티그(Monique Wittig, 1981) 또한 여성 억압에서 의무적 이성애가 핵심이라는 점을 부각시키면서 독자적인 주장을 전개했다. 프랑스에서 여성해방운동(MLF, Mouvement de libération des Femmes)이 전통적인 마르크스주의 운동과 단호하게 결별한 이유로 MLF의 저자들이 설명했던 공식에 따르면, 위티그와 연대한 집단은 모든 여성들이 그들 위에 군

림하는 남성들에게 이념적·정치적·경제적 권력을 행사하도록 하
는 성차의 위계적인 사회관계로 구성된 계급에 속한다고 주장했
다(《여성문제》의 편집진들, 1980).[9] 여성을 만드는 것은 남성이
가진 특수한 전유 관계다. 인종과 마찬가지로, 섹스는 모든 구성
물에 선행하는 것으로, 인지된 몸을 포함하여 현실을 생산하는 그
런 종류의 '상상적' 구성물이다. 단수로서 '여성'은 오로지 이런 종
류의 상상적 존재로서 존재하는 한편, 복수의 여성들은 전유를 매
개로 한 사회적 관계의 산물이자 섹스로 자연화된다. 페미니스트
는 하나의 계급으로서 여성을 위해, 그리고 그런 계급을 소멸시키
기 위해 투쟁하는 사람이다. 여기서 핵심적인 투쟁은 이성애라는
사회체계를 파괴하는 것이다. 왜냐하면 '섹스'는 사회를 이성애로
건설하기 위해 자연화된 정치적 범주이기 때문이다. '섹스'의 범
주에 기반한 (거의) 모든 사회과학은 타도되어야 한다. 이런 관점
에서 보자면 레즈비언은 '여성들'이 아니다. 왜냐하면 그들은 이
성애의 정치경제 바깥에 존재하기 때문이다. 레즈비언 사회는 자
연적인 집단으로서 여성들을 파괴한다(위티그, 1981).

이렇게 세 가지 다른 프레임으로 이론화되면서, 결혼으로부
터 철수는 1970년대와 1980년대 초반 루빈, 리치, 위티그의 정치
적 비전에서 핵심적이었다. 결혼은 두 가지 일관된 사회적 집단인
남성과 여성의 적대 관계를 밀봉하여 재생산했다. 이 세 가지 공
식 전부에서, 자연/문화의 이분법과 생산주의의 역동성은 좀 더
나은 분석을 가능하게 했다. 결혼 경제로부터 여성들의 철수는 남
성으로부터 철수하는 여성들의 정치에 대한 강력한 비유였다. 그
렇게 함으로써 여성이 생산한 산물(아이들을 포함하여)을 교환하
고 전유하는 남성들이 세운 문화 제도 바깥에서 여성들은 개인적

이고 역사적인 주체로서 자아를 구성하게 된다. 서구적 의미에서 주체가 된다는 것은 대상화 관계(선물, 상품, 욕망의 대상으로서)의 바깥에서 그리고 전유 관계의(아이들, 섹스, 서비스) 바깥에서 여성을 재구성한다는 의미였다. 남성과 여성을 대상화, 교환, 전유 관계로 범주-정의하는 것은 이 시기 동안 백인 여성들이 전개한 주요한 페미니스트 이론의 '젠더' 범주에서 이론적인 핵심이었는데, 그것은 백인 페미니스트들이 인종/젠더 혹은 인종/섹스 체계를 이해하도록 하면서도 교차 인종적 '자매애'에 대한 장벽을 분석하기 어렵게 만든 조치 중 하나였다.

어쨌거나 이런 공식은 레즈비어니즘을 페미니즘의 핵심으로 부각시키고 합법화하는 강력한 장점이 있었다. 레즈비언 형상은 페미니스트 논쟁의 장에서 반복적으로 경합하면서 생성적인 논란의 중심에 서 있었다(킹, 1986). 오드리 로드는 '차이의 집'을 이해하는 핵심에 흑인 레즈비언을 위치시켰다.

> 함께 여성이 되는 것만으로는 충분하지 않았다. 우리는 달랐다. 함께 게이 여성이 되는 것만으로는 충분하지 않았다. 우리는 달랐다. 함께 흑인이 되는 것만으로는 충분하지 않았다. 우리는 달랐다. 함께 흑인 레즈비언이 되는 것만으로는 충분하지 않았다. 우리는 달랐다. (…) 어떤 특정한 차이의 안전 보장보다는 우리의 자리가 다름 아닌 차이의 집이라는 사실을 깨닫기까지 한참 시간이 걸렸다. (로드, 1982)

차이의 개념은 미국의 다문화 페미니스트들이 1980년대 후반 젠더를 이론하는 상당한 토대가 되었다.

루빈의 섹스-젠더 체계는 많은 사람들이 이용하면서도 비판해 왔다. 유럽 아메리카 마르크스주의와 사회주의 페미니스트 논쟁의 중심에 섰던 논문에서, 하이디 하트만(Heidi Hartmann, 1981)은 줄리엣 미첼(Juliet Mitchell)이 자신의 맹아적 논문인 「여성: 가장 긴 혁명(Women: the Longest Revolution)」(1966)과 그 논문의 확장인 「여성의 지위(Women's Estate)」(1971)에서 했을 법한 주장처럼, 가부장제는 단지 이데올로기에 그치지 않고 "남자들 사이의 사회적 관계 일체로 정의될 수 있는 물질적 체계이자, 비록 위계적이기는 하지만, 남자들 사이에서 여성을 지배할 수 있도록 하는 상호의존성과 결속을 구축하거나 창조하는 물질적 체계"(하트만, 1981)라고 주장한다. 이런 프레임 안에서 하트만은 가부장제와 자본의 파트너십과 성차별주의를 우선시하는 데에서 남성 지배적인 사회주의 노동운동의 실패를 설명하고자 했다. 하트만은 루빈의 섹스-젠더 체계 개념을 이용함으로써 여성의 노동력에 대한 남성의 통제를 통해 가부장적인 사회관계 속에서 인간 존재의 생산양식을 이해하자고 요청했다.

하트만의 논문으로 촉발된 논쟁에서 아이리스 영(Iris Young, 1981)은 자본과 가부장제에 대한 '이중체계'론적 접근방식을 비판했다. 그렇게 되면 자본과 가부장제가 계급과 젠더의 억압에 서로 협력하게 된다는 것이다. 백인의 인종적 위치성(positioning)에 대한 심문을 포함하여, 이런 공식에서 인종이 전혀 검증되지 않는 체계로 어떻게 남아 있었는지 그 점에 주목해야 한다. 영은 "가부장적 관계는 생산 관계 전반과 내부적으로 연계되어 있으므로"(1981), 젠더 노동 분업에 초점을 맞추면 단일한 억압 체계의 역학관계를 폭로할 수 있다고 주장한다. 임노동에 덧붙여 젠더 노

동 분업은 또한 마르크스와 엥겔스에게서는 배제되고 비역사화
된 노동 범주들, 말하자면 여성의 특수한 상황과 젠더를 사적 유
물론 분석의 중심으로 삼기 위해, 임신과 양육, 병자 간호, 요리,
가사노동, 매춘과 같은 성노동 등을 포함시켰다. 이런 이론에서
젠더 노동 분업은 최초의 노동 분업이었기 때문에, 그런 변화로부
터 비롯된 계급사회의 출현에 관해 설명해야만 한다. 그런 분석은
모든 여성들에게 공통되고 통합된 하나의 상황을 설정하지는 않
는다. 하지만 역사적으로 변별된 여성의 위치를 중심에 두는 것이
다. 만약 자본주의와 가부장제가 단일 체계여서 자본주의적 가부
장제라고 불린다면, 계급 억압과 젠더 억압에 저항하는 투쟁은 하
나로 통합되어야만 한다. 비록 자율적인 여성 조직이 실천적인 필
연성으로 남아 있다고 할지라도, 그것은 하나의 투쟁이므로 남녀
모두에게 의무적이다. 이 이론은 강력한 합리주의적·모더니즘적
접근의 훌륭한 사례다. 그런 접근법으로 볼 때, 지배, 특권, 차이가
상호교차하는 놀이에 복잡하게 열린 장을 선호하여 단일 체계라
는 은유를 해체시키려는 '포스트모던'한 조치는 매우 위협적인 것
처럼 보였다. 아이리스 영의 1981년 작업은 정치적 방향성을 제공
하는 특수한 환경에서 모더니즘적인 접근방식의 힘을 잘 보여 준
훌륭한 사례이기도 했다.

　　페미니스트 사적(史的) 유물론의 인식론적 결과를 탐구하면
서 낸시 하트삭(1983a, b) 또한 마르크스주의가 역사화할 수 없었
던 범주들에 집중했다. (1) 아이의 출산과 양육을 통해 인간을 생
산하는 여성의 감각적(sensuous) 노동 (2) 여성이 행하는 모든 종
류의 양육 노동과 생계 노동에 집중했다. 하지만 하트삭은 여성
활동의 육체적 차원을 강조하기 위해, 젠더 노동 분업이란 용어

를 거부하는 대신 성적인(*sexual*) 노동 분업이란 용어를 선호했다. 또한 하트삭은 루빈의 섹스-젠더 체계 공식 또한 비판했는데, 왜냐면 섹스-젠더 체계는 친족의 교환 체계를 강조하느라고 여성들의 혁명적 관점을 구성하는 잠재적 근거였던 노동과정의 유물론적 분석을 희생시켰기 때문이었다. 하트삭은 노동을 통해 자연과 인류를 감각적으로 매개함으로써 인간의 자아 형성 이야기가 품고 있는 마르크스주의 인본주의적 해석에 의존했다. 여성의 삶이 남성의 삶과 얼마나 체계적으로 다른지를 보여 주면서 하트삭은 페미니스트 유물론적 관점의 토대를 마련하고자 했다. 관점주의는 어떤 입장과 비전에 가담함으로써, 그로부터 지배의 진정한 관계와 쟁취해야 할 해방적 현실이 드러날 수 있도록 한다. 하트삭은 남근중심적인 세계의 특징인 적대적인 권력 체계 속에서 형성된 교환 추상화(exchange abstraction)와 추상적인 남성성 사이의 관계를 탐구하도록 요청했다. 그 밖에도 여러 마르크스주의 페미니스트들이 페미니스트 관점주의 이론을 독자적으로 그리고 상호교차적으로 발전시키는 데 이바지해 왔는데, 그런 이론에서 섹스/젠더 노동 분업에 관한 논쟁은 핵심적인 이슈다. 이런 논쟁에서 근본적인 쟁점은 노동 범주를 진보적으로 문제화하거나 혹은 재생산의 개념을 마르크스주의 페미니스트 의미로 확장하는 것인데, 그를 통해 역사 속에서 여성의 적극적 행위자성과 주체로서 여성의 위상을 이론화하려고 노력하기 위해서다.[10] 퍼트리샤 힐 콜린스(Patricia Hill Collins, 1989a)는 흑인 여성들이 그들 자신의 억압을 자기-규정하는 시점을 마련하려고 관점주의 이론을 흑인 페미니스트 사상의 토대의 특징으로 각색했다.

샌드라 하딩(1983)은 섹스-젠더 체계에서 고조되었던 생생한 모순들을 성찰하면서 페미니스트 이론이 개화되었기 때문에 그로 인해 근본적인 변화가 쟁취될 수 있다고 설명했다. 섹스-젠더 체계를 『페미니즘에서 과학의 문제(The Science Question in Feminism)』(1980)로까지 확장시킨 하딩은 세 가지 다양하게 상호관련된 젠더의 요소들을 강조했다. 섹스-젠더 체계는 (1) 그것을 통해 모든 것에 의미를 부여하는 근본적인 범주 (2) 사회관계를 조직하는 한 가지 방법 (3) 개인적인 정체성의 구조다. 이 세 가지 요소의 분산은 젠더 정체성에 기반한 정치의 복잡성과 문제적 가치를 이해하는 데 한 부분을 담당했다. 제2차 세계대전 이후 게이 운동에서의 성적 정체성의 정치를 탐구하기 위해 섹스-젠더 체계를 이용하면서, 제프리 에스코피에(Jeffrey Escoffier, 1985)는 형이상학적으로 정체성을 폐쇄하지 않으면서도 헌신적·상황적 정치학을 발전시키는 데 필요한, 새로운 형태의 정치적 주체성의 출현과 한계를 이론화할 필요가 있다고 주장했다. 해러웨이(1985)의 「사이보그 선언문」은 다국적 과학, 테크놀로지로 매개된 사회적·문화적·기술적 체계 속에서 여성의 입장성을 거론하는 마르크스주의-페미니스트 정치학을 탐구하기 위해 그와 유사한 주장을 전개했다.

　　마르크스주의 덕분에 또 다른 이론을 전개하면서도, 마르크스주의와 젠더의 언어 양자 모두에 비판적이었던 캐서린 매키넌(Catherine MacKinnon)은 아래와 같이 주장했다.

　　섹슈얼리티와 페미니즘이 맺는 관계는 노동과 마르크스주의가 맺는 관계와 유사하다. 대부분 자기 자신의 것임에도 대부분 빼앗긴다는 점에서 그렇다. (…) 섹슈얼리티는 욕망을 창조하고, 조직하고, 표현하고, 지시하는 사회적 과정이다. 남성과 여성의 관계가 사회를 창조하듯이, 섹슈얼리티는 우리가 남성과 여성으로 알고 있는 사회적 존재를 창조한다. (…) 타자들의 이익을 위하여 특정한 사람들—노동자들—의 노동을 조직적으로 박탈하는 것을 계급이라고 정의한다면, 타자들의 사용을 위해 특정한 사람들의 섹슈얼리티를 조직적으로 박탈하는 것을 섹스, 즉 여성이라고 정의한다. (매키넌, 1982)

매키넌의 입장은 미국 포르노그래피 반대 운동의 상당한 영역에서 정치적 행동을 불러일으킨 논쟁적 접근방식의 중심에 있었다. 매키넌은 포르노그래피를 여성들에 대한 폭력이자 그리고/혹은 여성들의 시민권에 대한 위반으로 정의한다. 말하자면 포르노그래피는 여성들을 여성으로서 구성함으로써, 그들에게 시민의 위상을 거부하는 것이다. 매키넌에게 여성으로 구성된다는 것은 타자의 욕망의 대상으로서 물질적·이데올로기적으로 구성되는 것이다. 그렇게 하여 여성은 자기 노동의 산물로부터 소외되는 데 그치지 않는다. 여성들이 단수 '여성'으로 존재하는 한, 그러니까 성적 대상들로서 존재하는 한, 여성들은 잠재적인 역사적 주체마저 되지 못한다. "여성들은 대상화의 주인이 아니었기 때문에, 그들에게 대상화와 소외 사이에는 아무런 구분이 없다. 우리는 대상인 그들(them)이었다"(1982). 이런 입장의 인식론적인 정치적 결과는 광범한 영향을 미쳤고 격렬한 논쟁을 초래했다. 매키넌에게 여성들의 생산은 다름 아닌 물질적 환상으로서 '여성'을 생산하는 것이다. 그런 물질적 환상은 여성들이 생생히 경험한 현실이므로, 그런 환상을 벗겨 내리려면 의식 고양의 정치, 즉 매키넌의 이론틀에서는 특수한 형태의 페미니스트 정치학이 요구된다. "섹슈얼리티가 젠더를 결정한다"나 "우리의 여성스러움이 그것의 타자성에 있는 것과 마찬가지로, 여성의 섹슈얼리티는 그것의 용도에 있다"(1982)가 그러하다. 라캉주의 페미니스트들이 제시한 독자적인 공식과 유사하게, 매키넌의 입장은 재현의 이론화 과정에서 결실이 있었다. 그런 재현 이론으로 볼 때 "자기 자신의 관점으로 세계를 창조할 수 있는 권력은 남성 형태의 권력이다"(1982).

　　매키넌과 공감하면서 폭력의 젠더화를 분석하면서도 다른 이론적, 정치적 자원을 이끌어 낸 이론가가 테레사 데 라우레티스(Teresa de Lauretis, 1984, 1985)다. 재현에 접근하는 데 라우레티스의 방법론은 젠더를 근대적·후기 근대적 문화이론에서 검증되지 않은 비극적인 결함으로 파악하도록 도왔다. 그런 문화의 단층선이 이성애 계약이다. 데 라우레티스는 젠더를 '여성' '남성'으로 만들어지는 사회적 구성물이자 주체성이 만들어지는 기호학적 생산물로 정의한다. 젠더는 '역사, 실천, 의미와 경험의 중첩'과 관계 맺어야 한다. 말하자면 젠더는 "사회적 현실이라는 외부 세계와 주체성이라는 내부 세계가 겹쳐지는 기호학 속에서 상호 구성되는 효과"와 맺는 관계다(1984). 데 라우레티스는 근대 페미니즘에서 가장 문제적인 개념의 하나인 '경험'에 대한 방법론을 발전시키려고 찰스 퍼스(Charles Peirce)의 기호학 이론에 의지했는데, 그런 근대 페미니즘은 친밀한 체현으로서 경험과 의미화 실천을 통해 매개된 경험 양자 모두를 고려한다. 경험은 매개 없이 직접적으로 결코 접근할 수 없다. 데 라우레티스의 노력은 영화와 여

타 영역에서 젠더를 이해하고 논쟁하면서 각인하는 데 특히 도움
이 되었다. 그런 영역에서 체현된 기호학적 차이로서 젠더라는 발
상은 핵심적이고 역량 강화적이다. 푸코의 섹스의 테크놀로지 공
식으로부터 젠더의 테크놀로지를 구별 짓는 데 라우레티스는 그
것을 섹스/젠더 체계 안에서 젠더화된 특별한 페미니스트 주체
의 입장과 동일시한다. 그의 공식은 오드리 로드의 '차이의 집' 거
주자들을 이해하는 것과도 공명한다. "페미니즘에서의 여성 주체
는 담론, 입장, 의미의 다수성을 가로질러 구성된 주체인데, 이들
은 종종 서로 갈등하고 내재적으로 (역사적으로) 모순적이기도 하
다"(1987).

　　매키넌이나 데 라우레티스가 제시한 의식과 의미의 생산에
관한 이론과는 매우 다른 이론을 제공했던 하트삭(1983a)의 성적
인 노동 분업 탐구는 미국 페미니스트 이론에서는 특별히 더 중
요한 영어 사용권 정신분석이론, 말하자면 낸시 초도로(Nancy
Chodorow, 1978)가 특히 발전시켰던 대상관계이론에 기반하고
있었다. 언제나 파편화되고 섹스화된(sexed) 주체성이라는 루빈의
라캉주의 이론을 채택하지 않는 대신 초도로는 부모 노릇의 사회
적 조직화를 연구하기 위해 섹스-젠더 체계 개념을 채택했다. 그
녀의 부모 노릇 연구에서 여성은 남성에 비해 비적대적인 관계를
보다 수월하게 맺을 수 있기는 하지만, 그것은 또한 가부장제 안
에서 여성은 어머니 노릇에 합당한 사람으로 제조됨으로써 여성
의 종속적인 위치를 영속화하는 것이기도 했다. 라캉주의 정신분
석학보다 대상관계 정신분석학 이론을 선호한다는 것은 '젠더 정
체성'과 같은 개념과 더 근접한 관계라는 뜻이며, 유럽 대륙의 문
화/텍스트 이론에 스며든 '섹스화된 주체성은 획득된다'는 입장

보다는 의미를 경험적인 사회과학의 그물망으로 이해하는 입장과 더 근접한 관계라는 뜻이다. 관계적 존재로서 여성을 본질화한다는 비판에도 불구하고, 초도로의 페미니스트 대상관계이론은 엄청난 영향을 미쳤으며, 광범한 사회현상을 탐구하는 데 적용되었다. 예를 들면 로런스 콜버그(Lawrence Cohlberg)의 신칸트주의 이론에 의지하면서도 그것을 비판했던 캐럴 길리건(Carol Gilligan, 1982) 또한 도덕적 추론의 영역에서 여성은 좀 더 관계를 맥락적으로 의식하므로, 보편적 추상화에 저항한다고 주장했다.

에벌린 켈러(Evelyn Keller)는 자연과학 분야에서 체계적이고, 인식론적이고, 정신적이고, 조직적인, 남성적 지배를 이론화하기 위해 대상관계이론의 또 다른 해석을 발전시켰다(1985). 켈러는 여성=젠더로 곧장 등치시키는 논리적 오류를 전면에 부각시켰다.[11] 젠더는 사회적·상징적·정신적 관계의 체계인데, 그 안에서 남자와 여자는 다르게 자리매김한다. 젠더 표현을 인지적 경험으로 간주하는 곳에서, 남성적인 정신적 개별화는 몰개성화, 대상화, 지배에 투자하도록 만들기 때문에, 켈러는 자기 프로젝트를 '과학-젠더 체계'를 이해하려는 노력으로 기술했다. 사회적 구성을 강조하고, 그런 구성의 정신역학적 측면에 집중함으로써, 켈러는 자신의 주제가 '여성 그 자체 혹은 심지어 여성과 과학이 아니라, 남성, 여성, 과학이 만들어지는 것'에 주목한다. 좀 더 정확하게 말하자면 남자와 여자의 제작 과정이 과학의 제작 과정에 어떤 영향을 미치는가 하는 점이었다. 그의 목표는 남성 프로젝트가 아니라 인간 프로젝트로서 과학을 연구하는 것이었다. 그는 '섹스와 젠더가 맺는 관계는 자연과 과학이 맺는 관계와 유사한가?'라는 질문으로 그 점을 표현했다(1987).

초도로의 초기 작업은 여성의 종속에 공적/사적 영역의 분리가 미치는 핵심적인 역할을 이론화하는 것과 관련된 일련의 사회학적·인류학적 논문들의 맥락에서 발전되었다[로살도와 램피어(Rosaldo and Lamphere), 1974]. 이 논문 모음집에서 로살도는 여성은 가내 영역에 제약된 반면 남성이 거주하는 공간인 소위 공적인 공간에는 권력이 투자되는 것이 보편적으로 두드러진 현상이라고 주장했다. 셰리 오트너(Sherry Ortner)는 그런 접근을 여성이 자연과 맺는 관계는 남성이 문화와 맺는 관계와 유사하다는 명제의 구조주의적 분석으로 연결시켰다. 1970년대 중반에 출판된 『여성, 문화, 그리고 사회(Woman, Culture, and Society)』『여성의 인류학을 위하여(Toward an Anthropology of Women)』[레이나 랩 라이터(Rayna Rapp Reiter, 1975)]는 두 권 모두 전략적으로 출판되었는데, 이런 책들의 출판에 뒤따른, 여성의 사회적 입장성을 표명하려는 수많은 유럽-아메리카 페미니스트들의 노력은 이런 초기 모음집에 실린 섹스와 젠더라는 보편적이고 막강한 이론에 깊은 영향을 받았다. 하나의 학문으로서 인류학이 보여 준 초기 공식들에 대한 비판과 다른 폭발적 성장은 풍부했고, 그것은 젠더 상징주의에 대한 확장된 교차문화적 연구 그리고 자연/문화 한 쌍의 보편적인 적용 가능성에 대한 근본적인 거부라는 양대 노선으로 나가게 되었다. 이런 학문들 내부에서 분석적 도구를 실재로 착각하는 사례로서 보편적 설명에 대한 비판이 고조되었다[맥코맥과 스트래선(MacCormack and Strathem), 1980; 로살도, 1980, 오트너와 화이트헤드(Ortner and Whitehead), 1981; 루빈(Rubin), 1984]. 페미니스트 인류학은 초기의 공식에서 벗어나는 방향으로 움직였지만, 그럼에도 불구하고 그런 초기 공식들은 인류학 서클 바깥의 페미니스트 담론에서는 여전히 지속되었다. 그것은 마치 1970년 중반의 입장이 특수한 정치적-역사적-학문적 계기에서 비롯된 담론적 마디(node)라기보다 영속적이고 권위 있는 페미니스트 인류학 이론인 양 간주하는 것이었다.

섹스-젠더 체계의 보편화 권력과 공적인 것과 사적인 것 사이의 분석적인 분열은 유럽-아메리카 페미니즘의 자민족중심적이고 제국주의적인 경향의 일부로서 특히 유색 여성들로부터 정치적으로 신랄하게 비판받았다. 젠더 범주는 그 밖의 모든 '타자들'을 모호하게 하거나 혹은 종속시켰다. 하나의 '제3세계 여성 (Third World Woman)'을 특징짓기 위해 서구의 혹은 '백인'의 젠더 개념을 이용하려는 노력은 오리엔탈리즘, 인종차별주의, 식민주의 담론을 재생산하는 결과를 종종 초래했다[모한티(Mohanty), 1984; 아모스 외(Amos et al), 1984]. 게다가 미국 '유색 여성' 자체의 섹스화된 정체성은 복잡한 다툼을 통해 정치적으로 구성되었는데, 그들은 위계적인 차이의 생산 체계에 대한 비판적인 이론을 산출했다. 그런 생산 체계 속에서 19세기와 20세기 초반에 그리고 1960년대 시민운동과 반전운동으로부터 출현했던 여성운동 초기 시절부터, 인종, 국적, 섹스 계급 등은 서로 얽혀 있었다.[12] 여성들의 사회적 입장성에 관한 이런 이론들은 '총칭적인' 페미니스트 이론에 토대를 제공하고 조직했다. 여기서 '차이의 집'(로드), '대립적인 의식'[샌도벌(Sandoval)], '우머니즘'(워커), '중심에서 주변으로 왕복하기'[스피박(Spivak)], '제3세계 페미니즘'[모라가와 스미스(Moraga and Smith)], '왼손잡이의 세상'[안잘두아(An-zaldúa)와 모라가], '메스티자 여성들'(안잘두아), '인종적으로-구조화된 가부장적 자본주의'[바브나니와 콜슨(Bhavnani and Coulson), 1986], '부적절한/부적절해진 타자'(트린, 1986–1987, 1989) 등이 페미니스트 담론의 장을 구성했다. 그런 담론의 장은 '페미니즘'의 외부에서뿐만 아니라 내부에서 '여성'으로 간주되는 것들을 탈코드화하는 것이다. 복잡하게 얽힌 형상이 '백인' 여성들의 페미니스트 글쓰기에서도 출현했다. '섹스-정치적인 계급'[소풀리스(Sofoulis), 1987], '사이보그'(해러웨이, 1985), 페미니즘에서의 여성 주체(데 라우레티스, 1987) 등이 그런 사례다.

    1980년대 초반 뉴욕에서 키친 테이블이라는 유색 여성 출판사가 설립되면서, 급진적인 유색 여성들은 비판적이고 이론적인 다른 글쓰기들을 출판하기 시작했다. 이런 발전 과정은 수많은 장르에 등장한 여성들의 글쓰기를 국제적 출판이라는 맥락 속에서 파악하도록 한다. 여성들이 구축한 이야기들이 의식 속으로 들어오고 그로 인해 여타 많은 담론에서 정전(canon)의 위상뿐만 아니라 서구 페미니즘이 발굴한 정전의 위상을 흔들어 놓았다. '유색 여성'이 처한 이질적이고 비판적인 주체의 입장이 다양한 출판 업계에서 점진적으로 정교화됨으로써, '백인' 혹은 '서구인'의 위상 또한 주어진 민족성, 인종, 불가피한 운명이 아니라 다투는 위치라는 점이 좀 더 쉽게 간파되었다. 따라서 '백인' 여성들에게도 그들이 활동하는 입장성에 대해 설명할 필요성이 대두되었다.

    1975년에 나온 루빈의 섹스/젠더 체계 이론은 섹스들(의무적인 이성애) 사이의 상호 보완성을 설명하면서 친족을 통해 문화의 창시에서부터 여성 교환이라는 핵심적 전제를 매개로 남성에 의한 여성 억압을 설명했다. 하지만 친족 제도에서 여성들이 그와 유사한 방식으로 자리하지 않을 때, 이런 접근에 무슨 일이 일어날까? 특히 전체 여성과 남성 집단이 또 다른 집단, 즉 지배집단의 친족 체계와의 관계에서 볼 때, 아예 그런 친족 제도의 바깥에 자리한다면, 젠더라는 개념에는 무슨 일이 일어날까? 커비(Carby, 1987), 스필러스(Spillers, 1987), 허타도(Hurtado, 1989)는 이런 문제들의 역사와 결과를 탐구함으로써 젠더 개념을 심문했다.

커비는 신세계, 그중에서도 특히 미국에서 백인 여성들이 여성으로 구성되었던 것과는 달리 흑인 여성들은 어떻게 '여성'으로 구성되지 않았는지를 밝혔다. 여성으로 구성되는 대신, 흑인 여성들은 노예제라는 특수한 제도 속에서 인종적으로 동시에 성적으로 암컷(동물, 성차화된, 아무런 권리가 없는)으로 표지되었을 뿐, 여성(인간, 잠재적 아내, 아버지의 이름의 전달자)으로 표지되지 않았다. 노예제는 흑인 여성들을 결혼 체계에 의해 유통되는 기호로 정의되는 '문화'로부터 배제시켰다. 만약 친족 체계가 그들 스스로는 가지지 못했던 여성에 대한 권리를 남성들에게 부여했다면, 노예제는 어떤 집단의 모든 사람들을 양도할 수 있는 재산으로 만들었던 법적 담론 안에서 한 집단에게는 친족관계를 아예 폐지해 버렸다(스필러스, 1987). 매키넌(1982, 1987)은 여성이란 상상적 인물이자, 다른 사람의 욕망의 대상을 실재로 만든 것이라고 정의했다. 노예제 담론에서 실재가 되어 버린 '상상적' 인물은 또 다른 의미에서 대상이었다. 그들은 소외된 노동자라는 마르크스주의적 인물과도 다르고, 욕망의 대상이라는 '수정되지 않는(unmodified)' 페미니즘적인 인물과도 다른 의미에서의 대상이었다. 미국 백인 가부장제에서 자유인 여성들은 그들을 억압하는 체제 속에서 교환되었지만 백인 여성은 흑인 남녀를 유산으로 물려받았다. 허타도(1989)가 지적했다시피, 19세기에 두각을 드러냈던 백인 페미니스트들은 백인 남성과 결혼했다면, 반면 흑인 페미니스트들은 백인 남성에게 소유되었다. 인종차별적 가부장제에서 인종적으로 순결한 자손을 얻으려는 백인 남성의 '욕구'는 양립 불가능하고 비대칭적인, 상징적이고 사회적인 공간 속에서 여성들을 자유인 여성과 자유가 없는 여성들로 배치시켰다.

여자 노예에게는 이런 차이가 그야말로 문자적으로 표지되었다. 살갗은 터져서 속살이 드러났고, '문화와 사회 속의 여성의 서사에 어휘의 차원이 첨가되었다'(스필러스, 1987). 이런 차이는 형식적인 노예해방과 더불어 끝나지 않았다. 20세기 후반까지 명백한 결과로 드러났으며, 신세계의 창시 제도로서 인종차별주의가 끝날 때까지, 앞으로도 그렇게 계속될 것이다. 스필러스는 포로로 포획하여 문자적으로 절단하고 훼손했던 이런 창시 관계들을 '미국식 문법'이라고 불렀다. 신세계의 정복과 노예제, 그리고 오늘날까지 그런 결과들이 초래한 조건 아래서, '재생산, 욕망, 이름 짓기, 어머니 노릇, 아버지 노릇' 등등의 어휘들은 전부 극단적인 위기에 처했다. '동년배 아프리카계 미국 여성들을 참조한 젠더화는 현재의 페미니즘 담론 안에서 그리고 문화라는 문제틀을 샅샅이 살피는 그런 담론적 공동체 안에서 암묵적이고 해소되지 않은 수수께끼로 교묘히 환심을 사고 있다'(1987).

스필러스는 자유인 남자와 여자는 아버지로부터 그들의 이름을 물려받고, 그다음 차례로 아버지는 그들 스스로는 못 가졌던 자녀와 아내에 대한 권리를 갖게 되었지만, 양도할 수 있는 재산이라는 말뜻의 액면 그대로 완벽하게 그들을 소유한 것은 아니었다는 점을 전면에 부각시켰다. 자유가 없는 남자들과 여자들은 그들의 어머니로부터 신분을 물려받았지만 그다음 순서로 어머니는 그들의 자녀들에 대한 통제권이 명확히 없었다. 그들에게 레비스트로스나 라캉이 이론화했던 의미에서의 <u>이름은</u> 없었다. 노예 어머니는 자기 이름을 물려줄 수 없었다. 그들은 아내가 될 수 없었다. 그들은 결혼이란 교환 체계의 바깥에 존재했다. 노예들은 이름의 체계 안에서 자리할 수도, 고정될 수도 없었다. 그들에게는 명확히 주어진 위치가 없었고 그래서 처분 가능했다. 이런 담론적 프레임 안에서 백인 여성은 법적으로 혹은 상징적으로 <u>충분한</u> 인간이 아니었다. 반면 노예들은 법적으로 혹은 상징적으로 <u>아예</u> 인간이 아니었다. "주체의 위치가 부재했으므로, 포획된 섹슈얼리티는 물리적·생물학적으로 '타자성(otherness)'의 표현으로 드러났다"(스필러스, 1987). "재산의 (자유롭지 못한) 상속인을 낳는 것과 (자유롭지 못한) 재산 자체를 낳는 것은 같지 않다"(커비, 1987).

이런 사소한 차이로 인해 미국에서 유색 여성들의 특히 아이들에 대한 '재생산권'—예를 들어 린치, 투옥, 유아 사망, 강제된 임신, 강압적인 불임, 부적절한 주거 환경, 인종차별적 교육이나 약물중독 등으로 인한 파괴로부터 벗어날 자유—은 포괄적 통제권에 묶여 있다(허타도, 1989). 백인 여성들에게 재생산의 자유와 관련하여 자기 자신의 소유 개념, 자기 자신의 몸을 소유할 소유권은 수정, 임신, 임신중지, 출산을 위주로 하는 사건의 장에 쉽사리 초점이 맞춰진다. 왜냐하면 백인 가부장적 체제는 적법한 아이들의 통제와 백인 여자를 여성으로 구성하는 중대한 제도에 결과적으로 기반하고 있기 때문이다. 그러므로 아이를 갖느냐 갖지 않느냐는 여성들에게는 말 그대로 주체를 정의하기 위한 선택이 된다. 흑인 여성들—특히 전반적으로는 신세계 정복으로 복속된 여성들—은 재생산의 부자유라는 보다 더 광범한 사회적 장과 명확히 마주하게 되었다. 재생산의 부자유 속에서, 미국 사회의 헤게모니적인 창시 담론 속에서, 그들의 아이들은 인간으로서의 지위를 물려받지 못했다. 이런 맥락에서 볼 때 흑인 어머니의 문제는 주체로서 자기 자신의 위상뿐만 아니라 자기 자녀들의 위상과 성적 파트너로서 남성과 여성의 위상 또한 갖지 못한다는 점이다. 인종을 부각시키고 남성과 여성으로 범주화하여 분리하는 것에 대한 거부의 이미지가 (유색인들의 성차별적 억압과 백인들의 성차별적 억압에 대한 분석을 위축시키지 않으면서도) 신세계 흑인 페미니스트 담론에서 두드러진 특징이라는 사실은 조금도 놀랍지 않다[커비, 1987; 훅스, 1981, 1984].

아프리카계-미국인 여성들의 입장은 다른 유색 여성들의 입장과도 같지 않다. 각자가 처한 억압의 조건은 특수한 분석을 요구한다. 그런 분석은 인종, 섹스, 계급의 분리를 거부하면서도 동시에 그것들의 비정체성을 고집한다. 이런 문제점들로 인해 젠더에 관한 적절한 페미니스트 이론이 왜 동시에 역사적으로 특수한 생산과 재생산의 조건에 처해 있는 인종적 차이의 이론이 되어야만 하는지 그 이유를 분명하게 보여 준다. 이런 문제점들은 또한 자매애의 이론과 실천이 남성과 여성이라고 불리는 일관된 범주들 사이에서의 성적인 차이의 체계와 교차문화적·구조적인 반목 속에서 공유된 입장에 정초할 수 없음을 분명히 보여 준다. 마지막으로 그런 점들은 왜 유색 여성들이 산출한 페미니스트 이론이 수많은 서구 담론의 전통적인 인본주의를 폭파하는 대안적인 여성성 담론을 구성해 왔는지 그 이유까지도 분명히 보여 준다.

이처럼 다른 사회적 주체를 위한 장소를 마련하는 것이 우리의 과제다. 그렇게 함으로써 우리는 젠더화된 여성다움의 등급화에 가세하기보다 여성적인 사회적 주체로서 반란의 근거지에 합류하는 데 더욱 관심을 쏟게 된다. 사실상 '이름'을 가질 수 있는 잠재력을 가진 여성의 괴물성을 주장함으로써 (…) '사파이어'(흑인 여성을 가리키는 별칭)는 여성의 역량 강화에 관한 철저히 다른 텍스트를 마침내 다시 쓸 수 있을지 모른다. (스필러스, 1987)

어떤 주인 주체의 위치와 철저히 결별하는 데 이바지하는 한편, 사회적 주체성과 그와 연관된 글쓰기 실천의 이러한 저러한 복잡한 다른 재구성으로 인해 드러나게 되는 '차이'의 정치학은 상대주의라는 명칭에 심하게 반발한다. 인문과학 영역에서 비페미니스트 이론은 이처럼 '일관적이거나' 주인다운 주체성과의 결별을 '주체의 죽음'과 동일시하는 경향이 있었다. 새롭게 불안정하고 종속된 타자들과 마찬가지로, 많은 페미니스트들은 인종화된/섹스화된/식민화된 발화자들이 '최초로', 다시 말해, 제도화된 출판의 실천과 다른 형태의 자기구성적인 실천 속에서 자신들을 스스로 대변하는 기원적 저작권(originary authorship)을 주장하려는 바로 그런 최초의 순간에, 그것의 출현에 의문을 제기하는 이런 프로젝트 공식을 거부한다. 페미니스트들에게 '주체'의 해체는 근본적인 것이었다. 그들에게 주인다운 일관성에 대한 향수는 없다. 그 대신 젠더화된 인종적 주체성에 대한 페미니스트 이론들처럼, 구성된 체현에 대한 필연적인 정치적 설명은 부상하고 있으며 변별적이고, 자기 재현적이며 모순적인, 사회적 주체성을 행동, 지식, 신념에 대한 주장과 함께 긍정적으로 그리고 비판적으로 설

명해야 한다. 여기서 핵심은 혁신적인 사회적 변화에 참여하면서
페미니스트 젠더 이론과 주인 주체성과의 해체와 더불어 부적절
한/부적절해진 타자들의 출현에 관해 부상하는 담론들에 담겨 있
는 희망의 순간에 참여하는 것이다(트린, 1986–1987, 1989).

　　페미니스트이든 아니든 간에, 이 표제어 항목에서 개괄했던
'젠더'라는 문자적 (쓰인) 범주에 관한 다수의 학술적 뿌리와 여
타 제도적인 뿌리들은 인종적으로 위계화된 관계 체계의 일부였
는데, 그런 관계 체계는 유색 여성들의 출판을 보이지 않도록 만
든다. 왜냐하면 유색 여성들의 기원, 언어, 장르같이, 간단히 말
해 지배적이고 제국주의적인 (백인) 이론이라는 '표지가 없는
(unmarked)' 입장에서 볼 때 드러나는 '주변성' '타자성' '차이' 때
문에 유색 여성들의 출판은 모호하고 불투명해지기 때문이다. 하
지만 이런 '타자성'과 '차이'는 그야말로 '젠더'가 '문법적으로' 추
구하는 것이며, 젠더가 경합의 장이자 주인 이론을 거듭 거부하는
페미니즘의 정치학으로 구성된다는 사실을 보여 주는 것이다. '젠
더'는 무엇을 '여성'으로 간주하는가를 탐구하는 하나의 범주로
서, 이전에는 당연시되었던 것에 문제를 제기함으로써 발전되었
다. 만약 시몬 드 보부아르의 "여성은 태어나는 것이 아니라 여성
으로 만들어진다"는 명제에서 페미니스트 젠더 이론이 비롯되었
다고 한다면, 그런 통찰의 모든 결과와 더불어 마르크스주의와 정
신분석학의 관점에서 어떤 일관된 주체든 결국 환상이다. 더불어
개인적·집단적 정체성은 변덕스럽고 끊임없이 사회적으로 재구
성되는 것으로 이해한다면(카워드, 1983), 19세기의 위대한 흑인
페미니스트이자 노예해방론자인 소저너 트루스(Sojourner Truth)
의 『나는 여자가 아닌가요(Ain't I a Woman)』(1981)에서 가져온

벨 훅스의 도발적인 책 제목은 아이러니로 가득 차 있다. '여성'의 정체성은 요구되면서도 동시에 해체되어야 하는 것이기 때문이다. 행위자, 기억, 재구축의 조건들을 두고 다투는 것은 페미니스트 섹스/젠더 정치학의 중심에 자리한다.

그렇다면 '젠더화된' 남성과 여성이 되거나 혹은 그렇게 남아 있는 것에 대한 거부는 너무나도 리얼한 섹스와 인종에 대한 상상적 서사의 악몽으로부터 벗어나야 한다는 현저히 정치적인 주장이다. 끝으로 아이러니하게도 젠더의 '사회적' 범주에 대한 정치적·설명적 힘은 섹스, 살, 몸, 생물학, 인종, 자연과 같은 범주들을 역사화하는 데 달려 있다. 말하자면 특정한 시대 특정한 장소에서 출현한 페미니스트 이론인 섹스/젠더 체계의 개념으로부터 부화된 이분법적이고 보편적인 이항대립과 같은 범주들을 표명하고 변별화하고 설명하고 자리매김함으로써 결과적으로 체현 이론으로 변형시키는 역사화에 달려 있다는 것이다. 그런 체현 이론에서 자연은 문화에 대한 원자재이거나 섹스는 젠더에 대한 원자재로서 더 이상 상상되거나 실행되는 것이 아니다. 나의 위치는 이질적이고, 다문화적이며, '서구적인'(유색인, 백인, 유럽인, 아메리카인, 아시아인, 아프리카인, 태평양인) 젠더 페미니스트 이론이라는 유토피아적인 교차로를 위한 것이다. 이런 젠더 이론은 모순적이고, 적대적이며 유익하고 유산으로 물려받은 이항적 이분법과 더불어 괴상한 자매들을 부화시켰다. 남근이성중심주의(Phallogocentrism)는 역사라는 영원한 병아리들을 암탉에게 품도록 한, 주인 주체에 의해 배란된 알이었다. 하지만 말 그대로 알과 함께 거꾸로 뒤집힌 세계의 온갖 언어들로 말하게 될 불사조의 씨앗은 둥지 속에 이미 들어와 있었다.

8장

사이보그 선언문: 20세기 후반의 과학, 기술, 사회주의페미니즘[1]

집적회로 속 여성들을 위한 공통 언어라는 아이러니한 꿈

이 글은 페미니즘과 사회주의, 유물론에 충실한 아이러니의 정치 신화를 세우려고 시도한다. 여기서의 충실함은 존경의 마음을 담은 숭배나 동일시보다는 신성모독(blasphemy)의 충실함이다. 내가 볼 때 신성모독의 한결같은 요구는 상황을 매우 진지하게 받아들이라는 것이었다. 내가 아는 한 신성모독은, 사회주의 페미니즘, 세속화된 종교, 복음주의가 깊이 스며든 미국 정치의 전통에서 택할 수 있는 최선의 입장이다. 신성모독은 공동체 내부의 도덕적 다수파로부터 보호해 주면서도, 여전히 공동체의 필요성을 주장한다. 신성모독은 믿음을 저버리는 것과는 다르다. 아이러니는 변증법조차 더 큰 전체로 통합할 수 없는 모순, 양립 불가능한 것들이 모두 필연적이고 참되기 때문에 그대로 감당할 때 발생하는 긴장과 관계가 깊다. 아이러니는 유머 감각과 진지한 놀이의 문제다. 수사 전략이자 정치의 방법이기도 한 아이러니는 사회주의페미니즘에서 더 존중받을 필요가 있다. 나의 아이러니한 믿음, 신성모독의 한복판에 사이보그의 이미지가 있다.

　　인공두뇌 유기체인 사이보그는 기계와 유기체의 잡종으로, 픽션의 존재일 뿐 아니라 사회 현실 속 존재다. 사회 현실은 우리가 살아가는 사회관계이자 우리에게 가장 중요한 정치적 구성물이고 세상을 바꾸는 픽션이다. 국제여성운동은 '여성 경험'이라는 파급력이 큰 집합적 대상을 발견하고 드러내었을 뿐 아니라 만들어 내기도 했다. 이 경험은 정치적 파급력이 가장 큰 픽션이자 사실이다. 해방은 억압에 대해, 또한 가능성에 대해 상상적으로 파악하는 것, 즉 의식의 구축에 달려 있다. 사이보그는 픽션과 삶 속 경험의 문제로, 20세기 후반에 무엇이 여성 경험으로 간주될 수 있는지의 기준을 바꾼다. 삶과 죽음을 가르는 투쟁의 문제이며, SF와 사회 현실을 나누는 경계는, 눈속임이다.

　　현대의 SF에는 자연 그대로인지 가공된 것인지 모호한 세계 속에 사는 동물 겸 기계인 피조물, 즉 사이보그가 단골로 등장한다. 현대 의학에도 무수히 많은 사이보그가 있다. 말하자면 각각이 코드화된 장치로 잉태된 유기체와 기계가, 성애의 역사에서는 발생한 적 없는 권력과 더불어 친밀한 관계 속에 결합해 낳은 존재들이 있다. 사이보그의 '섹스'는 양치식물과 무척추동물이 만들어 내는 매혹적이고 섬세한 반복 패턴(이성애주의를 막는 데 효과적인 유기농 예방약)을 일부 복원한다. 사이보그의 복제는 유기체적 재생산과 분리된다. 현대의 생산은 사이보그를 식민화하려는 기도로 보이는데, 여기에 대면 테일러주의라는 악몽은 한가로운 고민처럼 보일 지경이다. 그리고 현대의 전쟁은 1984년 미국 국방 예산인 840억 달러를 차지하는 명령-통제-통신-첩보(command-control-communication-intelligence), 즉 C^3I로 코드화된 광란의 사이보그 축제다. 나는 이러한 사이보그가 우리의 사회적·신체적 현실의 지도를 그리는 픽션이자, 매우 생산적인 결합의 가능성을 제시하는 상상적 자원이라고 주장하려 한다. 미셸 푸코의 생명정치는 가능성이 무궁무진한 사이보그 정치를 김빠진 모습으로 예감하고 있을 뿐이다.

　우리 시대, 신화의 시대인 20세기 후반, 우리 모두는 기계와 유기체의 잡종으로 이론화되고 제작된 키메라다. 한마디로, 우리는 사이보그다. 사이보그는 우리의 존재론이며, 정치는 여기서 시작된다. 사이보그는 역사적 변환 가능성의 구조를 만드는 두 구심점, 곧 상상과 물질적 현실이 응축된 이미지다. '서구'의 학문과 정치의 전통—인종주의적·남성 지배적인 자본주의의 전통, 진보의 전통, 자연을 문화 생산의 원재료로 전유하는 전통, 타자를 거울삼아 자신을 재생산하는 전통—속에서, 유기체와 기계는 줄곧 경계 전쟁을 벌였다. 이 전쟁의 요충지는 생산, 재생산, 상상의 영토가 되어 왔다. 이 글은 경계가 뒤섞일 때의 기쁨과 경계를 구성할 때의 책임을 논한다. 이 글은 사회주의-페미니즘 이론과 문화에 기여하려는 노력의 한 갈래이자 포스트모더니즘과 비자연주의의 방식으로, 어쩌면 태초도 종말도 없을, 젠더 없는 세계를 상상하는 유토피아적 전통을 따른다. 사이보그 현신(incarnation)은 구원의 역사와 무관하다. 사이보그는 오이디푸스적 달력 위에서 맴돌며 구강기적인 공생 유토피아나 포스트-오이디푸스적 종말을 맞이해 소름 끼치는 젠더 분열을 치유하려 들지도 않는다. 조 소풀리스(Zoe Sofoulis)가 자크 라캉(Jacques Lacan)과 멜라니 클라인(Melanie Klein) 그리고 핵 문화에 대해 쓴 미발표 원고에 나오는 주장처럼, 라클라인(*Lacklein*), 즉 사이보그 세계에서 가장 기괴하면서도 어쩌면 가장 미래가 밝을 괴물에게는 오이디푸스와는 다른 서사를 통해 억압의 논리가 구현되며 그 서사는 우리의 생존에 꼭 필요하다.

사이보그는 포스트-젠더 세계의 피조물이다. 사이보그는 양성성(bisexuality), 오이디푸스 이전의 공생, 소외되지 않은 노동을 비롯해 부분 모두를 상위에서 통합해 그 전체의 힘을 최종적으로 전유하게 한다는 유기적 총체성을 향한 유혹과 거래하지 않는다. 사이보그는 어떤 면에서 서구적 의미의 기원 설화가 없다. 이것이 사이보그 '최후'의 아이러니다. 사이보그는 추상적 개체화로 지배력을 확장한다는 '서구의' 끔찍한 종말론적 목표(*telos*), 마침내 모든 의존에서 벗어난 궁극적 자아, 다시 말해 우주인도 되기 때문이다. '서구의' 인본주의적 의미의 기원 설화는 남근적 어머니로 표상되는 본원적 합일체(unity), 충만함, 은총과 공포의 신화에 의존하며, 인간이면 누구나 이 어머니로부터 분리되어야 하는데, 개인의 발달과 역사의 발전이라는 이 과제, 강력한 쌍둥이 신화는 특히 정신분석과 마르크스주의를 통해 우리에게 기입되어 있다. 힐러리 클라인(Hilary Klein)은, 마르크스주의와 정신분석 둘 다 노동의 개념과 개체화 및 젠더 형성의 개념을 다룰 때 본원적 합일체라는 서사 장치에 기대며, 차이는 이와 같은 일체에서 생산된 뒤 여성/자연에 대한 지배력을 넓혀 간다는 서사에 편입되어야 한다고 논했다. 사이보그는 이와 같은 본원적 합일체, 서구적 의미의 자연과의 동일시 단계를 건너뛴다. 이것이야말로 사이보그가 제시하는 불법적 약속이다. 이를 통해 사이보그는 자신을 탄생시킨 목적(teleology)인 스타워즈(Star Wars)를 전복할 수도 있을 것이다.

사이보그는 부분성, 반어법, 친밀성(intimacy), 도착성(perversity)에 투신한다. 사이보그는 대항적이고 유토피아적이며 순수함

따위는 전혀 없다. 공과 사로 양극화된 구조를 벗어난 사이보그는 오이코스(*oikos*), 즉 가정의 사회관계 혁명에 일부 기반을 두고 테크노폴리스를 정의한다. 자연과 문화가 새로 제작되기 때문에 어느 한쪽이 다른 쪽의 전유나 통합을 위한 자원이 더는 될 수 없다. 이처럼 양극을 이루는 요소와 그들 간의 위계적 지배뿐 아니라, 부분이 전체를 이루기 위해 존재하는 모든 관계가 사이보그 세계에서 쟁점이 된다. 사이보그는 프랑켄슈타인이 만든 괴물의 소망과 달리 아버지가 에덴을 복원해, 다시 말해 이성 짝을 제작하고 도시와 조화로운 세계(cosmos)라는 총체를 제공해 자신을 완성해 줌으로써 자신을 구원해 주기를 바라지 않는다. 사이보그는 이번에는 오이디푸스적 기획 없는, 유기체적 가족 모델을 따라 설계된 공동체를 꿈꾸지 않는다. 사이보그는 에덴동산을 알아볼 수 없을 것이다. 흙으로 짓지 않았으니 흙으로 돌아가리라는 꿈을 꿀 수도 없다. 그래서 적(the Enemy)을 지목하려는 광적 충동이 우리를 핵먼지로 되돌릴 것이라는 종말론을 사이보그가 전복할 수 있는지 확인해 보고 싶은 마음이 드는 것인지도 모른다. 사이보그는 경건하지 않다. 사이보그는 조화로운 세계를 기억하지도 못하고 바라지도 않는다. 사이보그는 전체론을 경계하지만 연결을 필요로 한다. 사이보그는 전위당 없는 공동전선 정치에 친숙함을 느낀다. 사이보그의 큰 문제는 국가사회주의는 물론이고 군사주의적, 가부장제적 자본주의의 사생아라는 점에 있다. 하지만 사생아는 너무하다 싶을 만큼 자기 근본을 배신할 때가 많다. 결국 그들에게 아버지는 있으나 마나 별반 차이 없는 존재인 것이다.

글의 끝에서는 사이보그 SF로 돌아가겠지만, 이 시점에서는 세 가지 주요한 경계 와해를 언급하고 넘어가고 싶다. 모두가

뒤에 나올 정치-픽션(정치-과학적) 분석의 기틀이 되는 현상이
다. 20세기 후반의 미국 과학 문화에서 인간과 동물의 경계는 완
전히 파괴되었다. 인간이 특별한 존재라는 믿음을 수호할 마지막
교두보는 아예 난장판이 되지 않았을지는 몰라도, 오염된 것만큼
은 확실하다. 언어, 도구 사용, 사회적 행동, 심적 사건 그 어떤 것
도 인간과 동물을 완벽히 갈라놓는 척도가 될 수 없다. 그런 분리
가 필요하다고 느끼는 사람조차 이제는 거의 없다. 정말이다. 다
양한 갈래의 페미니즘 문화가, 인간과 다른 생명체가 연결될 때
체험할 수 있는 쾌감을 긍정한다. 동물 권리 운동은 인간의 특수
성을 부정하며 억지를 부리는 입장이 아니다. 오히려 자연과 문화
를 갈라놓는 수상쩍은 틈을 가로지르는 연결선을 또렷이 인식할
따름이다. 생물학과 진화론은 지난 두 세기에 걸쳐 근대적 유기체
라는 지식 대상을 만들어 왔고, 인간과 동물의 구분을 생명과학과
사회과학 간의 이념적 투쟁 내지는 전문적인 논쟁 속에 흔적처럼
남은 희미한 자취로 축소시켰다. 이 구도에서 현대 기독교의 창조
론 교육은 아동 학대로 간주하고 맞서 싸워야만 한다.

　생물학적 결정론의 이념은 인간의 동물성이 갖는 의미를 둘
러싼 논쟁에서 과학이라는 문화 안에 개진된 하나의 입장일 뿐이
다. 급진 정치에서는 경계 파열이 무엇을 뜻하는지 겨룰 수 있는
공간이 훨씬 더 넓다.[2] 사이보그는 인간과 동물의 경계가 위반되
는 바로 그 지점에서 신화로 출현한다. 사이보그는 인간의 둘레에
장벽을 쳐서 다른 생명체와 인간을 서로 격리하기는커녕, 거북하
고 짜릿할 만큼 단단한 결합을 암시한다. 수간(bestiality)은 현재
의 혼인 교환 주기에서 새로운 위치에 놓인다.

　갈수록 틈이 벌어지는 두 번째 구분은 동물-인간(유기체)과

기계 사이에 있다. 사이버네틱스 이전 시대의 기계에는 귀신이 들
릴 수 있었다. 기계 속에는 늘 유령이 깃들어 있었다. 이와 같은 이
분법은 유물론과 관념론 사이에서 이루어지는 대화의 구조를 결
정했고, 이 대화는 취향에 따라 정신 또는 역사로 부를 수 있는 변
증법적 자손의 탄생과 더불어 끝을 맺었다. 하지만 기본적으로 기
계는 혼자 움직이거나 자기 자신을 설계하거나 자율적일 수 없었
다. 그들은 (남성)인간의 꿈을 실현할 수 없었으며 조롱할 뿐이었
다. 그들은 (남성)인간, 곧 스스로의 저자가 아니었고, 남성 중심
적 재생산이라는 꿈의 풍자에 불과했다. 이와 다른 생각은 망상일
뿐이었다. 그러나 이제는 그만큼 확신하기 어렵다. 20세기 후반의
기계들은 자연과 인공, 정신과 몸, 자율적 발달과 외부로부터의
설계를 비롯해 유기체와 기계 사이에 적용되던 수많은 차이들을
완전히 뒤섞고 말았다. 우리가 만든 기계들은 불편할 만큼 생생한
데, 정작 우리는 섬뜩할 만큼 생기가 없다.

　　기술결정론은 기계와 유기체를 코드화된 텍스트로 재개념
화해서 세계를 읽고 쓰는 놀이에 우리를 참여시키면서 열린 이데
올로기적 공간 중 하나일 뿐이다.[3] 포스트구조주의, 포스트모더
니즘 이론은 모든 것을 '텍스트'로 만들어 버리면서, 자의적인 읽
기 '놀이'를 가능하게 하는 삶 속의 지배관계에 대해서는 유토피
아에 살고 있는 듯 무관심한 태도를 보임으로써 마르크스주의자
들과 사회주의 페미니스트들의 저주를 샀다.[4] 분명 포스트모더니
즘 전략은 나의 사이보그 신화처럼 수많은 유기적 총체(예를 들면
시, 원시 문화, 생물학적 유기체)를 확실히 전복한다. 이를테면 자
연—영감의 원천이며 순수성의 약속인—으로 여겨지던 그 무언
가의 확실성이, 아마도 돌이킬 수 없게 무너져 버린 것이다. 해석

의 초월적 권위가 사라지면서 '서구' 인식론을 정초하는 존재론도
사라졌다. 하지만 냉소나 믿음의 포기, 가령 기술결정론적 설명처
럼 '기계'가 '(남성)인간'을, '텍스트'가 '중요한 정치활동'을 망친
다는 식으로 추상적 존재를 각색한 줄거리는 대안이 되지 못한다.
사이보그는 어떤 존재가 될 것인가? 이것이 바로 급진적인 질문
이며 생존은 그 답에 걸려 있다. 침팬지와 인공물도 정치를 하는
데[드 발(de Waal), 1982; 위너(Winner), 1980] 우리라고 왜 못하
겠는가?

　세 번째 구분은 두 번째 구분의 부분집합이다. 물질과 비물질
사이의 경계는 매우 불분명하다. 양자론이나 불확정성원리에서
잠재적으로 도출되는 결론을 설명하는 대중 물리학 서적이 대중
과학에서 담당하는 역할은, 대중문화에서 할리퀸 로맨스*가 미국
의 백인 이성애에 생긴 근본적 변화를 보여 주는 지표가 되는 것
과 비슷하다. 말하자면, 이해는 잘못했어도 주제는 제대로 짚어
낸 것이다. 현대 기계의 정수는 초소형 전자공학 장치여서, 어디
에나 있지만 보이지 않는다. 현대의 기계장치는 갑자기 출세한 오
만한 신으로서 성부의 편재성과 영성을 조롱하며 흉내 낸다. 실리
콘 칩은 글을 쓰는 표면이며, 핵의 악보를 근본적으로 다시 쓰는
원자 소음을 통해서만 교란시킬 수 있는 분자 단위 음계로 새겨
져 있다. 문명의 기원에 대한 서구의 설화에서 글쓰기, 권력, 기술
은 오랜 공범자다. 그 메커니즘의 경험을 바꾼 것은 소형화다. 소
형화는 결국 권력의 문제라는 사실이 드러났다. 크루즈미사일과
마찬가지로, 작은 것은 아름답기보다 무척 위험하다. 1950년대의

* 밀스 앤 분(Mills & Boon)의 미국 버전—원주.

TV 수상기나 1970년대의 뉴스 카메라를 요즘 광고에 보이는 팔 찌형 TV나 손바닥 크기의 캠코더와 비교해 보면 알 수 있는 사실 이다. 우리 시대 가장 좋은 기계들은 햇빛으로 제작되었다. 이 기 계들은 모두 신호, 전자기파, 스펙트럼의 한 구획에 불과하기 때 문에 가볍고 깨끗하며 휴대와 이동이 간편하지만 디트로이트와 싱가포르에서는 인간에게 엄청난 고통을 불러오는 문제다. 사람 들은 어디서든 물질이며 불투명하기 때문에 그렇게 유동적일 수 가 없다. 사이보그는 에테르, 정수다.

　　바로 사이보그의 편재성과 비가시성이 선샤인 벨트의 기계 를 그토록 치명적인 것으로 만든다. 이런 기계는 물질로 보기도 힘들지만 정치적으로 보기도 어렵다. 사이보그는 의식(conscious-ness) 또는 의식의 시뮬레이션과 관련된다.[5] 사이보그는 부유하는 기표(floating signifier)로, 배송 트럭에 실려 유럽을 횡단한다. 본 성상 방위군이 있어야 성립되는, 이전의 남성주의적 정치의 전투 노동보다 사이보그 권력망을 정확하게 읽어 내는, 난민이 된 비자 연적 여성들, 여성 반핵 평화 단체 그린햄(Greenham) 캠프의 마 녀 떼 엮기(witch-weavings)가 사이보그의 이동 경로를 더 효과적 으로 봉쇄한다. 궁극적으로 ‘가장 견고한’ 과학은 가장 큰 경계 혼 란의 영역, 순수한 수, 순수한 정신, C^3I, 암호 작성법의 영역, 그 리고 파급력 있는 기밀의 보호와 관련된다. 새로 나온 기계들은 오점 없이 깨끗하고 깃털처럼 가볍다. 후기 산업사회 밤의 꿈과 결부된 새로운 과학혁명을 매개하는 태양 숭배자의 무리가 그런 기계를 만든다. 이 깨끗한 기계들이 불러내는 질병은 면역계 항원 유전암호의 아주 작은 변화에 ‘불과’하며 스트레스의 경험에 ‘불 과’하다. ‘동양’ 여성의 민첩하고 가느다란 손가락, 빅토리아시대

앵글로색슨 소녀를 매혹시킨 인형의 집, 그러니까 여성이면 작은 것에 집착해야 마땅하다고 강요를 받아 왔던 역사는, 오늘날의 세계에서 매우 새로운 차원에 접어든다. 이 새로운 차원을 설명해 줄 사이보그 앨리스가 있을지도 모른다. 이와 같은 앨리스는 아이러니하게도, 아시아에서 칩을 만들거나 산타리타감옥에서 나선의 춤*을 추는 비자연적 사이보그 여성들일지도 모른다. 이들이 구성한 연합이 효과적인 대항 전략을 알려 줄 것이다.

그래서 나의 사이보그 신화는 경계 위반과 융합의 잠재력, 위험한 가능성을 탐색하면서 진보 정치의 자원을 찾아보는 것과 관련된다. 내가 전제한 것 중 하나는 미국 사회주의자와 페미니스트 대부분이 '하이테크' 및 과학 문화와 결합된 사회적 실천과 상징적 구성 및 인공물 속에서 마음과 몸, 동물과 기계, 관념론과 유물론의 간극을 심화시키는 이원론을 본다는 것이다. 허버트 마르쿠제(Herbert Marcuse)의 『일차원적 인간(One-Dimensional Man)』(1964)에서 캐럴린 머천트(Carolyn Merchant)의 『자연의 죽음(The Death of Nature)』(1980)에 이르기까지 진보 진영이 개발한 분석 자원은, 기술은 지배를 행사하기 마련이라 주장하면서 상상된 유기적 신체로 우리의 시선을 돌려 저항을 통합하려 했다. 나의 또 다른 전제는, 세계적인 지배체제 강화에 저항하는 사람들에게는 지금처럼 절박하게 연대가 필요한 시기가 없었다는 것이다. 다만, 기술 매개 사회에서 생겨나는 대안적인 권력과 쾌감 및 의미의 주도권을 둘러싼 논쟁에서는 약간 삐딱한 관점이 더 좋을 수도 있다.

---

* 1980년대 초, 캘리포니아의 알라메다 카운티 교도소에서 간수들과 체포된 반핵 시위자들 간에 연대를 맺어 준, 영적이며 동시에 정치적인 실천 — 원주.

어떤 관점에서 보면 사이보그 세계는 지구상에 통제의 회로를 완성하고 방어를 명목으로 등장한 스타워즈 종말론이 구현하는 최종적 추상화, 남성주의적 전쟁의 광란 속에서 여성의 신체가 최종 전유되는 사태와 관련되어 있다[소피아(Sophia), 1984]. 다른 관점에서 보면 사이보그 세계는 사람들이 동물 및 기계와 맺는 친족관계를 두려워하지 않고, 영원히 부분적인 정체성과 모순적 입장을 두려워하지 않은 채 살아가는 사회적·신체적 현실과 결부될 수 있다. 두 관점 모두에서 동시에 보는 것이 정치투쟁이다. 각각이 다른 시점에서 상상할 수 없는 지배와 가능성을 드러내는 데 유리하기 때문이다. 단일한 시각은 이중적인 시각이나 머리가 여럿 달린 괴물의 시각보다 나쁜 환상을 만들어 낸다. 사이보그 연합체는 괴물스럽고 불법적이다. 지금 우리가 직면한 정치적 상황에서 이보다 더 강력한 저항과 재결합의 신화를 바라기는 힘들다. 나는 LAG, 리버모어액션그룹(Livermore Action Group)을 사이보그 사회 같은 무엇으로 상상하곤 한다. LAG는 기술 종말론의 도구를 가장 격렬하게 구현하며 뱉어 내는 실험실을 현실에 맞게 전향시키고, 국가가 무장 해제될 때까지 마녀, 공학자, 노인, 변태(perverts), 기독교인, 어머니, 레닌주의자를 분열되지 않게 하는 정치 형식을 구성하는 데 헌신한다. 우리 동네 결연 모임(affinity group)의 이름은 '불가능한 분열(Fission Impossible)'이다(결연: 혈연이 아닌 선택에 따른 관계. 한 화학적 핵군(nuclear group)이 다른 핵군에 발휘하는 호소력, 갈망).[6]

금이 간 정체성들

요즘은 각자의 페미니즘을 하나의 수식어로 명명하기 힘들다. 심지어 페미니즘이라는 명사를 어느 때나 주장하기도 어렵다. 명명이 배제를 낳는다는 의식이 첨예하기 때문이다. 정체성은 모순적이며 부분적이고 전략적인 것처럼 보인다. 매우 힘든 과정을 거쳐 사회적·역사적 구성물이라는 인식을 쟁취한 젠더, 인종, 계급의 개념은 '본질적' 단합을 믿게 하는 근거가 되지 못한다. '여성(female)'됨에는 여성(women)을 자연스레 묶는 것이 없다. 심지어 여성'됨'과 같은 상태가 없다. 됨 그 자체가 성과 관련된 과학 담론 및 사회적 관습의 경합을 통해 구성된 매우 복합적인 범주다. 젠더, 인종, 계급에 대한 의식은 가부장제, 식민주의, 자본주의라는 모순적인 사회 현실을 겪어 온 우리의 비참한 역사가 강제로 떠안긴 성과다. 그렇다면 내 화법에서는 누가 '우리'로 간주되는가? '우리'라는 강력한 정치 신화를 정초하는 정체성은 무엇이며, 이 모임에 들어오고 싶게 만드는 건 무엇일까? 있을 법한 단층선은 모조리 따라 (여성들은 말할 것도 없고) 페미니스트들이 고통스럽게 분열되면서, 여성들 사이에 자행되는 각종 지배의 기반을 정당화하는 변명이 되어 온 여성의 개념을 규정하기 어려워졌다. 나 자신, 그리고 나와 비슷한 역사적 위치(백인, 전문직, 중산층, 여성, 급진 정치, 북미, 중년의 신체)에 있는 사람들 상당수에게 정치적 정체성이 위기에 처하게 만드는 근원은 너무나 많다. 많은 갈래의 미국 좌파와 페미니즘이 최근까지 밟아 온 역사는 이런 위기에 대한 반응이자, 근본적 통합의 근거를 다시 찾으려 끝없이 분열하면서 탐색을 거듭해 온 결과이다. 하지만 정체성 대신 동맹과 결연으로[7] 위기에 대처할 수 있다는 인식 또한 확장되어 왔다.

첼라 샌도벌(Chela Sandoval, n.d., 1984)은 유색인 여성(women of color)이라는 새로운 정치적 집단이 형성되는 특정한 역사적 순간을 주시하면서 희망적인 정치적 정체성 모델 이론을 만들었다. '대립 의식(oppositional consciousness)'이라는 이름의 이 모델은 인종, 성, 계급이라는 사회 범주에 안정적으로 소속되기를 거부한 이들이 권력의 그물망을 읽어 내던 기술을 토대로 탄생했다. 유색인 여성은 타자성, 차이, 특수성에서 포스트모더니즘적 정체성과 비슷한 무언가를 구축해 낸다. 유색인 여성이라는 이름은 시작부터 그 이름에 포함될 사람들 스스로에게 도전받았을 뿐 아니라, '서구' 전통의 (남성)인간의 기호 전체가 체계적으로 붕괴되고 있다는 사실을 알리는 역사의식의 도전을 받아 왔다. 다른 포스트모더니즘에 대해 뭐라고 하든, 이 유색인 여성이라는 포스트모더니즘 정체성은 완전히 정치적이다. 샌도벌의 대립 의식은 모순적인 위치 짓기 및 이질적 역법(heterochronic calendars)과 결부되며, 상대주의나 다원론이 아니다.

샌도벌은 누가 유색인 여성인지 판별할 수 있는 본질적 기준이 전혀 없다는 점을 강조한다. 그녀는 이 집단이 부정(否定)의 의식적 전유를 통해 정의되었다고 언급한다. 예를 들어 멕시코계 미국 여성이나 흑인 미국 여성은 여성으로서 발화할 수 없었고 흑인 또는 멕시코계 사람의 자리에서도 발화할 수 없었다. 따라서 이 여성들은 부정적 정체성이 이루는 연쇄의 맨 밑바닥에 있었고 중요한 혁명을 이룩했다고 주장했던 '여성과 흑인'이라는 특권적 피억압자 저자 범주에서조차 배제되었다. '여성'이라는 범주는 모든 비(非)백인 여성을 부정했다. '흑인'이라는 범주는 흑인 여성뿐만 아니라 모든 비(非)흑인을 부정했다. 하지만 미국 유색인 여성이라는 역사적 정체성을 긍정했던 미국 여성 집단에서도 '그녀'도

단독성도 없는, 차이의 바다만 있었다. 이 정체성은 의식적으로 구축된 공간을 그려 내며, 자연스러운 동일시에 입각한 행위능력을 긍정할 수 없는 대신, 의식적인 연대나 결연, 정치적 친족관계만을 행위능력의 근거로 긍정한다.[8] 이는 미국 백인 여성운동의 몇몇 갈래에서 언급되는 '여성'과는 달리 그 모체가 자연화되는 일도 없고, 적어도 샌도벌이 주장하는 대로라면, 대립 의식의 힘을 빌려서만 활용할 수 있는 정체성이다.

샌도벌의 주장은 전 세계적으로 전개되는 반식민주의 담론, 즉 '서구'와 그 최고의 성과물—동물, 야만인, 여성이 아닌 존재, 즉 역사라고 일컬어지는 우주의 저자인 (남성)인간—을 해체하는 담론 속에서, 페미니즘을 설명하는 강력한 정식이 된다고 보아야 한다. 오리엔탈리즘이 정치적으로나 기호학적으로나 해체됨에 따라, 페미니즘이 제시한 것을 포함해 서양의 모든 정체성들이 안정성을 잃는다.[9] 샌도벌은 '유색인 여성'이, 탈식민화 과정에서 출현한 무질서한 다성음악의 전개를 대면한 경험이 없었던 기존의 마르크스주의 및 페미니즘의 혁명 주체의 총체화나 제국화를 반복하지 않으면서도, 효과적인 단결을 이뤄 낼 가능성이 있다고 주장한다.

케이티 킹은 정체화의 한계 및 문화적 페미니즘(cultural feminism)의 생성적 구심점인 '시' 읽기를 이루는 정체성의 정치적/시적 역학을 강조해 왔다. 킹은 서로 다른 실천의 '순간'이나 '대화'에서 나온 현대의 페미니스트들이 자신의 정치적 성향을 전체의 목표(telos)가 되게끔 분류하는 경향을 계속 보였다고 비판한다. 이런 분류법은 페미니즘의 역사를 시간이 흘러도 유지되는 일관된 유형들, 특히 래디컬, 자유주의, 사회주의페미니즘이라고 일컬

어지는 전형적 단위 사이에 발생한 이념적 논쟁인 것처럼 재구성
하는 경향이 있다. 명시적인 존재론과 인식론을 구축함으로써 다
른 페미니즘 모두를 말 그대로 통합하거나 주변화하는 것이다.[10]
페미니즘 분류법은 공식적인 여성 경험에서 이탈할 수 없게 만드
는 인식론을 생산해 낸다. 그리고 '여성 문화'는 유색인 여성과 마
찬가지로 결연을 유도하는 메커니즘을 통해 의식적으로 창조된
다. 시와 음악이라는 의례, 몇몇 학문적 실천 방식은 탁월했다. 미
국 여성운동의 인종 및 문화 정치는 서로 긴밀하게 결부되어 있
다. 킹과 샌도벌이 보이는 공통된 성과는 전유, 통합, 분류학적 정
체화의 논리에 기대지 않고 시적/정치적 단결을 직조해 낼 수 있
는 방법을 배운 데 있었다.

　　지배를-통한-통일 또는 통합을-통한-통일에 대항하는 이론
적·실천적 투쟁은 가부장제, 식민주의, 인본주의, 실증주의, 본질
주의, 과학주의를 비롯해 사라져도 별로 아쉬울 것 없는 다른 여
러 주의들(-isms)의 근거만이 아니라, 아이러니하게도 유기체적
또는 자연적 관점을 옹호하는 모든 주장의 근거 또한 무너뜨린다.
나는 래디컬 및 사회주의/마르크스주의페미니즘 역시 그들/우리
의 인식론적 전략을 와해시켰고, 이를 통해 단결의 방법을 상상할
수 있는 가능성의 범위를 확장시키는, 매우 중요하고 가치 있는
발걸음을 내디뎠다 생각한다. 서구 정치의 민중이 접한 대로의 모
든 '인식론들'이 효과적인 결연을 구축하는 과정에서 쓸모가 있을
지는 두고 볼 일이다.

　　세상을 바꾸기로 다짐한 인민의 성과인 인식론, 즉 혁명관을
구성하려는 노력이 정체화의 한계를 드러내는 과정의 일부였다
는 사실을 언급하는 것이 중요하다. 포스트모더니즘 이론이 내놓

은 신랄한 도구들과 혁명 주체의 존재론적 담론을 구성하는 도구들은, 서구적 자아를 생존의 이해관계 속에 녹아들게 하면서 아이러니한 동맹을 맺었다고 볼 수도 있을 것이다. 우리는 역사적으로 구성된 신체를 갖는다는 것의 의미를 뼈를 깎는 심정으로 의식한다. 하지만 우리의 기원이 순수성을 잃으면서 에덴으로부터의 추방도 사라진다. 우리의 정치는 순수성의 순진함(naïveté)과 더불어 면죄부도 상실한다. 하지만 사회주의페미니즘을 위한 또 다른 정치 신화는 어떤 모습일 수 있을까? 어떤 유형의 정치가 부분적이고 모순적이며 영원히 개방된 개인적·집합적 자아의 구성을 포용하면서도 충실하고 효과적이며 또한 아이러니하게도 사회주의페미니즘적일 수 있을까?

내가 아는 한, '인종' '젠더' '섹슈얼리티' '계급'의 지배에 효과적으로 맞서기 위해 지금처럼 정치적 단결이 필요했던 시점은 없었다. 우리가 시도하는 것과 같은 단결의 형태가 가능했던 시기 또한 지금 외에는 없었다. '우리' 중 누구도 '그들' 중 누구에게 현실이 이런 모습을 갖춰야 한다고 명령할 수 있는 상징적·물질적 능력이 없다. 적어도 '우리'가 그런 지배에 가담한다면 결백하다고 주장할 수 없다. 사회주의 페미니스트를 포함한 백인 여성은 '여성'이라는 범주가 순수하거나 결백하지 않다는 사실을 발견했다(그러니까 발로 차고 소리를 질러서 알아채게 만들었다). 이와 같은 의식은 기존 범주의 지형 전체를 바꾸고, 열이 연약한 단백질을 변성시키는 것처럼 범주를 변성시킨다. 사이보그 페미니스트라면 '우리'는 자연적 단결 기반을 더 이상 원치 않으며 총체적 구성 같은 것은 없다고 주장해야 한다. 순수성 및 그와 결부된 피해자화를 유일한 통찰의 근거로 삼는 데서 비롯되는 피해는 이미

겪을 만큼 겪었다. 하지만 새로 구성된 혁명 주체는 20세기 후반을 살아가는 인민에게 잠시 멈출 여유 또한 주어야 한다. 정체성이 너덜너덜해지는 동안 정체성을 구성하는 반성적 전략 속에서 종말의 날 이후를 대비한 수의가 아닌, 구원의 역사를 선지자적으로 마감해 줄 다른 무언가를 직조할 가능성이 열린다.

마르크스주의/사회주의페미니즘과 래디컬페미니즘 모두는 '여성'이라는 범주와 '여성'의 사회적 삶에 대한 의식을 자연화하는 동시에 탈자연화했다. 개요 표를 그려 보면 양쪽 방향의 경향이 모두 드러날지도 모르겠다. 마르크스주의적 사회주의는 임금 노동을 분석함으로써 계급구조를 폭로한다. 임금 관계에서는 노동자가 자신의(his) 생산물과 분리되면서 체계적으로 소외된다. 여기서는 추상과 환영이 지식을 통제하고, 지배관계가 실천을 통제한다. 노동은 마르크스주의자가 환영을 극복하고 세계를 바꾸는 과정에서 반드시 필요한 관점을 찾을 수 있게 하는 범주로서 아주 특별한 위상을 지닌다. 노동은 인간을 생산하는 인간화의 활동이다. 노동은 주체가 지식을 형성하면서 자신의 예속과 소외를 깨닫게 하는 존재론적 범주이다.

마르크스주의의 충실한 자손인 사회주의페미니즘은 마르크스주의의 기본 분석 전략과 동맹을 맺으면서 발전했다. 마르크스주의 페미니즘과 사회주의페미니즘 모두의 주요 성과는, 노동의 범주를 확장해서 (어떤) 여성들이 했던 일을 그 범주에 포함시킨 것이다. 자본주의적 가부장제 아래에서 임금 관계가 노동에 대한 보다 포괄적인 관점에 종속되어 있던 상황에서 말이다. 특히 여성의 가사 노동과 어머니로서 행하는 활동(즉 사회주의페미니즘 용법에서의 재생산)을 마르크스의 노동 개념에 유비하는 방식으로

마르크스의 권위를 빌려 여성의 일을 이론에 기입할 수 있었다. 이
때 여성 개념은 단일한 실체로 보일지 몰라도, 사실은 마르크스주
의 노동 개념의 존재론적 구조에 기반을 둔 인식론을 토대로 한 개
념이다. 마르크스주의/사회주의페미니즘은 여성을 단일한 실체
로 자연화하지 않는다. 이와 같은 성과를 가능하게 만든 것은 사회
관계에 뿌리내린 관점이다. 오히려 마르크스주의/사회주의페미
니즘이 본질화하는 것은 노동의 존재론적 구조, 혹은 그 유비물인
여성의 활동이다.[11] 내가 볼 때 이 입장을 취할 경우 해결하기 어려
운 문제는, 마르크스식 인본주의를 계승하면서 너무나 서구적인
자아를 함께 물려받게 된다는 점이다. 마르크스주의/사회주의페
미니즘의 경우에 문제는 단일한 여성이라는 실체와 같은 것이 있
다는 식으로 자연화한 데 있는 것이 아니다. 이 입장은 여성들을
하나로 단결시키기 위해 현실의 여성들이 일상에서 감당하는 의
무를 강조했고, 이와 같은 공식화를 통해 페미니즘에 기여했다.

　　캐서린 매키넌(1982, 1987)이 제시하는 래디컬페미니즘(rad-
ical feminism)은 그 자체가 전유, 통합, 총체화 경향을 보이는, 정
체성의 정초 행위에 대한 서구 이론의 풍자화다.[12] 래디컬페미니
즘이라는 이름을 달게 된 최근 여성 정치의 다양한 '순간'과 '대
화' 전체를 매키넌의 해석에 동화시키면, 사실의 측면에서나 정치
적 측면에서나 오류를 범하게 된다. 하지만 매키넌의 이론이 함축
한 목적론적 논리는, 인식론과 존재론—그리고 그에 대한 부정을
포함하여—이 차이를 삭제하거나 단속하는 방식을 보여 준다. 사
실 매키넌의 이론이 발휘한 효과 중 한 가지만 래디컬페미니즘이
라고 일컬어지는 다형적인 장의 역사를 다시 썼다. 그 주요 효과
는 모든 혁명적 입장을 종식시키는 여성의 경험과 여성의 정체성

이론을 만든 것이다. 말하자면 이 래디컬페미니즘의 이야기 속에
구축된 총체화는 급진적인 비-존재에 대한 경험과 증언을 강제
함으로써 자신의 목적—여성의 단결—을 달성한다. 마르크스주
의/사회주의 페미니스트가 볼 때 의식은 획득하는 것이지 당연하
게 주어진 사실이 아니다. 그리고 매키넌의 이론은 인본주의적 혁
명 주체 안에 구축된 난점을 일부 제거하는 대신 급진적 환원주의
에 따르는 대가를 치른다.

　　매키넌은 래디컬페미니즘이 마르크스주의와 다른 분석 전
략을 채택할 수밖에 없었다고 주장한다. 계급구조보다는 성/젠더
그리고 그로부터 파생되는 관계, 즉 남성이 여성을 성적으로 구성
하고 전유하는 구조를 우선해서 보는 것이다. 아이러니하게도 매
키넌의 '존재론'은 비주체, 비존재를 구성한다. 본인의 노동이 아
니라 타인의 욕망이 '여성'의 기원이다. 따라서 매키넌은 무엇이
'여성들의' 경험—성적 침해를 명명하는 모든 것, 즉 '여성'이 관
련되는 한에서 성 그 자체—으로 간주될 수 있는지 규제하는 의
식론을 발전시킨다. 그리고 페미니즘 실천이란 그런 형태의 의식
을 구성하는 것, 즉 자신이-아닌-자신에 대한 자기 지식을 구성하
는 일이 된다.

　　난감하게도 이 래디컬페미니즘에서 성적 전유는 노동이 갖
는 인식론적 지위, 이를테면 어떤 분석이 세상을 바꾸고자 한다면
취해야만 하는 관점으로서의 위상을 여전히 갖는다. 하지만 이와
같은 성/젠더 구조의 결과물은 소외가 아닌 성적 대상화다. 지식
의 영역에서 성적 대상화의 결과는 환영이며 추상이다. 하지만 여
성은 단순히 자신의 생산물에서 소외되는 것이 아니라 보다 깊은
의미에서 주체로 존재하지 않으며, 심지어는 잠재적 주체도 되지

못한다. 여성은 여성으로서의 실존을 성적 전유에 빚지기 때문이다. 타인의 욕망에 의해 구성되는 것은 노동자가 자신의 생산물과 폭력적으로 분리되며 소외되는 것과 동일하지 않다.

매키넌의 근본주의적 경험론은 극단적으로 총체화하며, 다른 여성들의 정치적 발화나 행위의 권위를 주변화하는 정도가 아니라 거의 말소한다. 이는 서구 가부장제 자체가 한 번도 해낸 적 없는 수준의 총체화다. 여성은 남성 욕망의 산물이라는 점을 제하면 실존하지 않는다는 페미니스트 의식의 생산 말이다. 내 생각에 매키넌은 마르크스주의가 내놓은 정체성에 대한 해석 중 어떤 것도 여성이 여성으로 단결할 기반을 확고히 제시하지 못했다는 점을 정확히 파악한다. 하지만 매키넌은 서구의 모든 혁명 주체가 갖는 모순의 문제를 페미니즘의 목표에 맞게 해결하는 과정에서 한층 더 권위주의적인 경험의 원칙을 발전시킨다. 사회주의/마르크스주의 관점에 대한 내 불만이, 그와 같은 입장은 반식민주의 담론과 실천에서 드러난 다음 성적이고 동화 불가능하며 급진적인 차이를 의도치 않게 삭제했다는 데 있는 만큼, 매키넌이 여성의 '본질적' 비실존이라는 장치를 통해 모든 차이를 의도적으로 삭제한 것은 그다지 위로가 되지 않는다.

여느 분류법과 마찬가지로 역사를 다시 새기는 나의 분류법에 비추어 보면, 사회주의페미니즘이 노동의 형태라고 부른 여성의 활동들을, 섹슈얼리티와 연관시킬 방법이 있는 한에서는 모두 수용할 수 있는 것이 래디컬페미니즘이다. 재생산은 두 경향에서 다른 의미의 결을 드러낸다. 하나는 노동, 다른 하나는 성에서 출발해 양쪽 모두 지배의 결과와 사회와 개인 차원에서의 현실에 대한 무지의 결과를 '허위의식'이라고 부르는 것이다.

특정 저자의 주장이 드러내는 난점과 기여 모두를 넘어, 마르크스주의페미니즘이나 래디컬페미니즘의 관점 모두 부분적 설명의 지위를 포용하는 경향은 없었다. 둘 모두 하나같이 총체로 구성되었다. 서구적 설명 방식이 그만큼을 요구하기 때문이다. 그렇지 않고서야 '서구' 저자가 타자를 통합할 방법이 달리 또 있을까? 각각의 입장은 자신의 기본 범주를 유비, 열거, 추가를 통해 확장해서 다른 지배 형태를 포괄하려 했다. 백인 래디컬 페미니스트와 사회주의 페미니스트는 당황한 채로 인종문제에 침묵함으로써 무겁고 파국적인 결과를 불러일으켰다. 계보를 세우려는 정치적 분류법 속으로, 역사와 다음성(多音性)이 사라져 버린 것이다. 여성이라는 범주, 그리고 단일하거나 총체적인 것으로 만들 수 있는 전체로서 여성이라는 사회집단이 어떻게 구성되는지 폭로하겠다고 주장하는 이들 이론에, 인종(과 또 다른 많은 것들)을 위한 구조적 자리는 없었다. 내가 그려 본 표는 다음과 같다.

사회주의페미니즘	래디컬페미니즘
계급구조, 임노동, 소외	젠더 구조, 성적 전유, 대상화
노동	성
재생산이라는 유비적 범주	노동이라는 유비적 범주
성이라는 확장 범주	재생산이라는 확장 범주
인종이라는 추가 범주	인종이라는 추가 범주

또 다른 맥락에서 프랑스의 이론가 쥘리아 크리스테바(Julia Kristeva)는 여성이 청년과 마찬가지로 제2차 세계대전 이후에야 등장한 역사상의 집단이라고 주장했다. 크리스테바가 제시한 역

사적 등장 시점에는 의문의 여지가 있다. 하지만 우리는 이제, 지식 대상 내지는 역사의 행위자로서 '인종'은 늘 있었던 것이 아니고, '계급'은 역사적으로 생겨났으며, '동성애자'는 매우 최근에 등장했다는 사실을 무리 없이 떠올릴 수 있다. 인간 가족이라는 상징체계—따라서 여성의 본질 역시—는, 지구상의 모든 인민이 이루는 연결망이 유례없이 다중적이고 많은 것을 잉태하고 복합적인 형태를 취하는 순간 붕괴했다. '선진 자본주의'는 이 역사적 순간의 구조를 전달하는 데 부적절하다. 여기에는 '서구적' 의미에서 인간의 종말이 걸려 있다. 우리 시대에 여성(woman)이 여성들(women)로 해체된 건 단순한 우연이 아니다. 어쩌면 사회주의 페미니스트는 여성들의 특수성과 모순적 이해관계를 억압하는 본질주의적 이론의 생산에 큰 책임이 없을지도 모른다. 하지만 내 생각에 어느 정도는 책임이 있는 것 같다. 최소한 백인 인본주의의 논리나 언어, 실천에 반성하지 않고 가담했거나 우리 자신의 혁명의 목소리를 쟁취하려는 목적으로 단일한 지배 기반을 찾아내려 했기 때문이다. 이제는 변명할 여지가 줄어들었다. 하지만 지금껏 겪은 실패를 곱씹으면서 우리는 무한한 차이 속으로 과감히 뛰어들고, 부분적이고 진정한 연결을 구성해야 한다는 혼란스러운 과제를 끌어안고 실패를 무릅쓴다. 어떤 차이들은 장난스럽다. 다른 차이들은 세계사적 지배체계의 극점을 이룬다. '인식론'이란 그 차이를 아는 것과 관련된다.

지배의 정보과학

특정한 인식론적·정치적 입장을 시도하는 이 글을 통해, 나는 사회주의와 여성주의의 설계 원칙에 따라 모색해 볼 수 있는 방식으로서 단결의 가능성을 그려 보고 싶다. 내가 구상하는 틀은 과학 기술에 묶인 전 세계적 사회관계가 재배치되는 범위와 그 중요성에 따라 결정된다. 산업자본주의가 만든 변화에 비견할 만큼 새롭고 광범위한 변화를 일으키는 세계질서가 출현하는 중이다. 나는 그 과정에서 계급, 인종, 젠더의 본질 자체가 근본적으로 변화하고 있다는 주장에 뿌리내린 정치를 옹호한다. 현재 우리는 유기체적이고 산업화된 사회로부터 다형적인 정보체계로 이행하는 흐름 속에서 살고 있다. 전면적인 노동에서 전면적인 놀이로 이행하는 이 변화는 치명적인 게임이다. 구식의 편안한 위계적 지배에서 내가 지배의 정보과학이라고 불러온 새롭고 무서운 네트워크로의 이행은, 물질이자 이념적인 이분법을 표현하는 다음 표로 개괄해 볼 수 있다.

재현	시뮬레이션
부르주아 소설, 리얼리즘	과학소설, 포스트모더니즘
유기체	생체 요소
깊이, 통합성	표면, 경계
열	소음
임상 실천으로서의 생물학	기입으로서의 생물학
생리학	커뮤니케이션 공학
작은 집단	하부 체계

완벽성	최적화
우생학	개체군 통제
퇴화, 『마의 산』(토마스 만)	노후화, 『미래의 충격』(앨빈 토플러)
위생	스트레스 관리
미생물학, 결핵	면역학, 에이즈
노동의 유기적 분업	인체공학 / 노동의 사이버네틱스
기능적 특수화	모듈적 구성
재생산	복제
유기적인 성역할 분화	최적의 유전 전략
생물학적 결정론	진화적 관성, 제약
커뮤니티 생태학	생태계
인종적인 존재의 사슬	신식민주의, UN 인본주의
가정 및 공장의 과학적 경영	글로벌 시장 / 재택 근무 환경
가족 / 시장 / 공장	집적회로 속의 여성
가족 임금	비교 자산
공 / 사	사이보그 시민권
자연 / 문화	차이의 장
협동	커뮤니케이션 증진
프로이트	라캉
성	유전공학
노동	로봇공학
정신	AI
제2차 세계대전	스타워즈
백인 자본주의 가부장제	지배의 정보과학

이 목록은 여러 가지 흥미로운 논점을 제공한다.[13] 첫째로 오른편에 있는 대상은 '자연적'인 것으로 코드화될 수 없다. 이 사실을 깨닫게 되면 왼편의 대상 역시 자연적인 것으로 코드화할 수 없게 된다. 이제 이념적으로나 물질적으로나 과거로 돌아갈 수 없다. '신'만 죽은 것이 아니다. '여신' 또한 죽었다. 또는 둘 모두가 전자공학과 생명공학 정치로 충만한 세계에서 다시 태어났다. 생체 요소 같은 대상을 생각하려면, 본질적인 속성을 일컫는 용어가 아니라 설계전략, 경계 제약, 흐름의 속도, 시스템 논리, 한계절감 비용과 같은 용어들을 활용해야 한다. 유성생식은 다양한 번식 전략 중 한 가지에 불과하며 시스템 환경의 함수에 따라 도출되는 비용과 이익을 지닌다. 이제 특정한 성과 성역할 개념이 유기체나 가족 같은 자연적 대상의 유기체적 속성이라는 유성생식 이데올로기는 설득력을 잃는다. 그와 같은 방식의 정당화는 비합리적이라는 사실이 드러날 것이고 비합리성을 폭로해 나가는 과정에서 《플레이보이》를 읽는 기업체 중역과 반포르노 운동을 하는 래디컬 페미니스트는 아이러니하고도 기묘한 동침에 들어가게 될 것이다.

인종이라는 쟁점도 마찬가지다. 인간 다양성의 이데올로기는 혈액형 및 지능지수 같은 매개변수의 빈도로 표현되어야 한다. 원시나 문명 같은 개념을 떠올리게 만드는 것은 '비합리적'이다. 차별 없이 통합된 사회체계를 추구하던 자유주의자나 급진주의자의 기획은 '실험적 민족지'라는 새로운 실천 양식에 자리를 내주게 되며, 글쓰기 놀이에 몰입한 동안 유기체적 대상은 산산이 흩어져 버린다. 이데올로기의 수준에서는 인종주의와 식민주의가 개발과 저개발, 현대화의 속도와 제약이라는 언어로 번역되는 모습이 보인다. 모든 대상과 인격이 합리적으로 사고되려면 분해와 재조립이라는 개념을 거쳐야 한다. 시스템 설계를 제약하는 '자연적 구조'는 없다. 이와 같은 측면은 전 세계 도시에 자리 잡은 금융 지역, 그리고 수출 가공업 및 자유무역지대가 함께 분명하게 드러내는 '후기자본주의'의 기본 사실에 해당한다. 과학으로 알 수 있는 대상 전체가 이루는 우주는 (관리자에게는) 커뮤니케이션 공학, (저항하려는 이들에게는) 텍스트 이론의 문제로 진술되어야 한다. 둘 모두가 사이보그 기호학이다.

우리는 통제 전략이 자연 대상의 온전성(integrity)이 아니라 경계 조건과 인터페이스, 경계를 넘나드는 흐름의 비율에 집중될 것이라고 예상해야 한다. 서구 자아의 '온전성'이나 '진정성'은 의사결정과정과 전문가 체계에 자리를 내주었다. 예를 들어, 새로운 인간을 출산할 수 있는 여성의 능력을 통제하는 전략은 인구 통제와 결정자 개인의 목표 성취 극대화라는 언어로 개발될 것이다. 통제 전략은 비율, 제한 비용, 자유도와 같은 용어를 통해 진술될 것이다. 인간이라는 존재는 다른 모든 구성 요소나 하위체계와 마찬가지로 기본 작동 양식이 확률론적·통계학적 체계를 갖춘 구조 속에 놓여야 한다. 대상, 공간, 신체는 그 자체로 신성하지 않다. 공통언어를 매개로 신호를 처리할 수 있는 적절한 기준과 코드만 있다면, 모든 구성 요소가 인터페이스를 매개로 접합될 수 있는 것이다. 이 세계의 교환은 마르크스가 그토록 잘 분석한 현상, 즉 자본주의 시장이 모든 것을 화폐로 교환 가능하게 만들면서 도입한 보편적 번역의 한계마저 초월한다. 이 우주의 모든 구성 요소에 영향을 주는 특권적 병은 스트레스, 즉 소통의 실패다[러스틴 호그니스(Rusten Hogness), 1983]. 사이보그는 푸코의 생명정치에서 벗어나 잠재력이 훨씬 큰 실천의 장인 정치를 시뮬레이션한다.

　　역사적으로 제2차 세계대전 이후에 등장한 과학적·문화적 지식 대상에 대한 이와 같은 분석을 통해, 아리스토텔레스 이래로 '서구' 담론의 질서를 규정한 유기체적·위계적 이원론이 여전히 우세한 듯 진행되는 페미니즘 분석에 크나큰 부적절함이 있다는 사실을 눈치챌 수 있다. 이원론은 재조립되기 위해 해체되었다. 조 소피아(Zoe Sofia, 1984)라면 '기술-소화'되었다고 말할 것이다. 정신과 육체, 동물과 인간, 유기체와 기계, 공과 사, 자연과 문화, 남성과 여성, 원시와 문명 등에 대한 이분법은 하나같이 이데올로기적으로 의심스럽다. 여성들이 실제로 처한 상황은 지배의 정보과학이라는 생산/재생산과 커뮤니케이션의 세계 체제 속으로 통합/착취된 것이라고 할 수 있다. 가정, 일터, 시장, 공적 영역, 몸 자체, 이 모든 것이 거의 무한한 다형적 방식으로 분산되고 인터페이스로 접합될 수 있다. 이 과정은 여성과 다른 이들에게 막대한 영향을 끼치지만 사람마다 대단히 다른 방식으로 영향을 받는다. 그렇기에 이에 대응하는 국제적 저항운동을 만들어 내기가 무척 힘들어지지만, 살아남기 위해서는 그 어느 때보다 이와 같은 운동이 절실하다. 우리 상상력의 구조를 만드는 신화와 의미 체계를 포함해 과학기술의 사회관계를 다루는 이론과 실천은, 사회주의페미니즘 정치를 재구성할 수 있는 중요한 경로 가운데 하나다. 사이보그는 해체되고 다시 조립되는, 포스트모던 집합체의 일종인 동시에 개인적 자아다. 바로 페미니스트가 코드화해야 하는 자아다.

　　커뮤니케이션 기술과 바이오테크놀로지는 우리의 몸을 다시 가공하는 필수 도구이다. 이런 도구는 전 세계 여성이 맺는 새로운 사회관계를 구현하는 동시에 강제한다. 기술과 과학 담론은 어느 선까지는 형식화로, 즉 유동적 사회관계가 얼어붙은 순간으로 이해해 볼 수 있지만, 의미를 강제하는 수단으로도 봐야 한다. 도구와 신화, 기구와 개념, 사회관계의 역사 체계와 지식 대상을 포함하여 가능한 신체 유형의 역사해부학 사이에 놓인 경계는 투과될 수 있다. 신화와 도구는 분명 서로를 구성한다.

게다가 커뮤니케이션 과학과 현대 생물학은 공통의 움직임에 따라 구성된다. 세계를 코드화의 문제로 번역하고 도구적 통제에 맞서는 저항을 모두 소멸시키고 모든 이질성을 분해, 재조립, 투자, 교환에 종속시키는 공통언어를 추구한다는 점에서 그렇다.

사이버네틱스의 (피드백이 통제하는) 체계 이론은 커뮤니케이션 과학에서 세계가 코드화 문제로 번역되는 양상을 잘 보여 준다. 사이버네틱스 이론은 전화 통신 기술, 컴퓨터 설계, 무기 배치, 또는 데이터베이스의 구축과 유지에 적용되는 이론이다. 각 사례에서 핵심 문제를 해결하는 방법은 언어 및 통제 이론에 달려 있다. 정보라고 부르는 양이 흘러가는 비율, 방향, 확률을 결정하는 것이 핵심 작업이다. 세계는 정보 투과력이 서로 다른 경계들로 나뉘어 있다. 정보는 이처럼 양화 가능한 요소[단위(unit), 결합(unity)의 기초]이자, 보편적 번역을 허용함으로써 견제받지 않는 (효율적 소통으로 일컬어지는) 도구적 권력을 허용한다. 이 같은 권력을 가장 크게 위협하는 것은 커뮤니케이션의 방해다. 체계의 붕괴는 종류를 불문하고 스트레스의 함수가 된다. 이 기술의 기본 원칙은 군사작전 이론의 상징인 명령-통제-통신-첩보, 즉 C^3I의 은유로 응축될 수 있다.

현대 생물학이 세계를 코드화의 문제로 번역하는 방식은 분자유전학, 생태학, 사회생물학적 진화론 및 면역학에서 잘 드러난다. 유기체는 유전적 코딩과 판독의 문제로 번역되었다. 글쓰기 기술인 생명공학은 생물학 연구 전반에 광범위한 영향력을 행사한다.[14] 어떤 면에서 유기체는 더 이상 지식 대상이 아니다. 이제 특별한 유형의 정보처리 장치인 생체 요소가 지식 대상의 위치를 그 대신 차지한다. 생태학에서 드러나는 비슷한 경향을 추적하려면, 생태계라는 개념의 역사와 효용성을 조사하면 된다. 면역학을 비롯해 그와 관련된 의학적 실천은, 코드화 및 인식 시스템이 지식의 대상이자 신체적 현실의 구성물로서 특권적 위상을 차지하는 경향을 풍부한 사례를 통해 보여 준다. 여기서 생물학은 암호 해독법의 일종이어서 연구는 첩보활동과 같은 무엇이 되어 버리고 만다. 아이러니가 넘쳐 난다. 스트레스를 받은 시스템은 망가지고 커뮤니케이션 과정이 붕괴되어 남과 나의 차이를 인식하지 못하며 개코원숭이의 심장을 이식받은 인간 아기들은 전국적으로 윤리적 혼란을 불러일으키는 것이다. 이 문제를 마주하게 되면, 인간 순수성의 수호자들뿐 아니라 동물 권리 활동가들도 혼란스러워한다. 미국에서 게이 남성 및 주사약 사용자들은 경계의 혼란과 도덕적 오염을 표시하는(몸에 새긴) 끔찍한 면역계 질병에 걸린 '특권적' 희생자들이다[트라이클러(Treichler), 1987].

이제까지 살펴본 커뮤니케이션 과학 및 생물학의 예는 일상과 동떨어진 현상처럼 보일 수도 있다. 그렇지만 이런 과학과 기술에서의 변화는 우리가 사는 세계에 근본적인 구조변화가 일어나고 있다는 점을 시사하며, 나의 이러한 주장은 평범한 일상의 현실, 주로 경제적 현실로 뒷받침된다. 커뮤니케이션 기술은 전자공학에 의존한다. 현대 국가, 다국적기업, 군사력, 복지국가 장치(apparatus), 인공위성 시스템, 정치 과정, 우리 상상력의 구성, 노동-통제 시스템, 우리 신체가 의학적으로 구성되는 양식, 상업화된 포르노, 국제적 노동 분업, 종교적 복음주의 모두가 전자공학과 밀착되어 있다. 전자공학은 시뮬라크라(simulacra), 즉 원본 없는 모사의 기술적 기반이다.

전자공학은 노동을 로봇공학과 워드프로세서로, 성을 유전공학과 생식 기술로, 정신을 인공지능과 의사결정과정으로 번역하는 과정을 매개한다. 새로운 생명공학은 인간 생식을 넘어서는 문제에 관여한다. 생물학은 재료와 과정을 재설계하는 강력한 공학으로 산업에서 혁명적 의미를 지니는데, 현재는 발효, 농업, 에너지산업에서 가장 두드러지는 효과를 보이고 있다. 커뮤니케이션 과학과 생물학은 기계와 유기체의 차이가 완전히 모호한 자연-기술적 지식 대상의 구성물이다. 정신, 신체, 도구는 아주 밀착된 관계를 맺는다. 일상생활의 생산 및 재생산을 구성하는 '다국적' 물리적 조직, 문화 및 상상력의 생산과 재생산이 갖춘 상징적 조직이 그 속에 나란히 함축되어 있다. 기반과 상부구조, 공과 사 내지는 물질과 관념의 경계를 유지하는 이미지가 이렇게 허술해 보인 적이 없을 정도다.

나는 레이철 그로스먼(Rachel Grossman, 1980)이 보여 준 집적회로 속 여성의 이미지를 활용해서 과학기술의 사회관계를 특정한 방식으로 실감할 수 있는 재구조화된 세계에서 여성들이 겪는 상황을 지목해 왔다.[15] '과학기술의 사회관계'라는 이상한 완곡어법은, 우리가 다루는 문제가 기술에 의해 결정되는 것이 아니라 구조화된 인간관계가 좌우하는 역사적인 체계라는 사실을 강조하기 위해 채택한 표현이다. 이 표현을 읽을 때는 과학기술이 새로운 권력의 원천이 되는 지금, 우리에게도 분석과 정치활동에 자극을 줄 신선한 원천(라투르, 1984)이 필요하다는 뜻으로도 읽어

야 한다. 하이테크가 촉발한 사회관계에 뿌리내린 인종, 성, 계급
의 재배치는 사회주의페미니즘을 효과적인 진보 정치에 더 중요
하게 만들 수 있다.

"가정 밖의" 가사경제

'신산업혁명'은 새로운 섹슈얼리티 및 민족성과 함께 세계 노동계
급을 새로운 형태로 생산하고 있다. 극단적으로 유동화되는 자본
과 국제적 노동 분업의 출현은 새로운 집단의 등장보다는 친숙한
집단의 약화와 관계가 깊다. 이런 발전은 젠더 중립적이지도 않고
인종 중립적이지도 않다. 선진 산업사회에서 백인 남성은 영구적
인 실직에 새로 노출된 반면, 여성들이 일자리에서 사라지는 비율
은 남성만큼 많지는 않다. 제3세계 국가의 여성들이 특히 전자제
품 제조와 같은 수출업 분야에서 과학 기반의 다국적기업이 선호
하는 노동력이라는 정도의 이야기를 하려는 것이 아니다. 전체 그
림은 훨씬 더 체계적이며 재생산, 섹슈얼리티, 문화, 소비, 생산의
문제까지 포괄한다. 원형적 실리콘밸리에서, 여성 다수의 삶의 구
조가 전자제품과 관련된 일자리의 고용 주변부에서 형성되었고,
이 여성들의 피부에 와닿는 현실에는 연속적인 이성애 일부일처,
육아와 관련된 협상, 확대가족을 비롯한 전통 공동체로부터의 이
탈, 연령과 더불어 증가하는 고독과 극단적인 경제적 취약성이 포
함된다. 실리콘밸리 여성들의 민족적·인종적 다양성은 상호 충돌
하는 문화, 가족, 종교, 교육, 언어적 차이의 소우주를 구조화한다.

　　리처드 고든(Richard Gordon)은 이와 같은 새로운 상황을 가
사경제(homework economy)라고 불렀다.[16] 고든은 이 '가사경제'

라는 말을 통해 전자제품이 도입되면서 말 그대로 집안일이 늘어
난 현상도 분석하지만, 본래 취지는 예전에는 말 그대로 여자들만
하는 일로 간주되었던 여성적인 일과 동일한 성격을 공유하는 형
태로 노동이 재구조화되는 현상을 명명하는 것이었다. 노동은 남
성이 하든 여성이 하든, 말 그대로 여성적이며 여성화된 것으로
다시 정의되고 있다. 여성화된다는 것은 극단적으로 취약해진다
는 것을 뜻한다. 다시 말해 해체되고 재조립되며 예비 노동력으로
착취될 수 있다는 것, 노동자보다는 서비스 제공자로 여겨진다는
것, 노동일 제한을 비웃기라도 하듯 급여가 지급되다 말았다 하는
노동시간 배치에 종속된다는 것, 언제나 외설적인, 자리를 벗어
난, 성으로 환원되는 실존의 경계에서 살아간다는 것이다. 탈숙련
화(deskilling)는 한때 특권적 위치에 있던 노동자에게 새로 써먹
을 수 있는 뻔한 수법이다. 하지만 가사경제는 대규모로 이루어지
는 탈숙련화만 지시하는 것이 아니며, 이전까지 숙련노동에서 배
제된 여성과 남성 모두에게 새로운 고도 숙련의 노동 영역이 출현
한다는 점을 부정하지도 않는다. 이 개념은 오히려 공장, 가정, 시
장이 새로운 차원에서 통합되고 있으며, 여성의 위치가 매우 중요
할 뿐 아니라 여성들 서로의 차이뿐만 아니라 다양한 상황에서 남
녀 관계가 갖는 의미를 분석할 필요가 있다고 지적한다.

세계 자본주의의 조직구조인 가사경제는 신기술에 따라 (생
겨난 것이 아니라) 가능해졌다. 상대적으로 특권적인 일자리, 즉
구성원 대부분이 백인 남성인 노동조합이 방어하던 일자리에 대
한 공격의 성공, 대대적인 분산과 탈중심화에도 불구하고 노동을
통합하고 통제하려는 시도는 새로운 커뮤니케이션 기술의 권력
과 맞물려 있다. 여성들은 신기술 도입의 결과를 이중으로 체감하

게 된다. (이 같은 백인 특권에 접근할 기회가 있는 한에서) 가족
(남성) 임금이 사라지고, 사무직 및 육아 같은 자신의 일들이 자본
집약적으로 탈바꿈하는 변화를 체험하게 된 것이다.

　　새로운 경제적, 기술적 배치는 복지국가의 붕괴, 그리고 여성
에게 본인뿐 아니라 남성, 아이, 노인의 일상까지 챙기라는 주문
이 점점 강해지는 것과도 관련된다. 복지국가가 해체되는 과정에
서 안정된 직장을 예외로 만드는 가사경제에 의해 산출되고, 여성
임금은 자녀 부양을 위한 남성 임금과 같을 수 없다는 기대로 지
탱되는 빈곤의 여성화(feminization of poverty)는 긴급한 관심의
대상이 되었다. 다양한 형태의 여성 가장 가구가 생겨나는 원인은
인종, 계급, 섹슈얼리티의 함수다. 하지만 이 추세가 일반화되면
서 여성 연대의 기반이 다양해졌다. 여성들에게 어머니라는 지위
를 강요해 온 현실이 어느 정도 작용한 결과, 여성이 일상을 지탱
하는 역할을 으레 맡게 되는 현상은 전혀 새로울 것이 없다. 하지
만 전반적으로 자본주의적이며 갈수록 전쟁 의존적인 경제와 통
합되는 현상 자체는 새롭다. 예를 들어 급여가 거의 없는 가사 서
비스에서 탈출하는 데 성공한 뒤 사무 보조와 같은 일자리에 대량
으로 투입된 미국 흑인 여성은 특수한 압력을 체감하며, 이 압력
은 고용이 이루어져도 사라지지 않는 흑인 빈곤을 이해하는 데 많
은 시사점을 던진다. 제3세계의 산업화 지역에 사는 십 대 여성들
은, 경작지를 확보할 가능성이 점점 낮아지는 가운데 가족부양에
필요한 현금을 마련할 수 있는 주요하거나 유일한 원천이 자기 자
신이라는 점을 깨닫게 된다. 이러한 발전은 젠더와 인종의 정치
및 심리 역동에 분명 큰 영향을 주었다.

　　자본주의 주요 3단계라는 틀(상업/초기 산업, 독점, 다국적)

—각각 민족주의, 제국주의, 다국적주의에 연결되고 제임슨의 분석처럼 리얼리즘, 모더니즘, 포스트모더니즘이라는 세 가지 미학적 시기에 연결되는—에서 나는 가족의 특수 형태가 자본의 형태 및 그 정치적·문화적 부수물의 형태에 변증법적으로 연결된다고 주장할 것이다. 문제와 불평등으로 체험할 수는 있지만 아무튼 가족의 이념형(ideal forms)은 다음과 같은 도식으로 정리해 볼 수 있다. (1) 가부장제적 핵가족—공사 이분법으로 구조화되고, 분리된 영역들이라는 백인 부르주아 이념 및 19세기 앵글로-아메리칸 부르주아 페미니즘을 수반한다. (2) 근대 가족—복지국가 및 가족 임금 같은 제도가 매개(또는 강제)하며, 제1차 세계대전을 전후한 시기, 그리니치빌리지가 급진적인 형태로 표상한 비-페미니즘적 이성애주의 이념이 만개한 형태이다. (3) 가사경제의 '가족'—여성 가장 가정이라는 형용 모순의 구조와 폭발하는 다양한 갈래의 페미니즘, 그리고 젠더 자체의 역설적 강화와 붕괴가 발생한다. 이는 신기술로 인한 전 세계의 구조적 실업이, 가사경제라는 그림의 일부로 편입되는 맥락이라고 할 수 있다. 로봇공학 및 관련 기술들이 '발전된' 국가에서 남성들을 실업 상태에 빠지게 하고, 제3세계의 '발전' 과정에서 남성의 일자리를 창출하는 데 실패하며, 사무 자동화가 노동력이 과잉인 국가에서조차 표준이 되면서 노동의 여성화가 강화된다. 미국 흑인 여성은, 흑인 남성이 구조적인 불완전 고용('여성화')에 직면한다는 것이 어떤 것인지, 임금 경제에서 배정받은 극도로 취약한 위치가 어떤 것인지를 알고 있었다. 섹슈얼리티, 재생산, 가족, 공동체의 삶이 이와 같은 경제구조와 얽혀 있다는 점, 그 수많은 얽힘의 방식을 따라 백인 여성과 흑인 여성의 상황이 분화되었다는 점은 이제 비밀이 못

된다. 더 많은 뭇 여성과 남성이 이와 같은 상황에 맞서게 될 것이며, (직업의 유무와 별도로) 기초생활 보장의 문제에서 젠더와 인종을 넘어서는 연대는 구축하면 좋은 정도가 아니라 필수적인 과제가 될 것이다.

신기술은 기아 및 세계의 자급 식량 생산에도 깊은 영향을 미치고 있다. 레이 레서 블럼버그(Rae Lesser Blumberg, 1981)는 여성이 전 세계적으로 자급용 식량의 50퍼센트를 생산한다고 추정한다.[17] 여성들은 식량과 에너지 작물의 상품화가 하이테크를 매개로 가속되면서 산출되는 이윤에서 일반적으로 배제되는 한편, 음식을 내놓아야 하는 의무는 줄지 않은 데다 재생산의 조건이 한층 복잡해졌기 때문에 한결 고된 나날을 보내고 있다. 녹색혁명 기술은 고도 기술을 통해 산업화된 생산과 상호작용하면서, 젠더화된 노동 분업과 젠더에 따른 이주 패턴을 바꾸는 중이다.

신기술은 로절린드 페체스키(Rosalind Petchesky, 1981)가 분석한 '사유화(privatization)' 형식에 깊이 연루된 것처럼 보인다. 이와 같은 사유화 형식에서는 군사화, 우익의 가족 이념과 정책, 기업 (및 국가) 자산을 더욱더 사적인 것으로 정의하는 현상이 시너지를 일으키며 상호작용한다.[18] 새로운 커뮤니케이션 기술들은 '공공의 삶'을 모두에게서 박탈하는 과정에서 근본적 역할을 담당한다. 이 기술들은 사람 대부분, 하지만 특히 여성의 문화적·경제적 손실을 대가로 영구적인 하이테크 군사 체제가 사방에서 버섯처럼 솟아나도록 촉진한다. 비디오게임 및 소형 TV와 같은 기술은 현대적 형태의 '사생활'을 만들어 내는 핵심 동력인 것 같다. 비디오게임 문화는 개인 간 경쟁 및 외계인과의 전쟁에 심하게 치중되어 있다. 하이테크의 젠더화된 상상력, 지구 파괴 및 SF적인

탈출을 생각할 수 있게 만드는 상상력은 바로 이 지점에서 생겨
난다. 우리의 상상력만 군사화되는 것이 아니다. 전자공학과 핵기
술을 이용한 전쟁이라는, 또 다른 현실에서도 벗어날 수 없는 것
이다. 이와 같은 기술들은 최대의 이동성과 완벽한 교환을 약속한
다—우연찮게도, 완벽한 이동과 교환의 실천 양식인 관광산업이
세계에서 가장 큰 산업 분야 중 하나로 출현했다.

　　신기술은 섹슈얼리티와 재생산 모두의 사회관계에 영향을
주지만 늘 같은 방식으로 작동하지는 않는다. 섹슈얼리티와 도구
성, 그리고 몸을 사적 만족감과 효용성을 극대화하는 기계로 보는
관점이 맺는 긴밀한 관계는 사회생물학적 기원 설화에 잘 기술되
어 있다. 사회생물학적 기원 설화는 유전학적 미적분을 강조하면
서 젠더 역할과 지배의 변증법이 불가피하다고 설명한다.[19] 이와
같은 사회생물학적 설화는 신체를 생체 요소 또는 사이버네틱스
커뮤니케이션 시스템으로 보는 하이테크적 관점에 의존한다. 재
생산 환경에서 목격되는 수많은 변환 중에는 의학적 변환도 있다.
여기서 여성 신체의 경계는 '시각화'와 '개입'이 새롭게 투과할 수
있는 형태로 변경되었다. 당연한 이야기지만, 의학의 해석학에서
신체 경계에 대한 해석을 누가 좌우할 것인지는 페미니즘의 주요
쟁점 중 하나다. 1970년대에 자궁 검경은 여성이 자신의 신체에
대한 권리를 주장하는 과정에서 상징적 위상을 차지했다. 하지만
이 간단한 도구는 사이보그 생식의 실천 과정에서 현실을 두고 협
상을 벌일 때, 우리에게 필요한 몸 정치학에 맞지 않는다. 자구책
은 충분하지 않고, 시각화 기술은 카메라로 하는 사냥이라는 중요
한 문화적 실천 양식과 사진학적 의식의 깊은 곳에 잠복한 포식자
본성을 떠올리게 만든다.[20] 성, 섹슈얼리티, 재생산은 개인과 사회

의 가능성에 대한 우리의 상상력을 구조화하는 하이테크 신화 체
계의 중심에 있는 행위자들이다.

　　거대 과학기술 노동력을 위한 [삶의] 기대치, 문화, 노동, 재
생산이 재형식화되는 현상은 신기술의 사회관계가 지닌 또 다른
결정적 측면이다. 심하게 양극화된 사회구조의 등장은 사회적으
로나 정치적으로 아주 위협적이다. 모든 민족 집단(ethnic group)
의 여성과 남성, 특히 유색인 집단이 문화산업으로부터 감시와 사
각지대에 이르는 하이테크 억압 장치의 통제 속에서 가사경제, 다
양한 유형의 문맹, 일반화된 정리 해고 및 무기력 속에 감금되는
것이다. 사회주의페미니즘 정치가 적절한 형태가 되려면 특권화
된 직업군, 그중에서도 과학기술의 담론, 과정, 대상을 생산하는
과학기술 업무에 종사하는 여성들의 문제를 상정해야 한다.[21]

　　이 문제는 여성주의 과학의 가능성을 찾아가는 과정의 한 단
면에 불과하지만, 중요하다. 지식, 상상, 실천 양식을 생산할 때 새
로 형성된 과학 종사자 집단들은 어떤 구성적 역할을 담당할 수
있을까? 이와 같은 집단들은 진보적 사회/정치운동과 어떻게 연
대할 수 있을까? 정치적 책임을 어떤 형태로 구성해야 우리 여성
들이 서로를 갈라놓는 과학기술의 위계를 넘어 단결할 수 있을
까? 반군사주의 과학 활동가 집단과 연대해서 여성주의 과학/기
술 정치를 발전시킬 방법이 있을까? 하이테크 카우보이를 비롯해
실리콘밸리에서 일하는 과학기술 노동자 상당수는 군사과학을
연구하고 싶어 하지 않는다.[22] 이와 같은 개인적 취향과 문화적 성
향을, 유색인을 포함한 여성의 수가 상당히 증가한 전문직 중산층
의 진보 정치와 결합할 수 있을까?

집적회로 속의 여성들

여러 선진 산업사회에서 여성의 위치가 과학기술의 사회관계를 통해 일부 재구조화되면서 역사적으로 변경된 양상을 간단히 기술해 보려 한다. 노동계급의 삶이 공장과 가정으로, 중산층의 삶이 시장과 가정으로, 젠더 실존이 개인의 영역과 정치의 영역으로 나뉜다는 이미지에 드러나는 것처럼, 공적 영역과 사적 영역을 구분함으로써 여성의 삶을 특징짓는 것이 이데올로기적으로 가능했던 시절이 설령 있었다고 가정할 수 있을지는 몰라도, 지금은 그런 구분을 하는 것 자체가 상황을 왜곡하는 이데올로기에 불과하다. 앞서 이분법의 양쪽 항이 실천과 이론에서 서로를 구성하는 것을 보여 주는 정도로는 어림없다. 나는 네트워크라는 이념적 이미지를 선호한다. 만개하고 있는 공간과 정체성들을 드러내는 것은 물론이고, 개인의 신체와 정치적 신체의 경계가 서로 투과될 수 있다고 제안하는 개념이기 때문이다. '네트워킹'은 페미니즘의 실천이자 다국적기업의 전략이다—대항 사이보그에게는 엮기(weaving)가 있다.

이제는 앞에서 제시했던 지배의 정보과학 이미지로 돌아가서, 집적회로 속 여성의 '자리'에 대한 전망을 하나 추적해 보자. 여기서는 주로 선진 자본주의사회의 관점에서 관념화된 사회적 위치 몇 개만을 다룰 것이다. 가정, 시장, 직장, 국가, 학교, 병원, 교회다. 관념화된 공간 각각은 논리적으로나 실천적으로나 서로를 함축하기 때문에, 홀로그램 사진에 비유할 수 있을 것이다. 나는 현재 요구되는 분석과 실천 작업을 정비하는 데 힘을 보태기 위해, 신기술이 매개하고 강제하는 사회관계의 영향을 검토해 보고 싶다. 하지만 이런 네트워크에 여성의 '자리'란 없으며, 여성이 사이보그 정체성을 구성하는 데 꼭 필요한 차이와 모순의 기하학만 있다. 이와 같은 권력과 사회적 삶의 그물망을 읽는 법을 배우면 새로운 결합, 새로운 연합을 이룰 방법을 배울 수 있을지도 모른다. 다음에 제시된 목록은 통합된 자아의 관점, '정체화/동일시(identification)'의 관점에서 읽어 낼 수가 없다. 쟁점은 분산이다. 과제는 디아스포라에서 생존하는 것이다.

가정: 여성 가장 가구, 연속적 일부일처, 남성의 도주, 독거하는 노년 여성, 가사 노동의 테크놀로지, 가사 노동의 임노동화, 가정 노역장의 재출현, 가정 기반 사업과 자택 근무, 전자화된 가내공업, 도시의 홈리스, 이주, 모듈화된 건축, 강화된(시뮬레이션된) 핵가족, 강도 높은 가정폭력.

시장: 신기술로 제작된 신상품이 범람하는 가운데 새로 마케팅 대상이 된 여성들의 지속적 소비 노동(특히 산업화된 국가들과 산업화 중인 국가들이 대량 실업의 위험을 모면하려 경쟁하게 되면서, 딱히 왜 필요한지 알 수 없는 상품을 판매할 시장을 넓혀 가려 애를 쓰는 것이 필연이다), 기존의 대중시장을 무시한 채 부유층을 노린 광고전략과 짝을 이루는, 양극화된 구매력, 부유층 하이테크 시장구조에 대응하는 비공식 노동 및 상품시장의 중요성 확대, 전자금융을 통한 감시체제, 경험의 시장적 추상화(상품화)의 강화, 그로부터 등장한 실효성 없는 유토피아적 공동체 이론이나 그에 준하는 냉소적 이론들, 시장/금융 체계의 극단적인 유동성(추상화), 성적 시장과 노동시장의 상호 관통, 추상화되고 소외된 소비가 섹슈얼리티와 한층 더 결부되는 현상.

직장: 성과 인종에 따른 노동 분업의 지속적 강화, 다만 특권

적 직업군에 소속된 백인 여성과 유색인 수의 상당한 증가, 사무직, 서비스직, 생산직(특히 섬유), 농업, 전자산업에서 일하는 여성들에게 신기술이 미치는 영향, 노동계급의 국제적인 재구조화, 가사경제를 촉진하는 새로운 시간 배치의 발달(가변적 노동시간, 파트타임, 초과근무, 근무 기회 부재), 가사 노동과 가정 외부에서의 노동, 양극화된 임금구조를 강화하는 압력, 현금이 필요한 세계 인구의 상당수가 안정적인 고용을 경험한 바 없거나 기대할 수도 없는 실태, 노동 대부분이 '주변적'이거나 '여성화'되는 현상.

국가: 복지국가의 지속적 붕괴, 감시 및 통제의 강화와 더불어 진행되는 탈중심화, 컴퓨터통신을 매개로 한 시민권, 정보 부유층과 빈곤층의 분화 형태로 행사되는 제국주의와 정치권력, 하이테크 군사화의 강화와 다양한 사회집단의 저항 증가. 사무직의 자본집약적 성격 강화로 인한 행정직 감소, 유색인 여성의 직업 이동성에 영향, 점점 더 사유화되는 물질적·이념적 삶과 문화, 사유화와 군사화의 긴밀한 통합, 부르주아 자본주의적인 개인의 삶과 공적 삶의 하이테크 형식, 추상적인 적을 믿는 심리 메커니즘과 관련해 상이한 사회집단들이 서로를 인식할 수 없는 현상.

학교: 인종, 계급, 젠더에 따라 분화된 공교육의 매 단계가 하이테크 자본의 요구와 점점 더 강하게 맞물리는 현상, 학생과 교사를 위한 진보적이고 민주적인 교육 구조를 희생시키는 교육개혁 및 정부 지원에 관여하는 관리 계급, 기술관료적이고 군사화된 문화 속에서 대중의 무지와 억압을 낳는 교육, 이의 제기 및 급진주의 정치운동에서 성장한 반과학적 신비

주의와 컬트, 백인 여성 및 유색인 집단에서 지속되는 상대적
인 과학 문맹, 과학 기반의 다국적기업(특히 전자공학과 생
명공학에 의존하는 회사들)이 강화하는 산업화된 교육(특히
고등교육), 점차 양극화되는 사회에 놓인 고등교육을 받은 수
많은 엘리트들.

병원: 강화된 기계−신체 관계, 생식과 면역체계의 기능 및
'스트레스' 현상과 특히 관계 깊은 개인의 신체적 경험들을
소통하는 공적 은유에 대한 재협상. 여성의 재생산 통제력이
실현되지 않고 잠재되어 있는 상황이 세계사적으로 갖는 의
미에 대한 반응으로 재생산 정치가 강화되는 현상, 역사적으
로 특수한 새로운 질병의 출현, 하이테크 상품과 처리 절차
가 침투한 환경 속에서 건강이 갖는 의미와 건강을 성취할 수
단들을 둘러싼 투쟁, 건강에 대한 국가 책임을 둘러싼 투쟁의
강화. 미국 정치의 주요 형식으로서 대중 보건 운동이 차지하
는 이념적 역할.

교회: 전자화된 자본과 자동화된 물신의 결합을 경배하는 전
자공학적 근본주의자 '초구세주' 전도사들, 군사화된 국가에
저항하는 과정에서 교회가 차지하는 비중의 강화. 여성이 종
교에서 갖는 의미와 권위에 대한 주요 투쟁들, 성 및 건강과 결
합된 영성(spirituality)이 정치투쟁에서 계속 발휘하는 중요성.

불안정과 문화적 박탈이 크게 강화된다는 점, 가장 취약한 위
치에 있는 사람들이 생존을 위한 네트워크를 이루는 데 흔히 실
패한다는 점을 지적하는 것 외에는 지배의 정보과학이 갖는 특
징을 서술하는 방법이 달리 없다. 이 그림의 상당 부분은 과학기

술의 사회관계와 엮여 있으며, 과학기술의 문제를 다루는 사회주의-페미니스트 정치가 시급하다는 점은 두말할 나위가 없다. 현재 많은 일들이 벌어지고 있어서 정치적 작업을 할 수 있는 밑바탕이 풍부하다. 임노동자 여성들이 집합적 투쟁 형식을 발전시키는 SEIU 925 지부* 같은 노력은 우리 모두의 우선순위에서 상위에 있어야 한다. 이와 같은 노력들은 노동과정의 기술적 재구조화 및 노동계급의 개혁과 매우 깊게 연결되어 있으며 백인 남성의 산업 노조에서는 거의 특권화된 적 없는 쟁점들, 즉 공동체, 섹슈얼리티, 가족과 관련된 사안을 포함하는 보다 포괄적인 형태의 노동자 조직을 이해하도록 한다.

과학기술의 사회관계에 관련된 구조적 재배치는 강렬한 양가감정을 불러일으킨다. 하지만 20세기 후반을 살아가는 여성들이 노동, 문화, 지식 생산, 섹슈얼리티, 재생산의 모든 양상과 맺는 관계의 함의가 순전히 우울하기만 하지는 않다. 마르크스주의 논의의 대부분은 아주 타당한 이유로 지배를 가장 잘 꿰뚫어 보면서도 후기자본주의 사회의 허위의식, 또는 사람들 자신이 피지배에 공범으로 연루되어 있다고 볼 수밖에 없는 현상을 이해하는 데 어려움을 겪는다. 특히 여성의 관점에서 볼 때, 이른바 상실된 것이란 현재 자행되는 침해에 대한 반작용으로 낭만화되고 자연화된 형식의 해로운 억압일 때가 빈번하다는 점을 잊지 않는 것이 매우 중요하다. 하이테크 문화가 매개하는 단결이 분열되는 현상에 대한 양가감정은, '탄탄한 정치적 인식론을 정초하는 명쾌한 비판' 대 '조작된 허위의식'이라는 범주로 의식을 분류하는 대신 막강한

* 미국의 서비스노동자 국제노동조합(Service Employees Interrnational Union)에서 사무직 종사자들이 이루는 조직—원주.

잠재력을 지닌 쾌감, 경험, 역량의 출현을 섬세하게 이해함으로써 게임의 규칙을 바꾸기를 요구한다.

인종, 젠더, 계급을 가로지르는 새로운 단결의 기반이 출현하는 가운데 희망의 근거가 드러난다. 사회주의페미니즘 분석의 기초 단위가 되는 이 범주들 자체가 다채로운 변환을 겪고 있기 때문이다. 과학기술과 사회관계와의 관련 사이 점점 더 빠른 속도로 더 큰 어려움을 겪게 되는 현상은 전 세계적으로 심각한 수위에 도달했다. 하지만 사람들의 경험은 완전히 투명하지 않고, 효과적인 경험 이론을 집합적으로 구축하는 데 필수적인 섬세한 접속도 충분하지 않다. '우리의' 경험을 해명하고자 하는 마르크스주의, 정신분석, 페미니즘, 인류학의 노력조차 아직 초보적인 단계다.

나는 내가 처한 역사적 위치 탓에 내 관점이 별종에 가깝다는 사실을 의식하고 있다. 스푸트니크호의 발사가 미국의 국가 과학교육 정책에 미친 영향 덕분에 나 같은 아일랜드계 천주교 신자 여성이 생물학 박사가 될 수 있었던 것이다. 나의 몸과 마음은 페미니즘 운동이 만들었지만 제2차 세계대전 이후의 군비경쟁과 냉전 역시 나를 구성하는 과정에 가담했다. 현재의 패배보다 정치가 발휘하는 모순적 효과에 주목하면 희망을 품을 이유가 더 많아진다. 체제를 옹호하는 미국 기술관료를 생산하기 위해 설계한 정책이 반체제자를 양산해 내기도 하는 것처럼 말이다.

페미니즘 관점의 영구적 부분성은 정치조직과 참여의 형식에 대한 우리의 기대치에 영향을 미쳐 왔다. 총체성이 있을 때만 잘 해낼 수 있는 것은 아니다. 완벽하게 진실한 언어를 향한 꿈, 경험을 완벽히 충실하게 명명한다는 가능성을 향한 모든 꿈과 마찬가지로 공통언어를 향한 페미니스트의 꿈은 전체주의적이며 제국주의적인 꿈이다. 모순을 해결하려 하는 변증법 역시 그런 의미에서 꿈의 언어다. 우리는 아이러니하게도, 동물 및 기계와의 융합을 통해 서구 로고스의 체현인 (남성)인간이 되지 않는 방법을 배울 수 있을지도 모른다. 과학기술의 사회관계를 통해 불가피해진 것, 강력하고 금기시되는 융합에서 체험하는 쾌감에 주목하면 페미니즘 과학이 정말로 가능할지도 모른다.

사이보그: 정치적 정체성의 신화

20세기 후반의 정치적 상상력에 영향을 줄, 정체성과 경계에 관련된 신화 하나를 제시하며 글을 마무리하고 싶다(그림 1). 나는 조애나 러스(Joanna Russ), 새뮤얼 R. 딜레이니(Samuel R. Delany), 존 발리(John Varley), 제임스 팁트리 주니어(James Tiptree Jr.), 옥타비아 버틀러(Octavia Butler), 모니크 위티그, 본다 매킨타이어(Vonda Mclntyre) 같은 작가들에게 신세를 졌다.[23] 우리의 이야기꾼인 이들은 하이테크 세계에 체현된다는 것의 의미를 탐사한다. 이들은 사이보그를 위한 이론가다. 신체의 경계에 관련된 개념들과 사회질서를 탐구한 인류학자 메리 더글러스(1966, 1970)는 몸의 이미지가 세계관과 정치 언어에 얼마나 근본적인 영향을 주고 있는지 깨닫게 한 사람이다. 뤼스 이리가레(Luce Irigaray)와 모니크 위티그와 같은 프랑스 페미니스트들은 서로 간의 차이에도 불구하고 모두 몸을 쓰는(to write the body) 방법을 알고 있으며 체현의 이미지, 특히 위티그의 경우에는 몸의 파편화와 재구성의 이미지로부터 에로티시즘과 우주론, 정치를 직조하는 방법을 안다.[24]

   수전 그리핀(Susan Griffin), 오드리 로드, 에이드리엔 리치 같
은 미국 래디컬 페미니스트들은 우리의 정치적 상상력에 깊은 영
향을 주었다. 한편으로는 이들의 영향 때문에 우리가 친근한 신체
적·정치적 언어로 허용할 수 있는 언어의 범위가 지나치게 제한
된 것 같기도 하다.[25] 이들은 유기체적인 것을 옹호하면서 기술적
인 것과 대립시킨다. 하지만 그들의 상징체계 및 그와 연관된 에
코페미니즘 및 페미니스트 이교 신앙(paganism) 속에 넘쳐 나는
유기체주의는, 20세기 후반에 적합한 대립 이념이라는 샌도벌의
용어를 통해서만 이해할 수 있다. 그들은 기계나 후기자본주의 의
식에 사로잡히지 않은 사람이라면 하나같이 어리둥절하게 만들
것이다. 이런 의미에서 그들은 사이보그 세계의 일부다. 하지만
유기체와 기계의 구분을 비롯해 서구적 자아의 구조를 만드는 깔
끔한 구분선이 무너지면서 출현하는 독특한 가능성들을 단호히
포용할 때, 페미니즘은 엄청난 자원을 얻게 된다. 붕괴의 동시성
은 지배의 기반에 균열을 내면서 기하급수적인 가능성을 연다. 개
인적이고 정치적인 '기술적' 오염에서 무엇을 배울 수 있을까? 나
는 서로 겹치기도 하는 두 유형의 텍스트를 간단히 살펴보면서 사
이보그 신화를 구성하는 데 도움이 될 만한 통찰을 얻어 보려 한
다. 바로 유색인 여성과 괴물 자아를 구성하는 여성주의 SF다.
   나는 앞에서 '유색인 여성'을 사이보그 정체성의 한 형태로
제시했다. 사이보그 정체성이란, 오드리 로드의 '생물신화학(bio-
mythography)'인 『자미』(1982)가 서술하는 복합적인 정치적·역
사적 층 속에 퇴적된 '이방인' 정체성들을 융합하여 합성하는 강
력한 주체성이다. 이런 잠재력을 지도로 그릴 수 있게 하는 물질
적이고 문화적인 격자망이 있다. 로드는 『시스터 아웃사이더(Sis-

ter Outsider)』(1984)라는 책의 제목에서 이 느낌을 포착해 낸다. 내 정치 신화에서 자매 이방인(시스터 아웃사이더)은 외국인 여성으로, 여성이거나 여성화된 미국 노동자들이 자신들의 연대를 방해할뿐더러 안전을 위협하는 적이라고 여기게끔 가정한 상대이다. 내국, 즉 미국 국경 안에서 자매 이방인은 같은 산업에서 분열과 경쟁을 유도하고 착취하기 위해 조작당하는 여성들의 인종적·민족적 정체성의 한복판에 놓인 잠재력이다. '유색인 여성'은 과학 기반 산업에서 선호되는 노동력이며 전 세계의 성 시장, 노동 시장, 재생산 정치의 만화경을 일상으로 도입하는 현실의 여성들이다. 성 산업과 전자제품 조립 공장에 고용된 젊은 한국 여성들은 고등학교에서 모집되고 집적회로를 만드는 교육을 받는다. 읽고 쓰는 능력, 특히 영어 능력은 다국적기업에게 이처럼 '값싼' 여성 노동을 매우 매력적으로 만든다.

　'구술적 원시성' 같은 오리엔탈리즘적 전형과는 반대로, 유색인 여성에게 읽고 쓰는 능력은 특별한 징표이며 미국에서는 흑인 여성들과 남성들이 읽고 쓰기를 배우기 위해 목숨을 걸어 온 역사를 통해 습득한 능력이다. 글쓰기는 식민화된 집단 모두에게 각별한 의미가 있다. 글쓰기는 구술문화와 문자문화, 원시 심성과 문명화된 심성을 구분하는 서구 신화에서 결정적인 위치를 차지해 왔고, 더 최근에는 일신론적·남근적·권위주의적이며 단독적인 작업, 즉 유일하고 완벽한 이름을 경배하는 서구의 남근이성중심주의를 공격한 '포스트모더니즘' 이론을 거쳐, 문제의 이분법들이 붕괴되는 데도 결정적인 역할을 담당했다.[26] 글쓰기의 의미가 걸린 경합은 현대 정치 투쟁의 주요 형식 중 하나다. 글쓰기 놀이의 해방은 더없이 진지한 문제다. 미국 유색인 여성의 시와 이야기

는 글쓰기, 곧 의미화의 권력을 쟁취하는 문제와 반복적으로 관련
되지만 이때의 권력은 남근적이거나 무고해서는 안 된다. 사이보
그 글쓰기는 에덴으로부터의 추방, 즉 언어 이전, 글쓰기 이전, (남
성)인간의 등장 이전, 옛날 옛적의 총체성을 상상해서는 안 된다.
사이보그 글쓰기는 본원적 순수함이라는 기반 없이, 그들을 타자
로 낙인 찍은 세계에 낙인을 찍는 도구를 움켜쥠으로써 획득하는
생존의 힘과 결부된다.

　　이와 같은 도구는 자연화된 정체성의 위계적 이분법을 역전
시키고 탈구시키는 이야기이거나 다시 들려주는 이야기인 경우가
많다. 사이보그 저자들은 기원 설화를 다시 들려주면서 서구 문화
의 핵심적 기원 신화들을 전복한다. 이와 같은 기원 신화와 종말을
통해 그 내용을 실현하려는 열망이 우리 모두를 식민화해 왔다. 페
미니스트 사이보그에게 가장 결정적인 남근이성중심주의 기원 설
화는 글쓰기 기술—세계를 쓰는(write) 기술, 생명공학과 전자공
학—안에 구축된 채, C^{3}I의 격자 위에서 우리의 신체를 코드의 문
제로 텍스트화했다. 페미니스트 사이보그 이야기의 과제는 소통
과 통신을 재코드화해서 명령과 통제를 전복하는 것이다.

　　은유적으로 그리고 문자 그대로 언어 정치는 유색인 여성의
투쟁에 스며들었다. 현대 미국 유색인 여성들이 쓴 다채로운 글에
서 언어에 대한 이야기는 특별한 힘을 지닌다. 예를 들어 신대륙의
'사생아' 인종인 메스티소의 어머니이자 언어의 달인이었고, 코
르테스의 정부였던 토착민 여성 말린체(Malinche)를 다시 이야기
하는 것은 멕시코계 미국인 여성의 정체성을 구성하는 데 각별한
의미가 있다. 체리 모라가(Cherrie Moraga)는 『전쟁 시대의 사랑
(Loving in the War Years)』(1983)에서 본원적 언어를 소유하거나

기원 설화를 이야기한 적이 없고 문화의 정원에 존재하는 합법적
이성애의 조화 속에서 살아 본 적이 없기에 순진무구한 상태에서
타락했다는 신화가 없는 상황, 부모로부터 자연적으로 물려받은
이름에 대한 권리에 정체성을 정초할 수 없는 상황에서 정체성이
란 어떤 것인지를 탐구한다.[27] 모라가의 글과 탁월한 문해력은 시
에서 드러나며, 말린체가 정복자의 언어에 능통한 것과 비슷한 종
류의—사생아적 생산이자 생존을 가능케 하는—위반을 보여 준
다. 모라가의 언어는 '온전'하지 않다. 의식적으로 잘라 이어 붙인
언어, 정복자의 언어인 영어와 스페인어의 키메라다. 하지만 위반
이전의 본원적인 언어를 주장하지 않고 에로틱하고 능수능란하
며 강력한 유색인 여성 정체성을 만들어 내는 것은 바로 이 괴물
키메라다. 자매 이방인이 세계 내 생존의 가능성을 암시할 수 있
는 힘은 순수성이 아니라 경계에서 살 수 있는 능력, 그리고 종말
과 더불어 아들의 나선형적 전유에서 해방되어 순수하며 전능한
어머니로 묘사되는 죽음의 일체성으로 최종 회귀한다는, (남성)인
간의 상상력 속 본원적 총체성이라는 정초 신화와 무관하게 글을
쓸 수 있는 능력에서 나온다. 글쓰기는 모라가의 몸에 낙인을 찍
고 그 몸을 유색인 여성의 몸으로서 긍정하며, 앵글로색슨 아버지
라는 낙인 없는 범주나, 존재한 적 없는 '본원적 문맹'인 어머니를
언급하는 오리엔탈리즘적 신화에 편입될 가능성을 차단한다. 말
린체는 어머니지만 선악과를 먹기 전의 이브가 아니다. 글쓰기는
남근이성중심적 (남성)인간의 가계에 필요한, 글쓰기로-추방되
기-전의-여성(Woman-before-the-Fall-into-Writing) 대신 자매 이
방인을 긍정한다.

글쓰기는 무엇보다 사이보그의 기술로, 20세기 후반에 만들어진 글자판이다. 사이보그 정치는 언어를 향한 투쟁으로서, 완벽한 소통이나 모든 의미를 완벽하게 번역해 내는 하나의 코드, 즉 남근이성중심주의라는 중심 원리에 대항하는 투쟁이다. 사이보그 정치학이 소음을 고집하며 오염을 긍정하고 동물과 기계의 불법적 융합을 기뻐하는 까닭은 여기에 있다. 이 결합은 남성과 여성(Man and Woman)을 문제 삼고 언어와 젠더를 생산한다고 여겨지는 힘인 욕망의 구조를 전복함으로써 자연과 문화, 거울과 눈, 노예와 주인, 신체와 정신이라는 '서구의' 정체성이 재생산되는 구조와 양태를 전복한다. '우리'는 본래 사이보그가 되기로 선택하지는 않았다. 하지만 선택이라는 행위는 '텍스트'가 널리 복제되기 이전 시대의 개체 재생산을 상상하는 자유주의 정치와 인식론을 정초한다.

다른 모든 유형의 지배를 포함하는 억압, 순전한 피해자라는 무고한 위치, 자연에 더 가깝게 뿌리내린 자들의 지반 같은 '우리의' 특권적 위치에서 정치의 근거를 마련할 필요에서 벗어난 사이보그의 시점에서, 우리는 강력한 가능성들을 볼 수 있다. 여성주의와 마르크스주의는 억압의 위계, 그리고/또는 도덕적으로 우월하고 순수하며 자연과 더 닮은 잠재적 위치에서 혁명 주체를 구성하라는 서구의 인식론적 정언명령에서 좌초를 거듭했다. 공통의 언어에 대한, 또는 적대적인 '남성적' 분리에서 보호해 주겠다는 본원적 공생에 대한 본원적 꿈을 꿀 수 없는 대신, 최종적으로 특권화된 읽기나 구원의 역사가 없는 텍스트의 놀이 속에 쓰일 때 비로소 '자신'이 세계 속에 완전히 속한다는 인식은, 정치의 근거를 정체성이나 전위당, 순수성, 어머니 역할에서 찾을 필요에서 해방시킨다. 정체성을 빼앗긴 사생아 종족은 주변부의 힘, 말린체 같은 어머니의 중요성을 가르쳐 준다. 유색인 여성은 말린체를 남성주의적 공포 속 사악한 어머니에서 본래부터 읽고 쓰기 능력을 지닌, 생존의 기술을 가르쳐 주는 어머니로 바꿔 왔다.

이것은 단순히 문학적 해체가 아니라 문턱의 변환을 의미한다. 본원적인 순수성에서 출발해 온전성으로의 회귀에 특권을 부여하는 모든 이야기는, 삶이라는 연극이 개체화, 분리, 자아의 탄생, 자율성의 비극, 글쓰기로의 추락, 소외로 이루어진다고, 즉 대타자(the Other)의 젖가슴에서 상상적인 휴식을 취함으로써 완화되는 전쟁이라고 상상한다. 결점 없는 재탄생, 완성, 추상이 구현하는 재생산 정치가 이와 같은 플롯을 다스린다. 이런 플롯은 여성을 더 나은 존재로 상상하든 더 나쁜 존재로 상상하든 간에, 하나같이 여성은 자아성을 덜 가지고 있고 개체화가 덜 되어 있으며 구순기적인 것이나 대문자 어머니에 더 잘 융합되고 남성적 자율성에 덜 좌우된다고 간주한다. 하지만 남성적 자율성에 덜 의존할 수 있는 길이 또 있다. 이 길은 원형적 여성(Woman), 원시성, 영점, 거울 단계와 그 가상을 통과하지 않는다. 이 경로는 타고난 여성(Woman born)이 아니라, 여성들(women), 다른 현재시제, 사생아 사이보그, 피해자화를 이데올로기적 자원으로 삼기를 거부하며 진짜 삶을 살고자 하는 이들을 통과한다. 이 사이보그들은, '서구' 논평자가 또 하나의 원시적·유기적 집단이 '서구의' 기술, 그러니까 글쓰기를 접하는 바람에 슬프게도 소멸해 버렸다고 아무리 여러 차례 말해도 큐 사인에 맞춰 퇴장하기를 거부한다.[28] 이 현실 세계의 사이보그들[예를 들어, 아이화 옹이 서술한 것처럼 일본과 미국의 전자제품 회사들에서 일하는 동남아시아 마을 여성들]은 자신들의 몸과 사회라는 텍스트를 능동적으로 다시 쓰는 중이다. 이 독법 놀이에는 생존이 걸려 있다.

요약하자면 서구 전통에서는 특정 이원론들이 유지되어 왔다. 이 이원론 모두는 여성, 유색인, 자연, 노동자, 동물—간단히 말해 자아를 비추는 거울 노릇을 하라고 동원된 타자—로 이루어진 모든 이들을 지배하는 논리와 실천 체계를 제공했다. 이 골치 아픈 이원론에서는 자아/타자, 정신/육체, 문화/자연, 남성/여성, 문명/원시, 실재/외양, 전체/부분, 행위자/자원, 제작자/생산물, 능동/수동, 옳음/그름, 진실/환상, 총체/부분, 신/인간과 같은 것이 중요하다. 지배되지 않는 일자(the One)이며, 타자의 섬김에 의해 그 사실을 아는 것이 자아다. 미래를 쥐고 있는 자아이며 지배의 경험을 통해 자아의 자율성이 거짓임을 알려 주는 이가 타자다. 일자가 된다는 것은 자율성을 확보하고 막강해지며 신이 된다는 것을 뜻한다. 하지만 일자가 된다는 것은 환상이며 그로써 타자와 함께 종말의 변증법에 연루된다. 반면 타자됨은 다양해지는 것, 분명한 경계가 없는 것, 너덜너덜해지는 것, 실체가 사라지는 것이다. 하나는 너무 적지만 둘은 너무 많다.

하이테크 문화는 흥미로운 방식으로 이 이원론에 도전한다. 인간과 기계의 관계에서는 누가 생산자이고 누가 생산물인지 불확실하다. 코딩 작업으로 구성되는 기계에서는 무엇이 정신이고 무엇이 육체인지 분명치 않다. 우리가 우리 자신을 (생물학 같은) 공식 담론과 (집적회로 속 가사경제 같은) 일상적 관행 모두의 맥락에서 이해하게 되면, 우리는 우리가 사이보그, 하이브리드, 모자이크, 키메라임을 깨닫게 된다. 생물학적 유기체들은 생명 체계, 다른 기계들과 같은 커뮤니케이션 장치가 되었다. 기계와 유

기체, 기술적인 것과 유기체적인 것에 관한 공식적 지식에서 근본
적, 존재론적 분리는 없다. 리들리 스콧(Ridley Scott)의 영화〈블
레이드 러너(Blade Runner)〉에 나오는 레플리칸트 레이첼은 한 사
이보그 문화의 공포, 사랑, 혼란의 이미지를 상징한다.

　　그에 따르는 결과 하나는 도구와의 연결 감각 증대다. 컴퓨
터 사용자들 상당수가 경험하는 트랜스 상태는 SF 영화와 문화
적 농담에서 단골 소재가 되었다. 어쩌면 신체 마비를 비롯한 중
증 장애를 지닌 사람들이야말로 다른 커뮤니케이션 장치와의 복
합적인 혼종화 경험을 가장 강하게 시도하거나 체험할 수 있을 것
이다.[29] 앤 맥카프리(Anne McCaffrey)의 선행-페미니즘 소설『노
래하는 배(The Ship Who Sang)』(1969)는 중증 장애를 지니고 태
어난 소녀의 두뇌가 복잡한 기계장치와 하이브리드가 되면서 생
겨난 사이보그 의식을 탐구한다. 이 이야기는 젠더, 섹슈얼리티,
체현, 기술 모두를 재구성한다. 왜 피부가 우리 몸의 경계가 되어
야 하며 다른 것들은 피부 속에 넣어야 몸의 일부가 될 수 있는
가? 17세기 이래 지금까지 기계는 생명을 불어넣을 수 있는 대상
이었다—기계가 말하거나 움직이게 하거나, 기계의 질서 정연한
발달과 정신 능력을 설명하기 위해 유령 같은 영혼이 기계에 깃든
다고 여겼다. 반대로 유기체를 기계화할—정신의 자원이라는 위
상을 갖는 신체로 환원할—수도 있었다. 이런 기계/유기체 관계
는 진부하며 불필요하다. 기계는 우리에게 상상과 실천 모두에서
보철 장치, 친근한 구성 요소, 다정한 나 자신이 될 수 있다. 침투
불가능한 총체성, 완전한 여성 및 그 페미니즘 변이(돌연변이?)를
내놓는 유기체적 전체론은 우리에게 쓸모가 없다. 이제 이 논점
을, 여성주의 SF에 나오는 사이보그 괴물들의 논리를 아주 부분
적으로만 읽어 내는 작업을 통해 정리해 볼까 한다.

여성주의 SF를 채우는 사이보그들은 남성이나 여성, 인간, 인공물, 인종 구성원, 개인 정체성, 몸의 지위를 매우 문제적으로 만든다. 케이티 킹은 이 소설들을 읽을 때 느끼는 쾌감이 정체성과 거의 관련이 없는 까닭을 설명한다. 제임스 조이스(James Joyce)나 버지니아 울프(Virginia Woolf) 같은 모더니스트 작가들에 움찔하지 않도록 단련된 학생들은, 조애나 러스(Joanna Russ)를 처음 읽을 때면 『알릭스의 모험(Adventures of Alix)』이나 『여성인간(The Female Man)』 같은 소설에서 등장인물이 영웅적 탐험이나 왕성한 에로티시즘, 진지한 정치를 추구하는 소망은 충족시키면서도 이야기에서 순진무구한 총체성을 찾는 것은 거절하는 것을 보면 당황한다. 『여성인간』은 유전형이 서로 같은 네 사람의 이야기다. 이들은 모두 만나는데, 함께 모여도 전체를 만들거나 폭력적인 도덕 행위의 딜레마를 해결하지 못하고, 젠더라는 스캔들의 확장을 피할 수 없다. 새뮤얼 R. 딜레이니의 작품, 특히 『네베리온 이야기(Tales of Nevèrÿon)』 같은 여성주의 SF는 신석기 혁명을 다시 시도하며 서구 문명을 수립하는 변화를 다시 밟아 나가고, 그 타당성을 전복함으로써 기원 설화를 흉내 내며 조롱한다. '진짜' 젠더가 밝혀지기 전까지는 매우 남성적이라고 여겨진 소설들을 쓴 작가 제임스 팁트리 주니어는 수컷의 육아낭 및 육아의 세대교번, 즉 포유류와는 기술적으로 다른 생식의 이야기를 들려준다. 존 발리는, 표면에 사이보그-이후 시대의 공생체가 기이한 형태로 줄지어 증식하는 미친 여신-행성-트릭스터-늙은 여성-기술 장치인 가이아(Gaea)를 원형-페미니즘적으로 탐사해서 최고의 사이보그를 만들어 낸다. 옥타비아 버틀러는 경쟁자의 유전적 조작에 변신 능력으로 맞서는 아프리카 여성 주술사의 이야기[『와일드 시드(Wild Seed)』], 현대 미국 흑인 여성을 노예시대로 돌려놓은 뒤, 백인 주인-조상과 관련된 자신의 행위가 그녀 자신의 출생 가능성을 결정하게 되는 타임 워프 이야기[『킨(Kindred)』], 적이 자신이라는 것을 깨닫게 되는 종간 혼혈 입양 아동이 공동체와 자신의 정체성에 대해 금지된 통찰에 도달하는 이야기[『생존자(Survivor)』]를 쓴다. '이종창세기(Xenogenesis)' 시리즈의 첫 작품인 『새벽(Dawn)』(1987)에서 버틀러는 릴리스 이야포의 이야기를 들려준다. 릴리스라는 이름은 아담이 쫓아낸 첫째 아내를 연상시키고 성 이야포는 미국의 나이지리아 이주민 가정 아들의 미망인이라는 지위를 표시한다. 흑인 여성이자 아이를 떠나보낸 어머니인 릴리스는 핵전쟁의 홀로코스트 이후 지구의 서식처를 개량하면서 인간 생존자들이 자신들과 융합하도록 강요하는, 외계인 연인/구조자/파괴자/유전공학자들과의 유전적 교환을 통해 인류의 변환을 매개한다. 이 소설은 20세기 후반의 인종과 젠더에 따라 구조화된 신화의 장에서 생식, 언어, 핵의 정치를 조사한다.

본다 매킨타이어의 『수퍼루미널(Superluminal)』은 경계 위반을 특히 다채롭게 담은 소설이기 때문에, 체현과 페미니즘 글쓰기의 쾌감과 정치를 재정의하는 데 도움이 될, 희망적이고 위험한 괴물의 일부만 간단히 열거한 이 카탈로그를 마무리하는 데 적합한 것 같다. 이처럼 등장인물 모두가 '그냥' 인간이 아닌 소설에서 인간의 지위는 매우 문제가 된다. 유전적으로 변형된 잠수부 오르카는 범고래와 이야기를 나눌 수 있고 심해 환경을 견딜 수 있지만 파일럿이 되어 우주를 탐험하기를 갈망하는데, 그러려면 잠수부 및 고래와의 친족관계를 위험에 빠뜨리는 생체 이식을 받아야 한다. 새로운 발달 유전암호를 담은 바이러스 벡터, 이식수술, 마이크로 전자장치 삽입, 유사한 복제 신체를 비롯해 다양한 수단을 동원하여 신체 변형이 개시된다. 라이니어는 심장이식을 비롯해 초광속 이동을 견딜 수 있게 하는 수많은 신체 개조를 거쳐 비행사가 된다. 라두 드라큘은 외행성에서 창궐한 바이러스성 전염병을 이겨 낸 뒤, 종 전체의 공간지각 경계를 바꾸는 시간 감각을 획득한다. 이 등장인물들은 모두 언어의 한계와 경험을 소통하는 꿈, 거대한 변환과 연결의 세계에서까지도 필요한 한계와 부분성, 친밀성을 탐사한다. 그런데 『수퍼루미널』은 또 다른 의미에서 사이보그 세계의 결정적 모순을 보여 주는 대표적인 작품이다. 지금까지 말한 바대로 페미니즘 이론과 식민주의 담론이 교차하면서 SF 텍스트 속에 구현된 작품인 것이다. 다수의 '제1세계' 페미니스트들이 이런 둘 사이의 접점을 인정하지 않고 억압하려 했고, 나 역시 조 소폴리스가 지적하기 전까지는 이 작품을 그런 '제1세계' 페미니스트의 방식으로 읽었다. 조 소폴리스는 지배의 정보과학의 세계 체제에서 나와는 다른 위치에 있었기에, 여성 작가의 작품을 포함한 SF 문화에 제국주의적인 경향이 있다는 사실을 날카롭게 인식할 수 있었다. 소폴리스는 오스트레일리아 페미니스트의 감각으로, 매킨타이어를 『수퍼루미널』로 로맨스를 다시 쓴 작가로서보다는, 커크 함장과 스팍의 모험을 그린 TV 시리즈 〈스타트렉(Star Trek)〉을 쓴 작가로서 더 쉽게 떠올렸기 때문이다.

　서구의 상상력에서 괴물들은 늘 공동체의 한계를 정의해 왔다. 혼인을 파괴하고 동물성과 여성으로 전사의 경계를 오염시킨 고대 그리스의 켄타우로스와 아마존은, 그리스시대 남성 인간의 폴리스라는 세계의 중심에 한계를 정립했다. 근대 초기의 프랑스에서 혼란스러운 인간 육체였던 샴쌍둥이와 양성구유자는 근대 정체성 정립의 필수 요소였던 자연과 초자연, 의학과 법학, 흥조와 질병에 대한 담론을 정초했다.[30] 진화론과 행동과학에서는 원숭이와 유인원이 20세기 후반 산업사회 정체성의 다중적 경계를 표시해 왔다. 페미니즘 SF에 등장하는 사이보그 괴물들은 남성(Man)과 여성(Woman)이 등장하는 세속적인 소설과는 사뭇 다른 정치적 가능성과 한계를 정의한다.

적이 아닌 모습의 사이보그 이미지를 진지하게 받아들이면 여러 결과가 생겨난다. 우리의 몸, 우리 자신인 몸은 권력과 정체성의 지도다. 사이보그도 예외는 아니다. 사이보그 신체는 순수하지 않다. 에덴에서 태어나지 않았기 때문이다. 사이보그 신체는 통합적 정체성을 추구하지 않기에 종말 없는 (또는 세계가 끝날 때까지 유효한) 적대적 이원론들을 발생시키며, 아이러니를 당연하게 받아들인다. 하나는 너무 적고, 둘은 오직 하나의 가능성에 불과하다. 기술과 기계를 다루는 요령에서 느끼는 강한 쾌감은 더 이상 죄가 아니고, 체현의 한 양상이 될 뿐이다. 기계는 생명을 불어넣거나 숭배하거나 지배할 대상(*it*)이 아니다. 기계는 우리이고, 우리의 작동 방식이자 체현의 한 양상이다. 우리는 기계를 책임감 있게 대할 수 있다. 그들은 우리를 지배하거나 협박하지 않는다. 현재까지(옛날 옛적에), 여성적 체현(female embodiment)은 주어진 것, 유기체적인 것, 필연적인 것으로 여겨졌고 어머니의 역할과 그것이 은유적으로 확장된 활동 영역에서 발휘할 수 있는 솜씨를 뜻하는 것처럼 보였다. 우리는 배정받은 자리를 벗어날 때만 기계에서 강력한 쾌감을 느낄 수 있었고, 이 또한 따지고 보면 여성에게 적합한 유기체적 활동이었다는 핑계를 대야만 했다. 사이보그는 부분성, 유동성, 때로는 성과 성적 체현의 측면을 좀 더 진지하게 받아들일지도 모른다. 젠더는 심오한 역사적 폭과 깊이를 지녔어도, 결국에는 보편적인 정체성이 아닐 수도 있다.

무엇이 일상의 활동과 경험으로 간주될 수 있는지 묻는 이데 올로기적 질문에는 사이보그 이미지를 통해 접근해 볼 수 있다. 페미니스트들은 최근 일상에 묻혀 있고, 어떤 이유에서든 그 생활을 유지하는 쪽이 여성이기 때문에 여성이 남성보다 잠재적으로 우월한 인식론적 위치에 있다고 주장했다. 어느 정도는 솔깃한 주장이다. 가치를 인정받지 못한 여성의 활동을 드러내며 이것이야 말로 삶의 기반이라고 말할 수 있기 때문이다. 하지만 삶의 유일한(the) 기반이라고? 여성들의 무지, 지식과 기술로부터의 배제와 실패는 어떻게 봐야 할까? 남성들의 일상적 능력, 물건을 만들거나 분해하며 다룰 수 있는 지식은 어떻게 봐야 할까? 다른 방식의 체현은 어떻게 다뤄야 할까? 사이보그 젠더는 글로벌한 복수를 행하는 로컬의 가능성이다. 인종, 젠더, 자본은 전체와 부분에 대한 사이보그 이론을 요청한다. 사이보그에게는 총체적 이론을 생산해 내려는 충동이 없지만, 경계 및 경계의 구성과 해체에 대한 개인적 경험은 있다. 파급력 있는 행위를 위해, 과학기술에 대한 하나의 관점과 지배의 정보과학에 도전하는 하나의 방법을 하나 제시할 정치적 언어가 되기를 기다리는 신화 체계가 있는 것이다.

마지막 이미지 하나. 유기체와 유기체적인 것, 전체론적 정치는 부활의 은유에 의존하며 재생산을 위한 성이라는 자원을 반드시 소환한다. 나는 사이보그가 재생과 관계가 더 깊고, 출산 및 재생산의 모체 대부분을 의심한다고 말하고 싶다. 도롱뇽은 다리를 잃은 뒤 회복하는 과정에서 신체 구조가 재생되고 기능이 복원되는데, 이때 다쳤던 부위에 다리가 두 개 돋아나는 등 기묘한 해부학적 구조가 생겨날 가능성이 늘 있다. 다시 자란 다리는 괴물 같고 덧나 있으며 강력할 수 있다. 우리 모두는 깊은 부상을 입었다. 우리는 부활이 아닌 재생을 요구하며, 우리를 재구성하는 가능성

에는 젠더 없는 괴물 같은 세계를 바라는 유토피아적 꿈이 포함
된다.

　이 글에서 사이보그 이미지는 두 가지 핵심 주장을 표현하는
데 도움이 된다. 첫째, 보편적이고 총체화하는 이론을 고안하면
아마도 언제나, 지금은 확실히, 현실 전반을 놓치는 큰 실수를 저
지르게 된다. 둘째, 과학기술의 사회관계에 대한 책임이란 반과학
적 형이상학과 기술의 악마학을 거부함으로써 타자와 부분적으
로 연결되고, 우리를 이루는 부분 모두와 소통하면서 일상의 경계
를 능숙하게 재구성하는 작업을 해내야 한다는 것을 뜻한다. 과학
기술은 인간을 만족시킬 수단이나 복합적 지배의 기반만 되는 것
이 아니다. 사이보그 이미지는 우리 자신에게 우리의 몸과 도구를
설명해 왔던 이원론의 미로에서 탈출하는 길을 보여 줄 수 있다.
이것은 공통언어를 향한 꿈이 아니라, 불신앙을 통한 강력한 이종
언어를 향한 꿈이다. 이것은 신우파의 초구세주 회로에 두려움을
심는, 페미니스트 방언의 상상력이다. 이것은 기계, 정체성, 범주,
관계, 우주 설화를 구축하는 동시에 파괴하는 언어이다. 나선의
춤에 갇혀 있다는 점에서는 마찬가지지만, 나는 여신보다는 사이
보그가 되겠다.

9장.

상황적 지식: 페미니즘에서 과학의 문제와
부분적 시점의 특권[1]

학계 페미니스트들과 활동가 페미니스트들의 연구가 보여 주다시피, '객관성'이라는 기이하고 불가피한 이 용어가 의미하는 바가 무엇인지 우리는 질문하면서 협상하려고 수없이 노력해 왔다. 우리는 그들이 의미하는 바가 무엇이며, 그것이 우리에게 어떻게 상처 입히는지 매도하는 논문을 쓰는 데 유독한 잉크와 종이를 엄청나게 소비해 왔다. 상상 속의 '그들은' 연구비와 실험실로 잔뜩 배부른 남성우월주의 과학자들과 철학자들 사이의 보이지 않는 모종의 결탁을 통해 형성된다. 반면 상상 속의 '우리'는 체현된 타자들이다. 그런 우리는 몸과 유한한 관점만을 갖지 않도록 허용되지 않는 존재들이라, 우리는 자신들만의 소규모 서클 바깥에서 이루어진 어떤 토론의 결과가 어떻든 우리의 편견으로 오염시키고 실격 처리하려는 자들이다. 이 소규모 서클에서 발행한 잡지의 '대량' 구독자들이라고 해 봤자 주로 과학-혐오자들로 구성된 몇천 명 정도였을 것이다. 적어도 과학사와 과학철학 분야의 페미니스트 문헌에 활자화된 내 이름 아래 복잡하게 반영되어 스민 이런 편집증적인 환상과 학술적인 양심을 이제야 고백한다. 과학과 테크놀로지에 관한 토론에서, 우리 페미니스트들은 인식론이라는 희귀한 영토에 출현한 레이건 시대의 '특수한 이익집단'들이다. 전통적으로 인식론의 영역에서 지식으로 간주된 것은 인지 법전을 제정하는 철학자들에 의해서 감시받는다. 레이건주의자들의 정의에 의하면, 물론 이런 특수한 이익집단은 스타워즈, 대형마트, 포스트모던, 미디어 시뮬레이션 시민권이라는 적나라한 원자주의(stripped-down atomism)에 감히 저항하는 집단적 역사적 주체다. 맥스 헤드룸(Max Headroom)*은 몸을 갖지 않는다. 따라서 오로지 헤드룸만이 글로벌 네트워크의 거대한 커뮤니케이션 제국에서 모든 것을 본다. 맥스 헤드룸이 순진한 유머 감각과 일종의 행복하고도 퇴행적인 전-오이디푸스적 섹슈얼리티를 갖는다는 것은 전혀 놀랄 일이 아니었다. 다시 말해 우리가 양가적으로—위험하리만치 부정확하게—상상해 왔던 이런 섹슈얼리티는 여성과 식민화된 몸과 또한 고독한 전자 감옥에 갇힌 백인 남성 컴퓨터 해커를 평생 동안 수감하려고 예비해 둔 것이라 해도 전혀 놀랄 일이 아니었다.

내가 보기에 페미니스트들은 객관성의 문제에 관해 이분법이라는 유혹적인 양극화의 함정에 빠졌으면서도 동시에 그것을 선택적으로, 유연하게 사용해 온 것 같다. 여기서 나는 분명히 독자적으로 말하고 있지만, 이 문제에 대한 집단적 담론이 있다는

---

* 맥스 헤드룸은 1985년 영국 TV에 처음 등장한 사이버 캐릭터다. 동명의 시리즈에서 맥스 헤드룸은 신랄하게 열정적으로 취재를 하다가 사고를 당한 카메라 기자 카터의 디지털 버전이다. 이 작품에서 헤드룸은 최대치(max headroom)로 디지털화된 얼굴과 목소리로 시청자들과 소통한다. 이 시리즈는 당시 새로운 인공지능 기술과 미디어의 영향력에 대한 관심을 반영한 사이버펑크의 효시로 평가받는다.

점도 헤아려 보고자 한다. 다른 한편 과학과 테크놀로지에 관한 최근의 사회학은 모든 형태의 지식이 하는 주장 중에서도 가장 분명하고 유난스럽게 과학적인 주장과 마주하면서 대단히 강력한 사회구성주의 논쟁을 활용해 왔다.[2] 이처럼 유혹적인 관점에서 보면 어떤 내부자의 시점도 특권적이지 못하다. 왜냐하면 지식의 안과 바깥을 나누는 모든 형태의 경계선 긋기는 진리를 향한 것이 아니라 권력을 향한 조치로 이론화되기 때문이다. 따라서 강력한 사회구성주의 관점에서 본다면, 과학자들이 자기들의 활동과 성취에 대해 기술하는 것에 우리가 겁먹을 이유가 없다. 과학자들과 그들의 후원자들은 우리의 눈에다 모래를 뿌리고 자신들의 이해관계를 추구하기 때문이다. 그들은 객관성과 과학적 방법론에 관한 우화들을 그 분야에 입문하는 신입생들에게 들려주지만, 고도의 과학적 기술을 수행하는 어떤 과학자도 교과서적 해석에 따라 그대로 행동하지는 않을 테다. 사회구성주의는 객관성과 과학적 방법론에 관한 공식적인 이데올로기가 과학적 지식이 실제로 만들어지는 방법에서는 특히 더 나쁜 안내서라는 점을 분명히 한다. 우리 모두와 마찬가지로, 과학자들 또한 그들이 믿는 것이나 혹은 그들이 행한다고 말하는 것과 또 그들이 실제로 행하는 것이 완전히 부합하는 것만은 아니다.

초등학교 교재와 테크노사이언스 권장 도서에서 받들어 모시는 추상화된(disembodied) 과학적 객관성에 관한 이데올로기적인 원칙에 따라 행동하면서 정말로 그것을 믿기에 이른(세상에, 이럴 수가!) 유일한 사람들은 잘 믿는 극소수의 순진한 철학자들을 포함한 비과학자들이다. 내가 마지막 집단을 지칭한 이유는 나 자신을 과학사가들과 동일시함으로써 내게 여태껏 남아 있는 학문적으로 훈련된, 쇼비니즘이 그대로 반영된 것일 수 있다. 말하자면 세포는 세포처럼, 유기체는 유기체처럼 보였을 시기에 학문적으로 훈련된 오이디푸스 이전 단계의 모더니즘적인 일종의 시적 계기였던 이른 성년기에 현미경과 함께 한 수많은 세월의 잔재가 그야말로 반영된 것일 수도 있다. 거트루드 스타인(Gertrude Stein)에게는 죄송하지만, 그런 와중에 아버지의 법이 도래했고, 객관성의 문제는 언제나 이미 부재하는 지시체, 지연된 기의, 분열된 주체 그리고 기표들의 끝없는 유희에 의해 해소되었다. 무언가에 치우치지 않고 성장할 수 있는 사람이 있을까? 젠더, 인종, 세계 자체 같은 것들에 말이다. 이 모든 것들은 우주적인 역장(force field) 안에서 기표들의 유희가 보여 준 그야말로 초고속 효과처럼 보인다. 모든 진리는 시뮬레이션의 하이퍼 리얼 스페이스에서 드러난 초고속 효과가 된다. 하지만 우리는 단어에다 이런 특정한 유희를 집어넣을 수 없다. '자연스러운' 세계에 관한 신빙성 있는 지식을 고안하는 프로젝트는 편집증적인 장르나 냉소적인 SF에 양도될 수는 없다. 정치적인 사람들로서는 사회구성주의가 현란한 냉소주의를 발산하면서 부식하도록 내버려 둘 수 없기 때문이다.

어떤 경우든지 간에, 사회구성주의는 과학적 방법론의 이데올로기적인 교리와 인식론에 관한 모든 철학적 장광설이 과학적 실천을 통해 세계를 효과적으로 알고자 하는 우리의 집중력을 분산시키려고 꾸며 낸 것이라고 주장할 수 있었다. 이런 관점에서 보자면, 과학은 우리가 경합해야 하는 유일한 게임이자, 진짜 게임인 수사학이다. 다시 말해 과학은 관련된 사회적 행위자들에게 제조된 지식이 객관적인 권력의 바로 그 바람직한 형태이자 노선

이라고 설득하는 것이다. 그런 설득이 가능하려면 지식 게임에서
언어로 매개된 행위자뿐만 아니라 사실과 창작물(artefact)의 구조
도 고려해야만 한다. 여기서 창작물과 사실은 강력한 수사학적 기
술(art)의 일부다. 실천은 설득이고 초점은 되도록 실천에 맞춘다.
모든 지식은 호전적인 권력의 장에서 응축된 마디다. 지식사회학
에서 강력한 프로그램은 과학적 진리를 포함하여 진리의 수사학
적 특징을 고집스럽게 주장하는 기호학과 해체론이라는 멋지고
고약한 도구들과 합류한다. 역사는 서구 문화광들이 서로에게 말
해 주는 이야기다. 과학은 겨루는 텍스트이고 권력의 장이다. 내
용은 형식이다.[3] 그게 다다. 과학에서 형식은 세계를 효과적인 대
상으로 제작하는 창작적이자 사회적 수사학이다. 이것은 세계를
변화시키는 설득의 실천으로서 경이롭고 새로운 대상들—미생
물, 쿼크, 유전자와 같은—에 형태를 부여한다.

　　수사학적 대상으로서 구조와 속성을 가지고 있든 아니든,
20세기 후반의 과학적 실체들—감염시키는 매개체(미생물들),
소립자들(쿼크들), 생물 분자 코드(유전자들)—은 일관성이라는
내적 법칙을 가진, 낭만적이거나 모더니즘적인 대상이 아니다.[4]
그것들은 역장(力場)에 의해 순간적으로 모여든 흔적이거나 혹
은 인식과 오인의 행위에 의해 질서가 부여된 채 간신히 체현되
고 고도로 변화무쌍한 기호학 속에서 드러난 정보 벡터이다. 게놈
과 다른 글쓰기 실천 속에 부호화된 인간 본성은 움베르트 에코
(Umberto Eco)가 『장미의 이름』(1980)에서 상상했던 은밀한 미
로에 버금가는 방대한 도서관이다. 인간 본성이라는 이 텍스트들
을 안정화하고 축적하는 것은 그런 글쓰기보다 더 많은 비용을 요
구한다. 예수의 재림을 거론하면서 세계가 궁극적인 파멸로부터

벗어난 것에 대한 황홀한 기쁨을 토로할 수 있는 권리를 기독교인
들에게 허용할 때보다도 더욱 확신에 찬 목소리로 여전히 실재에
관해 말하고 싶어 하는 우리들에게, 이것은 몸과 언어의 관계에 대
한 공포스러운 관점이다. 우리는 실제 세계에 호소하는 것이 냉소
주의로부터 결사적으로 벗어나고 컬트 의식이나 마찬가지인 신
앙 행위로부터 벗어나는 것보다 훨씬 더 낫다고 생각하고 싶어 한
다. 우리와 그 밖의 모든 사람들이 세계를 이해하려면 반드시 거쳐
야 하는, 수없이 풍부하고 언제나 역사적으로 특정한 매개(media-
tion)에 아무리 넓은 공간을 관대하게 허락한다 할지라도 말이다.

　　그래서 급진적 사회구성주의 프로그램에 관한 서술과 인문
과학에서 말하는 비판적 담론이라는 신랄한 도구들과 짝짓고 있
는 특정한 포스트모더니즘적 해석에 익숙해지면 질수록, 나는 점
점 더 신경이 날카로워진다. 모든 신경증과 마찬가지로 나의 신경
증은 은유의 문제, 다시 말해 몸과 언어의 관계라는 문제에 근거
한다. 예를 들어 충분히 텍스트화되고 코드화된 세계에서의 움직
임(moves)이라는 역장의 이미지들은 포스트모던 주체가 보기에
는 사회적으로 협상된 실재에 관한 수많은 논쟁을 위한 모태이다.
이와 같은 코드로서의 세계는 초심자들에게 하이테크 군사적 장
이자, 일종의 자동화된 학계의 전쟁터이다. 이런 전쟁에 참가 선
수로 불리는 깜빡거리는 빛들은 지식과 권력의 게임에 머물기 위
해 서로를 해체한다(이 얼마나 은유적인가!). 테크노사이언스와
과학소설은 눈부신 (비)실재의 태양 속으로 무너져 내려, 전쟁을
일으킨다.[5] 페미니스트 이론은 적군이 여기 있음을 간파하는 데
몇십 년씩 걸려서는 안 된다. 낸시 하트삭(1983b)은 추상적 남성
성이라는 개념으로 이 모든 것들을 투명하게 밝혔다.

  나와 다른 사람들은 과학과 테크놀로지를 구성하고 있는 양파 껍질의 모든 층위가 급진적인 역사적 특수성에 의해 구성된 것임을 보여 줌으로써, 그리하여 경쟁력이 있음을 보여 줌으로써, 적대적인 과학이 주장해 온 진리를 해체하는 강력한 연장을 찾는 데에서 출발했다. 우리의 시도는 일종의 인식론적 전기충격요법으로 결국 끝났다. 이런 충격요법은 높은 판돈을 걸고 서로 경쟁하는 공적 진리의 게임 테이블로 우리를 안내하기는커녕 우리 스스로 자초한 다중인격 장애의 테이블로 나가도록 만들었다. 우리는 과학에 대한 편견을 보여 주는(그것은 어쨌거나 너무 쉽게 입증되었다) 차원을 넘어 헤쳐 나가는 길을 원했다. 우리는 훌륭한 과학적 양 떼와 나쁜 편견과 오용의 염소 떼를 구분하기만 하는 차원을 넘어설 수 있는 방법을 원했다. 이런 이슈들은 편견 대 객관성, 용도 대 오용, 과학 대 사이비 과학으로 수렴될 틈새를 전혀 남기지 않았던 가장 강하고 가능성 있는 구성주의 논쟁을 통해 해결될 수 있을 것처럼 보였다. 우리는 객관성이라는 교리의 가면을 벗겼다. 그런 교리는 집단적인 역사적 주체성, 행위자성, 진리에 대한 우리의 '체화된'(embodied) 설명 등과 같이 이제 막 싹트는 봉오리들을 위협했기 때문이다. 그래서 후기 뉴턴 물리학을 전혀 배우지 않아도 된다는 또 하나의 변명과 자기 차를 직접 수리하는 오래된 페미니즘의 자립 실천을 포기해도 될 또 다른 이유가 우리에게 생겼다. 그러나 그런 것들은 어쨌거나 텍스트일 뿐이다. 그러니 남자들이 되찾아 가도록 내버려 두자. 게다가 이처럼 텍스트화된 포스트모던 세계는 오싹하고 무섭다. 그래서 우리의 SF는『시간의 경계에 선 여자』나 심지어『완더그라운드(Wanderground)』처럼 좀 더 유토피아적인 것을 선호한다.

우리들 중 상당수는 객관성에 관한 페미니스트적 해석을 유지함으로써 분해시키고 분해되는(disassembling/ed) 시대에 냉철해지려고 노력했다. 이와 마찬가지로 여러 정치적 욕망으로 동기화된 기만적인 객관성의 문제와 관련하여 유혹적인 나머지 한쪽 끝이 여기에 있다. 인본주의적인 마르크스주의는 인간의 자기 구성에서 자연의 지배를 구조화하는 존재론적인 이론으로 인해, 또 그것과 밀접하게 관련된 것이라면 여성이 행한 어떤 것이든 임금을 지불하지 않음으로써 여성의 일을 역사화하지 못했던 무능으로 인해 원천적으로 오염되었다. 하지만 마르크스주의는 아직도 페미니스트들이 자기 나름의 객관적 비전의 원칙을 추구하는 인식론적 정신위생의 형식에 유망한 자원이 되었다. 마르크스주의의 출발점은 집요한 체현, 실증주의와 상대주의를 무력화하지 않으면서도 헤게모니를 비판하는 풍부한 전통, 매개에 대한 미묘하게 다양한 이론들에 의해 우리 나름의 관점의 판본을 획득할 수 있는 연장을 제공했다. 상당수 정신분석학 이론들은 이런 접근에 많은 도움을 주었는데, 그중에서도 특히 영어 사용권의 대상관계 이론은 많은 도움이 되었다. 이데올로기와 과학의 주체를 다루면서, 한동안 대상관계이론은 루이 알튀세르(Louis Althusser)나 그의 후계자인 척하는 후기 이론가들이 준 도움에 비해, 심지어 마르크스나 엥겔스의 펜이 주었던 도움보다도, 훨씬 더 많은 도움을 미국 사회주의 페미니스트들에게 주었다.[6]

또 다른 접근법인 '페미니스트 경험주의' 또한 과학 이론을 확립하기 위해 마르크스주의적 자원을 페미니즘의 용도로 활용하며 합류했다. 이런 접근은 객관성에 관한 합법적 의미들을 집요하게 고집하면서, 기호학과 서사학으로 결합한 급진적 구성주의에 미심쩍어하는 채로 남는다(하딩, 1986). 페미니스트들은 세계를 보다 잘 설명할 수 있도록 집요하게 노력해야 한다. 페미니즘은 급진적인 역사적 우연성과 모든 것의 구성 양식을 보여 주는 것만으로는 충분하지 않다. 여기서 페미니스트로서 우리는 수많은 현역 과학자들의 담론과 얽히고설켜 꼬여 있음을 깨닫게 된다. 모든 것들이 말해지고 행해질 때, 그들은 구성과 논쟁과 같은 모든 수단을 동원해 사물을 발견하고 기술한다고 대부분 그렇게 믿는데, 그런 왜곡된 믿음에 우리 또한 합류하게 된다. 에벌린 켈러는 이 근본적인 문제에 특히 집요하게 매달렸다. 하딩은 이런 접근방식의 목표를 '후계자 과학(successor science)'이라고 부른다. 페미니스트들에게 후계자 과학 프로젝트는 관건이다. 왜냐하면 이 프로젝트는 세계에 대해 보다 더 적절하고, 보다 더 풍부하고, 보다 더 나은 설명을 제공하려고 하기 때문이다. 또한 타자들의 지배 실천뿐만 아니라 우리 자신의 지배 실천에 대해, 모든 입장을 구성하는 특권과 억압의 불평등한 부분들에 대해 비판적이고 성찰적인 관계를 맺으면서 그런 세계 속에서 잘 살기 위해 노력하기 때문이다. 전통적인 철학적 범주에서 본다면, 이런 문제들은 인식론이라기보다는 아마도 윤리학과 정치학의 문제일 것이다.

그래서 나의 문제와 '우리의' 문제는, 모든 진리 주장과 아는 주체에 대한 철저히 급진적인 역사적 우연성을 어떻게 설명할 것인가라는 문제와 동시에 의미를 만드는 우리들 자신의 '기호학적 테크놀로지'를 인식하기 위한 비판적 실천 그리고 '실제' 세계를 충실하게 설명하면서 진지하게 참여하는 방식을 찾는 것이라고 생각한다. 그런 실제 세계는 유한한 자유, 적절한 물질적 풍요, 고통에 대한 겸손한 의미, 제한된 행복과 같은 전 지구적인 프로

젝트와 부분적으로 공유될 수 있고 친밀해질 수 있다. 하딩은 그
런 필수적인 여러 가지 욕망과 모든 지역적 지식의 환원할 수 없
는 차이와 급진적 다수성을 고집하는 포스트모던적 주장을 후계
자 과학 프로젝트를 위한 욕망이라고 말한다. 이런 욕망의 모든
구성 요소는 역설적이고 위험하다. 이런 욕망들의 결합은 모순적
임과 동시에 필수적이다. 페미니스트들은 초월을 약속하는 객관
성 교리, 누군가가 무엇인가에 책임을 져야 하는 바로 그런 곳에
서 매개의 흔적이 사라지는 이야기와 무제한적인 도구적 권력을
필요로 하지 않는다. 우리는 세계를 재현하는 순진한 권력이론을
원치 않는다. 그런 곳에서 언어와 몸들 모두는 유기적 공생의 축
복 속으로 빠져든다. 우리는 (대문자) 글로벌 체계와 관련하여 세
계를 이론화하고 싶지 않고, 그런 세계 안에서 행동하는 것은 더
욱이나 하고 싶지 않다. 하지만 다른 한편 우리는 대단히 다른 공
동체―권력으로 분화된―가운데서 지식을 불완전하게나마 번
역하는 능력을 포함하여, 지구 전체에 걸친 연결의 망을 진정으로
필요로 한다. 우리는 의미와 몸들이 어떻게 만들어지는가에 대한
근대적인 비판이론의 힘이 필요하지만, 의미와 몸들을 부인하기
위해서가 아니라 미래의 기회를 갖는 그런 의미와 몸들 속에서
살아가기 위해서다.

　　자연과학, 사회과학, 인문과학은 언제나 이런 희망들과 얽혀
있었다. 과학은 번역, 전환성, 의미의 유동성, 그리고 보편성에 관
해 추구해 왔다. 하나의 언어(누구의 언어인지 추측해 보라)가 모
든 번역과 대화를 위한 기준으로서 강제될 때, 나는 그것을 환원
주의라고 부른다. 자본주의의 교환 질서 속에서 돈이 하는 일은
글로벌 과학의 막강한 정신적 질서 속에서 환원주의가 하는 일과

흡사하다. 그렇게 되면 마침내 오직 하나의 등식만이 남는다. 그것은 치명적 환상이다. 무엇을 지식으로 간주할 것인가에 관한 위계적이고 실증적인 질서에 봉사하는 객관성의 교리에 관한 여러 해석들 속에서 페미니스트들과 다른 이론가들이 밝혀냈던 것이 그렇다. 은유적이든 그 밖의 어떤 것이든 간에, 객관성 문제를 두고 논쟁하는 이유들 중 하나다. 불멸성과 전능성은 우리의 목표가 아니다. 그러나 우리는 권력 조치와 호전적이며 수사학적인 고도의 지위 게임으로 환원되지 않는 혹은 과학적·실증적 오만으로 환원되지 않는 방식으로 사물에 대해 강력하고 믿을 만한 설명을 사용할 수 있었다. 이런 점들은 우리가 유전자, 사회적 계급, 소립자, 젠더, 인종, 혹은 텍스트에 관해 이야기할 때 적용한다. 또한 이 점은 우리가 담론적 영토의 주변에서 활주할 때, 객관성과 과학이라는 단어가 가진 미끌거리는 모호성에도 불구하고 정밀과학, 자연과학, 사회과학, 인문과학에도 적용한다. 이용 가능한 객관성의 강령이라는 미끄러운 막대기를 타고 올라가려고 노력하면서, 나와 다른 대다수 페미니스트들은 객관성 논쟁에서 이분법의 양극을 번갈아 가면서 혹은 심지어 동시에 모두 쥐고 있었다. 하딩은 그런 이분법을 후계자 과학 프로젝트 대 차이에 관한 포스트모던한 설명으로 묘사한다. 그리고 이 장에서 나는 그것을 급진적 구성주의 대 페미니스트 비판적 경험주의라고 개괄했다. 물론 번갈아 올라가든 아니면 동시에 올라가든, 막대의 양 끝을 쥔 채 올라가기는 어렵다. 은유를 바꿀 때가 된 것이다.

시각의 지속성(persistence of vision)[7*]

나는 페미니스트 담론에서 상당히 비난받는 감각 체계인 시각 (vision)에 은유적으로 의지해 보고자 한다. 시각은 이항대립을 피하기에 적합할 수 있다. 나는 모든 시각의 체현된 성격을 주장함으로써, 난데없이 표지된 몸에서 벗어나 정복하는 응시(gaze)로 도약하는 데 사용되었던 감각 체계를 되찾고자 한다. 그런 응시는 모든 표지된 몸을 신비롭게 새긴 것이며, 표지 없는 범주가 보지만 그에게 보이지는 않고, 재현하지만 재현 대상에서는 벗어난 권력을 주장하도록 한다. 이런 응시는 대문자 인간과 대문자 백인의 표지 없는 입장을 의미화한다. 그런 입장은 과학적이고 기술적인, 후기산업사회이자 군사화된 인종차별적인 남성 지배 사회에서, 말하자면 여기 괴물의 배 속에서, 1980년대 후반의 미국에서, 객관성의 세계가 페미니스트들의 귀에 들린 온갖 역겨운 목소리 중 하나다. 나는 역설적이고도 비판적인 페미니스트 과학 프로젝트를 수용한 체현된 객관성(embodied objectivity) 원칙을 좋아하고 싶다. 페미니스트 객관성이란 간단히 말해 상황적 지식을 의미하는 것이기 때문이다.

눈은 무제한적인 권력의 이해관계 속에서 아는 주체가 모든 사람과 모든 것으로부터 거리를 유지하도록 하는 왜곡된 능력을 의미하는 데 사용되었다. 그것은 군사주의, 자본주의, 식민주

---

* 시각의 지속성(persistance of vision)은 물체에서 나오는 광선이 눈에 더 이상 들어오지 않아서 빛이 멈춘 후에도 물체에 대한 시각적 인상이 한동안 남아 있는, 잔상으로서 착시현상을 말한다. 발리의 단편집은 시각의 지속성을 '잔상'으로 번역했고 그 번역어 그대로 가져왔다.

의, 남성우월주의와 묶인 과학사에서 완벽하게 부응해 왔다. 다국적인 포스트모던 문화에서 시각화의 도구들은 이러한 탈체현 (dis-embodiment)의 의미들을 제조했다. 이런 시각화 테크놀로지들은 외관상 아무런 제약이 없다. 하지만 우리와 같은 평범한 영장류의 눈은 끝없이 강화될 수 있다. 초음파 체계, 자가공명영상법 (MRI), 인공지능과 연계된 그래픽 조종 체계, 전자현미경 스캔, 컴퓨터 보조 단층촬영 스캐너, 칼러 강화 테크놀로지, 인공위성 감시 체계, 가정과 직장 VDT, 대륙판들 사이의 단층에서 배출된 가스에서 살고 있는 해양 벌레의 복강에 줄지은 점액질 세포막을 촬영하고 태양계의 어딘가에 있는 행성 반구의 지도를 그리는 다목적 카메라 기법 등등에 의해 눈은 끝없이 강화될 수 있다. 이런 테크놀로지의 향연에서 시각은 규제받지 않는 식탐에 빠졌다. 모든 시점(perspective)은 무제한적인 모바일 시각으로 넘어가고 그로 인해 난데없이 모든 것을 보는 신적인 요술은 더 이상 신화적으로 보이지 않는다. 신화는 이제 일상적 실천이 되어 버렸다. 신적인 요술과 마찬가지로, 이런 눈은 세계를 테크노 괴물들로 만들어 준다. 조 소풀리스(1988)는 이런 눈을 배설적인 재탄생*에 필요한 남성우월적 외계 프로젝트를 가능케 하는 육식적인 눈(cannibal-eye)이라고 이름 지었다.

직접적이고, 게걸스럽고, 생성적이고, 제약받지 않는 시각이라는 이런 이데올로기 덕분에, 그런 시각의 기술적인 매개를 완전히 투명한 것으로 제시하며 동시에 찬양했던 것이 전미지리학협회 백 주년 기념 학술지다. 이 기념 잡지는 두 장을 나란히 배치

---

* 예수가 다시 세상을 구원하러 오는 것을 재림(Second Coming)이라고 한다면, 인간이 그런 신적인 존재로 다시 태어난 것을 재탄생(second birth)이라고 한다.

하고, 놀라운 사진의 영향이 드러나는 탐구 문헌 조사를 마무리한다. 첫 번째 장은 '우주공간'에 관한 것인데, '다른 선택은 없다, 우주 이외에(The choice is the universe — or nothing)'라는 제사(題詞)로 시작되었다[브라이언(Bryan), 1987]. 정말이다. 이 장은 우주 개발 경쟁의 업적을 상세히 나열하고 색채가 강화된 외계 행성의 '스냅사진'을 전시한다. 이 스냅사진은 '대상'[8]을 직접 본 발견의 순간을 시청자들이 '경험'할 수 있도록 방대한 우주공간을 가로질러 디지털화된 신호로 전송되어 재조립되었다. 이처럼 기막히게 멋진 대상들은 의심의 여지없이 그냥 그곳에 있는 것들의 확실한 기록물임과 동시에 테크노사이언스적 산물의 위대한 업적으로 우리에게 다가온다. 두 번째 장은 외부 우주와는 쌍생아인 '내부 우주(inner space)'인데, 이 장은 '그 별들의 물질은 활성화되었다(The Stuff of stars has come alive)'는 제사와 더불어 소개된다(브라이언, 1987). 여기서 독자는 극소(極小)의 영역으로 들어가게 된다. '정상적인' 인간 영장류가 지각할 수 있는 파장 너머에 있는 방사선, 즉 레이저광선과 스캐닝 전자현미경(SEM: Scanning Electron Microscope)을 이용함으로써 대상화된 극소 영역의 신호들은 방어하는 T세포와 침입하는 바이러스의 멋진 총천연색 스냅사진으로 처리된다.

　　하지만 무한대의 시각을 믿는 그런 입장은 물론 환상에 불과하며, 신적인 요술이다. 우리가 모든 시각의 특수성과 체현(테크노-기술적인 매개를 포함하여 반드시 유기적인 체현일 필요는 없다고 하더라도)에 대한 은유를 고집하면서도, 시각이 탈체현과 제2의 탄생으로 나가는 길이라고 보는 유혹적인 신화에 넘어가지 않아야 하지만, 결코 순수하지 않은 객관성의 원칙을 어떻게 구성할 수 있을지 제시하고 싶다. 나는 몸에 대한 페미니스트 글쓰기를 원하기 때문에 은유적으로 시각을 다시 한번 강조하고자 한다. 왜냐하면 우리는 객관성의 논쟁을 변형시켰던 근대과학과 테크놀로지가 가진 권력과 그 모든 시각화하는 요술을 통해 우리의 갈 길을 발견하여 그런 감각을 되찾을 필요가 있기 때문이다. 우리는 영장류의 색각과 입체적 시각을 부여받은 우리의 몸을 배워야 한다. 우리의 이름이 어떻게 붙여져야 할지 거의 알지 못하는 그런 정신적 물질적 공간의 차원에서, 우리가 어디에 있고 어디에 없는지 알기 위해, 우리의 이론적 정치적 스캐너 앞에 어떻게 대물렌즈를 부착해야 하는지를 우리의 몸에서 배워야 한다. 그래서 객관성은 특이하고 특수한 체현에 관한 것이지, 모든 한계와 책임감의 초월을 약속하는 그릇된 시각에 관한 것이 분명히 아니라고 해도 그다지 틀린 말은 아닐 것이다. 여기서 교훈은 단순명료하다. 부분적 시점만이 객관적 시각을 약속한다는 것이다. 객관적 시각이야말로 모든 시각적 실천의 생성력에 대한 책임의 문제를 종결시킨다기보다 다시 촉발한다. 부분적 시점은 유망한 괴물과 파괴적 괴물 모두를 설명할 수 있다. 객관성에 관한 모든 서구의 문화적 서사들은, 페미니스트 과학의 문제에 각인되어 있는 우리가 정신과 몸, 거리 유지와 책임감이라고 부르는 것과 맺는 관계의 이데올로기에 대한 알레고리다. 페미니스트 객관성은 한정된 위치(location)와 상황적 지식에 관한 것이지, 주체와 대상의 초월과 분열에 관한 것이 아니다. 이런 방식으로, 우리는 보는 방법을 통해 배운 것에 대해 책임질 수 있을 것이다.

　　이런 것들은 개와 함께 산책하면서 내가 배운 교훈의 일부다. 만약 안구와 같은 중심와(fovea)가 없고 색깔을 보는 망막세포가

거의 없는 대신, 냄새를 맡는 데 필요한 거대한 신경 처리 과정과
감각영역을 가지고 있다면, 세상이 어떻게 보일까 궁금했다. 그런
교훈은 곤충의 겹눈으로 본 세계의 모습을 찍은 사진이나 혹은 정
찰위성의 카메라 눈이나 혹은 커피 테이블 색깔 사진으로 변형되
었던 목성 '근처' 우주 탐침으로 감지된 차이들을 디지털로 전환
한 신호로 전송된 사진에서도 배울 수 있다. 근대적인 기술과학을
통해 이용 가능해진 '눈들'은 시각이 수동적이라는 어떤 생각이든
산산조각 낸다. 이렇게 인공 보철화된 시각 장치들은 우리 자신의
유기체적인 눈을 포함하여, 능동적인 지각 체계이며 번역과 특수
한 보기 방식, 다시 말해 특수한 삶의 방식을 바탕으로 구축된다
는 점을 우리에게 보여 준다. 몸들과 기계에 대한 과학적 설명에
서 아무런 매개가 없는 사진이나 수동적인 카메라 옵스큐라 같은
것은 없다. 오히려 고도로 특수한 시각적 가능성만이 있을 뿐이
다. 그들은 각자 세계를 조직하는 대단히 훌륭하고 세밀하며, 적
극적이면서도 부분적인 방식의 가능성을 가지고 있다. 세계에 대
한 이 모든 그림들은 무한한 이동성과 무한한 상호 변화 가능성에
대한 알레고리가 되어서는 안 된다. 대신 정교한 특수성과 차이의
알레고리여야만 한다. 그런 타자가 심지어 우리가 사용하는 기계
일 때조차, 기계의 관점에서 충실하게 보는 법을 배우기 위해 애
정으로 보살피는 사람들에 대한 알레고리여야 한다. 그것은 소외
시키는 거리 유지가 아니다. 객관성에 관한 페미니즘적 해석을 가
능하게 하는 알레고리다. 이런 시각 체계가 작동하는 방법에 대한
이해는 기술적으로, 사회적으로, 정신적으로, 페미니스트 객관성
을 체현하는 방식이 되어야 한다.

　페미니즘의 수많은 물결들은 종속된 자들에게 특히 유리한

지점을 찾아 신뢰할 만한 근거를 이론화하려고 시도한다. 권력자들의 눈부신 우주정거장 아래에서부터 나오는 비전이 낫다고 믿을 만한 타당한 이유가 있다(하트삭, 1983a; 샌도벌, 날짜 없음; 하딩, 1986; 안잘두아, 1987). 이런 의구심과 연관하여 이 장은 상황적 지식과 체현된 지식을 주장하는 데 찬성하면서, 자리할 수 없는(unlocatable), 따라서 책임지지 않는, 다양한 형태의 지식을 주장하는 데 반대한다. 여기서 책임질 수 없다는 말은 고려의 대상으로 삼지 못한다는 뜻이다. 주변과 밑에서부터 보는 능력을 갖추는 것은 장점이 있다. 하지만 여기에는 더 힘없는 자들의 입장에서 보고 있다고 주장하면서도 그들의 비전을 낭만화하고 그리고/혹은 전유해 버릴 수 있는 심각한 위험이 놓여 있다. '우리'가 종속된 지식이라는 깊숙한 지하 영토에 '자연스럽게' 거주한다고 할지라도, 아래로부터 본다는 것은 쉽게 배울 수 있거나 전혀 문제가 없다는 말이 아니다. 종속된 자들의 입장(positioning)이라고 하여 비판적 재검토, 코드 해독, 해체, 해석으로부터 면제되는 것은 아니다. 말하자면 그런 입장이 기호학적이고 해석학적인 비판적 탐구 양식으로부터 면제된 것은 아니라는 말이다. 종속된 자들의 관점은 '순수한' 입장이 아니다. 그와는 반대로 그런 관점이 선호되는 이유는, 원칙적으로는 그런 관점이 모든 지식에 대한 비판적·해석적 핵심을 전혀 부인할 것처럼 보이지 않기 때문이다. 그런 관점은 억압, 망각, 소멸 행위─포괄적으로 본다고 주장하면서도 무소(nowhere)의 방식으로 그렇게 하기─를 통해 부인하는 양식에 요령 있게 대처한다. 종속된 자들은 신적인 요술과 그런 요술의 눈부신─따라서 눈멀게 만드는─조명에 대해 주목할 상당한 기회가 있었기 때문이다. '종속된' 관점이 선호되는 또 다른 이유는 그런 관점은 세계에 대한 보다 적절하고, 지속적이고, 객관적이고, 변형시키는 설명을 약속하는 것처럼 보이기 때문이다. 하지만 아래로부터 보는 방법은 시각적 매개와 더불어, 적어도 '최고의' 테크노사이언스적인 시각화만큼이나 몸과 언어에 대한 기술을 요구한다는 문제점이 있다.

그처럼 선호된 입장은 다양한 형식의 상대주의에 적대적인 것만큼이나 과학적 권위를 주장하는, 가장 명백하게 총체화하는 해석에도 적대적이다. 하지만 상대주의에 대한 대안은 총체적이고 단일한 하나의 시각이 아니다. 그런 시각은 언제나 표지 없는 범주가 되고, 그런 범주의 권력은 끝내 조직적 편협성과 모호성에 의존하게 된다. 상대주의에 대한 대안은 부분적이며 자리 가능한(locatable) 비판적 지식이다. 그런 대안은 정치학에서 연대라고 일컫는 것이자 인식론에서 공유된 대화라고 일컫는 연결망의 가능성을 유지하는 것이다. 상대주의는 어디에도 없으면서도 동시에 모든 곳에 똑같이 존재하는 방식이다. 입장의 '동등성'은 책임과 비판적 탐구를 부인하는 것이다. 상대주의는 객관성 이데올로기에 나타난 총체화와 완벽한 쌍둥이 거울이다. 상대주의와 총체화 모두 위치, 체현, 부분적 시점과 관련된 이해관계를 부인한다. 양자 모두 잘 보는 것을 불가능하게 만드는 것이다. 상대주의와 총체화는 동등하고 완벽하게 모든 곳에 있으면서도 어디에도 없는 '신적 요술'이 약속하는 시각이자 동시에 대문자 과학을 둘러싼 수사학에 공통된 신화다. 하지만 다름 아닌 이 부분적 시점의 정치학과 인식론이야말로 꾸준히 지속된, 합리적이고 객관적인 탐구의 가능성이 자리한 곳이다.

그래서 나는 다른 많은 페미니스트들과 함께 경합, 해체, 열

정적인 구성, 그물망 연결, 지식의 체계적인 변신에 대한 희망, 보
는 방식 등을 특권화하는 객관성의 원칙과 실천을 주장하고자 한
다. 그렇다고 하여 어떤 부분적 시점이라도 괜찮다는 말은 아니
다. 우리는 부분의 총계와 소계로부터 나온 손쉬운 상대주의와
전체론에 강력히 반대해야 한다. '열정적인 거리 유지(passionate
detachment)'(쿤, 1982)는 인정받으면서도 자기비판적인 부분성
이상을 요구한다. 우리는 또한 그런 관점들에서부터 시점을 추구
하지 않을 수 없다. 그런 시점은 결코 미리 알려질 수 없는데, 대
단히 예외적인 것을 약속하기 때문이다. 말하자면 그런 시점은 지
배의 축에 의해 덜 조직되었으면서도 세계를 구성할 잠재력을 가
진 지식이다. 그런 관점에서 본다면 표지 없는 범주는 정말로 사
라질 것이다. 이때 사라진다는 것은 사라지는 행동을 단순히 반복
하는 것과는 대단히 다르다. 상상적이고 합리적인 것―예지적이
고(visionary) 객관적인 시각―은 서로 가까이에서 맴돈다. 후계자
과학과 포스트모던 감수성에 대한 하딩의 호소, 즉 변형적인 지식
에 대한 희망이라는 환상적인 요소와 지속되는 비판적 탐구에 대
한 엄격한 견제와 자극의 상호 밀접한 관계에 대한 호소는 객관성
이나 합리성에 대한 믿을 만한 주장의 상호 토대인 것이지, 숨 막
히는 부인과 억압으로 들쑤시는 것이 아님을 주장한 것이라고 나
는 생각한다. 합리성과 객관성에 대한 페미니스트 원칙과 관련해
생각하면 심지어 과학혁명의 기록으로까지 읽어 내는 것도 가능
하다. 과학은 출발부터 유토피아적이고 예지적인 것이었다. '우
리'가 과학을 필요로 하는 이유 중 하나다.

　　유동적인 입장과 열정적인 거리 유지에 참여하는 것은, 잘 보
기 위해 종속된 자들의 관점으로부터 보는 전략으로서, 순수한

'정체성'의 정치학과 인식론의 불가능성에 의존하는 것이다. 만약 어떤 사람이 이런 위치에서 그런 입장을 그리고 그런 입장으로부터 비판적인 의도로 보게 된다면, 그 사람은 세포가 될 수도 혹은 분자—혹은 여자, 식민지인, 노동자 등등—가 '될(be)' 수도 없다. '존재'는 생각보다 훨씬 더 문제적이고 우연적이다. 또한 그런 움직임을 설명하지 않고서 우리는 가능성이 있는 어떤 유리한 지점에 다시 자리 잡을 수 없다. 시각은 언제나 보는 권력의 문제다. 시각은 우리의 시각화하는 실천에 내포된 폭력의 문제이기도 하다. 누가 흘린 피로 나의 눈들은 정교하게 제작되었는가? 이런 점들은 '자기 자신'의 입장에서 나온 증언에 또한 적용된다. 우리는 우리 자신에게 직접적으로 현존할 수 없다. 자기-지식은 의미와 몸들을 연계시키는 기호학적-물질적 테크놀로지를 요구한다. 자기 정체성은 나쁜 시각적 체계다. 융합은 입장을 취하기에 나쁜 전략이다. 인문학에서 남성들은 자기 현존에 관한 이런 의심을 '주체의 죽음'이라고 부른다. 다시 말해 의지와 의식의 단일한 명령점(ordering point)인 주체의 죽음이라고 부른다. 나에게 그런 판단은 괴상해 보인다. 나는 이런 생성적인 의심이야말로 주인 주체라는 외눈박이 거인의 자기 포만적인 눈이라는 유리한 지점에서는 결코 상상할 수 없는, 비동형적 주체, 행위자, 이야기의 영토가 열리는 것이라고 부르고 싶다. 서구의 눈은 근본적으로 방랑하는 눈이자 여행하는 렌즈였다. 이런 긴 여정은 종종 폭력적이고 정복하는 자아를 위한 거울을 고집해 왔지만, 언제나 그렇지는 않았다. 서구 페미니스트들 또한 주인의 입장을 변형시키기 위해 엄청나게 도전하여 완전히 뒤집힌 세계를 재시각화하는 데 참여하는 법을 배우면서 주인들의 수법을 상당히 물려받았다. 출발에서부터 모든 것이 이뤄질 수는 없다.

  분열되고 모순적인 자아는 입장성을 심문하고 설명할 수 있
는 자아이자, 역사를 변화시키는 합리적 대화와 환상적인 상상적
산물을 구성하고 합류시킬 수 있는 자아다.[9] 존재가 아니라 분열
은 과학적인 지식을 생산하기 위한 페미니스트 인식론의 특권적
인 이미지다. 이런 맥락에서 '분열'은 이질적인 다수성에 관한 것
이어야 하는데, 이질적 다수성은 동형적 투입구(isomorphic slot)
나 축적된 목록에 욱여넣을 것을 필연적으로 요구하면서도 동시
에 불가능하게 만든다. 이런 기하학은 주체들 안에서 그리고 주체
들 가운데서 관계한다. 주체성의 지형학(topography)은 다차원적
이다. 따라서 시각 역시 다차원적이다. 아는 자아(knowing self)는
그 모든 변장에도 불구하고 부분적이며 결코 완결되거나 완전한
것이 아니며 단순히 그곳에 주어져 있는 것도, 기원적인 것도 아
니다. 아는 자아는 언제나 구성되며 불완전하게 꿰맨 것이다. 따
라서 타자라고 주장하지 않으면서도 타자와 합류할 수 있고, 타자
와 함께 볼 수 있게 된다. 객관성의 약속이 바로 여기에 있다. 과학
적인 아는 주체(knower)는 정체성이 아니라 객관성, 즉 부분적인
연결이라는 주체 입장을 추구한다. 젠더, 인종, 국가, 계급에 의해
서 구조화된 특권적인(종속된) 입장은 동시에 모든 곳에 '존재'하
나, 어떤 입장에서도 전부로, 전체로 존재할 수는 없다. 앞서 언급
한 젠더, 인종, 국가, 계급 등은 비판적 입장에 대한 단지 몇 가지
목록에 불과하다. 그와 같이 '완전'하고 총체적인 입장은 서로 대
립하는 역사에서 물신화되고 완벽한 주체를 추구하는 것이다. 때
로는 페미니스트 이론에서도 대문자 제3세계 여성이 그와 같이
본질화된 주체로서 출현하기도 한다(모한티, 1984). 종속적 위치
는 존재론의 근거가 아니지만, 시각적 실마리가 될 수는 있다. 시
각은 도구를 요구한다. 광학은 입장성의 정치다. 시각의 도구는

관점을 매개한다. 따라서 종속된 자들의 관점으로부터 나온 시각이 직접적일 수는 없다. 자기 정체성을 포함하여 정체성이 과학을 생산하는 것은 아니다. 비판적인 입장이 과학을, 다시 말해 객관성을 생산한다. 오로지 지배자의 입장을 차지한 자들만이 자기-동일적이며 표지가 없고, 탈체현되고, 매개가 없으며 초월적으로 다시 태어난다. 불행하게도 종속된 자들 또한 그런 주체의 입장을 욕심내고 심지어 그런 입장으로 앞다퉈 휩쓸려 들어간 다음 시야에서 사라져 버릴 수 있다. 표지 없는 관점에서 본 지식은 그야말로 환상이고 왜곡이며 따라서 비합리적이다. 객관성이 실천되고 존중받을 리 없었던 유일한 입장이 주인의 관점이자, 대문자 인간, 유일신의 관점이다. 그런 주인의 (대문자) 눈은 모든 차이를 생산하고, 전유하고, 명령한다. 누구도 일신론의 유일신을 객관성 때문에 비난한 적이 없으며 단지 무심하다는 이유로 비난했다. 신적 요술은 자기-동일적이다. 우리는 그런 자기동일성을 창조성, 지식, 심지어 전능성으로 착각해 왔다.

그러므로 입장성은 시각의 이미지를 둘러싸고 조직된 지식의 토대에 핵심적인 실천이고, 그 점은 서구의 과학적·철학적 담론이 조직되는 방식과도 마찬가지다. 입장성은 우리의 역량 강화 (enabling) 실천에 대한 책임을 함축한다. 입장성은 무엇이 합리적인 지식으로 간주되는가라는 문제를 둘러싸고 경합하는 정치학과 윤리학의 근거가 되는 곳이다. 인정하든 하지 않든 정치학과 윤리학은 정밀과학, 자연과학, 사회과학, 인문과학에서의 지식 프로젝트를 둘러싼 투쟁에 근거를 제공한다. 그렇지 않으면 합리성은 그야말로 불가능하며, 난데없이 포괄적으로 투사된 광학적 환상에 불과해진다. 과학의 역사는 테크놀로지의 역사라고 힘주어 강조할 수도 있다. 이런 테크놀로지들은 생활 방식이며 사회적 질서이자 시각화의 실천 방식이다. 테크놀로지는 숙련된 실천이다. 그럼 어떻게 볼 것인가? 어디서부터 볼 것인가? 무엇이 시각을 제약하는가? 무엇을 위해 볼 것인가? 누구와 함께 볼 것인가? 누가 하나 이상의 더 많은 관점을 갖게 되는가? 누구의 눈이 가려졌는가? 누가 눈가리개를 하고 있는가? 누가 시각장을 해석하는가? 우리는 시각 이외의 어떤 다른 감각적인 힘을 함양하고 싶은가? 시각의 이미지와 테크놀로지에서 도덕적 정치적 담론은 합리적 담론의 패러다임이 되어야 한다. 과학에서 샌드라 하딩이 주장하고 관찰한 것, 즉 사회적 혁명운동은 과학의 발전에 대부분 기여해 왔다는 주장은, 입장성에 대한 새로운 테크놀로지로서 지식 생산 결과에 관한 주장으로 읽어 낼 수 있다. 하지만 나는 하딩이 사회적·과학적 혁명이 언제나 해방적이었던 것은 아니라는 점을, 심지어 그런 혁명이 예지적인 것이라고 할지라도 반드시 해방적이지만은 아니라는 점을 기억하는 데 좀 더 많은 시간을 할애했으면 했다. 아마도 이런 점은 또 다른 어구로 표현될 수 있었다. 군대에서의 과학의 문제가 그것이다. 무엇이 세계에 대한 합리적인 설명인가에 관한 투쟁은 보는 방법에 관한 투쟁이다. 그것은 시각의 조건들인 식민주의에서 과학의 문제, 절멸주의(exterminism)에서 과학의 문제(소플리스, 1988) 그리고 페미니즘에서 과학의 문제 등에 관한 투쟁이다.

정치적으로 다양한 경험주의, 환원주의 혹은 다른 과학적 권위를 가진 해석에 대한 공격에 가담하는 문제는 상대주의적으로 접근하기보다 위치로 보아야 한다. 이 점을 이분법적인 도표로 표현하면 다음과 같다.

보편적·합리적	민족철학
공통언어	이종언어
신기관	해체
통일장 이론	이항대립적 입장성
세계 체제	지역적 지식
주인 이론	웹 계정

　　하지만 이런 이분법적 도표는 내가 개괄하고자 하는 체현된 객관성의 입장을 위태로운 방식으로 잘못 전달한다. 일차적 왜곡은 이 도표의 이분법이 대칭적이라는 착각이 들게 함으로써 어떤 입장이든 첫째, 그야말로 대안이며 둘째, 상호 배타적인 것으로 만든다는 점이다. 논란이 분분한 이분법의 고정된 양극 사이에 드러나는 긴장과 공명의 지도는 체현되고, 따라서 설명 가능한 객관성에 대한 강력한 정치학과 인식론을 보다 더 낫게 재현한다. 예를 들어 지역적 지식은 지식과 권력의 그물망 안에서―물질적이고 기호학적으로―불평등한 번역과 교환을 강제하는 생산적 구조화와 긴장 관계에 있다. 웹은 체계성이란 속성을 가질 수 있는데, 심지어 넓게 펼쳐진 가느다란 망과 끈질긴 덩굴손을 중심으로 구조화된 글로벌 시스템이 시간, 공간, 의식과 같은 세계사적 차원으로 들어가더라도 그런 속성을 가질 수 있다. 페미니즘의 설명 가능성(accountability)은 이분법이 아니라 공명으로 조율된 지식을 요구한다. 젠더는 구조화되고 구조화하는 차이의 장이다. 그런 장에서 극단적인 지역화의 어조와 친밀하고 개인적이며 개별화된 몸의 어조는 전 세계적으로 고조된 긴장의 방출과 더불어 동일한 장에서 진동한다. 그러니까 페미니스트 체현은 여성이든 혹은

다른 무엇이든, 물화된 몸의 고정된 위치에 관한 것이 아니라 장들에서의 마디, 방향성에서의 굴절, 의미의 물질적-기호적 장에서의 차이에 대한 책임을 묻는 것이다. 체현은 중요한 인공 보철이다. 그러므로 무엇을 대상으로 간주할 것인가 하는 문제가 세계사가 무엇에 관해 그렇게 판가름하는가에 달려 있을 때, 객관성은 고정된 시각이 되지 못한다.

이런 긴장, 공명, 변형, 저항, 공모의 상황 속에서 보기 위해 우리는 어떻게 자리해야 하는가? 여기서 영장류적 시각은 페미니스트의 정치적-인식론적 해명을 위한 대단히 강력한 즉각적인 은유이거나 테크놀로지가 아니다. 왜냐면 그런 시각은 이미 가공 처리되고 객관화된 장을 의식에 제시하는 것처럼 보이기 때문이다. 사물들은 이미 고정되고 거리가 유지된 것처럼 보인다. 하지만 시각적 은유는 고정된 겉모습을 넘어서도록 한다. 고정된 겉모습은 완제품에 불과하다. 은유는 우리의 생물학적인 눈과 뇌와 인터페이스한 인공 보철 테크놀로지를 포함하여, 다양한 시각적 생산 장치들을 탐구하도록 한다. 여기서 우리는 세계의 형상 속으로 들어가는 전자기적 스펙트럼 영역을 가공 처리하는 고도로 특수한 기계류를 발견한다. 다름 아닌 시각화 기술의 복잡하고도 미묘한 품에 안긴 세계에서 우리는 객관화의 패턴, 말하자면 우리가 설명해야만 하는 실재의 패턴을 이해하고 실재에 개입하는 수단과 은유를 발견하게 될 것이다. 그런 은유들로부터 우리는 구체적이고 '실제적(real)' 양상과 우리가 과학적 지식이라고 부르는 기호학과 생산의 양상 두 가지 모두 인식하는 수단을 발견한다.

나는 위치, 입장성, 상황적인 정치학과 인식론을 주장한다. 여기서 보편성이 아니라 부분성은 합리적 지식을 주장하는 목소리가 들리도록 하는 조건이 된다. 이런 것들은 사람들의 삶에 관한 주장이다. 그것은 언제나 복합적이고 모순적이며 구조화하고 구조화된 몸으로부터 보는 관점 대(對) 위로부터, 난데없는 곳으로부터, 단순성으로부터 보는 관점으로 대비된다. 오직 신적인 요술만이 금지된다. 군사주의에서 과학의 문제를 결정하는 판단 기준이 여기에 있다. 여기서 군사주의는 완벽한 언어의 과학/테크놀로지, 완벽한 커뮤니케이션, 궁극적인 질서를 꿈꾸는 것이다.

페미니즘은 또 다른 과학을 사랑한다. 페미니즘은 해석, 번역, 말더듬기, 부분적인 이해에 바탕을 둔 과학과 정치학을 사랑한다. 페미니즘은 (적어도) 이중적 시각을 가진 다중 주체의 학문에 관한 것이다. 페미니즘은 동질적으로 젠더화된 사회적 공간에서 비판적 입장에 바탕을 둔 비판적 시각에 관한 것이다.[10] 번역은 언제나 해석적이고, 비판적이고, 부분적이다. 바로 여기에 대화, 합리성, 객관성을 위한 토대가 있다. 그것은 다원주의적인 '대화'가 아니라 권력에 민감한 대화다. 이것은 물리학과 수학에 관해 가공된 만화―정확하고 고도로 단순한 지식으로 간주된 반-과학적인 이데올로기 속에서 부정확하게 희화화된 것―가 아니다. 그런 만화는 페미니즘의 패러다임을 담은 과학적 지식의 모델을 적대적인 타자로 재현해 왔다. 그것은 하이-테크놀로지에서 완벽하게 알려진 꿈인, 지속적으로 군사화된 과학적 생산과 입장성, 합리적 지식의 스타워즈 패러다임이라는 신적 요술을 꿈꾸는 것이다. 그러므로 위치는 취약성과 관련된다. 더불어 봉쇄, 궁극의 정치에 저항하는 것이다. 혹은 알튀세르를 차용하자면, 페미니즘의 객관성은 '최종심급에서의 단순성'에 저항하는 것이다. 그것은 페미니스트 체현이 고정성에 저항하는 것이며 변별적인 입장성의 그물망에 관해 지칠 줄 모르는 호기심을 갖고 있기 때문이다. 유일한 페미니스트 관점이라는 것은 없다. 왜냐하면 우리 시각의 토대가 되는 은유가 되기에는 우리의 지도가 너무 다차원적인 것을 요구하기 때문이다. 하지만 참여하고, 설명 가능한 입장의 인식론과 정치학에 대한 페미니스트 관점 이론들의 목표는 대단히 강력한 것으로 남아 있다. 그런 목표는 세계, 다시 말해 '과학'을 더 잘 설명하는 것이다.

무엇보다 합리적 지식은 거리를 유지하면서 탈참여하는 척하지 않는다. 말하자면 모든 곳에 있으므로 따라서 어디에도 없는 곳에 있는 것처럼, 해석으로부터 또 재현되는 것으로부터 자유로운 것처럼, 완벽하게 자족적인 것처럼 혹은 충분히 공식화할 수 있는 것처럼 굴지 않는다. 합리적 지식은 해석자와 해독자(decoder)들의 '장' 가운데서 진행 중인 비판적 해석에 대한 가공 처리 과정이다. 합리적 지식은 권력에 민감한 대화다(킹, 1987a).

지식: 공동체 대(對) 지식: 권력
해석학: 기호학 대(對) 비판적 해석: 코드

해독과 부호화 그리고 번역과 비판, 이 모든 것이 필요하다. 그래서 과학은 종결의 패러다임 모델이 아니라 경합되고 경합하는 패러다임 모델이다. 과학은 아무런 논란이 없는 영역에서 인간 행위자성과 책임으로부터 벗어난 도피의 신화가 아니라, 오히려 종속된 자들의 지식을 특징짓는 불협화음적인 시각과 예지적인 목소리와 연계하는 번역과 연대에 대한 설명가능성과 책임의 신화가 된다. 분명하고 뚜렷한 사상보다 감각의 분열과 목소리와 시력(sight)의 혼란이야말로 합리성의 근거에 대한 은유가 된다. 우리는 남근이성중심주의(하나의 진실한 말씀의 현존에 대한 향수)와 탈체현된 시각에 지배되는 지식을 추구한 것이 아니라 부분적인 보기와 제한된 목소리에 의해 지배되는 지식을 추구한다. 우리는 부분성 그 자체를 목적으로 추구하는 것이 아니라, 상황적 지식이 가능하도록 하는 연결과 예기치 않은 개방에 필수적인 부분성을 추구하는 것이다. 보다 확장된 시각을 찾아내는 유일한 방법은 특정한 어떤 곳에 자리하는 것이다. 페미니즘에서 과학의 문제는 배치된(positioned) 합리성으로서의 객관성에 관한 것이다. 그런 이미지들은 한계로부터의 도피와 초월의 산물이 아니라, 다시 말해 위로부터의 관점이 아니라 부분적 관점들과 머뭇거리는 목소리들이 집단적 주체의 입장으로 합류하는 것이다. 그런 집단적 주체의 입장은 진행 중인 유한한 체현의 수단들을 시각화하고 한계와 모순 안에서 살아가는, 다시 말해 특정한 곳에서부터 보는 관점을 시각화하겠다고 약속하는 것이다.

행동가(actor)로서의 대상: 몸 생산 장치

'객관성'에 대한 이런 성찰을 하는 내내, 내가 엄청난 범위에 걸친 맥락을 세밀하게 구분하지 않은 채 과학을 지칭함으로써 쌓아 올린 모호성을 굳이 해소하지 않으려 한다. 집요한 모호성을 통해 나는 정밀과학, 물리과학, 자연과학, 사회과학, 정치과학, 생물과학, 인문과학을 묶는 공통성(commonality)의 장을 전면에 배치시켰다. 나는 학문적으로(그리고 산업적으로. 예를 들어 출판업계, 무기 거래, 제약업 등에서) 제도화된 지식생산의 이 모든 이질적

인 장들을 이데올로기 투쟁에서 막강한 힘을 강조하는 과학의 의
미와 연결시켰다. 하지만 부분적으로는 과학에 관한 담론에서 의
미의 특수성과 고도로 침투 가능한 의미의 경계선 모두를 작동시
키기 위해, 나는 한 가지 모호성에 대해서는 해결책을 제시하고
싶다. 과학을 구성하는 의미의 장 전반에 걸쳐, 공통성 중 하나는
그런 세계가 우리에게 어떤 식으로 개입했든, 또 얼마나 복잡하고
모순적이든지 간에, '실제 세계'에 대해 우리가 제시한 설명의 충
실성과 관련된 주장과 하나의 지식 대상으로서의 위상에 관한 관
심사이다. 페미니스트들 그리고 과학과 과학적인 주장 혹은 그와
연관된 이데올로기 비판에 대단히 적극적이었던 그 밖의 다른 사
람들은 과학적 객관성 원칙을 일정 부분 외면해 왔다. 왜냐하면
지식의 '대상'이 수동적이며 무기력하다는 주장에 대한 의구심 때
문이었다. 그런 대상에 대한 설명은 파괴적인 서구 사회의 도구주
의적 프로젝트를 위한 자원으로 환원되어 고정되고 결정된 세계
를 전유한 것처럼 보이거나, 혹은 이해관계, 다시 말해 대체로 지
배적인 이해관계를 위한 가면으로 보일 수 있기 때문이다.

　　예를 들어 생물학적 지식의 대상으로서 '섹스'는 사회구성주
의와 비판이론을 위한 취약한 공간에 위협적인 생물학적 결정론
의 모습으로 번번이 출현한다. 그런 섹스는 적극적이고 변혁적인
개입에 동반된 가능성과 더불어, 사회적·역사적·기호학적으로
배치된 차이로서 페미니스트 젠더 개념에 의해 태어나게 된다. 하
지만 이항대립적인 한 쌍인 젠더와 생산적인 긴장 관계로 설정된,
섹스에 대한 권위 있는 생물학적인 설명을 잃어버리게 되면, 너무
많은 것을 잃는 것처럼 보인다. 특정한 서구 전통 안에서 분석적
인 힘을 잃어버리는 데 그치지 않고 생물학적 담론의 사회적 기입

을 포함하여, 그런 기입을 위한 텅 빈 백지와는 거리가 먼 몸 자체도 잃어버리기 때문이다. 그와 똑같은 상실의 문제가 물리학이든 혹은 어떤 과학적 대상이든, 담론적 생산과 사회적 구성을 일회용으로 철저하게 '환원'하는 데 깃들어 있다.[11]

하지만 이런 어려움과 상실이 반드시 필수적인 것은 아니다. 그런 문제들은 아리스토텔레스에게 그리고 '백인 자본주의 가부장제'(이 남사스러운 것에 우리가 어떤 이름을 붙이든)의 변형적인 역사에 깊이 신세진 분석적 전통이 초래했다. 백인 자본주의 가부장제는 모든 것을 전유에 필요한 자원으로 변질시키며, 그런 전유 속에서 지식 대상은 아는 주체의 맹아적 권력과 그런 주체의 행위를 위해 끝끝내, 오롯이 질료 자체가 된다. 여기서 대상은 아는 주체의 권력을 보증하고 재충전해 준다. 하지만 이런 지식생산에서 대상에게는 어떤 <u>행위자</u>(*agent*)로서의 위상도 부인된다. 간단히 말해 대상으로서 세계는 행위자가 아니라, 사물로서 객체화되어야 한다. 세계는 지식생산에서, 유일한 사회적 존재이자 인간인 아는 주체의 자아-형성을 위한 질료가 되어야 한다. 조 소폴리스(1988)는 테크노사이언스에서 이와 같은 앎의 양식의 구조를 '자원화'와 동일시한다. 말하자면 왜곡된 기획을 위해 세계의 모든 몸을 자원화함으로써 대문자 인간의 제2의 탄생이 가능해지는 것이다. 자본주의적 식민주의의 논리에 따르면 자연은 전유되고 보존되고 노예화되고 고양되는 문화의 원자재일 뿐이거나, 그렇지 않을 경우 자연은 문화가 마음대로 처분할 수 있도록 유연해진 문화의 원자재에 불과하다. 그와 유사하게 섹스 또한 젠더의 행위에 필요한 질료일 따름이다. 이처럼 생산주의 논리는 서구 이분법적 전통에서는 벗어날 수 없는 것처럼 보인다. 이와 같은 분석적·

역사적 서사 논리는 최근의 페미니스트 이론 역사에서 섹스/젠더 구분에 관한 나의 과민 반응을 설명할 수 있다. 섹스는 젠더를 다시-재현(re-representation)하기 위해 '자원화'된 것이다. 그렇게 되면 '우리는' 자원화된 섹스를 통제할 수 있게 된다. 섹스/젠더의 구분을 포함하여, 자연/문화의 이분법과 그것의 발생론적 계보에 바탕하여 구축된 전유주의자들의 지배 논리가 갖는 함정에서 빠져나가는 것이 거의 불가능해 보인다.

이 장에서 내가 개괄한 그런 유형의 객관성과 체현에 관한 페미니스트 설명—말하자면 세계에 대한 설명—은 물려받은 서구 분석 전통 안에서 기만적일 만큼 단순한 책략을 요구하는 것처럼 보인다. 변증법에서 시작되었던 그런 책략은 필요한 만큼 수정하기에는 미흡한 것처럼 보인다. 상황적 지식은 지식의 대상이 텅 빈 스크린, 토대, 자원이 아니라 행위자이자 행동가로서 형상화되어야 한다고 요구하며, '객관적인' 지식에 실린 고유한 행위자성과 저자성으로부터 변증법을 차단시킴으로써 궁극적으로 주인과 노예의 관계로 형상화해서는 결코 안 된다고 요구한다. 이 점은 사회과학과 인문과학에 대한 비판적 접근방식의 패러다임으로서는 분명해 보인다. 여기서 연구 대상 자체였던 사람들의 행위자성은 사회이론 생산의 전체 기획을 변형시킨다. 실제로 연구 '대상'의 행위자성과 타협하는 것이야말로 이들 학문에서 만들어진 수많은 종류의 엄청난 실수와 그릇된 지식을 피할 수 있는 유일한 방법이다. 하지만 그와 동일한 점들이 과학이라고 일컫는 다른 지식 프로젝트에도 적용되어야 한다. 윤리학과 정치학은 공공연하게든 혹은 은밀하게든, 단지 사회과학에서뿐만 아니라 이질적인 전체로서 과학에서 객관성을 위한 기초를 제공해야 한다는 필연적 귀결은 세계 속의 '대상'들에게 행위자/행동가의 지위를 인정하는 것이다. 행위자들은 다수이며 경이로운 형태로 다가온다. 그러므로 '실제' 세계에 대한 설명은 '발견'의 논리에 달린 것이 아니라 권력으로 충전된 '대화'처럼 사회적 관계에 달린 것이다. 세계는 스스로 말하지도 않고, 그렇다고 주인 암호 해독가의 이익을 위해 사라지지도 않는다. 세계의 코드들은 오로지 해독되기만을 기다리면서 가만히 있지 않는다. 세계는 인간화를 위한 원자재가 아니다. 인본주의에 대한 철저한 공격, 즉 '주체의 죽음' 담론의 또 다른 분야는 이 점을 상당히 잘 보여 주었다. 상당히 비판적인 의미에서 볼 때, 사회적인 것 혹은 행위자성과 같은 투박한 범주에 의해 거칠게 암시된 바 있는 지식 기획으로 조우하게 된 세계는 행동하는 능동적 실체다. 과학적 설명이 지식의 대상으로서 이런 세계의 차원에 참여할 수 있는 한, 충실한 지식은 우리에게 상상될 수 있고 요청될 수 있다. 하지만 어떤 특정한 재현 원칙이나 해독 혹은 발견이 어떤 것을 보증하는 것은 아니다. 내가 추천하는 접근방식은 '리얼리즘'적인 해석본은 아니다. 리얼리즘은 능동적인 세계의 행위자성에 참여하기에는 다소 빈곤한 방식임이 입증되었다.

단순하고 아마도 소박한 나의 작전은 서구 철학사에서는 분명 새롭지 않다. 하지만 이 작전은 페미니즘의 과학 문제와 관련하여 젠더 문제를 상황적 차이와 여성적 체현의 문제와 연계함으로써, 특별히 페미니즘적인 예각을 지녔다. 아마도 에코페미니즘은 세계란 부르주아, 마르크스주의, 혹은 남성우월주의 기획으로 전유되고 만들어진 자원이 아니라 적극적인 주체라고 가장 집요하게 해석해 왔다. 지식 분야에서 세계의 행위자성을 인정하는 것은 세계에 대한 독자적인 유머 감각을 포함하여, 불안정하지만 가능성의 여지를 보여 준다. 그런 유머 감각은 세계를 자원으로 간주하는 인본주의자들과 그 밖의 사람들에게는 편하게 느껴지지 않을 것이다. 마침 재치 있는 행위자로서 세계를 페미니즘적으로 시각화하는 데 매우 잘 어울리는 형상들이 있다. 우리는 자원이 되는 데 저항하기 위해서 원초적 어머니에게 기댈 필요는 없다. 미국 남서부 인디언 신화에서 체현된 코요테나 트릭스터 등은 우리가 속을 줄 뻔히 알면서도 계속 충성심을 발휘하면서 완전 정복을 포기하는 우리 상황을 암시한다. 나는 우리의 동맹군이 될 수도 있는 과학자들에게 이런 신화는 유용하다고 생각한다. 페미니스트의 객관성은 모든 지식생산의 핵심에 경이와 아이러니의 여지를 남긴다. 우리는 세계를 책임진 것이 아니다. 우리는 그냥 여기서 살고 있고 시각화 기술을 포함하여 우리의 인공 보철 고안 장치를 수단으로 이용함으로써 순진하지 않은 대화를 시작하려 할 따름이다. 과학소설이 최근 페미니즘 이론에서 그처럼 풍부한 글쓰기 실천이 되어 왔다는 것은 그다지 놀라운 일이 아니다. 나는 페미니즘 이론을 재발명된 코요테 담론으로 간주하고 싶다. 코요테 담론은 세계에 관한 수많은 종류의 이질적인 설명이 가능하도록 하는 원천으로서 이바지하고 있다고 생각한다.

20세기 마지막 수십 년 동안 과학 영역에서 보여 준 페미니즘의 풍요로운 또 다른 실천은 이전에는 수동적인 것으로 여겼던 지식 대상의 범주를 특히 잘 '활성화'시킨 것으로 드러난다. 이런 활성화는 섹스와 젠더처럼 이분법적인 구분을 끊임없이 문제시 하면서도, 그런 이분법의 전략적 유용성을 제거하지 않는다. 나는 영장류학에서 단지 영장류학자, 진화생물학자, 행동생태학자로

서 여성의 실천뿐만 아니라, 과학적 설명에서 무엇이 섹스로 간주
되는가, 특히 무엇이 여자(female sex)로 간주되는가를 재구성하
는 것까지 거론하고자 한다(해러웨이, 1989b). 몸, 다시 말해 생물
학적 담론으로서 몸 자체는 가장 논란이 분분한 존재다. 생물학적
결정론의 주장은 결코 예전과 똑같을 수 없다. 여자 '섹스'가 철저
하게 재이론화되고 재시각화되어 왔기 때문에 섹스는 실질적으
로 '마음'과 구별할 수 없는 것으로 드러나게 된다. 그로 인해 기
본적인 어떤 변화가 생물학의 범주에서 발생하게 되었다. 현재의
생물학적인 행동주의적 설명 속에서 살고 있는 생물학적 여성에
게 수동적인 속성은 더 이상 거의 남아 있지 않다. 여성은 모든 측
면에서 구조화하고 적극적이다. '몸'은 자원이 아니라 '행위자'다.
차이는 유전자에서부터 수렵채집 패턴에 이르기까지 매 단계에
내재된 것이 아니라 상황적인 것으로서 생물학적으로 이론화된
다. 따라서 차이는 몸의 생물학적인 정치를 근본적으로 변화시키
는 것이다. 섹스와 젠더의 관계는 범주적으로 이런 지식의 프레임
안에서 재작동되어야 한다. 나는 이런 추세를 페미니즘의 객관성
기획에 충실하게 개입하는 것에 대한 알레고리이자 생물학적으
로 설득력 있는 전략으로 제시하고 싶다. 요점은 생물학적인 여자
라는 이처럼 새로운 그림이 그야말로 진실이라거나 아니면 경쟁
과 대화에 열려 있지 않다고 주장하는 것이 아니다. 사실 그와는
정반대다. 하지만 이런 그림들은 명료한 표명의 모든 차원에서,
상황적 대화로서 지식을 전면에 부각시킨다. 동물과 인간 사이의
경계는 기계와 유기체 사이의 경계에서처럼 이런 알레고리의 관
건이다.

　　그래서 나는 상황적 지식이라는 페미니즘 이론에 유용한 마

지막 범주와 더불어 마무리 짓고자 한다. 바로 몸 생산 장치다. 문학적 가치의 대상으로서 시의 생산을 분석하면서, 케이티 킹은 페미니스트 사이의 객관성 논쟁에서 질료를 분명히 밝힐 수 있는 연장을 제공한다. 킹은 '문학 생산 장치'라는 용어로 예술, 사업, 테크놀로지의 교차점에서 문학으로 체현된 것의 출현을 조명하자고 제안한다. 이런 문학 생산 장치는 문학이 탄생하는 모체가 된다. '시'라고 불리는 강력한 가치의 대상에 집중함으로써, 킹은 자신의 분석틀을 여성과 글쓰기 테크놀로지 관계(킹, 1987b)에 적용한다. 나는 킹의 작업을 과학적인 지식 기획에서 몸과 다른 가치의 대상인 세대—실질적인 생산과 재생산—를 이해하는 데 적용하여 각색하고 싶다. 얼핏 보면 문학 담론과 문학의 지식 주장에서는 찾을 수 없는 생물학 담론에 내재된 '사실성'에 킹의 도식을 이용하는 데는 한계가 있는 것 같다. '생산되거나' 혹은 '생성된' 생물학적인 몸이 과연 시와 마찬가지로 강력한 의미를 가질까? 18세기 말, 발생 초기 낭만주의에서부터 수많은 시인들과 생물학자들은 시와 유기체는 형제자매 관계라고 믿었다. 『프랑켄슈타인』은 이런 명제에 관한 사색으로 읽어 낼 수 있다. 나는 시와 유기체가 동기 아니면 형제자매라는 이 막강한 명제를 계속 믿고 싶지만, 낭만주의적 방식이 아니라 포스트모던한 방식으로 믿고자 한다. 나는 '사실성'과 '유기체적인 것'의 이데올로기적 차원을 '물질적-기호학적 행동가(material-semiotic actor)'라는 성가신 실체로 번역하고 싶다. 이 다루기 힘든 용어는 몸 생산 장치의 능동적이며 의미를 생성하는 축으로서 지식 대상을 집중 조명하려는 경향이 있다. 그런 대상의 직접적인 현존을 전혀 암시하지 않으면서, 무엇이 동일한 것인지 혹은 무엇이 특수한 역사적 시점에서

객관적인 지식으로 간주될 수 있는지에 대한 궁극적이고 유일한
결정을 암시하지 않으면서도 말이다. 시는 문학을 생산하는 자리
이고 그런 자리에서는 언어 또한 저자의 의도와 저자와는 무관한
행위자가 되는바, 그런 '시'라고 불리는 킹의 대상들과 마찬가지
로, 지식 대상으로서의 몸은 물질적-기호학적 생성적인 마디다.
그들의 경계선은 사회적 상호작용 속에서 물질화된다. 그 경계선
은 지도화 실천에 의해서 그려진다. '대상'은 그 자체로 미리 존재
하지 않는다. 대상은 경계선 기획이다. 하지만 경계는 내부에서부
터 움직이고 이동한다. 경계선은 교묘하다. 일시적으로 완결된 어
떤 경계선은 의미와 몸에 생성하며 또한 생산하는 것으로 남는다.
경계선을 다루는 것(보는 것)은 위태로운 실천이다.

　　객관성은 탈참여(dis-engagement)에 관한 것이 아니라 상호
적이고 그리고 대체로 불공평한 구조화에 관한 것이며, 세계 속
에서 위험을 감수하는 것이다. 그런 세계에서 우리는 영원히 죽을
수밖에 없는 인간이다. 말하자면 죽음이라는 '마지막' 통제는 불
가능하다. 마지막까지 우리는 분명하고 뚜렷한 아이디어를 가지
지 못한다. 다양하게 투쟁하는 생물학적인 몸은 생물학적인 연구
조사와 글쓰기, 의료사업, 다른 사업 실천, 테크놀로지, 즉 이 장
에서 은유로 열거했던 시각화 기술의 교차로에서 출현한다. 하지
만 교차로의 마디로 기꺼이 들어가는 것은 생생한 언어로 들어가
는 것에 비견된다. 그런 언어는 문학적 가치의 생산에 적극적으로
얽혀 들어가기 때문이다. 그것은 재치 있는 행위자와 행동가로서
코요테와 프로테우스처럼 변화무쌍한 세계의 체현으로 얽혀 들
어가는 것이다. 아마도 세계는 단순히 자원으로 간주되는 데 저항
할 것이다. 왜냐하면 세계는 어머니/질료/중얼거림이 아니라 코

요테이며, 의미와 몸은 언제나 문제적이고, 언제나 잠재적인 연대를 위한 비유다. 부분성, 객관성, 상황적 지식을 위한 페미니스트들의 체현과 페미니스트들의 희망은 가능한 몸들과 의미의 장에서 강력한 마디가 되는 대화와 코드에 의존한다. 여기서 과학, 과학적 환상, 과학소설은 페미니즘의 객관성 문제로 수렴된다. 아마도 설명가능성을 위한 우리의 희망, 정치학을 위한 우리의 희망, 에코페미니즘을 위한 우리의 희망은 코딩 마법사로서 우리가 그들과 대화하는 법을 배워서 세계를 변화시키는 데 달려 있을 것이다.

10장.

포스트모던 몸의 생명정치: 면역계 담론에서 자기의 구성[1]

로버트 필로메노(Robert Filomeno, 1949–1986)를 추모하며
평화를 사랑했고, 에이즈로 죽다. (그림 2)

만약 주어진 어떤 미생물과 어떤 질병을 동일시하기 위해 로베르트
코흐(Robert Koch)가 말한 공리에 충족되어야 할 요건이 있다면,
에이즈 텍스트를 다시 쓰는 데 다음과 같은 브라이언 터너(Bryan
S. Turner)의 '공리'(1984) 개념을 참작하는 것이 도움이 될 것이다.
1) 질병은 언어다 2) 몸은 재현이다 3) 의학은 정치적 실천이다.
(트라이클러, 1987)

비-자기(non-self): 동물의 구성 요소와 뚜렷이 다른 모든 것들을
망라하는 용어. [플레이페어(Playfair), 1984]

면역계가 낯선 것에 반응하려면 특정한 방식으로 자기를 인식해야
한다. [골럽(Golub), 1987]

생물학과 의학에서 멍울진 담론과 탈자연화된 몸

생물학적 연구, 바이오테크놀로지, 과학 연구를 토대로 한 의학의
흔적이 뚜렷한 당대 세계에서는 질병과 병에 관한 어떤 사회적 협

상이든지 간에 상호 교직된 여러 가지 특수한 문화적 사투리들을
강조하는 것은 아주 흔한 일이다. 생명의학의 언어가 역량을 강화
하는 의미들의 장에서 혼자 움직였던 적은 결코 없다. 그런 언어
권력은 고통과 대면하면서 상징과 행동에 관한 합의로부터 비롯
되지 않는다. 끊임없이 논란이 분분한 에이즈의 의미를 두고 논문
'의미화의 에피데믹(epidemic of signification)'이라고 제목 붙였던
폴라 트라이클러(1987)의 이 탁월한 어구는 병에 관한 사회적 텍
스트에도 널리 적용할 수 있었다. 수백만 명이 고통받는 병과 불
평등한 죽음을 경험하도록 하는 생명의학적 언어 권력—그것이
만들어 낸 놀라운 창작물, 이미지, 건축물, 사회적 형식, 테크놀로
지 들—은 진행 중인 이질적인 사회적 과정으로부터 파생된 사회
적 사실이다. 생명의학과 바이오테크놀로지 권력은 지속적으로
재-생산되거나, 아니면 중단될 수 있다. 이런 권력은 고정되고 영
구적인 것이 아니며, 역사가나 비평가가 현미경으로 관찰하기에
편리하도록 플라스틱 안에 새겨져 있거나 손쉽게 분할될 수 있는
것도 아니다. 생명의학이 생산한 몸과 자기(self)에 대한 문화적·
물질적 권위는 그런 권력보다 훨씬 더 취약하고, 훨씬 더 역동적
이며, 훨씬 더 포착하기 힘들고, 훨씬 더 강력하다.

산업화된 세계에서 사망(mortality)에 대한 체현된 기호학을
구축하는 생명의학에 동반된 수많은 비과학적, 준(準)과학적, 반
(反)과학적, 혹은 과학-외적 언어가 인정되어 왔다고 한다면, 그에
비해 흔히 과학으로 매끈하게 표지되었던 영토 안에서 다성적 언
어를 강조하는 경우는 그보다 훨씬 드물다. '과학 가라사대'는 단
성적인 언어로 재현된 것이다. 하지만 '과학'이라는 이 막강한 단
어의 이어 붙인 철자마저 간신히 봉합되고 있는 불협화음적인 이

질성이 암시하고 있다. 서로 중첩된 담론과 담론의 지식 대상들을 위한 단어들, 그리고 담론 구축 작업이 행해지는 구체적인 장소에 대한 추상적 기업명을 위한 단어들은, 커뮤니케이션에 대한 기술적인 접근 방법으로 뭉뚱그린 압축적 표현과 '과학' 내부—말하자면 바이오테크놀로지, 생명 의학, 정신신경면역학, 면역유전학, 면역내분비학, 신경내분비학, 모노클론 항체, 융합세포(hybridomas), 인터루킨(intereukines),* 제넨테크(Genentech), 엠브렉스(Embrex), 이뮨테크(Immunetech), 바이오젠(Biogen) 등—에서 의미의 경계선을 두고 억제할 수 없는 압력과 혼란 모두를 보여준다.

이 장은 1980년대 미국의 포스트모던한 과학 문화에서 생명의학적, 생명기술적으로 몸과 자기를 구성하면서 논란이 분분했던 대중적이고 기술적인 언어의 일부를 탐구한다. 과학적 담론은 엉켜서 '멍울져' 있다. 과학적 담론은 의미와 실천을 위한 응축된 논쟁들을 포함하고 실행한다. 나의 주요한 관심사는 면역계라고 일컫는 신념, 지식, 실천이라는 강력하고 다형적인 대상이 될 것이다. 나의 논지는 면역계가 후기자본주의의 상징적·물질적 '차이'라는 주요한 체계가 표현된 정교한 도상이라는 것이다. 두드러지게 20세기적 대상인 면역계는 서구 생명정치학적 변증법에서 자기와 타자에 관한 인식과 오인을 안내하도록 그려진 지도다. 말하자면 면역계는 정상적이고 병리적인 것을 구성하는 핵심적인 영역에서 무엇을 자기와 타자로 간주할 것인가라는 물음이 만든 경계를 구성하고 유지하는 데 유의미한 행동을 하기 위한 계획

---

* 림프구가 분비하는 면역반응 촉진 단백질.

서다. 면역계는 역사적으로 특수한 영토인데, 그곳은 지구적·지역적인 정치학의 영토다. 면역계는 노벨상을 받은 연구 영역이다. 면역계는 이종언어적(heteroglossia) 문화 생산물, 대중적인 식이요법, 페미니스트 과학소설, 종교적인 이미지, 아이들의 게임에서부터 사진 기술과 군사적인 전략 이론, 임상적 의료적 실천, 벤처 자본투자 전략을 위한 영토다. 면역계는 또한 사업과 테크놀로지 영역에서 세계를 변화시키는 발전의 영토다. 면역계는 체현, 취약성, 권력, 필멸이라는 가장 심오한 개인적·집단적 경험이 강도 높게 상호작용하는 영토다. 이 정도의 강도는 섹스와 재생산의 생명정치학 영역에서 아마 거의 유일할 정도다.[2]

　　면역계는 하이테크 문화에서 도상적이고 신화적인 대상이자 또한 가장 중요한 연구와 임상적 실천의 주제다. 신화, 실험실, 임상은 서로 밀접하게 얽혀 있다. 나는 『1986-1987년에 출판된 책들』(1987)에서 학부생들을 위한 면역학 관련 특별한 교재를 찾고 있었는데, 우연히도 목차의 장 제목에서부터 그런 일상적인 특징이 포착되었다. 여러 페이지에 걸쳐 등장하는 접두어 '이뮤노(immuno)'와 더불어 시작한 찾아보기는, 알파벳 순서로 정렬하는 영어의 규칙에 따라서, 『과학소설에서의 영생자들(Immortals of Science Fiction)』이란 책을 맨 앞쪽에, 『신의 불변성(The Immutability of God)』이란 책을 맨 뒤쪽에 배치하여 묶었다. 『1986-1987년에 출판된 책들』에서 찾은 교재인 에드워드 골럽(Edward S. Golub)의 『면역학: 종합(Immunology: A Synthesis)』(1987)의 마지막 섹션을 검토하다가, 내가 찾던 것을 발견했다. 면역학적 규제이론의 진행 과정에 관한 도표와 그 도표의 작성자이자 중요한 면역학자인 리처드 K. 거숀(Richard K. Gershon)의 부고 기사를 보게 된 것이다. 거슨은 진압자 T세포를 '발견했던' 면역학자다. 과학자에게 부치는 전형적인 비유가 동원된 부고 기사였다. 그는 '가장 초기의 탐험가였으며, 무엇인가를 본 최초의 인물이 되고 싶은 지칠 줄 모르는 욕망과 과거 누구도 간 적이 없었던 곳에 자신이 서 있다는 것을 알고 싶은 욕망에 사로잡혔던 것이 틀림없었을' 사람이라는 어투였다. 그런 영웅적인 과학자는 '(면역반응의) 겹겹으로 상호연결된 복잡성과 마주하면서 자부심을 느꼈다. 그는 자기 이전에 아무도 보지 못했던 복잡성의 층위를 보면서 전율했다'(골럽, 1987). 이 교재를 읽었을 법한 모든 독자들은 과거에 아무도 가 본 적이 없는 곳으로 대담하게 출발하는 〈스타트렉〉의 연방 우주선 '엔터프라이즈호'의 여정 도입부에 울려 퍼지던 노래가 들리는 범위 안에서 자랐다고 가정해도 무방할 것이다. 과학은 서구의 탐험과 여행문학에서 중요한 장르로 남아 있다. 그와 유사하게 아무리 문자적인 독자라 할지라도, 층층이 쌓인 자연의 비밀을 탐사하는 주인공을 묘사하고, 동시에 다층적인 복잡성 속에서 점점 더 깊숙이 파고드는 테크노-에로틱한 손길 속에서 그것을 칭송하는 것과 마주한 어떤 독자라도, 젠더화되고 에로틱한 비유로부터 완전히 자유로울 수는 없었다. 과학을 자연이란 몸에 대한 영웅적인 탐구이자 에로틱한 테크닉으로 묘사하는 것은 그야말로 관습화된 비유다. 이러한 형상화는 20세기 후반의 면역계 담론에서 특히 예리한 지점을 갖는다. 그런 담론에서 핵 절멸주의, 우주탐험, 외계생명주의, 외계 침입자들, 군사 하이-테크놀로지 등은 만연한 주제다.

　　하지만 골럽과 거슨이 의도한 명시적인 텍스트는 별들의 전쟁의 원형(prototype)으로서 우주 침입자들과 면역계에 관한 것이 아니다. 그들의 주제는 복잡성에 대한 애정이자 유기체적 생명의 조화를 생성하는 데 필요한 밀접하고도 자연적인 몸 테크놀로지에 대한 것이다. 그림 4개를 통해—1968년부터 시작하여 1974년, 1977년, 1982년에 이르기까지—거슨은 '면역학적 오케스트라' 개념을 개괄한다(골럽, 1987). 이 오케스트라는 면역계의 신화적·과학기술적 차원에 관한 멋진 그림이다(그림 3부터 그림 6까지를 보라). 이 그림은 모두 협력과 통제에 관한 것이다. 18세기 후반부터 협력과 통제는 유기체 생물학에서는 주요한 주제였다. 림프절의 뿌리에서부터 지휘자 위치에 선 첫 그림의 G.O.D.는 T세포, B세포, 대식세포로 이뤄진 오케스트라를 지휘한다. 이들은 몸으로 행진하면서 특수한 역할을 담당한다. 림프구들은 전부 똑같이 생긴 유령인 캐스퍼처럼 보이는데, 형체가 없는 그들의 몸 중심에 그려 놓은 핵 형태로 적절하게 구별된다. 손에 지휘봉을 쥔 G.O.D.는 교향악단의 지휘자 모습과 흡사하게 팔을 치켜들고 있다. G.O.D.는 1960년대 포스트 DNA 생물학과 의학에서 코드화된 몸 텍스트에 관한 노벨상 수상감인 생명 종교적인 '농담'—분자생물학의 핵심 교리에 따르면 '정보'의 흐름은 오로지 DNA에서 RNA 그리고 단백질 쪽으로 흘러가는 것으로 세분화된다—을 떠올리게 한다. 우리는 이 세 가지(DNA, RNA, 단백질)를 세속화된 신성한 몸의 성 삼위일체라고 불렀으며, 분자생물학의 위대한 모험의 역사는 호레이스 저드슨(Horace Judson)의 책 제목이기도 한 『창조의 제8요일(The Eighth Day of Creation)』 (1979)이라고 이름할 만했다. 이 이미지는 오늘날의 바이오테크놀로지 회사인 제넨테크와 같은 벤처 자본과 정치적 환경 속에서 드러난 일종의 아이러니한 모습이다. 분자생물학의 테크노-신화 체계에서 코드는 구체화된 구조와 기능을 지배하지만, 그 역은 결코 성립되지 않았다. 몸이 코드화된 텍스트로 이론화되고 그 텍스트의 비밀은 적절한 독해 관행에 의해서만 풀릴 때, 실험실은 과학 기술적이고 유기적인 각인(inscription) 장치의 거대한 조합에 의해 그 특징이 가장 잘 드러날 때, 창세기는 진지한 농담이 된다. 여기서 핵심 교리는 거대한 테크노 커뮤니케이션 체계에서 의미를 결정하는 코드의 정보 흐름을 위한 종합 통제 체계에 관한 것인데, 제2차 세계대전 이후 유기체는 점차적으로 그런 커뮤니케이션 체계를 갖췄다. 몸은 인공지능 체계를 갖고, 복사본과 원본의 관계는 역전되고, 그런 다음 폭파된다.

　　G.O.D.는 다양성의 생성자이며 우리가 면역계라고 부르는 인식과 오인의 다형적인 체계로서, 경이감을 불러일으키는 수많은 특수성의 원천이 된다. 그림 4(1974)에서 G.O.D.는 더 이상 면역 오케스트라의 정면이 아닌 음악적인 림프구들에 둘러싸인 채 팔짱을 끼고 림프절의 꼭대기에 서 있다. G.O.D.는 권위는 있어 보이지만 그다지 바빠 보이지는 않는다. 특수한 세포인 억제자 T세포가 지휘자의 역할을 넘겨받았다. 1977년 무렵 그림 5에 유일한 지휘자는 더 이상 없으며, T세포의 수수께끼 같은 부분집합 세 개에 의해서 '인도된다'. T세포들은 표면의 정체성 표지(marker)들에게 방향을 지시하는 지휘봉 총 12개를 들고 있다. G.O.D.는 대단히 혼란스러운 표정으로 머리를 긁적이고 있다. 하지만 면역 악대는 계속 연주한다. 1982년의 마지막 그림(그림 6)에서 '다양성의 생성자'는 조력자 천사와 억제자 천사라는 갈등하는 세포들 사이에서 체념한 것처럼 보인다. 조력자 천사와 억제자 천사는 그의 양 어깨에 올라앉아 있다(골럽, 1987).

G.O.D.와 천사 두 명 외에도, T세포 지휘자들과 갈등하는 프롬프터 2개가 있다. '이들은 각자 자기 나름의 해석을 촉구하고 있다'. '자기'의 온전성에 책임지는 심포니 체계에서 유기체의 조화를 단일하고 완벽하게 통제할 수 있다는 농담은 다수의 중심과 주변을 짜깁기한 포스트모던 혼성모방의 일종으로 자리했다. 그곳에서 연주되는 면역 음악은, 이 그림들이 보여 주듯 유치원에서 연주하는 우주 음악처럼 들릴 것이다. 투명하고 일관된 생명정치학적 주체로서 무대에 서는 것에 익숙했던 모든 행동가들은 여전히 존재하지만 그들의 조화에는 확실히 어느 정도 문제가 있어 보인다.

1980년대 무렵 면역계는—상징적·기술적·정치적으로—명백히 포스트모던한 대상이다. 캐서린 헤일스(Katherine Hayles, 1987b)는 포스트모더니즘을 문학과 과학을 포함한 문화 내부의 다수 공간에서 전개된 세 갈래 발전의 물결과 관련하여 특징짓는다. 그의 고고학은 소쉬르의 언어학과 더불어 시작한다. 소쉬르의 언어학을 통과하면서 상징체계는 '탈자연화되었다'. 내적으로 발생한 관계 속 차이는 모방했다기보다는 의미화를 지배했다. 헤일스에 의하면 이런 접근법은 클로드 섀넌(Claude Shannon)이 주창한 20세기 중반의 통계학적인 정보이론에서 절정에 이르렀다. 이런 정보이론은 벨 전화 회사를 위해 최대의 신호를 전송선으로 실어 나르기 위해 개발되고, 커뮤니케이션 행위 전반을 감당하도록 확장된 것으로서 행태학이나 분자생물학에서 몸의 기호학적 코드에 의해 지시받는 커뮤니케이션 행위 전반까지 포함한다. '정보' 생성과 시스템 처리 공정은 따라서 포스트모던한 대상이며 내적으로 차별화된 기표의 이론에 내포된 것으로, 모방으로서 재현 원칙과는 거리가 멀다. 역사를 변화시키는 창작물로서 '정보'는 대단히 특수한 형태의 우주로서만 존재한다.[3] 점차적으로 세계와 신호는 통약 불가능한 우주 속에서 존재하는 것처럼 보였다. 그런 우주를 연결시킬 척도는 문자 그대로 없었다. 모든 것을 읽어 낼 수 있는 독법의 관행은 과학소설을 읽어 낼 때의 요구와 흡사해졌다. 이때 출현한 것이 글로벌 테크놀로지였는데, 그것은 '일상에서 경험하는 맥락(context)으로부터 텍스트를 분리시킬 수 있도록 해 주었다.' 헤일스의 두 번째 물결은 '정보 테크놀로지의 급격한 발전으로 활력을 얻게 되었는데, 안정적으로 재생산 가능한 맥락의 소멸을 국제적인 현상으로 만들었다. (…) 맥락은 더 이상 모든 경험의 자연적인 일부가 아니라 마음대로 바꿀 수 있는 창작물이 되었다'. 헤일스의 세 번째 물결인 탈자연화는 시간을 고려한 것이었다. '특수상대성이론과 더불어 시작함으로써 시간은 모든 인간이 의지했던 일직선적인 척도에 따르는 필연적인 진보의 과정이 아니라 점차 다른 방식으로 지각할 수 있는 구성물로 간주되었다'.

언어는 더 이상 신의 말씀(*verbum dei*)의 메아리가 아니라 내적으로 생성된 차이의 원리 위에서 작동하는 기술적인 구성물이 되었다. 만약 근대 초기 자연주의 철학자 혹은 르네상스 시대의 의사를 두고 기하학의 언어나 혹은 우주의 응답으로 여겨지던 자연이란 텍스트를 해석하는 주석가라고 한다면, 포스트모던 과학자들은 생계 수단으로서 자연 텍스트를 여전히 읽어 내지만 이제는 그것을 컴퓨터 네트워크와 면역계처럼 대상 속에 체현되어 코드화된 인식 체계로 읽어 낸다. (그런 독해는 오-인이라는 병리적 현상으로 드러나는 경향이 있었다.) 포스트모더니즘 시대 언어와 테크놀로지의 엄청나게 밀접한 결속은 아무리 강조해도 지나치지 않았다. 그런 '구성'은 핵심적인 관심사가 되었다. 만들기, 읽기, 쓰기, 의미하기는 서로 동일한 것처럼 밀착된다. 테크놀로지, 몸, 기호학 사이 이처럼 거의 동일한 정체성은 의료인류학에서 오늘날의 연구 추세를 '알려 주는' 정치경제, 상징, 과학의 상호 구성적 관계에서 특히 예리한 지점을 갖고 있다.

몸 생산 장치: 참여의 테크노-생명정치

그렇게 본다면 몸은 태어나는 것이 아니라 만들어지는 것이다(그림 7). 몸은 기호, 맥락, 시간 만큼이나 철저히 탈자연화되어 왔다. 20세기 후반의 몸들은 낭만주의 안에서 이론화되었던 내적 조화의 원칙으로부터 형성된 것이 아니다. 사실주의와 모더니즘의 영역에서 발견되는 것도 아니다. 사람은 여자로 태어나는 것이 아니라고 시몬 드 보부아르는 분명히 주장했다. 드 보부아르와 동격의 공동-텍스트를 주장하려면 포스트모더니즘의 정치적-인식론적 영역이 필요하다. 사람은 유기체로 태어나는 것이 아니다. 유기체는 만들어진다. 유기체는 세계를 변화시키는 종류의 구성물이다. 유기체의 경계 구성, 즉 면역학 담론의 역할은 산업사회와 후기산업사회에서 병과 죽음의 경험에 대해 특히 강력한 매개자로 기능하는 것이다.

　　이와 같이 중층결정된 맥락 속에서 나는 어떤 형태의 단위, 자기, 개인이 면역계 담론으로 구성된 우주에 거처하는지 이해할 수 있는 분석적 장치로서 아이러니하게도—그리고 불가피하게도—구성주의 개념을 소환하게 될 것이다. 이 개념적 도구, 즉 '몸 생산 장치'는 앞서 논의되었다. 과학적인 몸은 이데올로기적 구성물이 아니다. 역사적으로 봤을 때 언제나 급진적으로 특수한 몸은 다른 형태의 특수성과 효과성을 갖는다. 그러므로 그런 몸들은 다른 형태의 참여(engagement)와 개입을 요구한다. '물질적-기호학적 행동가'라는 개념은 몸 생산 장치의 능동적인 부분으로서 지식 대상을 조명하려는 것이다. 그런 개념은 지식 대상들의 직접적인 현존을 전혀 암시하지 않으며, 무엇이 같은 것인지, 특정한 역사적 시점에 생명의학적인 몸에 관해 무엇을 지식 대상으로 간주할 수 있는지와 같은 궁극적이고 고유한 결정이 있다고 암시하지 않는다. 지식 대상으로서 몸은 물질적-기호학적 생성적 마디다. 그들의 경계는 사회적인 상호작용 속에서 물질화된다. 몸과 같은 그런 '대상'은 그 자체로 미리 존재하지 않는다. 과학적 객관성[대상의 자리하기(sitting)/ 보기(sighting)]은 초연한(dis-engaged) 발견에 관한 것이 아니라 상호적이면서도 대체로 불평등한 구조에 관한 것이자, 위험의 감수에 관한 것이다. 다양하게 경합하는 생물학적인 몸들은 생물학적 연구, 글쓰기, 출판하기의 교차로에서 출현한다. 그런 몸들은 의학적인 실천과 다른 사업적 실천의 교차로, 이용 가능한 은유와 서사를 포함하여 모든 형태의 문화적 산물들의 교차로, 테크놀로지, 즉 색채가 강화된 킬러 T세포와 모든 중산층 가족에게 자라고 있는 태아의 친숙한 사진을 고광택 아트북으로 현상하는 그런 시각화 기술 등의 교차로에서 나타난다(닐손, 1977, 1987).

그뿐만 아니라 교차로의 마디에 초대받은 것은 재치 있는 행위자이자 행동가인 코요테와 세계의 변화무쌍한 체현으로, 문학적 가치의 생산에서 적극적으로 상호 교직되는 생생한 언어에 비견된다. 아마도 포스트모던 프레임 속에서 테크노-생명정치학에

게 바라는 설명가능성에 대한 우리의 희망은 코딩하는 마법사로
서 세계를 변혁하는 데 있고, 우리는 그런 마법사와 대화하는 법
을 배워야만 한다. 스트레스에 복종하는 단백질처럼 우리에게 그
세계는 철저히 탈자연화된 것일 수 있지만, 그렇다고 중요하지 않
은 것은 결코 아니다. 그래서 20세기 후반 면역계는 정교한 몸생
산 장치의 구성물인 반면, 면역계나 세계를 변화시키는 다른 어떠
한 생명의학적인 몸들—바이러스처럼—은 유령과 같은 환상이
결코 아니다. 코요테는 유령이 아니라 단지 변화무쌍한 마법사일
뿐이다.

　　아래 도표는 19세기 후반부터 1980년대에 이르기까지 몸의
생명의학적 생산에서 두 갈래의 역사적인 계기를 추상화하고 이
분법으로 나눈 것이다. 이 도표는 이 세기에 이르러 과학적인 몸
의 구성에 초래된 가능한 논쟁들의 인식론적·문화적·정치적 양
상을 조명한 것이다. 이 도표 자체는 특정한 의미를 만드는 데 필
요한 전통적인 작은 기계다. 따라서 기술(description)이 아니라 논
쟁으로 읽어 내야만 한다. 그 논쟁은 의미를 생산하는 데 의심스
러운 테크놀로지인 이항대립적 이분법을 바탕으로 한다.

재현	시뮬레이션
부르주아 소설	과학소설
리얼리즘과 모더니즘	포스트모더니즘
유기체	생명 구성 요소, 코드
노동	텍스트
모방(미메시스)	기표의 유희
깊이, 온전성	표면, 경계

열	소음
임상적 실천으로서의 생물학	각인으로서의 생물학
생리학	커뮤니케이션 공학
미생물학, 결핵	면역학, 에이즈
부작용 없는 약(magic bullet)	면역 제어
소집단	하위체계
완벽	최적화
우생학	유전공학
퇴폐	퇴화
위생	스트레스 관리
유기적 노동 분업	인체공학, 사이버네틱스
기능적 특수화	모듈적 구성
생물학적 결정론	시스템 제약(System constraints)
재생산	복제
개인	레플리콘
군집생태학(Community ecology)	에코 시스템
존재의 인종적 사슬	유엔 인본주의
식민주의	초국적 자본주의
자연/문화	차이의 장
협동	커뮤니케이션 고양
프로이트	라캉
섹스	대리모
노동	로봇틱스
정신	인공지능
제2차 세계대전	스타워즈
백인 자본주의 가부장제	지배의 정보학

오른쪽 세로줄에 열거된 표제어들을 '자연스러운' 것으로 간
주하기는 어렵다. 그러나 동시에 왼쪽 세로줄의 자연주의적인 위
상을 전복시켜 놓은 것이기도 하다. 18세기부터 20세기 중반까지
젠더, 인종, 계급 등과 같은 거대한 역사적 구성물은 여성, 식민지
인, 혹은 노예, 노동자 들의 유기체적으로 표지된 몸에 담겨 있었
다. 이와 같이 표지된 몸에 거주하는 사람들은 보편적이었고, 따
라서 표지 없는 종(種)적 인간이자 일관된 주체라는 허구적이나
합리적 자기에 비춰 상징적인 타자가 되었다. 표지된 유기적 몸은
문화적·정치적 경합이 일어나는 비판적 장소(locus)가 되었다. 이
런 장소는 정체성에 관한 해방적 정치의 언어와 문화적 전유에 필
요한 자원으로서, 널리 공유된 자연의 언어에 의존한 지배체제 양
자 모두에서 핵심적이다. 예를 들어 19세기 영국과 미국에서 중
산층에게 의학적 조언을 했던 문헌에서 성차화된 몸의 여성적인
형태는 모성적 기능과 자궁이라는 신체적 장소를 중심으로 조직
되었던 반면, 정자 경제에 지배받았던 남성적인 형태는 신경 체계
와 밀접하게 연결되어 있었다. 그처럼 성차화된 몸들은 유기체 경
제의 정교한 담론의 일부가 되었다. 이런 몸들이 움직이는 서사의
장은 합리적 시민권, 부르주아 가족생활에 대한 설명 그리고 매
춘, 범죄성 혹은 인종 자살과 같은 성적 오염과 비효율성에 맞서
예방하는 방법을 만들어 냈다. 상당수 페미니스트 정치학은 공적
세계로 확장되었던 가정경제에 모성적 기능에 근거한 몸 정치학
에 여성들을 충분히 포함시켜야 한다고 주장했다. 20세기 후반으
로 들어오면서 게이 레즈비언 정치학은 성 해방이라는 복잡한 인
본주의 담론을 창조하기 위해 19세기와 20세기 성과학과 젠더 정
체성 의학이 구축했던 표지된 몸들을 아이러니하고도 비판적으

로 포용했다. 흑인성(negritude), 여성적인 글쓰기, 다양한 분리주
의 그리고 그 밖의 다른 최신 문화운동들은 식민화와 남성우월주
의의 역사에 드러나는 인종과 젠더에 관한 생명의학적인 담론의
핵심인 자연화의 논리에 의존하면서도 동시에 전복시켰다. 이 모
든 다양하면서도 이항대립적으로 상호 연계된 정치적·생명의학
적 설명으로 본 몸은 정체성과 행위자성, 위계화된 기능이 비교적
명료한 공간으로 남아 있다. 과학적 인본주의와 생물학적 결정론
모두 18세기 후반 생명과학이 고안한 생물학적 유기체와 관련지
어 본다면 권위가 있으면서도 동시에 논쟁적일 수 있었다.

　　생물학적이고 의학적인 몸은 위계적 노동분업에 의해 조직
된 노동 체계도 아니고, 고도로 국지화된 신경 기능과 재생산 기
능 사이에서 특권화된 변증법에 의해 지배되지도 않는다. 그보
다, 오히려 공학적인 커뮤니케이션 시스템으로 조직되고, 유동적
이고 분산된 명령-통제-첩보 네트워크에 의해 지배되는 코드화
된 텍스트로서 상징화되고 작동할 때, 정상적인 것과 병리적인 것
에 관한 서사는 어떻게 작동할까? 20세기 중반부터 생명의학적
인 담론은 테크놀로지와 실천이라는 대단히 다른 단위를 중심으
로 점차 조직되었는데, 그런 테크놀로지와 실천은 위계적이고 지
역화된, 유기체적 몸의 상징적 특권을 탈안정화했다. (그와 동시
다발적으로—탈식민주의, 다국적 자본주의, 세계적인 하이테크
군사화라는 동일한 역사적 모태 중 일부에서, 그리고 과거에는 묵
묵히 노동에 종사했던 그런 사람들 중 일부에서 지역적/지구적인
정치학의 새로운 집단적인 정치적 행동가가 출현했다.—'차이'에
관한 질문은 정체성과 실체적 통일성에 기초한 인본주의적인 해
방 담론을 탈안정화해 왔다.) 자의식적인 담론의 실천으로서 페미

니스트 이론은 제2차 세계대전 이후에 형성되었다. 이와 같은 전후 시기는 자연에 대한 서구의 과학적 정치적 언어를 노동, 지역화, 표지된 몸 등에 바탕한 언어로 번역하는 것에서부터 코드, 분산, 네크워크화, 파편화된 포스트모던 주체 등에 바탕을 둔 언어로 번역하는 데까지 나아간 것이 특징이었다. 생명의학적이고 생명기술적인 몸에 대한 설명은 유전 체계, 신경계, 호르몬계, 면역계의 수많은 분자들이 인터페이스하는 것에서부터 출발해야만 한다. 생물학은 인식과 오인, 코딩 에러, 몸의 독서 관행(예를 들어 프레임 변경이나 돌연변이 같은), 인간 게놈이 국립 유전자 '도서관'에 집적되고 출판되어 일련의 십억 달러 프로젝트가 되는 것에 관한 것이다. 그런 몸은 이미지와 실천의 주요한 경합장에서 고도로 군사화된 전략적인 체계로 인식된다. 섹스, 섹슈얼리티, 재생산은 지역적 투자전략과 관련하여 이론화된다. 그런 몸은 정상화된 기능의 안정적인 공간적 지도가 더 이상 되지 못한다. 대신 그런 몸은 전략적 차이라는 고도로 유동적인 장에 출현한다. 생명의학적-생명기술적인 몸은 기호학적인 체계와 복잡한 의미 생산의 장이다. 그런 장을 위해 면역학 담론, 즉, 인식/오인 위에서 구성된 생명의학적 핵심 담론은 여러 가지 의미에서 이해관계가 고도로 얽힌 실천이 되어 왔다.

생명적 구성 요소들과 코드들처럼, 대상과의 관계에서 우리는 성장 법칙과 본질적인 속성이 아니라 오히려 디자인 전략, 경계의 제약, 흐름의 비율, 체계의 논리, 제약의 비용을 낮추는 것과 관련 지어 생각해야 한다. 성적 재생산은 체계 환경의 기능으로서 이론화된 비용과 혜택과 더불어 수많은 전략 중에서 가능한 한 가지 전략이 된다. 질병은 정보 불량이거나 혹은 커뮤니케이션 병리

학의 아종(subspecies)이다. 질병은 자기라고 불리는 전략적 조합
의 경계에 대한 오인이거나 경계 위반 과정이다. 성적 재생산 이
데올로기는 유기체와 가족처럼 '건강하고' 자연스러운 대상에 나
타난 유기체적 양상으로서 아무런 문제 없는 섹스와 섹스의 역할
이란 개념에 더 이상 쉽사리 의존할 수가 없다. 인종에서와 마찬
가지로 인간 다양성에 관한 이데올로기는 매개변수의 빈도와 권
력으로 충전된 차이의 장과 관련하여 전개되어야 하는 것이지, 본
질과 자연적인 기원이나 혹은 고향과 관련하여 전개되어야 하는
것이 아니다. 개인과 마찬가지로 인종과 섹스는 지식과 권력의 담
론적 결합에 의해 유지되거나 혹은 약화되는 창작물이다. 어떤 대
상이나 사람도 분해와 재조립의 견지에서 본다면 합리적인 존재
로 생각될 수 없다. 어떤 '자연적' 건축물도 체계 디자인을 제약하
지 않는다. 그럼에도 디자인은 고도로 제약받는다. 하나의 '단위',
즉 하나로 간주되는 것은 대단히 문제적이며, 영구적으로 주어진
것이 아니다. 개별성은 전략적인 방어의 문제다.

　　우리는 자연적인 대상의 온전성에 집중할 것이 아니라, 경계
조건과 인터페이스들 그리고 경계를 가로지르는 흐름의 비율에
집중하는 통제 전략을 기대해야 한다. 서구적 자기의 '온전성'이
나 '성실성'은 의사결정 절차, 전문가 체계, 자원 투자전략에 길
을 내준다. '자유도(Degree of freedom)'는 정치학을 위해 대단히
힘 있는 은유가 된다. 다른 어떤 구성 요소나 혹은 하위체계나 마
찬가지로, 인간 존재는 체계 건축물에서 지역화되어야 하고, 그
런 건축물의 기본적인 작동 양식은 확률적이다. 어떤 대상, 어떤
공간이나 몸들도 그 자체로 신성하지는 않다. 만약 적절한 기준과
적절한 코드가 공통된 언어로 신호를 처리할 수 있도록 구성될 수

있다면, 어떤 구성 요소도 다른 요소들과 접속할 수 있다. 특히 유기체적·기술적·텍스트적인 것에 존재론적으로 반대할 아무런 근거가 없다.[4] 그렇다고 하여 신화적인 것을 유기체적·텍스트적·기술적인 것과 대립시킬 만한 어떤 근거도 없다. 이 모든 것들의 수렴이 이들 사이에 잔존하는 대립보다 더 중요하다. 이런 우주에서 모든 종류의 구성 요소에 영향을 미치는 특권화된 병리학은 스트레스다. 스트레스는 커뮤니케이션의 붕괴다. 몸이 경험하는 스트레스는 면역계를 '저하시킴'으로써 작동하는 것으로 이론화된다. 몸은 사이보그—사이버네틱 유기체—가 되었다. 그것은 혼종적인 기술이자 유기체적 체현과 텍스트성의 구성물이다(해러웨이, 1985). 사이보그는 텍스트, 기계, 몸 그리고 은유다. 이 모든 것들은 커뮤니케이션과 관련하여 이론화되고, 실천에 참여한다.

지구촌 생존을 위한 사이보그[5]

하지만 19세기와 20세기 유기체가 다양한 문화적·정치적·재정적·이론적·기술적 논쟁의 장을 수용했던 것과 마찬가지로, 사이보그 또한 논쟁적이고 이질적인 구성물이다.

연구의 실천, 문화적 생산물, 정치적 개입의 차원에서 대립적이면서도 해방적인 프로젝트를 유지하는 것은 가능하다. 이처럼 큰 주제는 20세기 후반 생명기술적인 몸이나 당대 다른 포스트모던 커뮤니케이션 시스템과의 대조적인 구성을 검토하며 소개해 볼 수 있다. 이런 구성물들은 적어도 두 가지 대립적인 양태로 인지되고 구축될 수 있다. 첫째, 언어와 체현의 합리주의적인 패러다임 안에서 표명된 것으로서 완벽한 통제 원칙과 관련하여,

둘째, 서구 과학과 철학에서 쉽게 이용 가능한 대항합리주의자(비
합리주의자가 <u>아니라</u>) 혹은 해석학적·상황주의적·구성주의적 담
론 안의 수많은 '다양성의 생성자'와 더불어 복잡하고 구조적으
로 내포된 기호현상과 관련하여 구축될 수 있다. 테리 위노그라드
(Terry Winograd)와 페르난도 플로레스(Fernando Flores)의 공저
인 『컴퓨터와 인식에 대한 이해』(1986)는 면역학 담론 안에서 '차
이'의 재현과 체현의 테크놀로지를 두고 벌어지는 문화적·과학
적·정치적 논쟁이 가져다준 잠재력을 특히 생각해 보라고 제안한
다. 앞서 말한 이런 면역 담론들의 지식 대상은 생물학적 몸에 관
한 일종의 '인공지능/언어/커뮤니케이션 시스템'이기 때문이다.[6]

  위노그라드와 플로레스는 체현된(혹은 '구조-결정된') 지각
적 언어 체계를 이해하고 휴먼 프로젝트에서 인공 보철로 기능할
수 있는 컴퓨터 디자인을 위한 합리주의 패러다임에 대해 상세한
비판을 지휘한다. 인지에 관한 가장 단순한 형태의 합리주의 모델
에서,

> 우리는 어떤 속성을 지니고서 관계 속으로 들어가는 사물들
> 로 구성된 객관적인 실재가 존재한다는 점을 당연하게 받
> 아들인다. 인지하는 존재는 그런 사물들에 관한 '정보'를 수
> 집하고 정신적 '모델'을 세운다. 그런 모델은 실재의 충실한
> 재현이라는 측면에서는 정확하지만, 다른 측면에서는 부정
> 확할 수 있다. 지식은 추론하도록 요구받을 수 있고, 언어로
> 번역할 수 있도록 하는 재현의 저장고다. 사유는 이런 재현
> 을 조종하는 과정이다' (위노그라드, 에드워드와 고든 편저,
> 1991).

이것이야말로 과학적 글쓰기에서 통상적으로 억압되는 정치적·도덕적 담론 차원을 포함하여 위노그라드가 여러 가지 측면에서 잘못된 것으로 파악했던 재현 원칙이다. 이와 같은 재현 원칙은 또한 소프트웨어 디자인을 좀 더 연구하기 위한 지침이 되기에도 기술적으로 잘못되었다고 그는 계속 주장한다. '공통된 합의와는 반대로, 이런 재현 전통에 내재되어 있는 언어, 사상, 합리성을 이해하는 '상식'은 인간의 삶과 노동에 컴퓨터 테크놀로지를 충실하게 적용하는 것을 궁극적으로는 방해한다. 하이데거, 가다머, 마투라나 등 다른 사람들의 이론에 의지하여 위노그라드와 플로레스는 해석자와 해석 대상 사이에 상호의존성이 있다는 것, 즉 그들은 서로 구별되는 독자적인 실체가 아니라는 원칙을 발전시킨다. 상황적인 선-이해(pre-understanding)는 모든 커뮤니케이션과 행동에서 핵심적이다. '구조적인 쌍'들의 처리 과정을 매개로 형성된 역사와 더불어 '구조 결정된 체계'는 재현 원칙보다 지각에 접근하는 보다 나은 방법을 제공한다.

> 환경에서의 변화는 신경계 자체에서 행위의 관계적 패턴을 변화시킬 수 있는 잠재력을 갖게 됨으로써, 그다음 순서로 유기체의 행동, 관점의 방향성을 지정한다. 그런 관점은 우리가 환경을 재현할 수 있다는 가정을 무효화한다. 말하자면 해석은 생물학적 존재의 구조에 따른 필연적인 결과로 발생하는 것이다. (위노그라드, 에드워즈와 고든 편저, 1991)

위노그라드는 언어, 커뮤니케이션, 구성의 은유와 관련해 유기체와 에코 시스템의 내부 세계와 외부 세계의 결합, 유기체 각자와의 결합, 유기적이고 기술적인 구조의 결합을 인식한 것이지, 그것을 정신과 언어에 대한 합리주의 원칙이나 혹은 탈체현된 도구주의와 관련하여 인식한 것은 아니다. 언어학적 행위는 공유된 해석 행위를 포함하며, 그런 행위는 근본적으로 구조화된 세계 속에서 참여한 장소와 결속되어 있다. 맥락은 텍스트 주변을 둘러싸고 있는 '정보'가 아니라, 공동-구조이거나 공동-텍스트로서 근본적인 물질이다. 위노그라드에게 인식, 참여, 상황적 의존성은 기술적·철학적으로 연계된 개념이다. 언어는 묘사에 관한 것이 아니라 참여(commitment)에 관한 것이다. 이 점은 '자연적인' 언어에도 적용되고 '제작된' 언어에도 적용된다.

　　커뮤니케이션의 기술과 바이오로직스(biologics)를 이론화하는 방식은 포스트모던 문화에서 자기와 타자를 인식하고, '정신'과 '몸'을 매개하기 위한 몸의 '테크놀로지'에 관한 면역계 담론에 어떤 영향을 미치는 것일까? 컴퓨터 디자인이 생활 방식의 지도이자 생활 방식을 위한 지도인 것과 마찬가지로, 면역계는 자기의 경계와 필멸성에 관한 물음들과 대면하면서 어떤 면에서는 관계의 도표이자 행동을 위한 안내서로 자리한다. 면역계 담론은 차이로 가득 차 있는 세계, 비(非)자기로 넘치는 세계에 참여하는 데 가능성과 제약을 동시에 보여 주는 것이다. 위노그라드와 플로레스의 접근법은 몸 영토를 군사화하지 않으면서, 병리적 현상 혹은 '고장(breakdown)'의 개념을 위한 하나의 경기장을 갖는다.

　　인간을 이해하는 데 고장은 핵심적인 역할을 한다. 고장은 회피해야 하는 부정적인 상황이 아니라 불명료한 상황인 것이다. 고장은 불명료성 속에서 우리가 사용하고자 하는 일부 연

장들의 네트워크들이 가시적으로 드러난 것이다. (…) 고장
은 우리가 과업을 성취하는 데 필수적인 관계가 어떻게 결합
되어 있는지를 보여 준다. (…) 이런 고장은 설계하는 분명한
목표를 창조한다. 고장의 형태를 예견하고, 그런 고장이 발생
할 때 취할 수 있는 가능한 행동의 여지를 제공한다. (위노그
래드, 에드워드와 고든 편저, 1991)

이것은 취약성과 관련하여 스타워즈나 전략적 컴퓨팅 이니
셔티브(SCI: Strategic Computing Initiative)도 아니고 그렇다고 치
료 행위를 부인하는 것도 아니다. 이것은 자동화되고 군사화된 공
장처럼 몸에서 철저하게 방어 가능한 자기라는 환상도 아니고, 완
벽한 종합 통제 코드를 넘겨 달라고 위협하는 낯선 정보의 형태로
침입하는 적과 로봇 전투 매니저가 대치할 때 보여 주는 일종의
궁극적인 자기에 대한 환상도 아니다. 상황적 목적과 관련하여 치
유적으로 재구성하는 행위(그러므로 이론적인 이해)가 자리 잡아
야 한다고 고집하는 것이다.

상황적 목적은 필연적으로 유한하며, 부분성에 근거하고, 동
일성과 차이, 유지관리와 분해라는 미묘한 놀이 사이에 있다. 위
노그라드와 플로레스의 언어학적 체계는 '탈자연화된' 것이며, 완
전히 구성주의적인 실체다. 이런 점에서 그와 같은 체계는 유기체
적·기술적·텍스트적인 것들 사이에 서로 침투 불가능한 경계를
설정하지 않는 포스트모던 사이보그이다. 하지만 그들의 언어학
적인 커뮤니케이션 체계는 취약성으로부터, 다시 말해 체현으로
부터 궁극적인 추상화를 통해 절멸주의적 병리학과 함께하는 '정
보사회'의 AI 사이보그와는 분명히 대립적이다.[7]

일자와 다자: 자기, 개인, 단위, 주체

포스트모던 생명기술적·생명의학적 담론에서는 무엇이 개인으로 구성되는가? 이 질문에 쉽게 대답할 수는 없다. 심지어 가장 믿을 만한 서구의 개인화된 몸이라고 할지라도, 장비가 잘 갖춰진 실험실의 쥐와 인간일지라도, 피부에서 멈추지도 출발하지도 않기 때문이다. 이때의 피부 자체에는, 특히 정밀 전자현미경의 관점으로 보았을 때 불법적으로 융합하겠다고 덤비는 것들이 우글거리고 있다. 확정된 게놈 도서관에 인간 게놈을 배열하려는 수십억 달러 프로젝트는 '인간'을 과학의 '주체'로 구성할 수 있는 실질적인 대답처럼 보일 수도 있었다. 게놈프로젝트는 읽고 씀으로써 '고유한(the)' 게놈을 정의하려는 일종의 포스트모던 인본주의의 테크놀로지다. 특정한 종류의 문해력을 요구하는 이런 테크놀로지는 마크로진 워크스테이션 회사의 광고에서 잘 드러난다. 이 광고는 물에서 뭍으로 기어가는 '미싱 링크'를 그래픽으로 구현해 호소함으로써 신화적이고 유기적이며 기술적이고, 텍스트적인 것들을 함께 연계시키면서도, 다른 한편 텍스트에는 '(핵산을 배열하기 위한) LKB 마크로진 워크스테이션에서 '실종된 고리(missing link)'는 없다고도 말한다(그림 8을 보라). 지구의 거대한 전환기에 심해에서 기어 나온 괴물인 이크티오스테가*는 20세기의 육체적이고 기술적인 변신에 대한 완벽한 비유다. 인문학 이론가들을 한숨 돌리게 하는 불후의 정전 작업과 유사하게, 인간 유전체라 일컫는 표준 참고서 제작은 국가적 혹은 국제적 유전자 표

---

* Ichthyostega, 물 위와 물속에서 생활했던 물갈퀴가 있는 네발 고생대 동물.

준화 사무국에 보존된 철저한 코드화를 매개로 인간의 다양성과 병리학을 길들일 수 있는 수단이 될 수 있었다. 거대한 (게놈) 사전의 저장 비용은 아마도 생산 비용을 능가하게 될 테지만, 어떤 도서관 사서에게든 그런 비용은 세속적인 문제일 뿐이다[로버츠(Roberts), 1987a, b, c; 캐니겔(Kanigel), 1987]. '인간'의 표준화에 접근하는 것은 국제적이고 재정적이며 특허와 관련된 투쟁과 유사한 문제가 될 것이다. 그런 선민들은 마침내 표준화된 창세기를 갖게 될 것이다. 태초에 복제가 있었다.

  인간게놈프로젝트는 포스트모던 종들을 존재로 정의할 수 있겠지만(철학자들에게는 실례가 될 수 있겠다), 그렇다면 개체(*individual*)의 존재는 무엇인가라는 질문이 남는다. 리처드 도킨스는 이처럼 곤혹스러운 문제를 자신의 책 『확장된 표현형(The Extended Phenotype)』에서 제기했다. 그는 1912년에 줄리언 헉슬리(Julian Huxley)가 생물학적 용어로 개체성이란 말 그대로 '분리불가능한 것'으로 정의한 데 주목했다. 분리불가능성은 '반으로 쪼갠다면 더 이상 기능을 하지 못하는 형태가 됨으로써 충분히 이질적인 속성을 갖는 것'(도킨스, 1982)이다. 이런 정의는 그럴듯한 출발점처럼 보인다. 헉슬리의 용어에서 당신이나 나는 틀림없이 개체로 간주될 것이다. 반면 많은 벌레들은 개체가 되지 못할 것이다. 벌레들의 개체성은 부르주아 자유주의가 정점에 도달했을 때에도 인정되지 않았다. 그렇다고 한들 하등 걱정할 이유는 없다. 하지만 헉슬리의 정의는 어떤 기능이 문제인지, 그것이 무엇을 행하는 데 달린 문제인지 간단하게 대답하지 못한다.[8] 당신이나 나(이런 대명사들이 얼마나 문제적인지 말해 주듯)는 어떤 목적으로 볼 때는 개체일 수 있지만 다른 목적으로 볼 때는 아니다. 사이보그와 여성들에게 이것은 정상적인 존재론적 위상이지만, 아리스토텔레스주의자들과 남자들의 입장에서 보면 그렇지 못하다. 기능은 행동에 관한 것이다. 도킨스의 급진적인 해결책이 바로 여기에 있다. 그는 의미의 모든 차원에서 전략적인 개체성이라는 입장을 제안하기 때문이다. 도킨스에게는 수많은 종류의 개체들이 있지만 그중 한 종류가 으뜸이다. '선택 단위'에 대한 우리 조사 과정의 전체 목적은 은유 안에서 주도적인 역할을 할 적합한 행동가를 발견하는 것이다'(1982). '목적의 은유'는 최종적인 한 마디로 요약하자면 복제다. '성공적인 복제자는 복제의 한 형태로, 여러 세대로 측정되는 오랜 기간에 걸쳐 장기 지속에 성공하고, 자신을 수많은 복제로 증식시키는 데 성공한 자다'(1982).

복제자 파편의 개체성은 진화 이론으로 구성된 시간 속에서 결국 가장 관건인데, 이런 개체성은 특히 '단일한 것(unitary)'이 아니다. 봉사하는 모두에게, 특히 도킨스에게 그런 복제자는 자연선택의 '단위'로 기능함에도, 그것의 경계는 고정된 것이 아니며, 그것의 내적 범위는 변이 가능하다. 하지만 여전히 이런 단위들은 단백질을 코딩하는 '단일한' 유전자보다 조금 작은 크기여야만 한다. 이런 단위들은 복제 기술을 유지하는 정도까지만 유용할 따름이다. 레플리콘(replicon, 복제 단위)의 경계처럼, 다른 전략적 조합의 경계 또한 고정된 것은 아니다. 자기와 타자의 경계가 대단히 관건이 되고 있는 세계에서 전부 복제 전략이 던져 놓은 폭넓은 그물과 관련되어 있다.

통합된 다세포 유기체는 본래 이기적인 복제자에 대한 자연선택의 결과로 출현했던 현상이다. 그런 현상은 복제자들을 군집하도록 (단기적으로 '조화'를 이루도록) 만들었다. 그들의 생존을 보장해 주는 표현형의 권력은 원칙적으로는 확장되며 한계가 없다. 사실상 유기체는 부분적으로 묶여 있는 국지적 집중으로, 복제자 권력의 공유된 매듭으로 발생했다. (도킨스, 1982)

"원칙적으로는 확장되며 한계가 없다". 이 말은 상호연결성에 대한 놀랄 만한 진술이지만, 대단히 특별한 진술이고 살아 있는 세계를 거대한 군비경쟁처럼 이론화하는 방향으로 유도하는 진술이다. '몸을 벗어나 바깥으로 확장된 (표)현형이 반드시 무생명체 인공물이어야 할 이유는 없다. (표)현형 스스로 살아 있는 조직으로부터 만들어질 수 있기 때문이다. (…) 나는 기생 유전자를 숙주의 몸과 행동에 드러난 표현형의 표현으로 간주하는 것이 논리적으로 타당하다고 주장하고자 한다.'(1982, 강조는 원래의 것이다). 하지만 다른 표현형에 이바지하는 그 존재는 그들 나름의 복제하려는 목적과 함께 번식체에 의해 그 자체로 살아간다. '(어떤) 동물은 조종에 반드시 수동적으로 복종하지 않을 것이며, 진화적인 '군비경쟁'을 발전시킬 것으로 기대된다'(1982). 이와 같은 군비경쟁은 몸 생산과 몸 생산의 유지 비용 수단의 발전 단계를 설명해야만 한다.

다세포로 구성된 몸은 단세포 번식체를 생산하기 위한 기계다. 코끼리처럼 커다란 몸은 나중에 번식체 생산을 향상시키려고 투자한 중장비 공장이자 기계로서, 일시적 자원 소모로 이해하는 것이 최선이다. 어떤 의미에서 생식세포계(germline)는 중장비 기계에 자본투자를 줄이고 '싶어' 한다. (도킨스, 1982)

거대 자본은 실제로 고갈된다. 작은 것은 아름답다. 하지만 당신과 나는 유전적 조건(terms)보다 더 많은 분야에서 거대 자본투자를 요구해 왔다. 아마도 우리는 생식계열을 주시해야 한다. 특히 '우리', 즉 비생식계열 성체 포유류[비생식계열 구성 요소들의 반수체(haploid) 배우자들과 그들의 내용물을 동일시하지 않는다면]의 구성 요소인 우리는 복제 단위가 될 수 없기 때문이다. '우리'는 다른 단위 유형의 속성인 복사 충실도가 아니라, 오로지 방어된 자기만을 목표로 삼는다. '우리' 안에 가장 위협적인 타자인 번식체들이 있다. 일시적으로 우리는 그런 번식체의 표현형이다.

이 모든 것들이 후기자본주의 시대 '차이'의 체계를 그린 지도로서 면역학 담론과 무슨 관계가 있는 것일까? 나는 인간 면역계라고 하는 신기한 신체적 대상이 보여 주는 독특한 재현을 전달하려고 1980년대 출판되었던 교재와 연구보고서에서 자료를 모았다. 면역계는 대략 10^{12}세포로 구성되며 신경계보다 100배 이상으로 더 많은 세포들로 구성된다. 이런 세포들은 그 자체로 미분화된 채 남아 있는 분화전(pluripotent) 줄기세포를 통해 살아 있는 내내 재생된다. 배아 생명체에서 성체기를 거치면서 면역계는 흉선, 골수, 비장, 림프절들을 포함하여 비교적 무정형적인 여러 가지 조직과 기관들 속에 자리한다. 하지만 면역세포의 수많은 파편들은 혈액순환계와 림프순환계, 그리고 체액과 공간 속에 자리한다. 그런 체계에는 두 가지 주요한 세포 계통이 있다. 첫 번째가 림프구들이다. 이들은 여러 유형의 T세포(조력자세포, 진압자세포,

킬러세포 그리고 이 모두의 변이세포)와 B세포(각각의 유형은 항체를 잠재적으로 순환시킬 수 있는 방대한 배열 중 한 종류만 생산할 수 있다)를 포함한다. T세포와 B세포는 공업화학이 아무리 영악하게 굴더라도, 여태껏 존재한 올바른 크기의 거의 어떤 분자적 배열이든 인식할 수 있는 특정한 특수성을 갖고 있다. 이런 특수성은 바로크 체세포 돌연변이 메커니즘, 클론 선택, 폴리진(polygene) 수용체 혹은 마커 시스템(marker system)에 의해 가능하다. 두 번째로 면역세포 계통은 <u>단핵포식세포계</u>로 다기능 대식세포를 포함하는데, 이들은 다른 인식 기술과의 연결에 덧붙여 수용체와 상당량의 호르몬 펩타이드 산물까지도 신경세포와 공유하는 것으로 나타난다. 세포 구획 이외에도 면역계는 항체, 림포카인, 보체 성분(complement components) 들처럼 순환하는 방대한 비세포 산물을 구성한다. 이런 분자들은 면역계의 구성 요소들 가운데서 커뮤니케이션을 중재할 뿐 아니라 면역계와 신경계와 내분비계 사이의 커뮤니케이션까지 중재한다. 그를 통해 몸의 다중통제 및 조정 장소와 기능들을 연결시키는 것이다. 면역계 세포의 유전학은, 완제품 표면 수용체들과 항체들을 만들어 내기 위해 엄청난 비율로 체세포 돌연변이와 유전자 산물을 접합(splicing)하고 재배치함으로써, '하나'의 몸 안에서도 일관된 게놈이라는 개념을 조롱한다. 오래된 과거의 위계화된 몸은 진정으로 놀라운 복잡성과 특수성을 가진 네트워크화된 몸으로 넘어가게 되었다. 면역계는 어디나 있으면서도 어디에도 없다. 면역계의 특수성은 무한한 것은 아니더라도, 무한정한(indefinite) 것이다. 그런 특수성은 무작위적으로 일어난다. 이처럼 특이한 변이는 개별적인 몸의 일관성을 유지하는 핵심이다.

　　1970년대 초반 노벨상을 수상한 면역학자인 닐스 예르네

(Niels Jerne)는 네트워크 이론이라고 불리는, 최소한의 설명으로 이해시켜야 하는 면역계의 자기조절(self-regulation)이론을 제안 했다(에르네, 1985; 골립, 1987). '네트워크 이론은 다른 면역학적 사유와 다르다. 왜냐하면 네트워크 이론은 면역계가 오로지 자신 만을 이용하여 자기조절을 할 수 있다고 주장하기 때문이다'(골 립, 1987). 에르네의 기본적인 아이디어는, 심지어 '자신'의 또 다 른 부위에서조차 어떤 항체 분자든지 어떤 항원에게는 항체로서, 그와 동시에 항원으로서, 즉 '자신에게' 항체를 생산해 주는 항원 으로서, 기능적으로 활동할 수 있어야 한다는 것이었다. 이 모든 지점들은 이해하고자 노력하는 대중들을 기죽이는 학술적 명명 법으로 위세를 떨쳤지만, 기본 개념은 단순하다. 내부적 인식과 반응의 연쇄는 면역 글로불린(globulin) 분자들이 자리한 내적 거 울 시리즈에서 무한대로 뻗어 나갈 수 있기 때문에, 면역계는 언 제나 역동적인 내적 반응을 불러일으키는 상태일 수 있다는 것이 다. 그것은 적대적인 외부로부터 들어와서 활성화할 자극을 기다 리고 있는, 수동적이고 '휴식하는' 것이 결코 아니다. 어떤 의미에 서 보자면 면역계에게 과거에 한 번도 '본' 적이 없었고, 내부적으 로 반영된 적이 결코 없었던 그런 외부 항원 구조나 '침입자'라는 것은 있을 수가 없다. '자기'와 '타자'는 서로 합리주의적인 대립 적 성질을 잃고, 부분적으로 반영된 읽기와 반응이 겨루는 미묘한 놀이가 된다. 내부 이미지라는 개념은 이 이론의 열쇠다. 그 개념 에 따르면 면역계의 모든 구성원은 다른 모든 구성원들과 상호작 용할 수 있다는 전제를 수반한다. 도킨스가 확장된 표현형과 더불 어 그랬던 것처럼, 연결이라는 급진적인 개념은 예기치 않게 포스 트모던 운동의 핵심으로 부상하게 된다.

이것은 독특한 아이디어인데, 만약 이것이 정확하다면 면역
계가 어떤 동물의 외부 세계에 있는 에피토프(epitope)*들과
함께 수행할 수 있는 가능한 모든 반응들은 그 동물 안에 이
미 존재하는 파라토프(paratope)**와 이디오토프(idiotope)***의
내부 체계에서 이미 설명될 수 있다는 뜻이다. (골럽, 1987)

　지각에 접근할 때 위노그라드와 플로레스가 구조적 연결과
구조 결정된 체계를 고집했다는 점에서, 에르네의 개념은 그들의
개념을 연상시킨다. 체계의 내부적·구조적 활동은 핵심적인 이슈
다. 그런 활동은 유기체인 커뮤니케이션 체계의 '내부' 세계 안에
서 '외부' 세계를 형식적으로 재현하는 것이 아니다. 에르네와 위
노그라드의 공식 모두 인식이나 재현에 관한 합리주의적 이론에
의해 가장 편하게 이용할 수 있는 개념화의 의미에 저항한다. 면
역계의 심층구조와 생성문법이라고 부른 것을 논의하면서, 에르
네는 '동일한 구조는 수많은 문맥 속에서 수많은 구조에 나타날
수 있으며, 독자에 의해서 혹은 면역계에 의해서 서로 반응할 수
있다'고 주장한다(골럽에서 인용, 1987).[9]
　면역계는 유동적이고, 분산된 상태로 연결되는 테크노-유기
적이자 텍스트적이고 신화적 체계인데, 인식 행위를 통해 몸에서
응결되어 국지화된 중심들과 함께 묶여 있다. 그렇다면 일관된 생

---

* 항원 분자에는 항원 특이성을 결정하는 특정한 입체 분자구조가 존재하고,
　그것과 대응하는 항체와 반응하는데 그 구조 부위를 항원 결정기 또는
　에피토프라고 한다.
** 에피토프와 결합하는 항체의 항원 결합 부위.
*** 에피토프의 고유한 집합.

물학적 자기와 협동하는 수단의 한 형태로서, 전체성을 향한 이타적 진화의 궁극적인 신호를 대변할 수 있을까? 한마디로 말해 아니다. 적어도 리오 버스(Leo Buss)가 『개체성의 진화(The Evolution of Individuality)』(1987)에서 설득력 있게 설명한 포스트모던 이론적 도식에서는 아니다.

　　1940년대 후반부터 1960년대를 거치면서, 일종의 기술적 전체론을 구성함으로써 생물학적인 몸에 대한 최초의 이론적 접근법인 사이버네틱 커뮤니케이션 시스템은 협동을 강조했으며, '순환적 인과론적 피드백 메커니즘'에 영향을 받았다. 1950년대 생물학적 몸들은 테크노 커뮤니케이션 시스템을 갖췄다. 하지만 그런 몸들은 포스트모던한 의미의 '차이'의 장소로서 제대로 재구성되지 않았다. 기표의 유희와 복제자들의 놀이가 전략적인 장에서 만들어 내는 의미화는 기껏해야 외부 세계 자체에 문제적으로 의지했다는 뜻이다. 심지어 사회생물학 최초의 종합적 선언인, 그중에서도 특히 E. O. 윌슨의 『사회생물학: 새로운 종합』(1975)조차 근본적으로 사이버네틱 유기체 혹은 사이보그에 대해 테크노-유기체적 존재론 혹은 전체론적 존재론을 유지함으로써, 제2차 세계대전 이후 확장되고 개정된 자연선택 원칙에 따른 진화 이론에 따라 재배치되었다. 이와 같이 윌슨과 여타 여러 사회생물학자들이 보여 준 '보수적인' 차원은 진화 이론가들에게 대단히 비판받았다. 한 걸음 더 나아가 이들 진화 이론가들은 유전자 파편에서부터 생태계에 이르기까지 바이오 유기체의 매 단계에서 유기체적 생물학의 협동 원칙을 훨씬 더 탈자연화하는 방향으로 이끌었다. 포괄 적합도(inclusive fitness)라는 사회생물학 이론은 유기체와 그들의 친족 주변을 일종의 막(envelope)으로 감싸려고 했지만, 그런 막은 1970년대 후반과 1980년대의 진화 이론 속에서 거듭 열렸다.

도킨스(1976, 1982)는 사이보그 생물학적 전체론을 가장 급진적으로 폭파시킨 이론가 중 한 사람이자, 그런 의미에서 포스트모던 의식을 깊숙이 이해하고 있는 이론가이기도 하다. 그런 포스트모던 의식에서 텍스트적·테크노적·바이오적인 것들 사이의 침투 가능성의 논리와 전략적 조립으로서 가능한 모든 텍스트와 몸들의 심화된 이론화의 논리는 '유기체' 혹은 '개체'의 개념을 지극히 문제적인 것으로 만들었다. 그는 신화적인 것을 무시하지만, 그의 텍스트에 신화적인 것은 도처에 널려 있다. '유기체'와 '개체'는 사라지지 않았다. 오히려 유기체와 개체는 충분히 탈자연화되었을 뿐이다. 말하자면 유기체와 개체는 존재론적으로 우연적인 구성물이라는 주장은 생물학자들의 관점이며, 문화비평가들이나 페미니스트 과학사가들의 느슨한 헛소리에서 나온 것이 아니다.

리오 버스는 그런 탈자연화에 지속적으로 저항해 왔던 두 가지 주요한 잔여 처리 과정 혹은 대상을 재해석했다. 첫째는 배아 발달, 즉 개체를 구성하는 바로 그 과정, 둘째는 다자와 마주하면서 일자(the one)의 온전성을 유지하기 위한 면역계의 상호작용으로서 도상적 수단이다. 면역계에 대한 그의 기본적인 주장에 의하면, 면역계는 여러 가지 변이세포 계통으로 만들어지는데, 각각의 세포 계통은 자기 나름의 복제 '목적'에 참전한다. 서로 경쟁하는 세포 계통들은 체세포 기능에 봉사하는데, 왜냐하면

성장 강화 미토겐(mitogene)의 전달을 확실히 보장하는 수용

체들은 체세포 기능 또한 강제하기 때문이다. 세포독성 T세포는 세포 계통을 활성화하려고 대식세포가 이용한 것과 동일한 수용체 배열을 통해 자기 표적을 인식한다. 그런 T세포는 조력자세포들로부터 미토겐을 획득하는 데 필요한 동일한 수용체에 의해 감염된 세포를 공격하도록 강제된다. (⋯) 면역계는 세포들이 자신의 복제 비율을 좀 더 높이려고 하는 그들의 내재적인 경향을 조작함으로써 작동한다. (버스, 1987)

개체는 지구 역사의 산고가 보여 준 최고의 결실이 아니라, 강제된(constrained) 우발적 사고다. 후생동물 유기체에는, 적어도 두 가지 선택 단위인 세포 단위와 개체 단위가 존재한다. 그들 사이의 '조화'는 대단히 우연적이다. 부분은 전체를 위한 것이 아니다. 아리스토텔레스가 인정했을 법한 그런 의미에서의, 부분과 전체의 관계 같은 것은 전혀 없다. 병리 현상은 선택에서 세포 단위와 개체 단위 사이에서 초래된 이해관계의 갈등에서 비롯된다. 그로 인해 버스는 다세포 유기체의 자기 인식 수단과 '전체'의 관리 유지 수단을, 생물학과 의학의 존재론에서 협업의 우선성을 강조하는 사례에서부터 개체의 모든 구성에서 환원할 수 없는 취약성, 다원성, 우연성에 대한 핵심적인 증언으로까지 나아가면서 개정한다.

서구 생명의학 내부에서 병리학과 치유학의 개념화에 대한 그와 같은 움직임이 보여 주는 강력한 의미는 대단히 흥미롭다고 해도 결코 지나치지 않다. 예르네, 도킨스, 버스 등이 제안한 담론을 위노그라드와 플로레스가 인지 연구와 컴퓨터 연구에서 보여 준 접근법에 비견할 만한 대립적·대안적·해방적 접근으로 전환할 수 있는 방법이 있을까? 포스트모던한 몸, 즉 언제나 취약하고 우연한 개체성이란 구성물인 포스트모던한 몸은 20세기 후반 서구 과학적 몸의 친숙한 내부가 이제 외계 공간이 되는 곳에서 어쩔 수 없이 자동화된 스타워즈 전투장이 되는가? 우리는 시각화 실천, 자조 원칙, 생물학적 은유, 면역계 질병, 과학소설 등을 주제로 삼은 토론 속에서 제기된 수많은 당대 면역계의 재현에 집중된 이런 질문을 통해 무엇을 배울 수 있는가? 이것은 큰 질문이다. 희망적 몇몇보다는 훨씬 더 혼란스러운, 최근의 포스트모던 면역계가 매개한 몸[10]의 문화적 생산물에 관해 다음 글에서 개괄을 시작하려 한다. 이 단계에서의 분석은 앞서 제기된 질문에 대한 대답이 아니라 오로지 날카로운 질문을 하는 데 이바지하고자 한다.

면역 권력: 이미지들, 픽션들, 그리고 고착들

과학은 여행 담론이었다는 것을 상기시키는 것과 더불어 이 장을 열었다. 이런 여행 담론은 인종, 섹스, 계급 등으로 표지된 몸의 근대적 구성과 해체에 토대가 되는 엄청난 또 다른 식민주의적이고 해방적인 읽기와 쓰기 속에 밀접하게 교직되어 있다. 식민주의적이면서도 해방적인, 구성하면서도 해체하는 것들은 내부적인 이미지로 연결되어 있다. 그래서 나는 면역학의 문화라는 과학박물관을 거치면서 나의 동료인 제임스 클리퍼드(James Clifford)가 묘사한 바 있는 '와, 육지다'* 효과와 더불어 이 여정을 이어 가

* 오래 항해 중인 선원들이 바다를 떠돌다가 실제 육지를 만났을 때 하는 감탄 표현.

고자 한다. 1986년 그때 클리퍼드와 나는 대학 총장실에서 회의
가 있어서 기다리고 있었다. 총장실 벽에는 지구의 태양계 바깥에
있는 행성들을 찍은 아름다운 색상 강화 사진 초상들이 걸려 있었
다. 각각의 '사진'은 관람자가 꼭 그곳에 있는 것같이 느끼게 하는
효과를 창출했다. 그것은 마치 우리와 같은 지각 체계를 가진 어
떤 다른 관찰자가 훌륭한 카메라를 가지고 틀림없이 그곳에 갔다
온 것처럼 보였다. 어쨌거나 보이저호의 거대한 우주선들이 텅 빈
우주공간을 가로지르면서 자기 시야에 들어온 목성과 토성과 같
은 땅덩어리를 보는 것이 틀림없이 가능해 보였다. 20세기 사람
들은 모든 사진이 어떤 면에서 구성된 것이라는 생각에 익숙하다.
사진이 주는 '코드 없는 메시지'처럼 보이는 외양, 다시 말해 사진
에 찍힌 존재들이 그냥 그곳에 있는 것처럼 보이는 외양은 다층적
인 역사와 두드러진 테크놀로지의 효과라는 생각에 익숙하다[바
르트(Barthes), 1982; 해러웨이, 1984-1985; 페체스키, 1987]. 외
계 행성 사진은 이 문제에서 판돈을 엄청나게 높인다. 이 멋진 사
진들은 구성 과정을 거침으로써 '카메라 눈'이라는 은유를 완전
히 오독하게 만든다. 총장실에 걸린 목성의 스냅사진은 포스트모
던한 사진 초상이다. 그것은 최고로 탈자연화된 구성물임에도, 그
야말로 자연주의적인 사실적 효과를 발휘한다. 누군가 그곳에 있
었다. 와, 육지다! 하지만 그 누군가는 우주선이었다. 우주선은 '지
구'라고 불리는 까마득한 거리에 있는 트랜스포머들과 영상기
(imager)들의 세계 전체에 디지털로 변환된 신호를 송신했다. 예
술 사진들은 우연찮게도 적어도 지구 영장류들과 똑같은 색깔 스
펙트럼을 가진 외계 우주인 혹은 가상 우주인들의 눈을 통해 목성
이 그곳에 있음을 확실히 보장하는 효과를 산출한 것이다.

면역계의 구성 요소들을 찍은 멋진 사진과 다른 이미지 침전물(precipitate)에 대해 어떤 관점이든 동일한 분석이 수반되어야 한다. 『면역학: 종합』(골럽, 1987)의 표지는 책 제목의 종합이 암시하듯 도상적 복제를 이미지화하는데, 그런 도상은 특정한 지역에 뭉쳐 있는 항원들의 결정인자들을 보여 주는 인슐린의 3차원 구조를 다채색 컴퓨터그래픽으로 형상화한 것이다. 골럽은 후기에 '존 A. 테이너(John A. Tainer)와 엘리자베스 D. 겟조프(Elizabeth D. Getzof)가 제작한 이미지'라고 밝힘으로써 그런 이미지들이 가진 구성적 성격을 의식하고 있음을 보여 준다. 실제로 예술가로서 과학자들에 대한 관습적 비유가 골럽의 텍스트 전반에 흐르고 있는데, 과학적 구성을 두고 포스트모던 몸생산에 대한 비판적 이론이라고 보기보다 고급예술과 천재성과 각별히 공명한다고 본다는 점에서 그렇다. 하지만 렌나르트 닐슨(Lennart Nilsson)의 사진집, 즉 휴게실 커피 테이블용 아트북 『승리하는 몸(The Body Victorious)』(1987)과 피터 자렛(Peter Jaret)이 《내셔널지오그래픽》(1986)의 커버에서 보여 준 사진은 무매개적인 범위의 '와, 육지다' 효과를 잘 보여 준다(그림 9와 10). 망가진 장면들, 호화로운 조직결, 도발적인 색깔, 면역 풍경 속에서 ET 몬스터들은 그냥 그곳에, 우리 안에 있다. 위족을 가진 원생동물 대식세포에서 튀어나온 하얀 덩굴손이 박테리아를 옭아맨다. 염색체의 작은 둔덕이, 푸른빛이 도는 다른 행성의 황량한 표면에 납작하게 누워 있다. 감염된 세포가 치명적인 바이러스 입자들을 무수히 싹틔워서, 더 많은 세포들이 희생당하게 될 내부 공간 속으로 밀어 넣는다. 자가면역질환으로 망가진 대퇴부 상단이 무생물계에서 일종의 일몰과 같은 빛을 발한다. 암세포가 킬러 T세포의 치명적인

기동력 부대에 에워싸여 있고 킬러 T세포들은 자신에게 유해한
배신자세포를 향해 독성화학물질을 발사한다.

　　외부 우주와 내부 우주의 등식, 이들 양자가 연합한 외계생
명체주의, 궁극적인 변경 지대들, 하이테크 전쟁과 같은 담론들은
국립지리학회의 100주년을 축하하는 역사적인 공식 석상에서 그
야말로 문자 그대로 표현된다. 우주선 머큐리호, 제미니호, 아폴
로호, 마리너호 항해를 다룬《내셔널지오그래픽》의 보도에 관해
설명하는 이 장의 제목은 '우주공간'이며, "다른 선택은 없다, 우
주 이외에"(The Choice is the Universe – or Nothing)는 유명한 구
절로 시작한다. 닐손과 다른 과학자들이 보여 준 생명의학적인 이
미지로 가득 차 있는 마지막 장은 '내부 우주'라는 제목이 붙어 있
다. 마지막 장은 "그 별들의 물질은 활성화되었다(The stuff of the
stars has come alive)"(브라이언, 1987)라는 유명한 구절로 시작한
다. 여기서 사진들은 관람자들에게 내부 우주와 외부 우주를 형
제 관계처럼 보이도록 한다. 하지만 신기하게도 외부 우주에서 우
리는 우주탐사선에 적응한 우주인을 보거나 혹은 개체화된 우주
적 태아로서 떠다니는 모습을 보게 된다. 그와 달리 우리 자신의
내부로 가정되는 땅속 공간에서의 타자의 세계와 대면하면서 우
리는 비휴머노이드 이방인들을 사실상 우리 몸의 온전성, 개별성,
인간성을 유지하는 수단으로 여기고 있다. 우리는 면역계가 방어
하는 위협적인 '비-자기'로 인해 단지 습격당하는 것이 아니라 우
리 안의 이물질에 의해서 근본적으로 더 많이 습격당하는 것처
럼 보인다. 자가면역질환이 그처럼 엄청난 의미를 옮기고 있다는
사실은 놀라운 일이 아니다. 그런 현상은 모르겐로트와 에를리히
(Morgenroth and Ehrlich)의 용어로는 자가내성(*horror autotoxicus*)

인데, 그것의 존재 여부에 대한 의구심은 1901년 처음으로 시작되었다.

공간 침략자 비유는 여행의 방향성에 대한 특별한 질문을 야기한다. 어느 방향으로 그런 침략이 일어나는가? 우주에서 지구 방향으로? 외부에서 내부로? 아니면 그 반대인 내부에서 외부로? 경계는 대칭적으로 방어되는가? 내부와 외부는 위계화된 이항대립인가? 맥락을 식민화하는 서구 팽창주의 의학 담론은 내부에서 발생하는 테러리즘과 폭동뿐만 아니라 건강한 몸을 오염시키고 적대적으로 침투한다는 개념에도 사로잡혀 있었다. 질병에 대한 이런 접근방식에는 놀라운 역전이 포함되어 있다. 피식민지의 침략자로 인지된 것이다. 유럽인들의 지구 '침투'로 초래된 대량 학살이란 질병과 대면하면서, 식민화된 '유색'인들의 몸은 감염, 오염, 무질서 등등을 초래하는 어둡고 끔찍한 원천으로 구성된다. 그런 몸들은 퇴폐적인 분위기를 뿜어냄으로써 백인 남성성(도시, 문명, 가족, 백인 개인의 몸)을 압도하는 위협으로 간주된다. 아프리카에 동물보호구역을 건설하면서, 유럽의 법은 '자연보존' 지역에 거주하는 인간 토착민들을, 자기 영토에서 살아가고 있음에도 오히려 밀렵꾼이나 침략자 혹은 야생동물의 일부로 바꾸어 버렸다. 20세기 후반 면역 담론에서 식민주의 열대 의학사와 자연사 속에 잔존하는 것들을 과소평가해서는 안 된다. 기생충 질병과 에이즈 담론은 그런 담론에 대한 넘쳐나는 사례를 제공하기 때문이다.

식민 담론의 어조는 『면역학: 비-자기 식별 과학(Immunology: The Science of Non-Self Discrimination)』의 도입부 문장에서도 들리는데, 거기서는 개체성에 대한 위험을 거의 선정적이다 싶을 정도로 설명한다. 맨 처음 위험은 '개체들의 융합'이다.

정글에서, 해저에서 유기체—모든 종류의 고착동물뿐만 아
니라, 특히 식물—는 종종 너무 가까이 있어서 융합으로 인
해 개체성을 상실할 위험이 상존한다. (…) 하지만 예술가의
상상력 속에서나 모든 융합이 일어날 따름이다. 아무리 서로
가까이 붙어서 살고 성장하더라도, 실제로 유기체는 서로 상
당히 독자적일 수 있다. (클라인, 1982)

이처럼 낯설고 동질이형적인 장소에서는, 어떤 접촉이든 포
유류에 고유한 자기 정의를 위협하는 일이 발생할 수 있다. 유기
체의 조화는 생물학자들이 선호하는 주제인데, 개체성의 적극적
인 방어와 관련하여 설명할 수 있다. 클라인은 대학 학부생들의
생물학 교과과정에 시간을 투자하는 것만큼이나 유전학과 진화
를 방어하는 데 시간을 할애해 달라고 요청한다. 이것은 마치 연
방기금을 얻어 내기 위해 사회복지 예산을 두고 투쟁하는 국방부
와 꽤나 유사한 모습으로 보인다. 클라인에게 면역학은 '유기체
내적 방어 작용'으로서 '인식, 처리, 반응'으로 진행된다. 클라인은
'자기'를 '주어진 개체의 통합적 부분을 구성하는 모든 것'으로 정
의한다(1982, 강조는 원래의 것이다). 그렇다면 개체로 간주되는
것은 사물의 핵심이다. 그 밖의 모든 것은 '비-자기이며(not-self)',
만약 개체의 경계가 침범된다면 방어 작용이 일어나게 된다. 하지
만 이 장은 생물학과 의학 담론 내부는 물론이거니와, 보다 큰 포
스트모던 세계 안에서 무엇이 자기로 간주되는가라는 질문, 단지
그것만을 문제화하려고 거듭 반복해 왔다.

최근의 면역학 교재에 실린 '인식 체계의 진화'에 관한 도표
는 문자적으로 '멋진' 다양성, 증가하는 복잡성, 방어 요새로서 자

기, 외계생명체주의(extra-terrestrialism)에 관한 주제들이 서로 가로지르는 교차점을 분명히 밝히고 있다(그림 11). 쥐와 아마도 달 표면에서 발걸음을 옮기려는 것처럼 보이는 우주복을 완전 장착한 우주인[11]을 아무런 논평 없이 포유류의 진화에서 정점에 도달한 도표 아래 제시하고서는 이렇게 설명한다.

> 먹이를 찾는 겸손한 아메바에서부터(왼쪽 상단) 세련된 체액면역, 세포면역 메커니즘을 가지고 있는 포유류에 이르기까지(오른편 하단), 적대적인 환경 속에서 온전성을 유지하려는 동물들의 높아지는 요구에 부응하여, '자기 대 비-자기의 인식' 과정은 꾸준히 발전하고 있음을 보여 준다. 어떤 지점에서 '면역성'이 나타나는지를 결정하는 것은 따라서 순전히 의미론적인 것이다. (플레이페어, 1984; 강조는 원래의 것이다)

이것은 방어와 침략의 의미론이다. 자기의 경계가 의학, 전쟁, 사업 등과 같이 제도화된 전체 담론에서 핵심적일 때 언제 자기는 충분히 자기일 수 있는가? 집단적이고 개인적인 개체에 대한 이용 가능한 자유주의 담론으로는 죽음과 유한성의 경험을 수용할 수 없으므로, 그런 핵문화 안에서 면역과 비취약성은 교차하는 개념이자 중요한 문제다. 생명은 취약성의 창문이다. 그런 창문을 닫는 것은 실수처럼 보인다. 충분히 방어될 수 있으며 완벽하게 '승리하는' 자기는 오싹한 환상이며, 후기 묵시록적인 외계생명체주의의 진화적 목적론에서 지구를 잡아먹고 달나라로 항해하는 대식세포 아메바와 인간을 연상시킨다. 그 또한 오싹한 환상이다. 그런 환상이 국가 담론이라는 추상적인 공간에 위치하든 아니면 추상적이기는 마찬가지이지만 우리 내부의 몸에 위치하든 간에 오싹한 환상이라는 점은 마찬가지다.

　면역계를 전쟁터로 이미지화하는 것은 일간신문의 과학 섹션과 대중잡지에서 넘쳐 난다. 예를 들어 《타임》은 1984년 에이즈 바이러스가 세포 공장을 '침략'하는 그래픽으로 이미지화했다. 바이러스는 탱크의 이미지가 되고, 생산력으로서 몸 위로 진군할 준비가 되어 있는 탱크로 도열하고 있다. 《내셔널지오그래픽》은 별들의 전쟁이라는 노골적인 말장난을 하는데, 이것은 피터 자렛의 「내부 전쟁」(1986)이란 논문에 실린 '세포 전쟁'이라는 그래픽의 제목에서 가져온 말장난임이 분명하다. 이렇듯 전쟁 이미지는 관습적이며, 핵전쟁과 냉전시대에 국한된 것은 아니다. 하지만 그런 이미지는 특정한 역사적 위기의 순간에 특수한 모든 표지들을 드러냈다. 군사화되고 자동화된 공장은 면역계 삽화가들과 사진 현상가들이 선호하는 관습이다. 별들의 전쟁으로 유지되는 개체성[12]의 특수한 역사적 표지들은 하이테크 시각화 기술로 인해 대규모로 가능해졌다. 그런 시각화 기술들은 컴퓨터 보조 그래픽, 인공지능 소프트웨어, 수많은 종류의 스캔 시스템 등과 같이 포스트모던 전쟁, 과학, 사업을 진두지휘하는 물질적 수단에서도 핵심적이다.

　'이미지화' 혹은 '시각화'는 자조 모임과 임상적 배경 모두에서 치유적 실천의 일부가 되기도 한다. 여기서 생명의학적 테크놀로지, 몸, 자기, 타자 등에 걸친 모순적인 가능성과 잠재적인 모호성이 통렬하게 출현한다. 면역계는 자기 계발의 실천에서 수익성이 높은 영토가 되었으며, 서로 경쟁하는 권력 형태들이 환기되고 실천되는 장면을 연출하게 되었다. 『버거 박사의 면역력 다이어트』에서 '천하무적의 당신'은 당신의 면역 지수(IQ: Immune Quotient)를 활용함으로써 당신에게 효과가 있는 면역력을 작동시키도록 재촉받는다[버거(Berger), 1985]. 또한 복음주의 설교의 거대한 전통에서, 독자로서 당신은 이런 면역력에 헌신할 준비를 하도록 요구받는다(버거, 1985). 시각화된 자조 모임 실천을 통해, 고통에 시달리는 자들은 여러 가지 의미에서 보다 통제력을 갖추게 된다. 동시에 포스트모던한 몸의 극소 공간에서 체현된 유리한 지점으로부터 삶과 죽음의 의미에 관한 일종의 명상에 참여함으로써, 질병과 치유의 과정을 상상하며 깊은 긴장 이완 상태에 이르는 법을 배우게 된다. 이와 같은 시각화 훈련은 스타워즈와 같은 원형을 요구하지 않지만, 종종 조언을 권하는 문헌에서 찾을 수 있다. 《내셔널지오그래픽》은 그런 노력 중 하나를 묘사함으로써 접근법을 보증한다. 텍사스 주 휴스턴 소재 M.D. 앤더슨병원에서 한 젊은 암환자는 "재미와 치유를 결합한 '킬러 T세포' 비디오게임을 하며 암세포에게 잽을 날린다"(자렛, 1987). 다른 연구자들은 공격적 이미지들이 시각화 치료 요법을 매개하는 데 효과적인지 혹은 긴장 이완 테크닉과 비공격적인 이미지들이 효과적으로 '작동할' 것인지를 결정할 수 있는 프로토콜을 설계해 왔다. 단지 암 생존율 통계와 관련해서만이 아니라 어떤 기능에서나 마찬가지로, 검사하지 않을 수 없는 것에도 '작동'이 되어야 한다. 이미지화는 포스트모던 치유 문화에서 전파된 '의미화의 에피데믹'의 벡터 중 하나다. 여기서 관건은 유기체적-기술적-신화적-텍스트적 의미론으로 구성되게 될 개인적·집단적 자기들의 종류다. 이런 의미의 장에서 사이보그로서, 20세기 후반의 서구인들인 '우리'가 어떻게 우리의 취약성을 생명으로 난 창문으로 상상할 수 있겠는가?

　면역성은 공유된 특수성과 관련하여 인지될 수도 있다. 즉 면역성은 타자(인간과 비인간, 내부적인 것과 외부적인 것)와 관계 속으로 반쯤 스며들 수 있는 자기와 관련하여, 언제나 한정된 결과와 관련하여, 개체화와 동일시의 상황적 가능성과 불가능성과 관련하여, 부분적 융합과 위험과 관련하여, 인지될 수 있다. 포스트모던한 자기의 문제적인 다수성은 면역학의 멍울진 담론에서는 강력하게 형상화되는 동시에 억압되기도 하기 때문에, 그런 다수성은 건강, 병, 개체성, 인간성, 죽음에 관해 부상 중인 다른 서구적이고 다문화적인 담론 속으로 이동해야만 한다.

　미국의 흑인 작가인 옥타비아 버틀러의 과학소설은 이 거창한 문화적 프로젝트에 대해 냉철하면서도 희망적인 성찰을 요구한다. 흑인과 여성의 역사와 여성해방운동이 축적한 자원에 기대어 버틀러는 무엇을 인간으로 간주할 것인가라는 인간의 경계를 심문하고, '인간'의 개체성과 자아(selfhood)의 근거로서 '자기의 속성'을 주장하는 개념과 실천의 한계를 심문하는 데 몰두했다. 『클레이의 방주(Clay's Ark)』(1984)에서 버틀러는 귀환한 우주인의 몸에 실려 지구에 침투한 외계 질병이 초래한 결과를 탐구한다. 침략자들은 감염된 몸들의 모든 세포들에게 친밀한 한 부분이 되면서 가장 기본적인 자기의 차원에서부터 인간존재를 바꿔 버렸다. 침략자들은 복제하라는 지상명령을 숙주들에게 강제한다. 실제로 버틀러의 이 작품은 도킨스의 『확장된 표현형』(1982)처럼 읽힌다. 침략자들은 포스트모던 진화 이론가들과 경제 입안자들의 생명정치적 상상력을 괴롭히는 선택의 '궁극적인' 단위와 충격적일 만큼 겹쳐 보인다. 버틀러의 심오한 디스토피아 이야기에서 인간은 자신들이 질병이 되어 버린 상황과 대면하면서 자신들의 선택 영역과 자기 정의를 유지하려고 안간힘을 쓴다. 그런 과제의 일부는 자기 안에 있는 '타자'와 감염된 부모에게서 태어난 아이들과 변형된 관계를 정교하게 고안하는 것이다. 네발을 가진 후손들의 모습은 짐승의 원형 자체로 보이게 한다. 하지만 그들의 모습은 인간이 된다는 것의 미래를 뜻하는 것이기도 하다. 이런 질병은 전 지구적으로 번질 것이다. 『클레이의 방주』에 등장하는 다인종 여성들과 남성들의 과제는, 내부 우주와 외부 우주에서의 외계생명체주의에 의해 발현된 신호로 인해 출현한 의미화의 에피데믹 내부에서 자기와 타자의 변증법을 재발명하는 것이다. 이 책은 그런 과제의 성공 여부를 판단하려는 것이 아니다. 다만 그런 과제가 명명하고자 하는 범위를 넓히려 할 따름이다.

『새벽(Dawn)』은 버틀러의 '완전변이세대(Xenogenesis)' 시리즈 중 첫 번째 소설인데, 전 지구적 대량학살과 더불어 위협적일만큼 친밀한 자기이면서 타자라는 주제가 또다시 등장한다. 버틀러의 소설은 입양의 자연스러운 위상과 친족의 부자연스러운 폭력에 근거하는 허구다. 버틀러는 특히 익숙한 신체 교환과 정신적 의사소통 과정을 통해 인간, 기계, 비인간 동물 혹은 외계인과 그들의 변이체들의 상호 디지털화를 탐구한다. 『완전변이세대』 시리즈의 시작 소설에서 그의 픽션은 아이가 어쨌거나 장차 자기 부모와 닮지 않을 것이라는 기괴한 공포와 희망에 관해 이야기한다. 한 명의 부모란 결코 있을 수 없다. 괴물(monster)은 그것의 동사인 시사하다, 보여 주다(demonstrate)라는 단어의 어근 이상의 것을 공유한다. 괴물들은 표시하고, 의미화한다. 버틀러의 픽션은 동일자라는 신성한 이미지를 재창조하라는 명령에 저항하는 것에 관한 이야기다(버틀러, 1978). 버틀러는 도리스 레싱(Doris Lessing), 마지 피어시, 조애나 러스, 어슐러 르귄(Ursula LeGuin),

마거릿 애트우드(Margaret Atwood), 크리스타 울프(Christa Wolf) 등과 비슷하다. 이들이 파국의 서사를 재기록하는 것은 타자(젠더, 인종, 종)가 더 이상 동일자에게 종속되지 않는 대안적 서구 세계를 발명하는데 몰두하기 때문이다[브루어(Brewer), 1987].

파국, 생존, 변신은 버틀러에게서 지속적으로 나타나는 주제다. 돌연변이, 변신, 디아스포라들에 기초한 존재론의 관점에서 보자면, 원래의 신성한 이미지를 복원하는 것은 나쁜 농담이 될 수 있다. 버틀러의 인물들이 접근하지 않는 곳이 다름 아닌 기원이기 때문이다. 『새벽』의 마지막에 이르러, 버틀러는 릴리스—이 이름은 원래 정숙하지 못한 짝으로서, 아담에게 버림받은 아내를 연상시킨다—에게 다섯 명의 원(原)조상들의 아이를 임신하도록 만든다. 원조상들은 두 가지 종(種), 적어도 세 가지 젠더, 두 가지 섹스 그리고 비결정적인 다수 인종으로부터 유래한다. 표지된 몸들에 관심을 집중하면서, 버틀러는 (성서에 나오는) 카인이나 함이 아니라 릴리스에 관해 쓴다. 릴리스는 되풀이되는 궁극적인 파국과 마주하면서 유색인 여성으로서 자기됨, 생존, 재생산과 같은 용어와 대립하는 존재이자 아이러니하게도 구원의 역사를 예견하는 인물이다. 릴리스는 그 뱀의 머리통을 부술 여성에 대해 효과적으로 비틀어 놓게 될 가능성이다. 버틀러의 구원 이야기는 유토피아가 아니라 모든 커뮤니케이션 내부에서 비롯된 모순과 권력의 문제로 깊은 골이 파여 있다. 따라서 그의 서사는 신성한 이미지의 재림이 아닌 다른 어떤 것의 형상화 가능성을 보여준다. 또 다른 차이의 질서가 『완전변이세대』에서 혹은 면역학에서 가능할 수도 있다.

그 이야기에서 릴리스 이야포는 젊은 미국 흑인 여성인데 핵

전쟁의 소용돌이 속에서 지구상에 살아남은 다종다양한 인류의 집합체와 함께 구조되었다. 살아남은 모든 인간들과 마찬가지로, 릴리스 또한 모든 것을 잃었다. 아들과 2세대 나이지리아계 미국인 남편은 전쟁 전 사고로 죽었다. 릴리스는 학교로 되돌아갔고 막연하게나마 인류학자가 되어 볼까 하는 생각도 했다. 하지만 핵 재앙은 노예무역과 역사상 그 어떤 대량 집단학살과도 비교되지 않을 만큼 철저하고 완벽하게 과거와 미래의 모든 합리적이고 자연적인 연결을 그와 그 밖의 모든 사람들에게서 박탈해 버렸다. 간헐적인 질문 기간을 제외하면, 인간 생존자들은 오앤칼리에 의해서 이백오십 년 동안 가사 상태였다. 외계종인 오앤칼리는 처음엔 인류가 자살에 몰두하므로 그들을 구출하는 것은 지나치게 위험한 일이라고 생각했다. 인간과 같은 감각기관이 없는 오앤칼리들은 유인원 모양(primatoid)의 메두사 형태로서, 그들의 머리와 몸은 지구의 무척추 해양동물들처럼 다기능 촉수로 덮여 있다. 이런 휴머노이드 뱀 인간들은 그 여자(릴리스)에게 말을 건네며 접촉을 통해 그들과 성관계를 맺자고 재촉한다. 그럼 인류는 괴물로 변신하게 될 터였다. 겹겹이 박탈당한 릴리스는 가능한 의미를 만들어 줄 경계 이동에 기대어 생존과 행위자성과 선택을 위해 싸운다.

　오앤칼리는 인간 존재들을 아무런 변화없이 복원된 지구로 되돌려 보내기만 하려고 구조한 것이 아니었다. 그들 자신의 기원은 방대한 시공간에 걸쳐 무한히 긴 시간 동안 인간들과의 수없이 되풀이된 융합과 교환 과정을 거치면서 알 수 없게 되어 버렸다. 그런 오앤칼리들은 유전자 무역상들이다. 그들의 본질은 보복과 더불어 상업, 대화, 커뮤니케이션으로 탁월하게 체현된다. 그들의

본성은 타자로서 자기 자신들에게 언제나 산파가 되는 것이다. 그
들의 몸 자체는 면역과 유전자 과학기술에 의한 것이므로 교환,
복제, 자기와 타자의 경계들을 가로지르는 위태로운 성관계, 이미
지의 권력에 내몰려 있다. 그 점은 우리와 다르지 않다. 하지만 우
리와 다르게, 히드라 머리를 한 오앤칼리는 자기 형성과 재형성
과정을 매개하는 무생명(non-living) 테크놀로지를 구축하지 않는
다. 오히려 그들은 복잡한 그물망으로 엮인 생명(living) 기계의 우
주 속으로 들어감으로써, 작품 내 사건이 일어난 우주선을 포함
하여 모두 몸 생산 장치에서 파트너가 된다. 뿌리 뽑혀 포로가 된
인류는 외계인의 우주선 속으로 짐 꾸러미처럼 실려 가게 되는
데, 이런 장면은 릴리스의 조상들을 '신세계'로 끌고 왔던 끔찍한
대서양 노예무역의 중간 항로를 어김없이 환기시킨다. 우주선에
서 생존 기간은 교환 과정에서 모든 '파트너'들에게 자기와 타자
의 의미를 영구히 바꿔 놓을 부자유스러운 '유전자 거래'를 전제
로 한다. 버틀러의 과학소설이 마련한 '중간 항로'에서, 휴지기 상
태의 인간들은 길들여진 식육식물의 꼬투리처럼 생긴 곳에서 잠
들어 있다. 다른 한편 오앤칼리는 그들이 할 수 있는 일인 폐허가
된 지구를 치유한다. 많은 것들이 영원히 상실되었다. 하지만 다
른 생명을 유지하는 데 필요한 취약한 생명의 층은 회복되었고,
지구는 거대한 동물들에 의해 재식민화 준비가 진행되었다. 오앤
칼리들은 강력한 교환 파트너로서 인간에게 각별한 관심을 가지
고 있다. 인간이 그처럼 아름답고도 위험한 구조로 설계되었다는
점이 그런 관심에 한몫을 한다. 오앤칼리들은 인간들의 유전적 본
성이 지능적이면서도 동시에 위계적인 결함을 갖고 있어서 치명
적이긴 하지만 개선 가능하다고 믿는다. 인간들과는 달리 외계인

들은 방대한 웹과 네트워크라는 포스트모던 기하학적 지형에서 살고 있는데, 그곳에서 개체의 마디점은 여전히 대단히 중요하다. 이런 웹은 권력과 폭력에 무관하지 않다. 위계질서는—외계인들에게나 인간들에게나 할 것 없이—권력의 유일한 형태가 아니다. 오앤칼리들은 모든 난민들을 '출력'한다. 그들은 인간 복제자들을 정신적·유기적·기술적 이미지로 출력할 수 있다. 이런 복제자들은 엄청난 유전자 거래가 가능하도록 한다. 또한 오앤칼리들은 암으로 릴리스의 친척들 여러 명이 죽었지만, 그것을 이겨 내는 릴리스의 '재능'에 매료된다. 오앤칼리들의 '손'에서 암은 재생과 변신을 위한 테크놀로지가 될 것이었다. 하지만 오앤칼리는 인류로부터 더 많은 것을 원한다. 그들은 충분한 거래를 원한다. 완전한 거래는 성적으로 뒤섞이는 성관계를 요구하는 데까지 치달을 것이다. 모든 곳에서, 아마존 계곡에서, 서로 공유한 식민주의적 모험을 통해 그런 요구는 임신으로 구체화된다. 인간의 개체성은 오앤칼리의 커뮤니케이션 테크놀로지가 원하는 것 이상으로 더 많은 도전을 받게 될 터이다. 그들은 타자들을 자신들의 기호, 이미지, 기억으로 전환시켜 버리기 때문이다. 임신은 동의, 자기의 소유권, 신성한 이미지로서, 동일성의 기호로서 인간의 자기 사랑과 같은 교묘한 문제들을 야기시킨다. 오앤칼리는 파트너들을 인류의 잔여 생존자들과 거래하기 위해 지구로 귀환하고자 한다. 차이속에서 동일자라는 환상은 회복 불가능하다.

릴리스는 첫 번째로 깨어난 인간 집단을 훈련시키고 지도하도록 투입된다. 그는 철저하게 원자화된 사람들이 고치솜에서 부화되어 나오면 그들을 위한 일종의 산파이자 어머니가 될 것이다. 그들의 과제는 공동체를 형성하는 것일 테다. 하지만 최초의 릴리

스는 오앤칼리 가족 중에서 변신 직전의 젊은 올로이(ooloi)인 니
칸지와 짝이 된다. 그는 니칸지에게서 배워야 한다. 니칸지는 릴
리스의 마음과 몸을 교묘하게 바꿈으로써 그는 오앤칼리들 사이
에서 좀 더 자유롭게 살 수 있게 된다. 니칸지가 변신하는 동안 그
를 보호해 주게끔 만들며 그런 관계를 토대로 둘은 서로에게 깊
이 결속된다. 두 번째 팔 한 쌍을 부여받은 성체 올로이는 오앤칼
리 중에서 세 번째 젠더이자 중성적 존재다. 이 중성적 존재는 자
신의 특수한 부착 기관을 자기 종과 각각의 가족의 유전자 거래를
매개하고 촉진시키는 데 사용한다. 오앤칼리들 가운데 각각의 아
이는 남성과 여성 부모를 가지며, 그들은 서로에게 대체로 형제자
매가 된다. 그리고 다른 집단, 인종 혹은 반족(moitié) 출신의 올로
이가 있다. 올로이를 오앤칼리 언어로 번역하면 '보물 같은 이방
인'이라는 뜻이다. 올로이들은 계획된 교차종 아이들의 네 명의
다른 부모들 사이에서 매개자가 될 것이다. 이성애는 좀 더 복잡
하게 매개되는 한, 아무런 문제가 없는 것으로 남는다. 강제적 이
성애 재생산 정치에 저항함으로써 또 다른 체현으로 출현할 수 있
었던 다른 사회적 주체들, 다른 젠더들은 『새벽』의 공간에는 거
주하지 않는다.

   보석 같은 이방인들은 집단, 섹스, 젠더, 종의 경계를 가로지
르면서 강렬한 쾌락을 제공할 수 있다. 그런 치명적 쾌락은 깨어
난 다른 인간들과 릴리스를 구별 짓도록 만든다. 비록 릴리스가
임신에 아직 동의하지 않았더라도 말이다. 릴리스가 인간-외계인
아이를 임신했든 하지 않았든 상관없이, 그의 몸과 정신적인 변화
와 니칸지와의 결속 관계로 인해 다른 인간들은 릴리스를 아직도
인간이라고 믿지 않는다. 그 점은 릴리스 또한 마찬가지였다. 그

럼에도 불구하고 자신이 유대의 염소가 되지 않을까 염려하면서, 릴리스는 인간들이 생존하여 지구로 귀환하자마자 과거의 선조 인간들이 지녔던 인간성을 유지할 수 있도록 그들을 훈련시키는 일에 착수한다. 훈련 기간 동안 각각의 여자 인간은 남자 인간과 짝을 짓고 그런 다음 각각의 쌍은 원하든 원하지 않든 성체 올로이에게 입양된다. 릴리스는 중국계 미국인 연인인 조지프를 잃는다. 조지프는 의심 많고 분노에 찬 인간들에 의해 살해당한다. 마지막에 이르러 첫 번째 인간 집단은 올로이에게서 멀어지면서 탈출을 꿈꾸며 지구로 떠날 준비를 한다. 그들이 올로이 없이도 생식력을 가질 수 있을지는 의심스럽다. 어쨌거나 그들은 언제나 한 부모 이상이 있어야 성적 재생산이 가능한 종으로서의 개체라기보다 그 이상이 되었는지도 모른다. 이들 종 또한 복제의 생명정치학에서 여러 가지 매개가 필요할 수도 있다. 릴리스는 또 다른 집단을 훈련시키기 위해 남아야 하고 그럴 경우 그가 지구로 돌아가는 날은 끝없이 지연될 것임을 알고 있다. 하지만 니칸지는 조지프의 정자와 자기 짝의 유전자를 가지고 그에게 임신시킨다. 릴리스는 동의하지 않았지만, 『완전변이세대』의 첫 권은 올로이의 알쏭달쏭한 위로인 '차이는 변신하기 전까지는 감춰져 있을 것이다'라는 말과 함께 그를 뒤에 남겨 둔다. 릴리스는 화해할 수가 없다. "하지만 그들이 인간일 리 없잖아요. 그게 문제예요. 당신은 이해할 수 없어요. 하지만 그게 문제라고요." 보석 같은 이방인이 대답한다. "당신 안에 있는 아이는 중요하죠." 버틀러는 이런 딜레마를 해결하지 않는다. 다만 장차 가능한 어떤 미래에 동일성과 차이가 서로 경합하는 형태들은 생존이 관건인 오늘날의 전 지구적 세계의 동물, 인간, 기계를 분리시키면서도 연결시키고 특수한 문화적·생명기술적·생명정치적 경계를 횡단하면서도 미완성으로 남은 혼잡한 서사에서는 관건이 된다. 마지막으로 동의하든 동의하지 않든, 경합하는 이 세계에 우리는 자리하고 있다. 릴리스는 씁쓸하게 웃었다. "난 이걸 현장 조사라고 생각할 수 있었으면 해요. 그렇지만 내가 이런 현장에서 도대체 어떻게 벗어나죠?"

사이보그 체현과 상황적 지식이라는 약속과 공포로 가득 찬 이런 차이의 장을 벗어나는 출구는 어디에도 없다. 가능한 자기들을 연구하는 인류학자로서 우리는 실현 가능한 미래의 기술자들이다. 과학은 문화이다.

그림

1. 린 랜돌프(Lynn Randolph), 〈사이보그〉, 캔버스에 유화, 36″×28″, 1989.

2. 이 패널은 로버트의 연인이자 삶의 동반자였던 제이 밀러(Jaye Miller)와
그들의 친구인 데브라 마틴(Debra Martin), 호그니스, 해러웨이가 만든
에이즈 사망자 추모 퀼트로, 이름 프로젝트(Name Project)를 위해 만들어졌다.

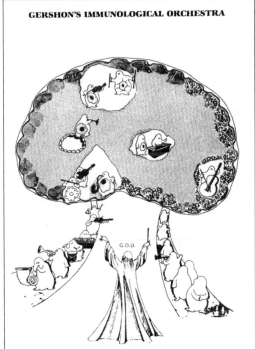

GERSHON'S IMMUNOLOGICAL ORCHESTRA

The immunological orchestra in 1968. The focus was on cell coopera-tion. The players are B cells, T cells, and macrophages conducted by the generator of diversity (G.O.D.).

3. 1968년의 면역학적 오케스트라. 핵심은 세포들 간의 협동이다.
연주자는 B세포, T세포, 대식세포이며 지휘자는 다양성의 생성자(G.O.D.)이다.
거숀의 오케스트라 이미지는 모두 에드워드 골럽에게서 제공받았다.

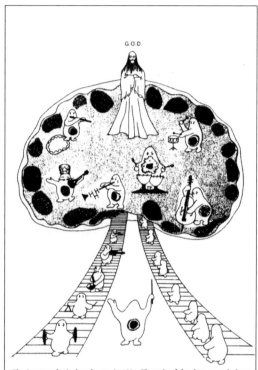

The immunological orchestra in 1974. The role of the thymus as helper, cytotoxic, and suppressor cell is known and Gershon has made the T cell the conductor.

4. 1974년의 면역학적 오케스트라. 흉선이 조력자로 등장하며,
세포독성 인자와 억제세포가 알려졌다. 거숀은 T세포를 지휘자로 만들었다.

The immunological orchestra in 1977. With the discovery of subsets of T cells Ly 1 and Ly 2,3 cells become joint conductors and Ly 1,2,3 becomes the prompter. This complicated situation clearly has distressed the generator of diversity.

5. 1977년의 면역학적 오케스트라. T세포의 하위 그룹을 발견하게 되면서, Ly1, Ly2, Ly3 세포는 공동 지휘자이자 프롬프터가 되었다. 이 복잡한 상황은 분명 다양성의 생성자에게 스트레스를 준다.

The immunological orchestra in 1982. The T cell is the conductor and the Lyt 1´ (helper) and Lyt 2´ (suppressor) cells are prompters, each urging its own interpretation. The generator of diversity seems resigned to the conflicting calls of the angels of help and suppression. At the sides sit the idiotype network and Ir gene (as impresarios?). The caricatures are of Niels Jerne and Baruj Benacerraf.

6. 1982년의 면역학적 오케스트라. T세포가 지휘자이고 Lyt1(조력자) 및 Lyt2(억제자)는 프롬프터인데, 각자 자신의 해석을 강요하고 있다. 다양성 생성자는 조력자, 억제자 천사들의 상충하는 요청으로 인해 사임한 듯 보인다. 양쪽에는 개별 특이형 조합망과 Ir유전자(단장?)가 앉아 있다. 이 그림에 등장하는 캐리커처는 닐스 에르네와 바루이 베나세라프(Baruj Benacerraf)의 작품이다.

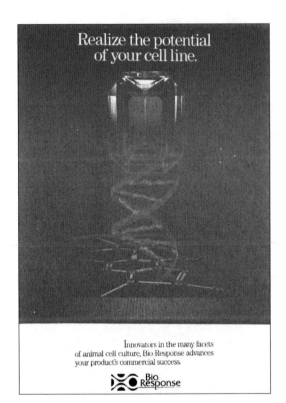

Realize the potential of your cell line.

Innovators in the many facets of animal cell culture, Bio-Response advances your product's commercial success.

Bio Response

7. 〈당신 셀라인의 잠재력을 현실화하세요.〉

동물세포 배양을 다방면으로 혁신한 바이오리스폰스(Bio Response)는
당신의 상품을 상업적으로 성공시키는 데 한 발 더 가까이 가도록 돕습니다.

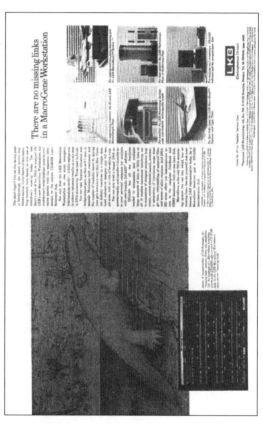

8. LKB 마크로진 워크스테이션 회사(The Electrophoresis Division, Pharmacia LKB Biotechnology Inc.)의 허가를 받아 게재.

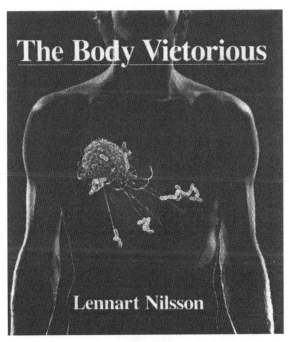

9. 〈승리하는 몸〉. 렌나르트 닐손에게서 제공받았다.

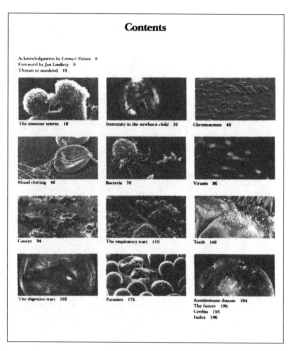

Contents

10. 렌나르트 닐손의 허가를 받아 게재.

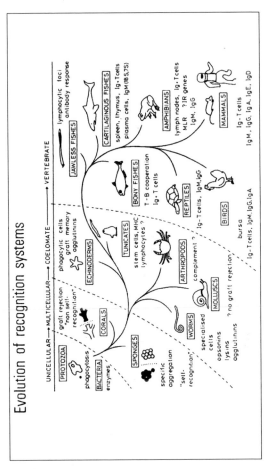

11. 인지계의 진화. © Courtesy of Blackwell Scientific Publications.

감사의 글

내가 처음으로 페미니즘 이론에서 출판한 논문들을 실었던《기호들(Signs)》에서 내 논문을 검토해 준 사람들로부터 시작해, 많은 사람들과 출판 관행이 이 책을 가능하게 만들어 주었다. 마음 넓게 예리한 비판을 해 준 이는 레이나 랩 라이터인데, 그는 그 이후로도 나를 개인적·지적·정치적으로 지지해 주었을 뿐 아니라 내게 영감의 원천이 되어 주었다. 캐서린 스팀프슨(Catherine Stimpson)은 이 논문들의 편집자였는데, 그의 이론 작업과 편집 기술은 나를 비롯해 현대 페미니즘에 기여한 사람들의 글을 풍성하게 만들어 주었다. 콘스탄스 클라크(Constance Clark)와 스티븐 크로스(Stephen Cross)은 당시 존스홉킨스의 대학원생이었는데, 자신들이 미친 영향력을 글에서 감지할 수 있을 것이다. 로버트 영(Robert Young)의 근본적으로 새로운 글쓰기와 헌신적인 동지애는 과학사가 어떤 타협도 없이 정치적이면서도 동시에 학문적일 수 있다는 점을 알려 주었다. 나는 그의 작업에 정말 많은 빚을 졌으며,《래디컬 사이언스 저널(Radical Science Journal)》《문화로서의 과학(Science as Culture)》《프리 어소시에이션 북스(Free Association Books)》에 소속된 칼 피글리오(Karl Figlio), 루디 조르다노바(Ludi Jordanova), 레스 레비도(Les Levidow)의 작업에도 큰 빚을 졌다.

우정, 지속적인 비판적 대화, 출판된 것과 그렇지 않은 상호 텍스트성을 통해 이 책에 수록된 논문들의 구석구석에 영향을 준 사람들은 다음과 같다. 주디스 버틀러, 엘리자베스 피, 샌드라 하딩, 수전 하딩, 낸시 하트삭, 케이티 킹, 다이애나 롱홀(Diana Long Hall), 아이화 옹, 조앤 스콧, 매릴린 스트래선, 에이드리엔 질먼. 나는 페미니스트 수집가인《논쟁들(Das Argument)》의 프리가 하우그(Frigga Haug)와 노라 렛셀(Nora Räthzel) 그리고《차이들(differences)》의 엘리자베스 위드(Elizabeth Weed)에게도 감사를 표한다. 제프리 에스코피에는 8장 "사이보그 선언문"을 작성할 때 끊임없는 잔소리꾼이자 부드러운 조산원이었다. 스콧 길버트(Scott Gilbert), 마이클 해드필드(Michael Hadfield), G. 에벌린 허친슨(G. Evelyn Hutchinson)은 배발생학, 생태학, 면역학을 비롯해 생물학의 문화에 대한 거의 대부분을 가르쳐 주었다.

캘리포니아대학교 샌타크루즈 캠퍼스의 의식사 교수진과 대학원 세미나를 통해 처음 알게 된 각별한 사람들은 이 책에 명시적으로나 암묵적으로나 기여를 했다. 내가 특히 감사를 표하고 싶은 사람들은 다음과 같다. 글로리아 안잘두아(Gloria Anzaldúa), 베티나 앱테커(Bettina Aptheker), 샌드라 아제레도(Sandra Azeredo), 페이스 베켓(Faith Beckett), 엘리자베스 버드(Elizabeth Bird), 노먼 O. 브라운, 짐 클리퍼드(Jim Clifford), 메리 크레인(Mary Crane), 테레사 데 라우레티스, 폴 에드워즈(Paul Edwards), 론 이글래시(Ron Eglash), 바버라 엡스타인(Barbara Epstein), 피터 유벤(Peter Euben), 라모나 페르난데즈(Ramona Fernandez), 루스 프랑켄버그(Ruth Frankenberg), 마고 프란츠(Margo Franz), 시르자 구디브(Thyrza Goodeve), 데버라 고든(Deborah Gordon), 크리스 그레이(Chris Gray), 발 하르투니(Val Hartouni), 메리 존(Mary John), 캐런 캐플런(Caren Kaplan), 케이티 킹, 힐러리 클라인(Hilary Klein), 리사 로(Lisa Lowe), 캐럴 맥캔(Carole McCann), 라타 마니(Late

Mani), 알비나 퀸타나(Alvina Quintana), 첼라 샌도벌, 조 소풀리스, 노엘 스터전(Noel Sturgeon), 제니 테리(Jenny Terry), 샤론 트라위크(Sharon Traweek), 글로리아 왓킨스(Gloria Watkins)이자 벨훅스.

이 책의 일부를 쓰는 데 다음 기금에서 경제적 지원을 해 주었다. 캘리포니아대학교 샌타크루즈 캠퍼스의 학술 평의회 연구비(Academic Senate Research Grant), 그리고 고등학술원(the Institute for Advanced Study)의 알파 펀드(Alpha Fund).

다른 사람들은 여러 해에 걸쳐 헤아릴 수 없는 지지와 영감을 선사했다. 여기에 수록된 논문들은 특히 다음 사람들과 함께 지내며 연구한 자취를 드러낸다. 게일 콜먼(Gail Coleman), 레일라 크리거(Layla Krieger), 리처드 스티스와 로즈마리 스티스(Richard and Rosmarie Stith), 캐럴린 해드필드(Carolyn Hadfield), 로버트 필로메노, 제이 밀러, 러스틴 호그니스. 마지막으로 나는 이 책을 내 부모인 프랭크 해러웨이(Frank Haraway)와 도로시 매과이어 해러웨이(Dorothy Maguire Haraway)에게 바치고 싶다. 아버지는 글쓰기가 즐거운 일이면서도 과업이 될 수 있다는 점을 보여 주었고, 어머니는 내가 어른이 되어 어머니를 알기 전인 1960년 이전에 돌아가셨지만, 믿음과 헌신이 선사하는 어려움과 힘을 통해 나와 소통을 했다.

이 책에 수록된 글들은 이전에 출판된 논문을 손본 것이고, 허락을 받아 여기에 수록되었다. 1장은 본래 《기호들》 4권(1978)의 21–36페이지에 게재되었고, 당시에는 "동물사회학과 정치적 신체의 자연경제 I부, 지배의 정치생리학"이라는 제목을 달고 있었다. 2장은 "동물사회학과 정치적 신체의 자연경제 II부, 과거는 논쟁 지대다: 인간 본성과 영장류 행동 연구의 생산과 재생산 이론들"이라는 제목으로 《기호들》 4권(1978) 37-60페이지에 수록되었다. 3장 "생물학적 기업: 인간공학에서 사회생물학까지 성, 정신, 이윤"은 《래디컬 히스토리 리뷰(Radical History Review)》 20권(1979)의 206-237페이지에 실렸다. 4장 "태초에 말씀이 있었다: 생물학 이론의 창세기"는 《기호들》 6권(1981), 469-481페이지에 게재되었다. 5장 "영장류의 본성을 둘러싼 경합: 연구 현장에 있는 남성-수렵자의 딸들, 1960-1980"은 마크 칸(Mark Kann)이 편저한 『미국 민주주의의 미래: 좌파의 시선들(The Future of American Democracy: Vies from the Left)』(Philadelphia: Temple University Press, 1983) 175-207페이지에 실렸다. 6장 "부치 에메체타 읽기: 여성학 연구에서 여성의 경험을 위한 쟁점들"은 《인스크립션(Inscriptions)》 3/4권(1988) 107-124페이지에 실렸다. 7장은 "성, 젠더, 장르: 성정치의 요약(Geschlecht, Gender, Genre: Sexualpolitic eines Wortes)"이라는 제목으로 코르넬리아 하우저(Kornelia Hauser)가 편저한 『도처에 많은 장소들?: 움직이는 페미니즘, 프리가 하우그 기념 논문집(Viele Orte, Überall? Feminismus in Bewegung, Festschrift for Frigga Haug)』(Berlin: Argument-Verlag, 1987) 22-41페이지에 수록되었다. 8장 "사이보그 선언문: 20세기 후반의 과학, 기술, 사회주의페미니즘"은 《소셜리스트 리뷰(Socialist Review)》 80권 65-108페이지에 실렸다. 9장은 《페미니스트 스터디(Feminist Studies)》의 14권 3호(1988) 575-599쪽에 "상황적 지식: 부분적 관점의 특권에 대한 담론의 장소로서 페미니즘에서 과학의 문제"라는 제목으로 게재되었다. 10장은 《디퍼런시즈: 페미니스트 문화 연구 저널(differences)》의 1권 1호(1989) 3-43페이지에 "포스트모던 몸의 생명정치: 면역계 담론에서 자아의 결정"이라는 제목으로 실렸다.

주

1부. 생산과 재생산 체계로서의 자연

1장. 동물사회학과 정체(政體)의 자연경제: 지배의 정치생리학

1. 영(Young, 1977) 역시 급진적인 과학 비판에 관한 문헌을 잘 모아 두었다.
   버트(Burtt, 1952), 마르쿠제(Marcuse, 1964), 마르크스와 엥겔스(Marx
   and Engels, 1970) 역시 참고하라.

2. 브레이버먼(Braverman, 1974). 브레이버먼은 페미니즘적 관점은 없을지
   몰라도, 과학·기술적 전문성이 점증하는 시대인 현대에 노동, 과학적 경영
   그리고 노동자들의 탈숙련화를 마르크스주의적으로 분석하는 핵심에
   여성의 노동력을 두었다.

3. 오트너(Ortner, 1974)와 드 보부아르(de Beauvoir, 1952)를 참고하라.
   구조인류학자인 오트너와 실존주의자인 드 보부아르 모두 페미니즘 분석에
   자연-문화의 분할 이데올로기가 침투하게 한다. 맥코맥(MacCormack,
   1977)은 메리 더글러스(Mary Douglas, 1966; 1973)의 인류학 이론을 참조해
   자연-문화의 구분에 의문을 제기한다. 맥코맥은 시에라리온의 산데(Sande)
   여성 협회를 분석하여 정체에서 여성들 자신의 몸이 담당하는 능동적 역할이
   집합적으로 구성되는 과정을 강조한다. 맥코맥의 유기체주의적이고
   기능주의적인 얼개는 비판적 관심이 필요하다.

4. 낸시 하트삭(Nancy Hartsock)의 미출판 논문인 「객관성과 혁명:
   마르크스주의 이론에서 지식의 문제들」과 「사회과학, 실천, 정치적 행동」은
   내가 이 논문을 작성할 1978년 당시 매우 중요한 역할을 했다. 이보다 약간
   후에 하트삭이 문제를 다룬 방식을 보려면 1983년의 논문 두 편을 참고하면
   된다(하트삭, 1983a, 1983b). 이 논문들은 하버마스(Harbermas, 1970)나
   마르쿠제(1964)의 작업보다 과학적 객관성의 이론과 실천을 페미니즘적으로
   비평할 때 보다 유용하다.

5. 시카고대학에서 자연과학부와 사회과학부가 함께 개최한 대학 50주년 기념
   심포지엄을 참고하라[레드필드(Redfield), 1942].

6. 정체에서 자연의 의미를 다룬 초기 아나키즘 및 마르크스주의 사회주의에 대해서는 크로폿킨(Kropotkin, 1902)과 엥겔스(1940)를 참고하라.

7. 해러웨이(1989b) 역시 참고할 만하다. 여기서는 재단, 대학, 신경생리학, 내분비학, 인사관리, 심리병리학, 교육 목적의 시험, 인성 연구, 사회적·성적 위생의 문제를 함께 연관 짓는다.

8. 여기스와 동료들은 '인간 엔지니어링'을 단순한 은유로 사용하지 않았다. 그들은 노골적인 방식으로 생리학과 생심리학, 사회과학을 진보된 독점자본주의에서 합리적인 경영의 핵심 요소로 파악했다. 이 과학 분야들은 원자료를 수집했고, 각 실험실은 인간 엔지니어링을 실험하는 공장으로 기능했다(여기스, 1922). 인간 엔지니어링 프로젝트의 역사에 대해서는 노블(Noble, 1977), 특히 제10장을 참고하라.

9. 엠마 골드만(Emma Goldman, 1931)을 보면 성적 무지가 노동계급 여성에게 어떤 영향력을 발휘하는지 날카롭게 분석하고 있다. 홀(Hall, 1974)을 보면 성과학 연구의 정치적 맥락에 대해 더 알 수 있다. 내부자의 논의로는 에이벌과 코너(Aberle and Corner, 1953)의 연구를 보면 된다. 홀의 연구에서는 과학 공동체의 복잡한 네트워크가 잘 드러난다.

10. 카펜터(Carpenter, 1964)는 그의 주요 논문 편저다. 카펜터는 영장류 연구에서 미국 농촌 및 제3세계의 TV 교육 프로그램으로 관심사를 바꾸었다. 카펜터(1972)는 영장류를 연구할 때 사용했던 기능주의적이고 위계적인 조직 개념을 커뮤니케이션 체계에 대한 연구에서도 동일하게 적용했다.

11. C. M. 차일드(Child, 1928)의 경사 장이론이 사회과학으로 진입했다.

12. 배리츠(Baritz, 1960)는 마요의 산업 신화를 미국 사회과학이 휘두르던 기성 권력에 굴종하는 데 차지한 역할의 견지에서, 일반적인 비평의 형태로 논의한다. 헤일(Heyl, 1968), 헨더슨(Henderson, 1935), 파슨스(Parsons, 1970) 역시 참고하라. 당시 존스홉킨스대학의 대학원생이었던 스티븐 크로스(Stephen Cross)는 내가 이런 문제를 생각하는 과정에서 멘토 역할을 했다. 1930년대에 인성과 문화에 집중했던 인류학에서, 협동과 경쟁이라는 주제는 다분히 도착적이었다[가령 미드(Mead, 1937)를 보라]. 사회과학연구협회(Social Science Research Council)의 지원을 받아 메이와 둡(May and Doob, 1937)은 경쟁-협동의 주제를 다루는 참고 문헌의 목록을 출판했다.

2장. 과거는 논쟁 지대다: 인간 본성, 그리고 영장류 행동 연구의
　　생산과 재생산 이론

1. 레이나 랩(Rayna Rapp)은 이 글의 원 논문을 작성할 때 익명의 리뷰어로
　분석에 도움을 주었다.

2. 제2차 세계대전 이후 영국 과학계의 정치에서 막강했던 인물인 주커먼은
　자신의 과학 연구 경력을 직접 서술했다(1972, 1978). 그는 1933년부터
　1934년까지 록펠러재단의 연구비를 받아 로버트 여키스가 새로 만든
　예일대학 영장류 실험실에서 연구했다. 예일대학 문서고에 보존된, 여키스의
　작업에 대한 두 사람의 서신은 영장류 과학에 접근하는 서로의 방식에 대해
　피차 환상이 깨졌다는 사실을 보여 준다.

3. 19세기 초 기능주의적 설명이 자본주의적 계급관계를 신화화한 것을
　비판적으로 기술한 역사는 영(1985)을 참고하라.

4. 랭커스터와 리(Lancaster and Lee, 1965). 1962–1963년의 행동과학심화
　연구소의 영장류 프로젝트에 기초해 쓰인 『영장류의 행동』은 셔우드
　위시번과 데이비드 햄버그가 의학적·진화적·사회적 기능주의의 얼개 안에서
　영장류 연구를 재정초하기 위해 기울였던 기업가적 노력을 대변한다.

5. 위시번의 경력, 연구비, 학생, 연구 프로젝트를 재구성하는 데 쓴 자료는
　위시번의 허가를 받아 그가 소장한 자료에서 얻었다.

6. 이 주장의 2부는 질먼(Zihlman, 1978a)에 등장한다.

7. 19세기의 맥락에서 정치경제와 자연경제의 관계는 영(1973)을 참고하라.

8. 19세기 생리학이 위계 조직, 다변화된 유기체를 설명의 술어로 삼아
　자연을 이론적으로 생산하는 데 담당했던 역할을 비교해 보라. 쿠터(Cooter,
　1979)를 참고하라.

3장. 생물학적 기업: 인간공학에서 사회생물학까지 성, 정신, 이윤

1. '볼티모어 인간과학(Baltimore Science for the People)'의 회원들에게, 이 장을
　쓰는 데 도움이 된 토론을 해 주어 감사하단 인사를 전한다. 이들은
　이데올로기 문제에 대해 유용한 성과를 많이 내놓았지만, 생물학을 정당하지
　않은 방식으로 정치나 사회 영역으로 확장하며 생물학의 역사와 구조를
　분석에서 제외하는 경향이 있었다. 앤아버 인간과학(Ann Arbor Science for
　the People, 1977)과 체이신(Chasin, 1977) 역시 참조하라. 살린스(Sahlins,
　1976)와 위시번(1978)은 동물행동학의 역사에 주의를 기울이며 사회과학의

자율성을 옹호했다. 런던의 《래디컬 사이언스 저널(Radical Science Journal)》은 이론적 분석 작업을 많이 진행했다.

2. 내 방법은 고전 정치경제학에 대한 마르크스의 독해, 그리고 푸코(Foucault, 1970)와 제이컵(Jacob, 1974)의 접근법과 유사하다.

3. 여키스(Yerkes, 1927a, , 1929, 1932, 1943)를 참고하라.

4. 콜러(1976). 과학계 재단의 주된 역할에 대해서는 코헨(Cohen, 1976)과 포스딕(Fosdick, 1952)을 참고하라.

5. 이 체계에 대해서는 메사로비크(Mesarovic, 1968), 폰 베르탈란피(von Bertalanffy, 1968), 에머리(Emery, 1969), 퓨(Pugh, 1971), 릴린펠드(Lilienfeld, 1978)를 참고하라. 진화적 전략에 대해서는 도킨스(Dawkins, 1976), 해밀턴(Hamilton, 1964)을 참고하라. 그와 같은 사유 형태의 억압적이지 않은 잠재력을 강조하는 허친슨(Hutchinson, 1978)은 체계에 기반한 생태학의 역사 및 기본 개념에 대해 유려한 설명을 제공한다. 또 맥아더와 윌슨(MacArthur and Wilson, 1967)을 참고하라. 사회생물학의 기초 문헌으로는 바래시(Barash, 1977), 윌슨(Wilson, 1971, 1975, 1978), 캐플런 (Caplan, 1978)이 있다.

6. 여키스(1900, 1907, 1919), 여키스 외 다수(1915), 여키스의 「증언 (Testament)」, 미간행 자서전, 예일대학 도서관의 R.M. 여키스 문서(RMY)를 참고하라.

7. 여키스(1935, 1936). 이 프로젝트는 동물, '원시인' 그리고 결혼 생활에 문제를 겪는 뉴욕 시민들에 대한 성 연구와 관련되어 있다(해밀턴, 1929). 특히 클라크 위슬러(Clark Wissler, 1928; 1931)에 대한 파일과 리서치 센터의 결혼 생활 연구(Marital Research, 1923)에 대한 파일을 참고하라.

8. 유기체-초유기체 문제는 다음 문헌으로 추적해 나갈 수 있다. 위슬러(1939), 에머슨(1954), 크로버(1917), 레드필드(1942), 윌슨(1971).

9. CRPS(《프로그램 공식화》, 1922ff); 에이벌과 코너(abele and Corner, 1953); 미드(Mead, 1935); 고든(Gordon, 1976); 마일스와 터먼(Miles and Terman, 1929).

10. 예를 들어, CRPS(1921)〈프로그램 시작: NRC 여러 나라에 프로젝트 발표하기(Beginning of Program: Presentations of Project to NRC Divisions; 1921: Conference on Sex Problems)〉.

11. CRPS(1923–1937: 연구 지원서: 탈락한 것). 이 폴더는 마거릿 생어 (Margaret Sanger)의 지원서도 포함되어 있다. 1928년 4월 23일, 얼 진(Earl

Zinn)은 생어에게 보낸 편지에 CRPS가 부적절한 정보 원천을 갖고 있다고
말한다.

12. 자본주의 관계의 형식으로서 성적 억압의 개념에 대한 비판은 푸코(1976)를
참고하라.

13. RMY: 〈에인절 서신집(Angell correspondence)〉(1923ff), 〈심리학연구소 연례
보고서(Annual Reports of the Institute of Psychology)〉(1924–1929).

14. RMY: 〈비교정신생물학 실험실 유인원연구소의 연례 보고서(Annual Reports
of the Anthropoid Experiment Station of the Laboratories of Comparative
Psychobiology)〉(1930–1935).

15. 여키스는 풀턴과 같은 동료들과 함께 생물학 내의 새 분야인 영장류학을
창설했다. 루크(Ruch, 1941)를 참고하라.

16. 사이버네틱스 체계는 내부 조절(피드백 회로 같은 것)에 기반한 자동화된
기술적 장치다. 특히 옵트네(Optner, 1973), 싱(Singh, 1966), 버클리(Buckley,
1968), 와이너(Weiner, 1954), 애쉬비(Ashby, 1961)를 참고하라.

17. 예를 들어 위버(Weaver, 1948); 그레이(Gray, 1963); 레빈 외 다수(Lettvin
et al., 1959).

18. 카우드리(Cowdry, 1930), 레드필드(1942), 메사로비크(Mesarovic, 1968),
윌슨 외 다수(Wilson et al., 1978).

19. 전-유기체인 인간에 대한 새로운 체계론적 접근의 결과를 발전시키는 소설
작품 두 개: 핀천(Pynchon, 1974), 피어시(Piercy, 1976).

20. 이 주장을 보여주는 문헌들. 분자생물학은 제이콥(1974); 신경행동생물학은
앤갈(Angyal, 1941), 피터프린드와 슈왈츠(Peterfreund and Schwartz, 1966),
알트먼(Altmann, 1967); 생태학은 오둠(Odum, 1955, 1959, 1971, 1977),
팔리(Farley, 1977); 정치학은 라스웰과 캐플런(Laswell and Kaplan, 1950),
소미트(Somit, 1976), 이스트먼(Eastman, 1958); 품질 통제에 대해서는
포터(Potter, 1971), 스탠리(Stanley, 1978).

21. 영(1985). 크로폿킨(1902)은 아나키스트 자연경제를 제안했다. 평화주의
버전은 알리(Allee, 1938)를, 논평은 캐론(Caron, 1977), 기셀린(Ghiselin,
1974)은 자본주의적 자연사를 제시한다.

22. 초유기체의 퇴장에 대해서는 윌슨(1971, 1975)을 참고하라.

23. 크룩(Crook, 1970), 엘리스(Ellis, 1965). 영장류로의 확장은 그들의
공동연구(1960)를 참고하라.

24. 윌슨이 주로 참고하는 언어학자는 토마스 세벅(Thomas A. Sebeok)으로,

찰리 모리스(Charles Morris)의 언어철학을 토대로 작업한 사람이다.
세벅(1968), 모리스(1938)를 참고하라.

25. 윌슨(1963, 1968). 윌슨이 인용하는 인간 사회 자료는 무렐(Murrell, 1965)이다.

26. 『인간 본성에 대하여』 전반에 걸쳐 윌슨은 발생유전학자인 와딩튼(C.H. Waddington, 1957)의 기술적 은유를 사용한다.

27. 성차별주의가 성역할 분화를 대놓고 정당화한다는 비판을 넘어 인간과 남성, 정신과 육체, 통제자와 통제당하는 자라는 근본적인 이분법에 대해 논의하는 페미니즘 지식 이론이 다양한 학문 분야와 실천의 맥락에서 나타나기 시작했다. 하트삭(1983a, 1983b), 하딩(1978), 머천트(1980), 그리핀(1978)을 참고하라. 이 모두는 일종의 페미니스트 인본주의를 구축한다. 지배 논리로서 인본주의에 대한 페미니즘 이외의 비판에서 제일 중요한 것은 푸코(1970)다.

2부. 경합하는 독법들: 서사의 성격

4장. 태초에 말씀이 있었다: 생물학 이론의 창세기

1. 머천트(Merchant, 1980)는 15세기부터 18세기에 이르기까지 유럽에서 여성 자연이라는 은유가 양육하는 어머니에서부터 인내하는 자원으로 변형되는 과정을 분석한다. 지배하는 자연은 은유 체계와 사회적 체계, 양자 모두에서 가능했지만, 모든 한계는 가부장적 자본주의 형식에서는 사라져 버린 것처럼 보인다. 머천트는 묵시록에 관한 과학적-인본주의적 변증법을 볼 수 있도록 도와준다.

2. 이것은 바래시의 언어다. 자기와 자유의지에 대한 앎에 관하여, 생명문법에 관하여, 문화와 생물학에 관한 변화무쌍한 당의정(문화)/변함없는 케이크 이론(자연으로서 생물학)에 관하여, 자신이 과학을 대변하고 '자명한 사실'을 제공하고 있다고 주장하면서도, 바래시는 책 전체에 걸쳐 고집스럽게 남근적 언어를 사용한다. 이를테면 꽃가루받이는 꽃의 '강간'이다. 이때 수꽃은 '암꽃에게 공격을 퍼붓고' 꽃가루관을 자라게 하여 씨방까지 길을 내도록 한다. 하렘의 주인들은 풍부하다, 바래시는 르뵈프(LeBoeuf)의 언어를 십분 활용한다. 르뵈프는 코끼리바다표범 새끼들의 양육 과정을 연구하면서 사회생물학적인 용어로 '엄마가 둘인 젖먹이들(double sucker)' '젖 뗀 우량아 새끼(super-weaner)' 등을 사용했다. 이제 바래시의 표현에 의하면 그들은 '진화론의 스타들'이 된다. 바래시가 가부장적

말장난으로부터 얻은 교훈은 수컷은 진화론적 위기를 감수함으로써
'횡재할' 경우, 얻는 것이 아주 많다. '달리 아무런 선택지가 없다면 암컷이
되어라. 왜냐하면 암컷은 '소박한 진화론적 성공'에 만족해야 하기
때문이다'(1979).

3. '감사의 글'에서 바래시는 자기 애인을 진화적 적응(fitness)의 측면에서
'공동-주주'로 인정한다.

4. '마르크스주의자들은' 편안하게 지내는 약골들 가운데서 으뜸가는
약골들처럼 보인다(바래시, 1979).

5. 부계의 이름 짓기를 설득하는 바래시의 수사학적 사례 중 최고로 우습게
확장된 사례는 로버트 트리버스의 부모 투자 이론 — 적어도 19세기
초반 이후로 비용편익 분석이 어떤 사람이든 엄청 놀라워할 만한 이론인
것처럼 — 을 소개한 다음과 같은 경우다.

> 진정으로 새롭고 흥미로운 아이디어는 과학에서도 극히 드물게
> 나타난다. 나는 그런 아이디어 중 하나를 대중들에게 밝히는 특권을
> 누리게 되었다. 1972년 12월 워싱턴 D.C.에서 개최된 미국선진
> 과학학회(American Association for the Advancement of Science) 연례
> 회의에서 있었던 일이었다. '사회행동의 생태학과 진화'에 관한
> 특별 심포지엄이 거의 마무리될 무렵, 하버드대학 사회생물학자인
> 로버트 트리버스가 발표하기 시작했다. 그는 발표를 진행하면서
> 그 자리에서 즉시 전부 생각해 낸 것처럼 아무런 노트도 이용하지
> 않았다. 물론 그가 그럴 리 없었다는 점은 확실하다. 발표는 놀랍고
> 탁월했다. 청년 헉슬리가 처음으로 다윈을 읽었을 때, 그는
> 이렇게 외쳤다고들 한다. '멍청하게도 나는 왜 여태 이런 생각을 하지
> 못했을까!' 그날 트리버스가 제시했던 아이디어는 다윈의 작업에
> 비견할 만큼 호소력이 있었다 — 단순하고 우아하고 중요하고 거의
> 논란의 여지가 없는 진실이었다. (바래시, 1979)

그런 다음 유전에 관한 모든 것으로서 부모 투자 이론의 '순전하고 순수한
생물학'이 뒤따른다.

6. 8장에서 바래시는 과학은 도덕적 명령을 추구하는 것이 아니라고
부인하면서도, 사회생물학의 의학적 목소리, 그중에서도 특히 최적화 행동과
관련하여 정신 건강을 평가하는 것은 열광적으로 보증한다. 도덕성을
건강으로 대체해 버리는 것은 오래된 수사 전략이다.

444 영장류, 사이보그 그리고 여자

7. 워시번은 사회생물학에 반대하는데, 그 점은 그가 보여 준 복잡성의 한 사례다. 따라서 형질인류학의 역사에서 인간-사냥꾼 이론의 주요한 저자로서 그의 역할에 대한 일부 페미니스트들의 비판은 부적절한 것임을 보여 주는 사례이기도 하다.

8. 릴라 레보비츠(Lila Leibowitz)와 루스 블레이어(Ruth Bleier)는 동물 모델 연구에서 비논리적 증거와 특수한 변명에 관해 조명한다. 프레다 살즈먼 (Freda Salzman)은 공격성과 젠더의 관계에 대한 맥코비(Maccoby)와 재클린(Jacklin)의 연구를 비판한다. 매리언 로와 루스 허버드는 E. O. 윌슨의 사회생물학과 앨리스 로시(Alice Rossi)의 생체생물학 사이의 대단히 조잡한 유사성을 보여 준다. 수전 리 스타는 신경생리학에서 대뇌의 편측화 (lateralization)를 탐구한다. 재니스 레이먼드(Janice Raymond)는 성전환수술을 통해 도덕적-정치적 이슈들의 의료화를 주장한다. 허버드와 로는 이 프로젝트의 요약과 이론적 프레임을 제공한다.

9. 라투르와 울가(Latour and Woolgar, 1979)는 무게를 잰 동료들에게 우편으로 보낼 정도로 견고한 대상으로 포장된 사실의 생산에 개입하는 인식론적·물질적 요소들에 대한 포괄적 분석을 제공한다. 그들은 생산적인 솔크연구소실험실에서 노벨상 수상 연구 프로젝트로 출판된 논문당 비용을 계산했다. 말씀은 싸구려가 아니다.

10. 1980년 전국여성학회 학술대회에서 철학자 노레타 코어체(Noretta Koertge)는 네 살 때 자위를 하다가 엄마한테 꾸지람을 들었던 자신의 기억을 묘사하면서 그와 유사한 지적을 했다. 노레타의 엄마는 그런 행위는 음란한 짓이므로 엄마를 신경과민으로 만든다고 주장했다. 꼬마 노레타는 음란한 문제에 관해서 결코 이길 수 없으리라는 것을 알았지만 엄마가 신경과민이라고 말한 부분은 잘못된 것일 수도 있다는 점 또한 알았다. 도덕의 문제에서 과학은 페미니스트의 자원이며, 반증가능성(falsifiablity)은 페미니스트의 이슈다.

11. 예를 들어 허버드와 로(1979)에 실린 인간에게도 적용되는 동물 연구에 관한 논문에서 블레이어는 페미니즘에 합당한 것이면 무엇이든 모든 면에서 모든 주장을 살펴보려고 시도했다. '과학은 문화적인 제도다'라는 전제와 더불어 시작하면서 그는 여전히 '과학의 구조는 인지 가능한 미지의 영역을 탐사하는 순수한 예각(edge)을 갖는다'는 입장이었다. 하지만 오염은 지배적인 사회적 가치를 영속화하는 '방대한 핵심'으로부터 초래된다.

이후에 그는 이렇게 주장한다. (1) 투명한 시각을 가진 진정한 과학이 있다. 그것이 페미니스트 과학이다. 예를 들어 영장류의 행동에 대한 제인 랭커스터의 결론은 '보다 합리적'이다. 하지만 성차의 과학에 참여한다고 하여 남성적인 불투명한 시각에서 벗어날 수 있는 이유를 제인 랭커스터가 설명하지 못했음에도 불구하고 그렇게 주장한다. (2) 성차의 진정한 과학은 역사적 이유로 불가능하다. (3) 그런 진정한 과학은 그야말로 존재하고 페미니즘적인 사실과 결론을 산출해 왔다. (4) 프랑스 페미니스트 관점에 기대어, '시도해 볼 만한 것이라고는 글쓰기나 말하기를 통해 우리 자신을 존재하도록 하는 것이 전부다. 그것은 새로운 언어를 구성하는 것, 새로운 학문을 설계하는 것, 전체가 되는 새로운 지식을 구축하는 것'이다. 순수한 예각, 방대한 핵심, 합리성의 정도, 그리고 언어가 실재를 구성한다는 프랑스 페미니스트 이론들은 상호 모순적인 인식론을 암시한다. 모두 어느 정도 필수적이지만, 모순은 반드시 분석되어야 한다.

12. 다른 논문으로는 바버라 프라이드(Barbara Fried)의 섹스와 젠더의 언어에 대한 논문, 수전 리 스타의 성차와 뇌의 비대칭성에 관한 논문, 다샤 클래퍼 브랙(Datha Clapper Brack)의 내과의사들이 산파의 자리를 대신하게 된 것에 관한 논문, 마사 로스 월시(Martha Roth Walsh)의 여자 내과의사들에 관한 논문, 비키 드루스(Vicki Druss)와 메리 수 헤니핀(Mary Sue Henifin)의 거식증에 관한 논문, 에밀리 컬페퍼(Emily Culpepper)의 가능한 미래의 여성 공동체 안에서 그리고 고대 히브리인들의 생리에 대한 태도에 관한 논문, 매릴린 그로스먼(Marilyn Grossman)과 폴린 바트(Pauline Bart)의 완경의 해석에 대한 남성의 통제와 여성적 재전유에 관한 논문, 나오미 웨이슈타인의 과학을 실천하는 여성들에게 보이는 성차별적 장벽에 관한 논문, 여성, 과학, 건강에 관한 헤니핀의 유용하고 확장된 참고 문헌들이 있다. 이처럼 다양한 논문들은 현재의 과학적 흐름을 생산한 여성들이 과학적-기술적 노동력 부분에서 종속적인 사회적 역할을 하고 있음에 주목한다. 우리는 과학적 지식을 생산하는 현장에 부재했다기보다는 오히려 그런 과학적 지식의 생산에 봉사해 왔다. 허버드와 로의 책과 허버드 외의 책, 두 권 모두를 지지하는 협업적이고 집단적이며 대체로 비위계적인 사회적 구조는 NEXA에 실린 공식적인 '논쟁'들과 바래시의 페르소나로서 엄격한 진실을 말해야 하는 영웅의 무거운 짐과는 대단히 대조적이다. 이 두 권의 페미니스트 저서 모두에서 저자들은 자기 자신의 출신 계급,

인종적 특권에 관해 분명하게 밝히며 충분하면서도 새로운 이야기를 말하는데, '그들 자신의' 걸림돌에 관해 분명히 밝히고 있다. 예를 들어 허버드 외(1979)를 참고하라.

13. 이것은 푸코의 작업에 대한 페미니스트들의 핵심적인 비판이다. 권력관계의 모세혈관 현상에 대한 대가다운 분석을 통해 도처에 편재하는 지배의 미시적 혈액순환을 강조함으로써—말하자면 결코 끝나지 않는 변증법으로 권력에 의한 저항을 구성하고, 거론된 지배의 재생산 없이는 공간 획득의 불가능성을 전시하면서— 푸코는 지배의 거시적 혈액순환을 비가시화하기에 이른다.

14. 이것은 케이크를 굽고 가지고 나누고 먹는, 죄의식에 찌든 방식이 아니다. 이것은 바래시의 설탕 입힌 토르테 케이크를 잘게 저민 이후에 느끼는 반가운 쾌감이다. 하딩과 하트삭의 다소 자유로운 읽기는 하딩의 미출판된 논문인 「가부장적 구전역사로서 과학사와 철학(Philosophy and history of science as patriarchal oral history)」(1980), 하트삭의 미출판된 원고인 「돈, 섹스, 권력(Money, sex, and power)」(1980)에 바탕을 두었다. 하딩은 휴머니즘과 과학적인 접근은 적어도 사회과학 분야에서는 실제로 상호 대립적이라고 믿는다. 하지만 이 점에 나는 동의하지 않는다. 푸코의 용어로 보자면, 양자 사이는 서로 공유하는 '에피스테메'가 있다.

5장. 영장류의 본성을 둘러싼 경합: 연구 현장에 있는 남성-수렵자의 딸들, 1960-1980

1. 아리스토텔레스, 『동물지』, 로이드(Lloyd, 1968), 베이컨(Bacon, 1893, 1942), 린네(Linnaeus, 1758). 린네의 1972년 판본은 영장목에 인간을 추가했다.

2. 예를 들어 바래시(1979), 윌슨(1975, 1978), 폭스(Fox, 1967), 오드리(Ardrey, 1966, 1970), 도킨스(1976), 모건(Morgan, 1972), 구달(Goodall, 1971).

3. 쿠머(Kummer, 1968), 알트만(Altmann, 1967, 1980), 하디(1977), 보제스(Bogess, 1979), 슈발리에-스킬니코프(Chevalier-Skilnikoff, 1974), 린드버그(Lindberg, 1967), 스기야마(Sugiyama, 1967), 로웰(Rowell, 1972), 랭커스터(1975). 해러웨이(1989b)는 이런 문제들을 더 면밀하게 검토한다.

4. 랑구르는 다 자란 잎을 먹도록 특화되어 있는 콜로바인 계열에 속하는, 적응력이 고도로 발달한 원숭이다. 이들은 바닥이나 나무 위에서 시간을 보내며 수컷이 하나 혹은 여럿 있는 양성 집단, 모두 수컷인 집단, 성체

암컷과 유소년, 새끼로 이루어진 집단을 이룬다. 무리의 크기는 매우
가변적이다. 성체 수컷은 몸무게가 약 18kg에 달하고 암컷은 11kg 정도다.
랑구르는 외진 곳이나 사람들이 가까이 사는 반도심의 사원에서 발견된다.
서식처는 건조한 저지대로부터 고산지대에 걸쳐 있다(하디, 1977).

5. 이번 장에서 중요한 논문으로는 다음과 같은 것들이 있다. 워시번(1951a,
   1951b, 1978), 워시번과 애비스(Washburn and Avis, 1958), 워시번과
   드보어(Washburn and DeVore, 1961), 워시번과 햄버그(Washburn and
   Hamburg, 1965), 워시번과 랭커스터(Washburn and Lancaster, 1968).

6. 크레이븐스(Cravens, 1978), 자카리아스(Zacharias, 1980), 해러웨이(Haraway,
   1981; 1983), 프리슈(Frisch, 1959).

7. 할러(Haller, 1971), 후턴(Hooton, 1931, 1942). 1959년 워시번과 줄리언
   스튜어드(Washburn and Julian Steward)는 주고받은 서한에서 후턴의
   책은 인종주의적 성격 때문에 교재로 사용하는 것이 불가능하다는 데
   동의했다(워시번의 개인적 기록). 워시번(1963)은 1962년 미국인류학회
   모임에서 반인종주의 입장을 담은 학회장 연설을 했다. 또 아서 젠센
   (Arthur Jensen)의 『하버드 에디토리얼 리뷰(Harvard Editorial Review)』에
   게재된 논문을 둘러싼 인종-IQ 논쟁과 관련해 워시번이 편집장에게
   보낸 서한(*Newsweek*, 1969년 4월 28일 자)을 참고하라.

8. 이 요약은 워시번의 이력서, 캘리포니아대학교에 연례적으로 보고하는 교수
   소개문, 연구 제안서 사본, 개인적인 인터뷰 등을 묶어서 만든 것이다.
   이 자료들을 아낌없이 제공해 준 워시번 교수의 협력에 깊은 감사를 드린다.

9. 여기의 대략적인 수치는 1977-1978년의 국제영장류학회 연감, 1980년의
   미국영장류학회 회원 명부, 미국《형질인류학회지》51권(1979년 9월 호)의
   자료들을 종합한 결과물이다. 나는 전공 분야를 인류학, 의학, 지역 영장류
   연구센터(세부 전공 분야는 정하지 않음), 심리학(신경심리학 포함), 동물학,
   야생 보전, 정신병리학 등으로 분류했다. 성별은 보수적인 방법으로
   판별했다. 머리글자만 사용되었을 경우에는 내가 지닌 구체적인 지식으로
   달리 분류할 수 있지 않는 한 남성으로 분류했다. 이 숫자를 얻어 내는 데
   러스틴 호그니스(Rusten Hogness)가 준 도움에 감사를 표한다.

   다음은 1970년대에 워시번 및 제이/돌리노우의 계보에서 박사학위를
   취득했고, 전공 분야의 주요 논쟁에서 중요했던 여성을 열거한 불완전한
   목록이다. 학생들은 종종 두 스승 모두와 공부를 했지만, 버클리대학 정교수

자리라는 자신의 위치를 활용해 학생들을 가르친 돌리노우의 역할이 강조되어야 한다. 버클리대학에 재직하던 돌리노우를 제외하고, 제자의 제자는 포함하지 않았다. 이 계보는 그런 사회적 연결고리가 어떤 중요성을 지녔거나 지니지 않았는지는 보여 주지 않는다. 버지니아 애비스 (Virginia Avis, 1958), 필리스 제이(Phyllis Jay, 1963), 수잰 리플리(Suzanne Ripley, 1965), 제인 랭커스터(Jane Lancaster, 1967), 에이드리엔 질먼(Adrienne Zihlman, 1967), 주디스 시렉(Judith Shirek (Ellefson), 1967), 수잰 슈발리에-스콜니코프(Suzanne Chevalier-Skolnikoff, 1971), 셜리 스트럼(Shirley Strum, 1976), 나오미 비숍(Naomi Bishop, 1975), 엘리자베스 맥카운(Elizabeth McCown, 1977), 제인 보제스(Jane Bogess, 1976), 실라 커튼(Sheila Curtain, 1976), 매리 앨런 모르벡(Mary Ellen Morbeck, 1972). 제이, 리플리, 비숍, 보제스, 커튼은 랑구르를 연구했다.

10. 발표자, 직함, 논문 초고는 워시번의 개인 자료에서 확보했다. 1963년 학회의 다른 발표자는 다음과 같다: 랠프 홀러웨이(Ralph Holloway), 시어도어 그랜드(Theodore Grand), 리처드 리(Richard Lee), 피터 말러(Peter Marler), 폴 시몬스(Paul Simons) 그리고 워시번. 1966년 학회의 다른 발표자로는 정신병리학자 데이비드 햄버그와 학생인 리처드 반 혼(Richard van Horn)이 있다. 이 장의 내용과 연관된 주제로 글을 쓴, 워시번과 연결고리가 있는 여성들의 연구로는 다음을 참고하라. 질먼(1967, 1978a, 1978b, 1978c), 태너(Tanner, 1981), 제이(1963a, 1963b), 슈발리에-스콜니코프(1971, 1974), 슈발리에-스콜니코프와 포리에이(poirier, 1977), 리플리(1965), 랭커스터(1967, 1968, 1971, 1973, 1975, 1978, 1979), 랭커스터와 리(1965).

11. 돌리노우, 리플리, 보제스, 허디를 제외한 1970년대 랑구르 연구의 저자는 다음과 같다. 프랭크 포리에이(Frank Poirier), 나오미 비숍(Naomi Bishop), 리처드 커튼(Richard Curtain), 실라 커튼(Sheila Curtain), S. M. 마운트(S. M. Mount), R. P. 무커지(R. P. Mukerjee), S. S. 사하(S. S. Saha), J. R. 오펜하이머 (J. R. Oppenheimer), H. 러하먼(H. Rahaman), M. D. 파스사라시(M. D. Parthasarathy), Y. 스기야마(Y. Sugiyama), K. 요시바(K. Yoshiba), Y. 후루야 (Y. Furuya), C. 보걸(C. Vogel), A. 하딕(A. Hladik) 그리고 C. M. 하딕 (C. M. Hladik). 영장류학의 집합적이고 국제적인 구조를 지시하는 징표들을 눈여겨보아라.

12. 무리의 변천에 대한 유명한 그림은 홀과 드보어(Hall and DeVore, 1972)를

참고하라. 타임-라이프의 책 한 권은 이 개코원숭이 신화를 전파한 매체 중
가장 접하기 쉬운 자료다[에멀과 드보어(Eimerl and DeVore, 1965)].

13. 여기서 주요 인물은 에이드리엔 질먼, 제인 랭커스터, 셜리 스트럼이다.
주로 스트럼의 것인 개코원숭이 내러티브가 대중화된 과정은 모스(Moss,
1975, pp. 193–230)를 참고. 이처럼, 나중에 만들어진 이야기의 중요한 부분
하나는, 침팬지가 호미니드 진화를 모델링하는 데 가장 적절한 후보로
급부상한 것이다. 하지한 스트럼, 랭커스터, 셀마 로웰은 침팬지에 주목하지
않고, 개코원숭이, 버빗원숭이, 파타스원숭이에 대해 눈에 띄게 다른
이야기들을 들려주었다. 나는 그들이 드보어의 개코원숭이에 대한 강조를
약화한다고 생각한다. 여러 이유가 있는데 그중 하나는 남성과 여성
영장류학자 모두 무엇을 듣고 보고 믿을 것인지를, 널리 퍼진 여성운동이
변화시켰기 때문이었다. 제이는 자신이 랑구르가 호미니드 진화의
특권적 모델이 되어야 한다고 암시한 적이 전혀 없다. 그는 랑구르에 대해
다른 이야기를 들려주려 했는데, 당시에는 비슷한 수위의 대중적 관심을
불러일으킬 수 없었다. 그와 같은 관심은 나중에 폭발했다. 초기의
개코원숭이 모델을 유지했던 이유만큼이나 정치적인 이유들 때문이었다.

14. 스기야마(1967). 잘못된 번역일 경우가 왕왕 있는 일본어 번역본을 해석할
때는 주의가 필요하다.

15. 허디는 『여성은 진화한 적이 없다』(1981)에서, 다른 현생 영장류 암컷과
비교하여 인간 영장류 암컷이 물려받은 생물학적 유산에 대한 자신의 주장을
발전시킨다. 이 책을 채우는 여성들은 확신에 차 있고, 경쟁적이며,
다양하고, 독립적이다. 하지만 꼭 지배적이지는 않다. 허디는 인간 암컷이
자신의 동종 수컷과 비교해 최악의 위치 중 하나에 놓여 있다고 여기는데,
이는 인간 수컷의 재산 통제가 구성하는 함수이기도 하다. 하버드대학
출판부는 다시금 광고전략에서 자신의 한계를 넘어섰다. 1981년의 《더 뉴욕
리뷰 오브 북스(The New York Review of Books)》 권호들에는 광고에 자수
작품을 실었는데, 이는 퀼트와 자수에 대한 당대 페미니즘의 유명한 은유를
활용한 것이자, 여성의 전통적 작업을 긍정적으로 평가하는 페미니즘 및
반페미니즘의 수사법을 모두 활용한 것이다. 하버드대학의 사회생물학적
자수가 말하기를 '여성의 자리는 정글 속에 있다'. 허디는 페미니즘과 그
산물인 인간 여성의 평등은 부서지기 쉬운 역사적 업적이지 생물학적 유산은
아니라는 점을 강조한다. 영향력 있는 급진주의 페미니즘 간행물인

《우리에게서 멀리(Off Our Backs)》에서 리뷰어가 『여성은 진화한 적이 없다』에 열광하며 긍정적으로 평가한 것은 사회생물학적 주장을 둘러싼 이데올로기적 배치가 복잡하다는 점을 암시한다. 헨리는 '[허디의] 책의 모든 측면이 페미니스트의 관점을 반영한다. (…) 나는 그가 하버드대학에서 살아남아 이 책을 썼다는 사실이 놀랍다고 생각한다. (…) 만약 하버드대학 출판부가 이 책을 페이퍼백으로 출간한다면, 허디는 이 책이 헌정된 사람들의 위치에 도달할 수 있을 것이다. "진화한 적이 없는 해방된 여성…". 물론 허디는 여성의 열등성에 대한 생물학적 결정론의 과학적인 가부장제 조달자의 체현물로 간주되어, 다른 페미니즘 간행물뿐 아니라 《우리에게서 멀리》의 저주를 산 주요 남성 사회생물학자와의 부계적 연결고리를 통해 하버드대학에서 '살아남았다'. 허디는 연구원이었고, 드보어와 윌슨은 정교수였다. 게다가 그의 명시적인 페미니스트 자기 정체화는 진화론의 역사에 대한 그의 견해에서 중요하다(허디와 윌리엄스, 1983). 사회생물학을 둘러싼 '단순한' 원칙론적 배치보다 상황이 훨씬 복잡하다는 점은 명백하다.

16. 주커먼(1933), 린드버그(1967), 태너와 질먼(1976), 질먼(1978a, 1978b, 1978c).

17. 랭커스터와 질먼은 가까운 공동연구자는 아니었지만, 그들은 그토록 많은 여성들이 새로운 이야기를 만들어 내기 위해 물려받은 도구를 사용하고 있을 때인 1970년대 중반에 자신들이 떠올린 새로운 아이디어에 함께 흥분하며 편지와 원고를 교환했다. 랭커스터가 질먼에게 쓴 편지(1976년 8월 23일)에는 발정기, 성선택, 암컷 선택의 설화를 뒤트는 질먼의 이야기가 얼마나 반가웠는지 표현되어 있다. 에이드리엔 질먼에게 서신 교환 자료를 볼 수 있게 해 준 데 감사를 드린다.

6장. 부치 에메체타 읽기: 여성학 연구에서 여성의 경험을 위한 쟁점들

1. 이 장은 1987년 봄 UCSU에서 개최된 페미니즘과 식민 담론에 관한 비판적 연구를 위한 학회에서 발표한 것을 일부 수정한 것이다. 발표 내용은 식민 담론에 대한 비판적 연구 집단이 발행하는 《인스크립션(Inscriptions)》 (1988, 3/4)에 실렸다. 학회 주최자인 데버라 고든(Deborah Gordon), 리사 블룸(Lisa Bloom), 비벡 데워샤워(Vivek Dareshawar)와 패널의 공동 구성원인 테레사 데 라우레티스(Teresa de Lauretis)에게 감사드린다.

2. 페미니스트 이론가인 벨 훅스는 여성운동(the women's movement)과 여성들의 운동(women's movement)의 차이점을 강조한다. 여성운동은

이상한 실체로서 유해한 분류체계와 전위주의(vanguardism)가 잠재되어 있는
명사 형태라면, 여성들의 운동은 물신화에 저항하면서 특수한 정치적
올바름을 주장하는 능동적인 동사 형태라는 점에서 대비된다(훅스, 1981,
1984). '권리의 평등'을 강조하는 자유주의적 정의(definition)의 함정을
피하기 위해 훅스는 이렇게 주장한다. '페미니즘은 성차별적인 억압을
종식시키려고 투쟁한다. 페미니즘의 목적은 어떤 특수한 여성 집단, 어떤
특정한 인종, 계급의 여성에게 혜택을 주려는 것이 아니다. 페미니즘은
남성보다 여성에게 특권을 부여하지 않는다. 페미니즘은 가치 있는 방식으로
우리 모두의 삶을 변혁시키는 힘을 갖는 것이다'(훅스, 1984). 이렇게
본다면 페미니즘 운동은 '집단적 억압의 문화적 토대'를 겨냥하는 것이다.
(…) 이것은 성차별주의와 페미니즘의 관련성만큼이나 인종 억압과
계급 억압이 페미니스트 이슈로 인정될 것임을 뜻한다. 훅스의 언어 사용법을
알려 주고, 여성의 문화와 여성의 경험에 관한 세부적인 생산 장치를
이해할 수 있도록 도와주는 등 그 밖에도 많은 도움을 준 케이티 킹에게
감사한다(킹, 1986, 1988, 근간).

3. 1980년대 미국 페미니스트 이론의 핵심은 위치(location)의 특수성으로부터
정치와 지식이 구축되어야 한다는 점을 분명히 하려는 노력이었다. '개인적인
것이 정치적인 것'이라는 보다 초기의 공식은, 여성들의 지역적/지구적
입장성(positioning)이라는 그물망의 재현에 의해 상호교차되고 변형되어
왔다. 그런 입장성은 페미니즘 운동의 형식과 내용을 변화시키는 주요한
요인이 되었다. 그 점에서 기록된 흔적 중 하나가 페미니즘 관련 출판물에서
묵시적 상호텍스트성과 명시적 인용이라는 대규모 네트워크다. 다음을
참조하기 바란다.

에이드리엔 리치의 『위치의 정치학을 위한 소고』(1986)에 대한
모한티(1988)의 인용, 버니스 존슨 리건(Bernice Johnson Reagon, 1983)의
원래의 논문 「연립정부 정치학」을 참고하라. 내가 그런 것처럼 모한티
또한 1983년 처음 출판된 리치의 시구 '북아메리카의 터널 비전'을 반복한다.
"'여성으로서 나에게 조국은 없다. 여성으로서 내 조국은 전 세계다'라고
말하는 것만으로는 충분하지 않았다. (…) 그런 비전이 비록 장대할지라도
우리는 아메리카 대륙의 미국이라는 지금, 여기, 우리가 자리한 위치의
특수하고 구체적인 의미를 의식적으로 파악하지 않는 한 폭발적으로 널리
퍼져 나갈 수 없다." 전 세계적인 페미니스트 연결망에 대한 희망을 리치,
리건, 모한티도 부인하지 않으며 나 또한 부인하지 않는다. 미국이라는

확립된 무질서 안에 자리한 나는 그런 연결망에 대한 희망을 SF적 비유를
차용하여 '또 다른 곳(elsewhere)'에 대한 희망이라고 부른다. 이런 형태의
'또 다른 곳'은 상세한 설명과 언명에 뿌리내린 페미니즘 운동으로부터
나오는 것이지, 공통된 '정체성'이나 전반적인 것을 '재현하는' 어떤 특수한
것의 권리나 능력을 가정하는 것에서부터 나오는 것이 아니다. 페미니즘
운동에서 이 특수한 것은 자유주의적 개인주의에 관한 것도 아니며,
고립적이고 절망적인 끝없는 차이에 관한 것도 아니다. 집단적인 운동에 대한
희망을 거부하는 것은 더더구나 아니다. 집단적 운동의 수단과 절차는
새로운 기하학으로 상상되고 실현되어야 한다. 그런 이유로 나는 SF[사변적
픽션(speculative fiction), 과학소설(science fiction), 과학 판타지(science
fantasy), 사변적 페미니즘(speculative feminism)]적인 글읽기, 글쓰기
전략에서 페미니즘의 이론화에 대단히 유용한 것들을 발견한다.

4. 트린 T. 민하(1986-1989)는 포착하기 힘든 중간 공간을 논의하면서 포스트
   식민 여성에 대한 비유로서 '부적절한/부적절해진 타자'의 이론을
   발전시킨다. 물질적으로 실제 공간—실제 공간임과 동시에 SF(사변적 픽션)
   공간—의 이론화는 리건, 리치, 모한티, 나 자신, 그리고 다른 많은
   이론가들이 제시했던 '홈' '위치의 정치학' '경험의 정치학' '상황적 지식'에
   대한 탐사와 상호교차하는 부적절한/부적절해진 타자가 거주하도록
   하는 것이다.

5. 의식 고양 실천은 말 그대로 여성의 경험을 정치적으로 강력한—잠재적으로
   제국주의화하는—페미니스트 담론적 대상으로 생산했다. 다른 실천을
   검토하면서 모한티(1984)는 페미니즘 출판과 관련하여, 예를 들면 제3세계
   여성들에 관한 런던 제드북스 출판사의 많은 책들이 과잉 억압의 본질적
   상징으로서 대문자 '제3세계 여성'을 생산하는 장치의 일부가 되었다고
   지적했다. 그런 다음 억압의 최하층에 자리한 이 제3세계 여성은 '해방'에
   관한 페미니즘 담론에서 특권화된 잠재적 혁명 주체가 되었다. 그녀의
   조건은 앞으로 각성하게 될 희생자로서 여성의 상태에 대한 알레고리로
   표현된다. 제드북스 출판사의 1988년 봄/1989년 봄호의 전체 목록을
   참고하라. 제드북스의 책들을 읽어 내는 다양한 방식이 있다. 그런 방식들 중
   많은 것들이 모한티의 분석에 들어맞지 않는다. 하지만 집합적으로 이런
   책들은 제3세계 여성들을 수많은 의제를 위한 담론의 장소로 간주하는
   페미니즘 생산 장치의 일부가 되어 왔다. 이것은 담론적 대상으로 국제적인
   네트워크로 전유됨으로써 페미니즘적으로 경험이 구성되는 구체적인

한 가지 사례다. 제드북스 출판사 카탈로그에 있는 표현에 의하면, '십 년
넘게 제드북스는 제3세계 여성들에 관한 그리고 제3세계 여성들에 의한
탁월한 글을 출판해 왔다 (…) 그 세계를 통틀어 널리 읽어 냄으로써, 많은
책들이 이제 교육기관에서 사용되고 있으며, 도서관에서 필수 참고도서로
이용되고 있다'. 그 과정에서 순수한 것(본질적으로 사악한 것은 아닌)은
어디에도 없다. 정치적·인식론적 문제들은 '자기 재현'을 포함하여
설명가능성과 재현의 권력으로 충전된 테크놀로지를 중심으로 집중된다.
옹(1987)은 젊은 말레이시아 여성 공장노동자들이 어떻게 논란이 분분한
담론의 장소가 되는가를 기술한다. 다른 이론가들은 이 담론의 장소를 종교적
권위, 민족적 정체성, 가족의 명예와 같은 용어로 설명하려고 애쓴다.
기업들, 정부의 공식적, 혹은 정부와 대립적인 이슬람 조직들, 전국적인
언론매체들, 대중적인 길거리 담론 모두 여성들의 섹슈얼리티를 재현하려고
경쟁한다. 옹 또한 담론적으로 그 여성들을 구성한다. 옹은 젠더, 나이,
지역, 민족성, 국가, 계급이 특히 두드러진 곳(해러웨이, 1989a)에서 여러
가지로 구속의 프레임을 통해 그들 여성의 인간성을 긍정하는 복잡다단한
역사적 행위자라는 서사로 구성해 낸다. 담론의 장소로서 구성된 모든
여성들이 평등한 것은 아니다. 그들의 생산과 분배의 회로를 강조하는 것은
그런 과정을 금지하는 것이 아니라 의도된 설명가능성과 맞서도록 하는
것이다. 옹과 마니(Mani, 1987) 두 사람 모두 그런 시도를 보여 주는
페미니즘의 노력을 보여 주는 탁월한 사례들이다. 옹과 마니는 그들의
재현―혹은 특히 자기 스스로 재현하는 여성들마저―이 독자들에게
무/매개적으로 여성의 '경험', 여성의 '목소리' 혹은 여성의 '경험적 현실'을
제공한다거나 혹은 담론의 해결책을 촉발한다고 주장한 적이 결코 없다.
이런 전체 이슈는 '자연 그 자체'를 밝혀내라고 과학적 담론을 몰아감으로써,
자연에 대한 재현을 불가능하게 만드는 것과 대단히 유사한 점이 있다.

6. 에메체타에 관해서는 스히퍼르(Schipper, 1985), 브루너(Bruner, 1983)를
   참고하라. 새 판이 나올 때마다 바뀌는 책 표지에 관해서는 에메체타(1972,
   1975, 1976, 1977, 1979, 1982, 1983a, b, 1985), 브라운(Brown, 1981),
   테이우(Taiwo, 1984), 데이비스와 그레이브스(Davies and Graves, 1986),
   제임슨(Jameson, 1986)을 참고하라.

7. 캐런 캐플런(1986-1987b)은 페미니즘 담론에서 '탈영토화'와
   포스트식민주의 주체성을 구성하는 픽션에서의 탈구(displacement)의
   중요성을 감동적이면서도 신랄하게 이론화했다. 알리시아 두호브네

오르티스(Alicia Dujovne Ortiz)의 소설 『부에노스아이레스』에 대한 글에서, 캐플런은 에메체타의 소설에서도 충분히 읽어 냈을 법한 독법의 실천을 공식화한다. '『부에노스아이레스』는 자의식적인 문화비평의 한 형태로서 정체성을 재발명한다. 탐구는 쪼개진 균열을 치유하는 것이 아니라 균열을 탐구하고 정치학과 문화적 과정의 한계들을 인정함으로써 숙고하도록 하는 근대세계에서의 한 세력이다'(캐플런, 1986-1987).

8. 흑인 여성들이 쓰고 편집했던 《더 네이션(The Nation)》의 1989년 7월호에서는 '흑인 가족의 희생양 만들기'를 검토한다. 주얼 핸디 그레섬 (Jewell Handy Gresham)의 '미국에서 가족 정치학' 역시 참고하라. 또한 콜린스(Collins, 1989a, 1989b)의 미국에서 지난 20년 동안 흑인 어머니와 흑인 가족에 대한 공격과 인종적 열등성을 증명하기 위한 젠더의 용도에 대한 분석을 참고하라. 커비(Carby, 1987)는 19세기 후반과 20세기 초반 특수한 비-인종차별적 비-가부장적인 여성됨(womanhood)의 재구성과 관련하여 인종적 고양과 모성에 대한 흑인 여성 담론을 분석한다. 페미니즘 문학이론에 대한 주요한 개입으로서 커비의 책은 젠더, 인종, 계급의 절합(articulation)에 특별히 집중한 '페미니스트 비판 실천'을 발전시킨다. 콜린스는 흑인 페미니즘 비평은 해결이 아니라 문제로서, 모순의 장소(locus)로서, 심문받아야 하는 기호(sign)로서, 비판적으로 간주되어야 한다'고 주장한다. 이렇게 본다면 커비는 크리스천—여기서 오구예미로까지 확장한 것은 나의 입장이다— 의 흑인 여성 작가들의 문학적 진보라는 역사적 서사와 성숙한 전통을 구성하는 그의 방법론을 의심한다. 커비는 성숙한 전통을 대단히 문제적인 것으로 파악한다. 커비는 흑인들에 대한 백인 독자들의 부정적 이미지를 반박하려는 시도로서 19세기와 20세기 흑인 소설 비평가들—크리스천을 포함하여—이 뮬라타 여성 인물들을 묵살하고 빈번히 부인한 것에 동의하지 않는다. 커비는 서사적 인물(figure)로서 뮬라토는 '인종들 사이에서 관계의 탐구를 위한 장치임과 동시에 인종들 사이에서 관계의 표현'을 위한 장치라고 주장한다. 뮬라토 인물들은 '서사적 매개 장치로 이해되고 분석되어야 한다.' 커비는 또한 과거 20년 이전의 흑인 글쓰기에 대한 백인 독자층뿐만 아니라 흑인 독자층을 전면에 부각시키면서 19세기 후반과 20세기 초반에 흑인 여성들의 글쓰기는 (1980년대 헐리우드, 학계, 대형 출판사 등이 조건부로 인증한 '흑인 여성들의 문예부흥'보다 더) 일찌감치 정치적으로 반향을

일으킨 문예부흥을 대변하는 것이므로, 흑인 여성들의 문화정치학을
재고할 수 있다'고 주장한다. 흑인 문학사, 흑인 정치사에 관한 서사를 두고
벌어진 이런 논쟁들은— 수십 년 동안 형상화, 전통, 중추적인 작가들,
문학적 성격묘사 등으로 빚어진— 당대 정치학에서 두드러진 논쟁들이었다.
그런 논쟁들은 또한 문화연구를 어떻게 할 것인가를 두고 벌어진
방법론적인 논쟁이기도 하다. 커비는 스튜어트 홀(Stuart Hall)로 연상되는
영국에서 수행된 문화연구에 깊이 침윤되어 있다. 미국의 '흑인 페미니즘
비평'이라는 논쟁적이고 이질적인 담론은 스미스(Smith, 1977)로부터 그
흔적을 찾을 수 있었다.

3부. 부적절한/부적절해진 타자를 위한 차이의 정치학
7장. 마르크스주의 사전에서 젠더: 용어의 성적 정치학

1. 이 기획은 너무 압도적이어서 '증보판'은 번역 기획에서 분리해 두 권짜리 책
『마르크스주의 사전(Marxistsches Worterbuch)』으로 진행되고 있으며,
총괄 편집자는 베를린 프라이어대학 철학협회의 볼프강 F. 하우그(Wolfgang
F. Haug)가 맡고 있다. 독일과 그 밖의 다른 나라 출신인 기고자들이 수백 명
있다. 1985년에 편찬된, 특히 페미니스트들의 관심을 끌 수 있도록 계획된
키워드 목록을 뽑아 보면 다음과 같다. 토론(Diskurs), 제3세계(Dritte Welt),
가족(Familie), 페미니즘(Feminismus), 여성주의 신학(feministische
Theologie), 여성(Frauen), 여성운동(Frauenbewegung), 가계(Geschlecht),
호모섹슈얼리티(Homosexualität), 문화산업(Kulturarbeit), 사이버네틱스
(Kybernetik), 룩셈부르크주의(Luxemburgismus), 마르크스주의-페미니즘
(Marxismus-Feminismus), 자연(Natur), 생태학(Ökologie), 가부장제
(Patriarchat), 인종(Rasse), 인종차별주의(Rassismus), 재현(Repräsentation),
섹스/젠더 시스템(Sex/gender system), 성차별주의(Sexismus), 섹스폴
(Sexpol), 자매애(Systerhood), 테크노 합리주의(technologische Rationalität),
여성주의 미학(weibliche Ästhetik), 여성성(weibliche Buldung). 사실 이것은
일상적인 마르크스와 엥겔스의 어휘들이 아니다. 하지만 다시금 강조하건대,
이들은 20세기 후반 마르크스주의 사전에 속하는 것이다.

2. 여기서 흥미로운 언어적 관점 자체를 찾아볼 수 있다. 서구 인종 담론에서
자연/문화, 생물학/사회학의 이분법이 만연했음에도 불구하고, (생물학적)
섹스와 (문화적) 젠더에서 보여 주는 것과 같은 (생물학적) 인종, (문화적)

인종을 구별하는 표지는 없다. 이런 언어적 상황은 문법적·어휘적인 것과는 대립되는 정치적인 것으로서, 젠더가 극히 최근에 이르러 불공평하게 삽입된 것임을 조명하는 것이다. 인종의 부-자연스러움—인종은 언제나, 전적으로, 임의적인 문화적 구성물이다—은 언어적 표지가 없다는 점으로 강조될 수 있다. 하지만 인종 범주가 너무 쉽게 완전히 생물학주의로 무너진 것은 언어적으로 초래된 것이다. 이 모든 문제들은 서구 담론에서는 그만큼 근본적인 생산주의적 논리, 아리스토텔레스적인 논리의 검토되지 않은 기능에 지속적으로 의존한 데서 비롯된다. 이와 같은 언어적·정치적·역사적 모태 안에서, 질료와 형식, 행위와 잠재성, 원자재와 완제품은 생산과 전유의 증폭되는 드라마를 펼친다. 바로 이곳에서 주체와 대상은 태어나고 끝없이 부활한다.

3. 비록 상호 배타적인 것은 아니라 할지라도 유럽-아메리카 페미니스트 담론에서 '젠더'라는 언어는 유럽적인 글쓰기에서는 대체로 '섹스화된 주체 입장'과 '성차(sexual difference)'의 언어인 셈이다. '가부장제에서 섹스화된 주체'에 관한 영국 마르크스주의페미니즘에 대해서는 쿤과 볼프(Kuhn and Wolpe, 1978)를 참고하라. 『마르크스주의-페미니스트 문헌 모음집』(1978), 브라운과 애덤스(Brown and Adams, 1979),《m/f》잡지. 배럿(Barrett, 1980) 또한 참고하라. 성차화에 대한 독일 사회주의-페미니스트 입장은 여성의 자아를 구성하는 행위자성, 이미 구성된 사회적 결정, 부분적인 재구성 사이의 변증법을 강조한다. 이런 문헌은 변화 가능한 지점을 찾아내기 위해 어떻게 여성들이 자신을 구성하여 기존의 구조 속으로 들어가는지를 검토한다. 여성이 지배의 체계인 섹스와 젠더의 수동적인 희생양으로서 이론화된다면, 어떤 해방 이론도 불가능해질 것이다. 그러므로 젠더 문제에 관한 사회구성주의는 폐쇄적인 결정론 이론이 되어서는 안 된다[하우그(Haug), 1980, 1982; 하우그 외(Haug et al.), 1983, 1987; 무페(Mouffe, 1983)]. 여성들이 어떻게 적극적으로 자신을 체현하는가에 관한 이론이자 경험 이론을 추구하면서, 『여성의 형성(Frauenformen)』이란 책에서 집단적인 글쓰기를 했던 여성들은 '몸과 관련하여 우리 자신이 살고 있는 방식'을 보여 주는 기술적/이론적 실천을 고집했다(하우그 외, 1987). 그들은 '기억 작업(memory work)'이라 일컫는 방법을 발전시켰는데, 기억 작업은 자서전과 다른 인과적 설명의 자기기만적 가정을 문제 삼는 한편, 과거의 '기억된' 자아, 즉 '이방인'에 관해 비판되고, 기록된 서사들을 집단적으로

강조한다. 문제는 여성들을 내부적으로 종속시키고, 그들을 결정적인
사회적 실천으로 몰아넣는 과정으로서 '성적인 것 자체의 출현을 설명해야
한다'는 점이다. 아이러니하게도 여성이자 성차화된 존재로서 자기 구성된
여성들은 자기 자신이나 혹은 사회를 설명할 수 없다는 점이다. 어쩔 수 없이
어떤 의미가 다른 의미보다 정전화됨으로써, 표준적인 참고서를 작성하려는
이런 노력 속에서 조사된 섹스, 섹슈얼리티, 젠더에 관한 그 모든 이론들과
마찬가지로, 『여성의 형성』이 보여 준 해석은 젠더를 완결된 명사, 즉
실체라기보다는 동명사 혹은 동사라고 고집한다. 페미니스트들에게 젠더는
경쟁적인 세계에서 '몸들'을 제작하고 해체하는 것을 의미한다. 젠더에 대한
설명은 의미화하고 의미심장한 체현으로서의 경험 이론이다.

4. 조앤 스콧(1988)은 역사학과에서 이론적인 범주로서 젠더의 발전 과정을
신랄하게 다뤘다. 그는 섹스 혹은 인물을 비유적으로 암시하려고 문법적인
젠더 차이를 가지고 놀았던 장구한 역사에 주목한다. 스콧은 『파울러의
근대 영어 용법 사전』을 경구로 인용하면서, 남자(male sex) 혹은 여자(female
sex)라는 뜻으로 젠더를 사용하는 것은 실수이거나 농담이었다고
주장한다. 이런 경고 속에 들어 있는 아이러니는 풍부하다. 문법으로부터
페미니스트들이 물려받은 젠더의 용법 중 한 가지 혜택은 그런 문법적
영역에서 '젠더는 내재된 특성을 객관적으로 기술하는 것이라기보다는
현상을 분류하는 한 방식이자, 사회적으로 합의한 구별의 체계로
이해된다'(1988).

5. 1848년부터 대략 1930년에 이르기까지 마르크스주의 사상에서의 가족
개념에 대한 철저한 논의는 카워드(Coward, 1983)를 참고하라.

6. 루빈(Rubin, 1975), 영과 레비도우(Young and Levidow, 1981), 하딩(Harding,
1983, 1986), 하트삭(Hartsock, 1983 a, b), 하트만(Harttnann, 1981),
오브라이언(O'Brien, 1981), 초도로(Chodorow, 1978), 재거(Jaggar, 1983)를
참고하라.

7. 『여성문제』(1951), 마르크스와 에이블링(Marx and Aveling, 1885-1886),
콜론타이(Kollontai, 1977)를 참고하라.

8. 용도와 비평에 관한 사례들로서는 세어즈(Sayers, 1982), 허버드 외(Hubbard
et aI, 1982), 블레이어(Bleier, 1984, 1986), 파우스토-스털링(Fausto-Sterling,
1985), 케슬러와 맥케너(Kessler and McKenna, 1978), 솜과 헨리(Thome and
Henley, 1975), 웨스트와 치머만(West and Zimmermann, 1987),

모라브스키(Morawski, 1987), 브라이턴 여성과 과학집단(Brighton Women and Science Group, 1980), 로와 허버드(Lowe and Hubbard, 1983) 리원틴 외(Lewontin et aI., 1984)를 참고하라.

9. 유럽 페미니즘(혹자는 이 명칭을 부인하지만)의 여러 가지 물결은 1968년 5월 사건 이후에 태동되었다. 시몬 드 보부아르의 정식에 바탕을 두고, 특히 모니크 위티그, 모니크 플라자(Monique Plaza), 콜레트 기요맹(Colette Guillaumin), 크리스틴 델피(Christine Delphy)의 작업으로부터 비롯되었던 이런 물결은 『페미니즘의 문제』 『페미니즘의 새로운 질문들』 『페미니스트 이슈』 등으로 출판되었다. 이런 물결과 복잡하게 얽혀 있는 정신분석과 정치학 집단, 그리고/혹은 크리스테바, 뤼스 이리가레, 세라 코프먼(Sarah Kofman), 엘렌 식수(Hélène Cixous) 등은 성차의 이슈들에 관해 특히 국제적인 페미니스트 발전에 영향을 미쳤다[소개하는 요약본에 관해서는 막스와 쿠르티브롱(Marks and de Courtivron, 1980), 갤럽(Gallop, 1982), 모이(Moi, 1985), 더첸(Duchen, 1986)을 참고하라.] 이런 물결들은 모두 각각 크게 다룰 만한 흐름이지만, 여기 표제어의 맥락과 관련하여 이런 작가들이 '젠더' 이론에 이바지한 두 가지 점에 주목하고자 한다. 젠더 이슈에 관해서는 그들 사이에서도 서로 깊이 대립하는데, 이 점은 일종의 징후였음이 분명하다. 첫째, 위티그와 델피의 유물론적 페미니즘의 주장에 따르면 유물론적 페미니즘은 '차이'가 아니라 '지배'의 문제를 강조한다. 둘째, 이리가레, 크리스테바, 식수의 다양한 방식들이 있다(이들은 데리다, 라캉, 다른 이론가들과의 관계에서 상호텍스트적으로 자리하고 있다). 이들은 글쓰기와 텍스트성을 통해 주체의 문제에 아마도 가장 잘 접근할 수 있다고 보는데, 그런 주체는 언제나 과정 중에 있으며, 언제나 파열적이므로, 여성이라는 아이디어는 궁극적으로 완결될 수 없는 다수로 남아 있다고 주장한다. 프랑스어 사용권 물결 내부에서 그리고 그들 사이에서 서로 심각하게 반목하는 지점이 있음에도 불구하고, 이 모든 이론가들은 결함 많고, 모순적인, 여성의 탈자연화라는 비판적 기획에 사로잡혀 있다.

10. 스미스(Smith, 1974), 플랙스(Flax, 1983), 오브라이언(O'Brien, 1981), 로즈, H. (Rose, H., 1983, 1986), 하딩(Harding, 1983).

11. 그와 마찬가지로 '인종'을 유색인들과 등가로 놓는 것은 잘못이다. 백인성 또한 인종적으로 구성되는 것은 마찬가지지만 그것이 비가시화된 것은 백인성(남성과 마찬가지로)은 표지되지 않은 범주로 점령하고

있기 때문이다[프랑켄버그(Frankenberg), 1988], 커비(1987, p. 18),
해러웨이(1989b).

12. 예를 들어 다음을 참고하라. 웨어(Ware, 1970), 컴바히 강 공동체(Combahee
River Collective, 1979), 베텔과 스미스(Bethel and Smith, 1979) 조지프와
루이스(Joseph and Lewis, 1981), 훅스(1981, 1984), 모라가와 안잘두아
(Moraga and Anzaldua, 1981), 데이비스(Davis, (1982), 헐 외(Hull d aI., 1982);
로드(Lorde, 1982, 1984), 앱테커(Aptheker, 1982), 모라가(Moraga, 1983),
워커(Walker, 1983). 스미스(Smith, 1983), 벌킨 외(Bullkin et aI., 1984),
샌도벌[Sandoval, (n.d.)], 크리스천(1985), 기딩스(Giddings, 1985),
안잘두아(Anzaldua, 1987), 커비(1987), 스필러스(Spillers, 1987), 콜린스
(Collins, 1989a), 1989b), 허타도(Hurtado, 1989).

8장. 사이보그 선언문: 20세기 후반의 과학, 기술, 사회주의페미니즘
1. 이 연구는 캘리포니아대학교 샌타크루즈 캠퍼스의 학술평의회 연구의
지원을 받았다. 유전공학에 대한 이 논문의 초기 버전은 'Lieber Cyborg
als Gottin: fur eine sozialistisch-feministische Underwanderung der
Gentechnologie'라는 제목의 글로, 베른트 페테르 랑에(Bernd-Peter Lange)와
앤 마리 스투비(Anne Marie Stuby)가 편집한 학술지《Berline: Argument-
Sonderband》(105권, 1984)에 게재되었다. 「사이보그 선언문」은 바너드
칼리지에서 1983년 4월에 개최된 "학자와 페미니스트 X: 기술에 관한
질문"이라는 학술회의에서 발표했던 「새로운 기계, 새로운 몸, 새로운
공동체: 사이보그 페미니스트의 정치적 딜레마」라는 발표문에서 출발했다.
   UCSC의 의식사 과정에서 연구하는 사람들이 이 논문에 엄청난
영향을 주었기 때문에, 상당 부분 공동 저작으로까지 느껴진다. 다만 내가
여기서 인용하는 사람들은 자기 생각을 알아보지 못할 수도 있다. 특히
페미니즘 이론, 과학, 정치, 그리고 이론과 방법의 대학원 및 학부 강의
구성원들이 여기 기여했다. 내가 특별히 빚진 이들은 힐러리 클라인(Klein,
1989), 폴 에드워즈(Paul Edwards, 1985), 리사 로(Lowe, 1986), 제임스
클리퍼드(Clifford, 1985)다.
   논문의 일부는 의식사 과정 대학원생이었던 조 소풀리스의 '목성 공간',
케이티 킹의 '페미니즘 SF에서 반복의 쾌락과 동일시의 한계: 사이보그
이후 신체의 재상상', 첼라 샌도벌의 '페미니즘 영화 및 영상에서 주체의

구성과 대립 의식' 등과 더불어, "1984년 캘리포니아 미국학연구협회
(California American Studies Association) 학술회의에서 함께 만들어 낸 세션인
'시적 도구와 정치적 신체— 하이테크 문화에 대한 페미니즘적 접근'에서
내가 발표했던 내용으로 이루어져 있다. 샌도벌의 대립 의식 이론은
『인종주의에 대한 여성의 반응: 국립여성학협회 학회에 대한 보고』로
출판되었고, 핵 문화에 대한 소플리스의 기호학적-정신분석학적 독해는
소피아(Sofia, 1984)를 읽으면 된다. 킹의 미출판 논문들은 사이보그
선언문에 깊은 통찰을 제공했다(「전통을 문제 삼기: 규율의 형성과 권력의
베일」, 「젠더와 장르: 조애나 러스의 SF 읽기」, 「발리의 『타이탄과
마법사』 읽기: 자연, 문화, 도구에 대한 페미니즘의 패러디」).

　　바버라 엡스타인(Barbara Epstein), 제프 에스코피에(Jeff Escoffier),
러스틴 호그니스(Rusten Hogness), 제이 밀러(Jaye Miler)는 확장된 논의와
편집에 도움을 주었다. UCSC의 실리콘밸리 연구 프로젝트의 구성원들과
SVRP 컨퍼런스와 워크숍 참가자들 역시 아주 중요하다. 특히 릭 고든
(Rick Gordon), 린다 킴벌(Linda Kimball), 낸시 스나이더(Nancy Snyder), 랭던
위너(Langdon Winner), 주디스 스테이시(Judith Stacey), 린다 림(Linda Lim),
퍼트리샤 페르난데스-켈리(Patricia Fernandez-Kelly), 주디스 그레고리(Judith
Gregory)가 그렇다. 마지막으로 몇 년에 걸쳐 페미니스트 이론과 SF에
관해 함께 토론해 주었던 낸시 하트삭에게 감사를 전한다. 그리고 내가 가장
좋아하는 정치 배지인 '사이보그가 되어 지구에서 살아남아 보자!(Cyborgs
for Earthly Survival!)'를 만든 엘리자베스 버드(Elizabeth Bird)에게도
감사한다.

2. 좌파 및 페미니스트 급진 과학 운동 및 이론, 그리고 생물학/바이오
　　테크놀로지 쟁점에 대해 유용한 참고 자료는 다음과 같다. 블레이어(Bleier,
　　1984, 1986), 하딩(Harding, 1986), 파우스토-스털링(Fausto-Sterling,
　　1985), 굴드(Gould, 1981), 허버드 외(Hubbard et al., 1982), 켈러(Keller, 1985),
　　르원틴 외(Lewontin et al., 1984), 《래디컬 사이언스 저널(Radical Science
　　Journal》(1987년에 'Science as Culture'로 이름을 바꾸었다), 《민중을 위한
　　과학(Science for the People)》.

3. 기술과 정치에 대한 좌파 그리고/또는 페미니즘 접근법의 출발점이 될 수
　　있는 문헌들은 다음과 같다. 카원(Cowan, 1983, 1986), 로스차일드
　　(Rothchild, 1983), 트러위크(Traweek, 1988), 영과 레비도(Young and Levidow,

1981, 1985), 웨센바움(Weisenbaum, 1976), 위너(Winner, 1977, 1986),
치머만(Zimmerman, 1983), 아사나시우(Athanasiou, 1987), 콘(Cohn, 1987a,
1987b), 위노그라드와 플로레스(Winograd and Flores, 1986), 에드워즈
(Edwards, 1985).《세계 전자학 회보(Global Electronics Newsletter)》
(867 West Dana St, #204, Mountain View, CA 94041),《가공된 세계(Processed
World)》(55 Sutter St., 샌프란시스코, CA 94104), 국제여성정보통신서비스
(ISIS: Women's International Information and Communication Service)
(P.O. Box 50 (Cornavin), 1211 Geneva 2, Switzerland), Via Santa Maria
dell'Anima (30, 00186 Rome, Italy).

토머스 쿤과 더불어 시작된 경향, 곧 자유주의적인 신비화를 중단한 현대
과학사회학의 근본 접근법과 관련된 연구에는 다음과 같은 것들이 포함된다.
크노르-세티나(Knorr-Cetina, 1981), 크노르-세티나와 멀케이(Knorr-Cetina
and Mullkay, 1983), 라투르와 울가(Latour and Woolgar, 1979), 영(Young,
1979).

'실험실'이라는 신화적·물질적 공간에서 과학이 생산된다는 주장과
관련해서는 알려진 것보다 문헌이 많다. 1984년 「과학, 기술, 조직의
민족지적 연구를 위한 네트워크 명부(Directory of the Network for the
Ethnographic Study of Science, Technology, and Organizations)」는 급진주의적
분석을 더 밀고 나가려 할 때 참고가 되는 중요한 인물과 프로젝트를
폭넓게 열거한다. NESSTO, P.P. Box 11442, 스탠퍼드, CA 94305에서 이용할
수 있다.

4. 프레더릭 제임슨(Frederick Jameson)은 정치와 '포스트모더니즘' 이론에 대해
도발적이고 포괄적인 주장을 내놓았다. 제임슨은 포스트모더니즘은
선택의 대상이거나 여러 스타일 중 한 가지에 불과한 것이 아니라, 그
내부로부터 좌파 정치를 급진적으로 재발명해야 하는 문화적 우성
(cultural dominant)이라고 주장한다. 비판적 거리라는 속 편한 허구에 의미를
부여하지 않는 장소는 더 이상 없기 때문이다. 제임슨은 본질적으로
도덕주의적 운동인 포스트모더니즘이 찬성과 반대의 문제가 아닌 까닭을
분명하게 밝힌다. 내 입장은 페미니스트들(더불어 다른 이들)에게 문화적
재발명, 가장 모더니스트적인 비판, 역사유물론이 계속 필요하다는
것이다. 사이보그만 그런 가능성이 있다. 백인 자본주의 가부장제라는 오래된
지배체제는 이제 향수를 불러일으킬 만큼 순수해 보인다. 그 지배체제는

이질성을 남성과 여성, 백인과 흑인으로 정상화했다. '선진 자본주의'와
포스트모더니즘은 규범 없는 이질성을 방출하며 우리는 헤어나지 못할 만큼
해로운 깊이를 요구하는 주체성을 버리고 평면화되었다. 지금은 '진료소의
죽음'을 집필할 시기다. 진료소의 개입 방식은 신체와 노동을 요구했지만
우리가 지닌 것은 텍스트와 표면이다. 우리가 직면한 지배는 의료화나
정상화를 통해 작동하지 않는다. 현재의 지배는 네트워크, 소통의 재설계,
스트레스 관리를 통해 작동한다. 정상화는 자동화 및 철저한 정리해고에
자리를 내주게 된다. 미셸 푸코의 『진료소의 탄생』(1963), 『성의 역사』
(1976), 『감시와 처벌』(1975)은 권력의 형태를 그 권력이 내파하는 시점에서
명명한다. 생명정치 담론은 첨단 용어를 동원하며 횡설수설하는 어구 및
명사를 줄줄이 이어 붙이는 언어에 자리를 내준다. 다국적기업의 영향을 받아
모든 명사는 온전성을 상실하게 되었다. 《사이언스(Science)》의
한 호가 제시하는 목록에 따르면 이런 기업들의 이름은 다음과 같다: 기술-
지식(Tech-Knowledge), 제넨테크(Genetech), 앨러겐(Allergen), 하이브리테크
(Hybritech), 컴퓨토(Compupto), 제넨코어(Genen-cor), 신텍스(Syntex),
얼릴릭스(Allelix), 애그리제네틱스 주식회사(Agrigenetics Corp.), 신트로
(Syntro), 코돈(Codon), 리플리젠(Repligen), 사이언 주식회사(Scion Corp.)의
마이크로-앤젤로(Micro-Angelo), 퍼콤 데이터(Percom Data), 인터시스템스
(Inter Systems), 사이보그 주식회사(Cyborg Corp.), 스태트컴 주식회사
(Statcom Corp.), 인터택(Intertac). 우리는 언어에 구속되었고 그 감옥에서
탈출하려면 그와 같은 코드를 자를 수 있는 문화적 제한 효소와 같은
무엇, 언어의 시인들이 필요하다. 사이보그 이종언어성은 급진 문화정치의
한 형태다. 사이보그 시에 대해서는 다음을 참고하라. 펄로프(Perloff, 1984),
프레이저(Fraser, 1984). 페미니즘의 모더니스트/포스트모더니스트
'사이보그' 글쓰기에 대해서는 다음을 참고하라. HOW(ever), 871 Corbett
Ave, 샌프란시스코, CA 94131.

5. 보드리야르(Baudrillard, 1983)와 제임슨(Jameson, 1984)은 플라톤의
   시뮬라크르에 대한 정의는 원본이 없는 복제품, 즉 순수한 교환,
   선진 자본주의의 세계라고 지적한다. 《담론(Discourse)》 9호(1987
   봄/여름)는 기술(사이버네틱스, 생태학, 포스트모더니즘의 상상력)에
   대한 특집호다.

6. 민족지적 설명과 정치적 평가는 다음 문헌을 참고하라. 엡스타인(Epstein,
   1993), 스터전(Sturgeon, 1986). 1987년 5월의 '어머니와 다른 이들의 날

(Mothers and Others Day)' 행동은 네바다의 핵무기 실험 시설에서
진행되었다. 명백히 드러난 아이러니 없이 우주에서 촬영된 지구라는
우주선의 사진을 로고로 채택하면서 "어머니를 사랑하세요"라는
슬로건을 내걸고 출발했지만 지구를 바라보는 관점에 내재한 불행한 모순을
담고 있었다. 시위자들은 서부 쇼쇼네(Shoshone) 부족의 책임자들에게
영토에 들어갈 수 있는 허가서를 발급해 달라고 신청했다. 1950년대에 미국
정부가 핵무기 실험 지역을 만들면서 침범한 영토였기 때문이다.
시위자들은 무단침입으로 체포되자 부족 책임자의 허가를 받지 않으면
경찰과 무기 시설 관리자들도 무단침입자일 뿐이라고 주장했다. 이 페미니즘
행동에 참가했던 결연 모임 하나는 그 이름을 '대리 타자(Surrogate
Others)'라고 붙였으며 핵폭탄과 한 땅에 굴을 파고 들어갈 수밖에 없던
생명체들과 연대하는 뜻으로 이성애적 성별이 없는 거대한 사막 지렁이의
몸을 만들고 여기서 사이보그적으로 튀어나오는 액션을 연출했다.
나는 그 결연 모임의 일원이었다.

7. 동맹의 정치는, 아무 곳도 아닌 곳, 우주, 지구, 제자리가 아닌 중심에서
발화하는 '제3세계' 화자에 의해 강력하게 발전했다. "우리는 태양에서
세 번째 행성에 산다"를 쓴 자메이카의 작가 에드워드 카마우
브레이스웨이트(Edward Kamau Braithwaite)의 「태양의 시(Sun Poem)」를
매키(Mackey, 1984)가 리뷰했다. 스미스(Smith, 1983)에 글을 실은
저자들은 발화의 자리가 될, 집(home)이라는 장소를 구성하는 바로 그 순간
아이러니하게도 자연화된 정체성을 전복한다. 특히 스미스(Smith, 1983),
트린 T. 민하(1986–1987)를 볼 것.

8. 훅스(1981, 1984), 헐 외(Hull et al., 1982)를 볼 것. 토니 케이드 밤버라
(Bambara, 1981)는 유색인 여성 연극 집단인 '일곱 자매(Seven Sisters)'가
단결의 형태를 모색하는 뛰어난 소설을 썼다. 분석은 버틀러-에번스
(Butler-Evans, 1987)를 볼 것.

9. 오리엔탈리즘을 다루는 페미니즘 및 다른 연구는 다음 문헌을 참고할 것.
로(Lowe, 1986), 사이드(Said, 1978), 모한티(Mohanty, 1984), 『많은 목소리,
하나의 노래: 흑인 페미니스트 관점(Many Voices, One Chant: Black
Feminist Perspectives)』(1984).

10. 케이티 킹(1986, 1987a)은 페미니즘 분류 작업을 페미니즘 이념과 논쟁에서
권력의 계보로 드러내는, 이론적으로 섬세한 논의를 제시한다. 킹은
재거(Jaggar, 1983)를, 페미니즘을 분류해 모범적인 최종 입장을 산출하는

문제 사례의 하나로 분석한다. 사회주의 및 래디컬페미니즘에 대한
내 개요도 그와 같은 사례 하나가 될 수 있을 것이다.

11. 재생산, 돌봄 노동, 육아 문제를 다룰 때 정신분석의 대상관계이론을
비롯해 강한 보편화 경향을 지닌 다양한 인식론적 접근법들은 내가
포스트모더니즘이라 부르는 것에 대한 저항감을 강조한다. 내가 볼 때
정신분석 담론 유형을 비롯한 보편화 논의 경향은 '집적회로 내
여성의 자리'를 분석하기 힘들게 만들고, 젠더의 구성과 젠더화된 사회적
삶의 주요 측면들에 대한 설명 및 관측을 체계적으로 어렵게 만든다.
이와 같은 페미니스트 입장론은 다음 저자들이 발전시켜 왔다. 플랙스
(Flax, 1983), 하딩(Harding, 1986), 하딩과 힌티카(Harding and Hintikka,
1983), 하트삭(1983a, 1983b), 오브라이언(O'Brien, 1981), 로즈(Rose,
1983), 스미스(Smith, 1974, 1979). 비판에 대한 반응으로 여성주의 유물론과
여성주의 입장론을 재검토하는 논의는 다음을 참고하라. 하딩(1986,
163–196), 하트삭(1987), 로즈(1986).

12. 나는 '급진적'이라는 수식어에 대한 매키넌의 입장을 '수정'할 때 내 자신의
주장을 위한 범주 오류를 저지름으로써, 그와 같은 이름표를 명시적으로
붙인 극단적으로 이질적인 글들을 환원론적으로 비평하게 된다. 글쓰기에
대한 나의 주장은 나 자신의 분류학적 관심사를 반영하며, '급진적'이라는
수식어를 사용하지 않고 한계를 용인하지 않음으로써 페미니즘을 위한
단일한 목소리라는 의미에서 공통적인 페미니즘 언어를 찾는 다양한 꿈에
하나를 더 보탠다. 나의 범주 오류는 그 자체로 이질적인 역사를 지닌
사회주의-페미니즘이라는 특정 분류학적 위치에서, 《소셜리스트 리뷰
(Socialist Review)》에 「사이보그 선언문」이라는 제목으로 글을 써야 하는
과제의 성격에서 비롯된 것이다. 매키넌 덕분에 가능했지만 동일한
환원주의 없이, 그리고 성폭력(강간)에 대한 푸코의 역설적인 보수주의를
적실한 페미니즘 언어로 설명하는 문헌으로 데 라우레티스(de Lauretis,
1985–1986)의 글이 있다. 이론적으로 세련된 여성주의적, 사회-역사적
언어로 가정폭력을 설명하는 고든(Gordon, 1988)의 글은, 남성 지배,
인종, 계급의 물질적 구조를 놓치지 않으면서 여성, 남성, 아동의 복합적인
행위 능력을 검토한다.

13. 이 표는 1985년 발표한 「사이보그 선언문」에 실렸다. 생물학을 명령-통제의
사이버네틱스 담론으로, 유기체를 "자연-기술적 지식 대상"으로 해석했던

이전 글로는 해러웨이(1979, 1983, 1984)가 있다. 내용이 변경된 이후 논의는 해러웨이(1989)에 나온다.

14. 생명공학 논쟁과 관련된 진보 계열 분석과 행동은 다음을 참고하라. 진워치 (GeneWatch),《책임 있는 유전학을 위한 위원회 소식지(Bulletin of the Committee for Responsible Genetics)》, 유전자 검사 연구 모임(Genetic Screening Study Group), 전신은 민중을 위한 과학 내 사회생물학 연구 모임(Sociobiology Study Group of Science for the People).

15. '집적회로 속의 여성들'의 출발점이 되는 문헌은 다음과 같다. 플로러스와 파플린(Flores and Pfafflin, 1982), 페르난데스-켈리(Fernandez-Kelly, 1983), 푸엔테스와 에런라이히(Fuentes and Ehrenreich, 1983), 그로스먼(Grossman, 1980), 내시와 페르난데스-켈리(Nash and Fernandez-Kelly, 1983), 옹-(Ong, 1987), 과학정책연구집단(Science Policy Research Unit, 1982).

16. '가정 밖의 가사경제' 및 관련 논의들은 다음 문헌을 참고하라. 고든 (Gordon, 1983), 고든과 킴벌(Gordon and Kimball, 1985), 스테이시(Stacey, 1987), 레스킨과 하트만(Reskin and Hartmann, 1986), 여성과 빈곤(Women and Poverty, 1984), 로즈(Rose, 1986), 콜린스(Collins, 1982), 버(Burr, 1982), 그레고리와 누스바움(Gregory and Nussbaum, 1982), 피벤과 카워드(Piven and Coward, 1982), 마이크로일렉트로닉 그룹(Microelectronics Group, 1980). 스탤러드 외(Stallard et al., 1983)에는 유용한 단체와 문헌 목록이 실려 있다.

17. 녹색혁명의 사회관계와 식물 유전공학 같은 생명공학의 결합은 제3세계의 대지에 무척 큰 압력을 행사한다. 1984년 세계 식량의 날에 발표된 미국 국제 개발국(U.S. Agency for International Development)의 추정에 따르면 여성이 농촌 지역에서 공급하는 식량은 아프리카에서는 90퍼센트, 아시아에서는 60–80퍼센트, 중동과 남미에서는 40퍼센트에 달한다(《뉴욕타임스(New York Times)》, 1984). 블룸버그는 제3세계에 있는 다국적기업과 정부뿐 아니라 국제기구들의 농업 정치는 보통 성적 노동 분업의 근본 쟁점들을 무시한다고 비판한다. 현재 아프리카가 겪는 비극적 기근은 자본주의, 식민주의, 강우 패턴뿐 아니라 남성우월주의의 결과이기도 하다. 더 정확히 말해, 자본주의와 인종주의는 보통 구조적으로 남성우월적이다. 다음 문헌도 참고할 것. 블룸버그(Blumberg, 1981), 해커(Hacker, 1984), 해커와 보비트(Hacker and Bovit, 1981), 부시와 래시(Busch and Lacy, 1983), 윌프레드(Wilfred, 1982), 색스(Sachs, 1983),

국제농업개발기금(International Fund for Agricultural Development, 1985), 버드(Bird, 1984).

18. 인로(Enloe, 1983a, 1983b) 또한 참고할 수 있다.

19. 이 논리의 페미니즘적 형태는 허디(1981)를 참고하면 된다. 특히 아동 학대 및 영아 살해의 진화론적 논쟁에서 사회생물학과 관련된 과학자 여성들의 이야기 양식에 대한 분석은 해러웨이(1989)를 참고.

20. 지방에서 도시로 이주한 미국 대중에게 자연이 갖는 대중적 의미의 구성 과정에서, 총으로 하는 사냥이 카메라로 하는 사냥으로 전환되는 지점과 관련해서는 다음 글을 참고하라. 해러웨이(1984–1985, 1989), 내시(Nash, 1979), 손태그(Sontag, 1977), 프레스턴(Preston, 1984).

21. 미국의 과학계 여성 종사자들이 이루는 역사가 정치/문화/인종적으로 갖는 함의를 생각해 볼 때, 다음 문헌이 도움이 된다. 하스와 페루치(Haas and Perucci, 1984), 해커(Hacker, 1981), 켈러(Keller, 1983), 국제과학기금 (National Science Foundation, 1988), 로시터(Rossiter, 1982), 쉬빙거 (Schiebinger, 1987), 해러웨이(1989).

22. 마코프와 시걸(Markoff and Siegel, 1983)을 참고할 것. '평화를 위한 첨단 기술 전문가들(High Technology Professionals for Peace)'과 '사회적 책임을 위한 컴퓨터 전문가들(Computer Professionals for Social Responsibility)'은 기대감을 품게 만드는 조직이다.

23. 킹(1984)을 참고하라. 다음은 이 글의 배경을 이루는 여성주의 SF를 짧게 간추린 목록이다.

옥타비아 버틀러, 『와일드 시드(Wild Seed)』『내 마음의 마음(Mind of My Mind)』『킨』『생존자(Survivor)』.

수지 매키 카르나스(Suzy McKee Charnas), 『모계(Motherlines)』.

새뮤얼 R. 딜레이니(Samuel R. Delany), 『네베리온(Nevèrÿon)』 시리즈.

앤 맥카프리(Anne McCaffery), 『노래하는 배(The Ship Who Sang)』『공룡의 행성(Dinosaur Plane)』.

본다 매킨타이어, 『수퍼루미널(Superluminal)』, 『꿈의 뱀(Dreamsnake)』.

조애나 러스, 『알릭스의 모험(Adventures of Alix)』『여성인간(The Female Man)』.

제임스 팁트리 주니어, 『늙은 영장류의 별의 노래(Star Songs of an Old Primate)』『세상의 벽을 기어오르기(Up the Walls of the World)』.

존 발리, 『타이탄, 마법사, 악마(Titan, Wizard, Demon)』.

24. 사이보그 이종언어성에 기여하는 프랑스 여성주의는 다음 문헌을 참고하면
된다. 버크(Burke, 1981), 이리가레(Irigaray, 1977, 1979), 마크와 드
쿠르티브롱(Marks and de Courtivron, 1980),《기호들(Signs)》1981년 가을호,
위티그(Wittig, 1973), 두천(Duchen, 1986). 프랑스어권 페미니즘 현황을
얼마간 알려주는 영역본으로는 다음 저널을 참고하라.《페미니스트 이슈:
페미니스트 사회정치 이론 저널(Feminist Issues: A Journal of Feminist Social
and Political Theory)》(1980).

25. 하지만 이 시인들은 모두 매우 복잡한 방식을 구사하는데 특히 거짓말하는,
에로틱하고 탈중심화된 집단적 개인적 정체성이라는 주제를 다룰 때 그렇다.
그리핀(Griffin, 1978), 로드(Lorde, 1984), 리치(Rich, 1978)를 참고하라.

26. 데리다(Derrida, 1976), 특히 2부를 볼 것. 레비스트로스(Levi-Strauss, 1973),
특히 「문자의 교훈(The Writing Lesson)」을 볼 것. 게이츠(Gates, 1985),
칸과 누메이어(Kahn and Neumaier, 1985), 옹(Ong, 1982), 크라마래와
트라이클러(Kramarae and Treichler, 1985).

27. 유색인 여성이 글쓰기와 맺는 첨예한 관계를 논의 주제 및 정치의 문제로
바라볼 때 다음 내용을 참고할 수 있다. 「흑인 여성과 디아스포라:
숨은 연결과 확장된 감사의 글(The Black Woman and the Diaspora: Hidden
Connections and Extended Acknowledgments)」, 국제 문학 학회(International
Literary Conference), 미시건 주립대학, 1985년 10월. 에번스(Evans, 1984),
크리스천(Christian, 1985), 커비(Carby, 1987), 피셔(Fisher, 1980),
프론티어스(Frontiers, 1980, 1983), 킹스턴(Kingston, 1976), 러너(Lerner,
1973), 기딩스(Giddings, 1985), 모라가와 안젤두아(Moraga and An-zaldúa,
1981), 모건(Morgan, 1984). 영어권에 속하는 유럽계 및 유럽계 미국
여성들 또한 글쓰기를 강력한 기호로 만들어주는 특별한 관계를 구축해 왔다.
길버트와 구바(Gilbert and Gubar, 1979), 루스(Russ, 1983).

28. 목소리를 낼 수 없는 소년이 유대교 성년식인 미츠바(mitzbah)에서
컴퓨터 음성을 빌려 하프토라를 암송할 때, 군사화된 하이테크 기술을
이념적으로 길들이는 기술, 즉 장애인/다른 능력을 지닌 사람들의
발성과 이동에 다른 방식으로 쓰일 수 있게 하는 용법의 고안은 일신론적이며
가부장적이고, 반유대주의적 성향을 지닐 때가 많은 문화에서 특별한
전환점이 된다. 서스먼(Sussman, 1986)을 참고하라. 언제나 맥락과 연계된
'능력'의 사회적 정의를 분명하게 드러내는 군사적 하이테크 기술은
인간을 정의상 장애인으로 만드는 방식이 있는데, 이는 매우 자동화된 군사

작전과 우주 전쟁 연구 및 발전의 도착적 측면이다. 월포드(Wilford, 1986) 또한 참고하라.

29. 제임스 클리퍼드(James Clifford, 1985, 1988)는 지속적 재발명에 대한 인정, 서구의 제국주의적 관습에 의해 '낙인찍힌(marked)' 이들이 고집스럽게 사라지지 않는다는 사실을 설득력 있게 주장한다.

30. 뒤부아(DuBois, 1982), 대스턴과 마크(Daston and Mark, 날짜 없음), 파크와 대스턴(Park and Daston, 1981)을 보아라. 명사 '괴물(monster)'은 단어 '입증하다, 보여 주다(demonstrate)'와 어근을 공유한다.

9장. 상황적 지식: 페미니즘에서 과학의 문제와 부분적 시점의 특권

1. 이 장은 원래 1987년 3월 샌프란시스코의 아메리카철학협회 서구 지역 회의에서 발표한 하딩에 대한 논평으로 시작된 것이었다. 이 논문을 쓰는 데 뉴저지주 프린스턴대학교 고등연구소 알파 기금으로부터 관대한 지원을 받았다. 특히 조앤 스콧, 레이니 랩, 주디 뉴턴, 주디스 버틀러, 리라 아부 러그헛, 도린 콘도 등에게 감사한다.

2. 예를 들어 크노르-세티나와 멀케이(Knorr-Cetina and Mulkay, 1983), 베이커 외(Bijker et al., 1987)를 참고하라. 특히 라투르(1984, 1988)를 보아라. 미셸 트루니에(Michel Tournier)의 『금요일』(1967)을 차용한, 모든 형태의 환원주의에 대한 라투르의 탁월하고 열광적이며 경구적인 논쟁은 페미니스트들에게 핵심적 요점을 제공해 준다. '순수에 속지 마라. 그것은 영혼에 대한 독설이다'(라투르, 1984). 라투르는 다른 측면에서는 달리 주목할 만한 페미니스트는 아니지만, 실험실이라는 거대한 기계는 어떤 개인이 저지르는 것보다 더욱 재빠르게 심각한 실수를 저지르게 됨으로써 그로 인해 세계를 변화시키는 권력을 획득하게 된다는 도착적(perverse) 읽기를 통해 페미니스트가 될 수 있었다. 라투르에게 실험실은 인식론의 철도산업이다. 그런 철도산업 현장에서 사실들은 실험실 외부로 깔아 놓은 철로 위에서만 달릴 수 있도록 설계되어 있다. 철도를 통제하는 사람들은 주변의 영토까지 통제한다. 우리가 이 점을 어떻게 잊을 수 있었을까? 하지만 우리가 이제 필요로 하는 것은 파산한 철도산업이라기보다는 인공위성 네트워크다. 오늘날 사실들은 라이트빔 위에서 달린다.

3. 우아하고 대단히 도움이 되는 설명으로서 이런 주장에 관한 만화가 아닌 해석판은 화이트(1987)를 참고하라. 나는 아직도 좀 더 많은 것을 원한다. 충족되지 못한 욕망은 스토리를 변화시키는 강력한 씨앗이 될 수 있다.

4. 민족지학과 인류학에서 모더니즘과 포스트모더니즘 사이의 단층선을 탐구 분석하면서—이런 단층선의 분석에서 관건은 분석의 어떤 단위에서든지 간에, 고도의 관심사는 내부에서든 외부에서든 혹은 대화적인 관계에서든지 간에 유리한 지점에 토대한 인식론으로부터, 문화를 가로지르는 '비교 가능한' 지식을 제작하는 것에 권위를 부여하거나 아니면 금지하는 것이다— 매릴린 스트래선(1987a)은 지식의 대상으로서 예술 작업에 비견되는 것은 기록된 민족지학이 아니라 '문화'라는 중요한 관찰을 제시했다. 과학과 다른 문화적 실천에서 낭만적, 모더니즘적인 자연적-기술적 지식 대상은 이런 구분선의 한쪽 편에 서게 된다. 포스트모더니즘적 형성물은 또 다른 편에 서게 된다. 포스트모던한 형성물은 기호, 유기체, 시스템, 자아, 문화를 포함하여 이 모든 것들은 영구적으로 분열되고 문제적이며, 언제나 물러나고 지연되는 지식과 실천의 '대상'이라는 '반미학' 편에 서게 된다. 포스트모던 프레임에서 '객관성'은 아무런 문제 없는 대상에 관한 것일 수가 없다. 그런 대상은 특수한 인공 보철물이자 번역에 관한 것임이 틀림없기 때문이다. 객관성은 근본에서부터 '비교 가능한' 지식(어떻게 사물에게 안정적으로 이름을 붙일 것인지, 그리고 그런 사물들이 서로 얼마나 유사한지 등)을 고안하는 것이다. 따라서 객관성은 불순한 대화와 연결을 위해서 경계선을 다시 긋는 정치학의 문제가 된다. 모더니즘과 포스트모더니즘에 관한 논쟁에서 관건은 몸과 언어 사이에서, 그리고 그 안에서 형성되는 관계의 패턴이다.

5. 조 소풀리스(1988)는 빛, 조명, 과학과 테크놀로지에 관한 서구의 신화학적 발견물에 대한 이데올로기와 철학에 집중한 것을 포함하여, 테크노사이언스, SF 문화의 정신분석, 외계생명체주의의 은유학에 대한 현란한(이런 은유를 사용한 나를 그는 용서하리라) 이론적 논의를 생산해 왔다. 내 논문은 그의 박사학위 논문에 실린 주장과 은유와 대화하면서 수정되었다.

6. 이런 토론에 핵심적인 것들은 하딩(1986), 켈러(1985), 하트삭(1983a, 1983b), 플렉스(1983, 1987), 켈러와 그론트코프스키(Keller and Grontkowski, 1983), H. 로즈(1986), 해러웨이(1985), 페체스키(1987)를 참고하였다.

7. 이 섹션은 존 발리의 SF 단편 「잔상(The Persistence of Vision)」(1978) 으로부터 일부 영감을 받았다. 이 단편에서 발리는 시청각장애인들에 의해 설계되고 디자인된 유토피아 공동체를 그린다. 그런 다음 그는 이들의 테크놀로지와 다른 대화 수단, 시력을 가진 아이들과 방문객들과 그들이 맺는 관계들을 탐구한다. 「블루 샴페인」에서 발리(1986)는 마비가

초래된 젊은 여성의 보철 장치인 황금 집시는 그녀에게 완전한 이동성을 보장해 주는데, 이런 친밀성과 테크놀로지 정치를 심문하는 것으로 주제가 이동한다. 천문학적으로 값비싼 이 장치는 인터갤럭시 커뮤니케이션 앤 엔터테인먼트 제국이 소유한 것이다. 이 제국을 위해 그녀는 감각 예술품(feelies)을 제작하는 미디어 스타로 일한다. 모든 경험의 상품화와 공모하는 교환관계 속에서만 오로지 그녀는 과학기술 친화적인 능력이 있는 다른 자아를 유지할 수 있다. 판매를 위해 경험을 재발명하는 데 그의 한계는 무엇인가? 시뮬레이션 신호 아래서 개인적인 것은 정치적인가? 결국은 한계에 부딪히는 체현, 남다른 방식으로 능력을 갖는 존재들, 보철 테크놀로지, '유기체적' 질서의 예외적인 초월에도 불구하고 사이보그적인 한계와의 만남 등과 같은 발리의 거듭된 탐구를 읽어 내는 한 가지 방법은 20세기 후반의 역사적-신화적 시기에, 테크노-생명정치의 시대에, 개인적인 것과 정치적인 것에 대한 알레고리를 찾아내는 것이다. 인공 보철은 우리에게 가장 친밀한 자기를 이해하는 근본적인 범주다. 인공 보철은 기호학이며, 의미와 몸들의 제작이다. 인공 보철은 초월을 위한 것이 아니라 권력으로 충전된 커뮤니케이션을 위한 것이다.

8. 이 사진에서 경험한 것들을 이해하는 데 캘리포니아대학교의 짐 클리퍼드에게 신세 진 바 있다. 그는 독자들에게 '와, 육지다'가 끼친 영향을 해명했다.

9. 조앤 스콧은 테레사 데 라우레티스(1986a)가 아래와 같이 말했다는 점을 나에게 상기시켰다.

> 여성들 가운데서 드러난 차이는 여성들 내부에서 드러난 차이보다 이해하기가 좀 더 쉬울 수 있다. (…) 하지만 차이의 구성적 권력을 일단 이해하고 나면―그 점이 일단 이해가 되고 나면, 다시 말해 그런 차이들이 개별 여성들의 의식과 주관적 한계를 구성할 뿐만 아니라 그것의 특수성 자체 속에서, 그것의 내재적이고 적어도 당분간 해소할 수 없는 모순 속에서, '페미니즘의 여성 주체'를 전적으로 정의하게 된다. 이런 차이들은 고정된 정체성, 대문자 여성으로서 모든 여성들의 동일성이나 혹은 일관되고 이용 가능한 이미지로서 대문자 페미니즘의 재현으로 다시 무너져 내릴 수는 없다.

10. 하딩(1986)은 젠더가 역사적으로 제각각 특수한 세 가지 차원을 갖는다고 제시한다. 그 세 가지 차원은 젠더 상징주의, 사회적-성적 노동 분업, 개별적으로 젠더화된 정체성을 구성하는 과정이다. 나는 이 세 가지

차원들이, 적어도 직접적으로는 서로 간에 함께(co)-변화하고, 함께-결정할
것으로 기대할 만한 이유가 전혀 없다는 점에 주목하면서 하딩의 요점을
확장하고자 한다. 말하자면, 젠더 상징주의에서 대조되는 용어들 사이의
급경사는 예리한 사회적-성적 노동 분업이나 사회적 권력과는 상호 관련이
당연히 없을 수도 있겠지만, 반면 예리한 인종적 계층화나 혹은 그 밖의
다른 것과는 밀접한 관련이 있을 수도 있다. 이와 유사하게 젠더화된 주체
형성 과정은 검토 중인 특정한 역사적 상황 속에서 성적 노동 분업이나 혹은
젠더 상징주의 지식에 의해서 직접적으로 밝혀지지 않을 수도 있다. 그와는
달리, 우리는 이들 차원들 사이에서 매개된 관계를 기대해 보아야 한다.
매개는 상징, 실천, 인종과 같은 정체성 모두를 조직하는 대단히
다른 사회적 축을 통해 움직일 수 있다. 그 역도 마찬가지다. 나는 젠더나
인종과 마찬가지로 과학 또한 상징주의, 사회적 실천, 주체의 입장과
같은 여러 부분으로 구성된 도식으로 유용하게 나눌 수도 있다고 주장하고
싶다. 예를 들어 젠더, 인종, 과학의 다른 차원들은 아래의 병렬적인
도표의 여러 차원들 사이에서 관계를 매개할 수 있다. 말하자면 인종적 노동
분업은 상징적인 연결과 과학이나 젠더 도표에서 개별적인 주체의 위치
형성 사이에서 연결 패턴을 매개할 수 있다. 혹은 젠더화된 주체성 혹은
인종적 주체성의 형성은 과학적 사회적 노동 분업과 과학적 상징적 패턴
사이의 관계를 매개할 수도 있다.

　　아래 표는 병렬적으로 나눠서 구획한 분석으로 시작한다. 이 표에서
(그리고 실제로?) 젠더와 과학 모두 분석적으로 볼 때 비대칭적이다. 예를
들어 각각의 용어는 구조화하는 위계적 이분법, 즉 섹스/젠더, 자연/과학은
이분법에 포함되면서도 애매하다. 각각의 이분법은 전유의 논리에 의해,
생산물 대(對) 자원, 문화 대(對) 자연, 실제적인 것 대(對) 잠재적인 것처럼
침묵할 용어를 강제한다. 이분법의 양극은 각각의 항목에 의해 변증법적으로
서로를 구성하고 동시에 구성된다. 목소리가 부여되거나 명시적인 각각의
용어 안에서 좀 더 비대칭적인 분열이 발굴될 수 있다. 예를 들어 젠더의
항목에서 남성적인 대 여성적인 것이나 혹은 과학의 항목에서 자연과학(hard
science) 대 인문사회과학(soft science)이 발굴될 수 있다. 이것은 특정한
분석적 연장이 의도했든 의도하지 않았든, 좋든 싫든 간에 작동하는 방식을
기억하도록 한다. 이 표는 과학과 젠더에 관한 공통된 이데올로기를
반영하고 있으므로 대문자 과학 혹은 대문자 여성과 같이 신비화된 단위를
찢어서 열도록 하는 분석적인 도구로 도움을 줄 수 있다.

젠더	과학
상징적 체계	상징적 체계
사회적 노동 분업 (섹스에 의한, 인종에 의한 등)	사회적 노동 분업 [기술(craft), 산업 혹은 후기 산업적인 논리에 의한]
개별적 정체성/주체 위치 (욕망하는/욕망되는, 자율적인/관계적인)	개별적 정체성/주체 위치 [아는 주체(knower)/앎의 대상, 과학자/타자]
물질적 문화 (젠더 설비 장치와 일상적인 젠더 테크놀로지. 성차가 달리는 협소한 궤도)	물질적 문화 (실험실. 사실들이 달리는 협소한 궤도)
구성과 발견의 변증법	구성과 발견의 변증법

11. 에벌린 켈러(1987)는 다른 한편으로 섹스와 젠더, 다른 한편으로는 자연과 과학을 구별하는 상호교차로를 구성함으로써 중요한 가능성이 열렸다고 주장한다. 또한 켈러는 아마도 내가 '몸'과 '세계'라고 부르고 있는 것인 '섹스'와 '자연'에서 비담론적인 토대를 유지해야 할 필요성을 주장한다.

10장. 포스트모던 몸의 생명정치: 면역계 담론에서 자기의 구성

1. 스콧 길버트(Scott Gilbert), 러스틴 호그니스(Rusten Hogness), 제이 밀러 (Jaye Miller), 레이나 랩(Rayna Rapp), 조앤 스콧(Joan Scott)에게 특별히 감사드린다. 이 기획을 위한 연구와 저술은 알파 펀드, 뉴저지주 프린스턴 고등연구소, 캘리포니아대학교 샌타크루즈 학술평의회 연구지원금 (UCSC)과 실리콘밸리 연구 프로젝트의 지원을 받았다. 크리스털 그레이 (Crystal Gray)는 탁월한 연구조교였다. 많은 사람들의 논평에 도움을 받은 이 논문은 1988년 3월 5일부터 13일까지 개최된 포르투갈 리스본 웨너그렌재단의 의료인류학 학회에서 처음 발표되었다.

2. 심지어 의식과 문화의 문제를 그다지 고려하지 않는다고 할지라도, 면역 담론과 창작물의 광범위한 중요성은 수많은 진단 신호에서 찾아볼 수 있다.

(1) 1901년 의학계에서 최초의 노벨 의학상은 디프테리아 항독소의 용도,
다시 말해 그것의 독창적 개발에 주어졌다. 그 사이에 수많은 상을 받았고,
1970년에 이르기까지 노벨상 수상의 속도는 놀라울 정도다. 항체 다양성의
생성, 조직 적합성 체계, 단클론항체와 융합세포, 면역조절 네트워크
가설, 방사성 면역측정법 시스템의 발전에 관한 연구 작업을 망라한다.
(2) 면역학의 산물과 공정은 현재 기획된 의학적, 제약학적, 다른 산업적
실천으로 투입된다. 이런 상황은 단클론항체의 사례가 잘 보여 준다.
단클론항체는 분자적 규모로 그리고 단계를 높여 산업적 규모로 전대미문의
특수성과 순도를 갖추게 됨으로써, 식품 풍미 기술에서부터 산업용
화학제품들의 디자인과 제조 그리고 화학요법 구조시스템에 이르기까지,
폭넓은 범위에 걸쳐 기업들에게 생산품의 구성 성분들을 식별하고,
분리하고, 조종하는 극도로 특수한 도구로 이용될 수 있다.[「면역학과
관련된 학문 분야에서 단클론항체의 응용」, 니컬러스(Nicholas, 1985,
p. 12 도표를 참고하라)]. 1983년 연방과학기술정책 사무국(OSTP)과 다른
연방 부서와 정부기관에 제출된 연구보고서는 면역학을 인공지능과
인지과학, 기초지구과학, 컴퓨터 디자인과 제조, 화학요법의 구조시스템과
함께 '연방정부의 투자 증가의 결과로 최고의 과학적 배당금을 돌려받을
가능성이 높은 영역'이라고 밝혔다(1983). 그런 연구 분야에서 상금은 사실
'과학적인' 것으로 기대하기는 어렵다. '이런 조건에서 주요한 돈벌이
기계는 융합세포 기술과 그것의 주요 산물인 단클론항체다'(니컬러스, 1985).
(3) 면역학 분야 자체는 국제적으로 성장하는 산업이다. 제1차 국제면역학
회의는 1971년 워싱턴 D.C.에서 개최되었다. 이 회의에는 세계적으로
선도적인 면역학 연구자들이 대거 참가했다. 1980년 제4차 국제회의에는
8000명이 넘는 사람들이 참석했다(클라인, 1982). 이 분야 논문의 수가
1970년대에 12편 정도였다면 1984년에 이르면서 80편을 넘어섰다.
1980년에 이르면 이 주제에 대한 책과 논문이 전체적으로 1000편을 훨씬
웃돌았다. 새로운 생명공학의 특징인 산학협동은 분자생물학에서와
마찬가지로 면역학의 연구에서도 널리 보급되었다. 예를 들어 바젤면역학
연구소는 호프만-라 로슈 제약기업으로부터 전적인 재정지원을 받고 있다.
그 대가로 호프만-라 로슈사는 출판의 자유를 포함하여 학술적 실천의
모든 이익을 누린다. 국제면역학회 연합은 1969년 10개국의 국립면역학회로
시작했는데, 1984년에 이르면 33개국으로 증가했다(니컬러스, 1985).

면역학은 글로벌 바이오테크 불평등과 '과학기술 이전' 투쟁의 핵심이 될 것이다. 그것의 중요성은 글로벌 과학 정치에서 정보 테크놀로지의 정치에 비견된다. (4) 면역계에 관한 글쓰기 방식은 어떤 질병—그 질병에 관한 어떤 해석—이 법정, 병원, 국제적인 재정 기관, 국가정책, 전쟁 퇴역 군인들과 민간인들을 위한 기억과 치료 분야 전반에 걸쳐 만연하게 될 것인지까지 결정하는 방식이 될 것이다. 예를 들어 노동과 소비자 옹호자들처럼, 서로 적대적인 사람들의 노력을 사례로 참조하기 바란다. 널리 만연한 이름 모를('무정형적인') 병에 주목하여 '화학적인 에이즈'라는 범주를 확립하려는 사람들은 후기산업사회의 산물이자 환경으로 연상되는 이 질병을 정치적 전략[헤이스(Hayes, 1987), 마셜(Marshall, 1986)]으로서 감염되는 에이즈와 연결시키고자 투쟁하는데, 이들의 노력을 참고하기 바란다. 감염되는 에이즈에 관한 담론은 누구를 '일반 인구'로 간주할 것인가를 결정하는 기제의 일부가 된다. 그로 인해 전 지구적 차원에서 감염자들의 숫자는 말할 것도 없거니와 미국 한 군데서만 백만이 넘는 에이즈 감염자들이 '일반 인구'에 포함되지 '못하도록' 만드는 조건이 될 수 있다. 이때 일반 인구는 국가적, 의료적 보험과 법적인 정책의 주요한 함의를 갖는 명칭이다. 미국의 선도적인 대다수 면역학 교재들은 기생충 질병보다는 알레르기나 자가면역 질병에 더 많은 공간을 제공한다. 이런 공간 할당은 장차 다른 분야가 아니라 이 특정한 연구 분야에서 노벨상 수상자가 더 많이 나오도록 할 것이며, 학부생이나 의대생 들이 전 세계적으로 벌어지는 질병의 차이와 불평등에 대해 어떤 책임감도 느끼지 못하도록 만들 것이다[세포면역 연구자와 기생충학자들이 보이는 민감성에 대해서는 골럽(1987)과 데소비츠(1987)을 대조해 보라]. 누구를 개인으로 간주할 것인가라는 문제는 누구를 일반적 인구로 간주할 것인가라는 문제와 무관하지 않다.

3. 이 논문의 독자들과 작가가 거주하는 우주처럼.

4. 이와 같은 존재론적 연속성은 컴퓨터 소프트웨어를 감염시키는 '바이러스' 프로그램들의 꾸준한 증가와 같은 현실적인 문제를 논의할 수 있도록 한다[매클레런(McLellan, 1988)]. 자기 자신들의 복제와 프로그램 명령에 유리하도록 숙주 코드에 기생하여 감염시키고 침입하는 정보 단편들은 은유적으로 말하는 생물학적 바이러스 같은 것 이상이다. 환영받지 못하는 몸의 침범자들과 마찬가지로, 소프트웨어 바이러스는 전략적인 보안 조치의 형태로 치료법을 요구하는 커뮤니케이션 테러리즘처럼 병리적인

것으로 논의된다. 인공지능 체계의 바이러스 감염은 일종의 전염병이다.
거대한 기업이든 군사 체계든 아니면 개인적인 컴퓨터이든 어느 것도 탁월한
면역 방어 체계를 갖고 있지 못하다. 소리 없이 증식하면서 정상적인 기능을
전복시키는 테러리즘과 낯선 코드의 급속한 증식에 이들 모두 극도로
취약하다. 바이러스를 죽이는 면역 프로그램, 즉 디지털 디스패치 주식회사가
판매하는 데이터 의사(data physician)같은 프로그램이 시판되고 있다.
1985년 데이터 의사 구매자들의 절반 이상이 군대였다. 내 매킨토시를 켤
때마다 매번 화면 위에는 백신 프로그램의 아이콘인 피하주사바늘이
나타난다.

5. 이 슬로건으로 정치적 단추 배지를 만든 엘리자베스 버드에게 감사한다.
   1987년 5월 네바다 핵실험 장소에서 나는 '어머니와 다른 사람들의 날'에
   대리 타자라고 불리는 친목 모임의 회원으로서 그 배지를 달았다.

6. 현대 신경면역학이나 정신신경면역학 안에서 파악된 면역계와 신경계의
   관계를 보다 충분히 논의하기에는 이 지점이 이상적일 것이다. 신경계,
   내분비계, 면역계 세포들과 공유하고 있는 수용체와 생산물의 발견과 더불어,
   정신과 몸 사이의 매개자로서 분산되어 있으면서도 네크워킹하는
   면역계를 자리매김하는 것이 '자연'과학자들에게는 타당한 것으로 간주되기
   시작했다. 예를 들어 '스트레스'라는 이름의 다의적인 실체와 관련해서
   볼 때, 대중적이고 공식적인 치료법에 대한 함의는 아주 많다. 반스(Barnes,
   1986, 1987), 웩슬러(Wechsler, 1987), 캐니겔(Kanigel, 1986)을 참고하라.
   면역계를 연상시키는 생물학적 은유들은 종합 통제 체계이거나 아니면
   고도로 무장된 국방부라기보다는 오히려 강력한 매개자로서, IS의 개념을
   편의적으로 이용하거나 혹은 억제시킨다. 예를 들어 발달생물학자이자
   면역학자인 스콧 길버트는 학생들을 가르치면서 면역계를 에코 시스템으로
   지칭한다. 또 다른 신경면역학 연구원인 에드윈 블래럭(Edwin Blalock)은
   면역계를 감각기관이라고 부른다. 이런 은유들은 스타워즈 이미지에서 보는
   것처럼 고도로 합리적인 AI 면역체와는 대립적인 것이 될 수 있다. 이런
   은유들은 교수법과 치료법뿐만 아니라 연구 디자인에서 복합적인 결과로
   드러날 수 있다.

7. 어떤 사람이 생명과 마음(mind)의 궁극적인 목적으로서 초월적인 탈체현을
   '정말로' 꿈꿀 것인가 하는 문제에 내가 편집증적으로 매달리고 있다는
   생각이 들 무렵, 나는 《다이달로스(Daedalus)》 1988년 겨울 호에 실린 컴퓨터

디자이너인 W. 대니얼 힐리스의 인공지능에 관한 아래 인용문에서 그 점을
발견하게 된다.

> 물론 나는 이것이 꿈일 뿐이라는 것을 알고 있다. 그리고 나는
> 그것이 성공할 확률보다는 희망에 의해 추동되고 있다는 점 또한
> 인정한다. 하지만 만약 이 인공적인 마음이 자신을 유지하고 스스로
> 성장하게 된다면, 최초로 인간의 사유는 뼈와 살로부터 자유로울
> 것이다. 이 마음의 아이들은 우리에게는 부인된 지상에서의 불멸성을
> 부여받을 것이다.

내게 이 인용문을 알려 준 에벌린 켈러에게 감사한다. 그의 논문 「생명의
비밀, 죽음의 비밀로부터」(1990)를 참고하라. 나는 핵절멸주의,
외계생명체주의, 육식주의의 도상학과 신화론을 분석한 조 소피아(1984)와
소폴리스(1988)에게 신세진 바 있다.

8. 바로 그런 이유로 근대 서구 담론에서 여성을 개체로 간주하는 데 몹시
애를 먹었다. 여성들의 개별적이고 속박된 개체성은 그들의 몸이 가진 골치
아픈 재능, 즉 다른 몸을 만드는 재능으로 인해 손상됐다. 이 작은 몸은
완전히 파묻혀 있어서 엄청난 광학 기술이 없으면 볼 수조차 없음에도,
이 다른 몸의 개체성은 여성의 개체성보다도 우선시된다[페체스키(petchesky,
1987)]. 어떤 면에서 여성은 절반으로 쪼개져도 모성적 기능을 보유할 수
있다. 그들의 몸은 죽음 이후에도 또 다른 개체의 생명을 유지할 수 있음이
입증된다. 여성의 개체성—이것은 벌레들이 완전한 자유주의적 개인성에
저항하는 것보다도 훨씬 더 저항적인 것처럼 보인다—이 보여 주는
이와 같은 특수한 모호성은 임신 기간 중 면역기능에 대한 설명으로
확장된다. 오래된 생의학적인 질문은 어머니는 왜 이 작은 침입자를
이물질로 거부하지 않는가라는 점이었다. 어쨌거나 배아와 태아는 일반적인
면역학 판단 기준으로 보면 '타자'로 표지될 것임이 분명하기 때문이다.
영양막이라는 특정한 태반 세포들의 자리에서 태아의 조직과 모체 조직
사이의 친밀한 접촉이 일어난다. 직관적인 판단과는 다르게, 태아 조직에
대항하여 항체를 형성함으로써 면역학적으로 태아를 끝내 거부하는
여성은 다름 아닌 '저활성(underactvie) 면역계'를 가진 여성으로 간주된다.
통상적으로 여성은 태아 영양막 위에 나타난 낯선 신호를 감추는 특수한
항체를 만들고, 그에 따라 어머니의 면역감시 체계는 태아의 존재에
맹목인 채로 남아 있게 된다. '거부반응을 일으키는' 여성들에게 그들의

'남편'이나 혹은 유전적으로 친척관계가 아닌 기증자로부터 받은 세포로
면역을 가함으로써, 여성의 면역계는 차단항체를 형성하도록 유도될 수
있다. 여성 대부분은 성교 시 '남편'의 정액으로부터 '면역화'된 결과 이런
종류의 차단항체를 형성하도록 유도되는 것처럼 보인다. 하지만 '남편'이
유전적으로 잠재적 어머니와 너무 가까우면, 일부 여성들은 그런 정액을
낯선 이물질로 인식하지 못하게 되고, 결과적으로 그들의 면역계는
차단항체를 생산하지 않으려 한다. 그렇게 되면 아이는 이물질로 인식된다.
하지만 심지어 이런 적대적 행위조차 여성을 좋은 개체로 만들어 주지
못한다. 왜냐면 그런 적대적 행위는 성교 시 자기 몸 경계로 침투한 최초의
침입에(정자의 침입을 이물질로 받아들이는 데 실패한) 적절하게 대처하지
못한 데서 비롯된 것이기 때문이다[콜라타(Kolata), 1988a, b] 이렇게
본다면 개체화에 관한 생명정치 담론은 페미니스트의 목적에 제약을 두는
것임이 꽤나 분명해 보인다!

9. 촘스키의 구조주의에 에르네가 빚지고 있음은 분명하다. 그런 만큼 총체성에
내재된 구조주의적인 접근법이 처한 곤란한 문제점 또한 마찬가지로
분명히 가지고 있다. 내가 주장하고픈 것은 지나치게 성급한 비판이 허락하는
것보다 좀 더 많은 것들을 여기서 찾아보자는 것이다. 에르네와 촘스키
각자의 내부 이미지는 동일한 인식론적 영토를 차지해 왔던 살아 있는 동물
이론과 언어이론에 관한 최초의 이론은 아니다. 푸코의 『말과 사물』(1970)를
참고하라. 『지식의 고고학』에서 푸코는 담론을 '그들이 말하는 대상을
체계적으로 형성하는 실천'(푸코, 1972)이라고 정의했다는 점을 기억해야
한다. 구조주의와 합리주의의 가족유사성에 관한 논의를 지금 당장은
피하고 싶은 것이다.

10. 에밀리 마틴은 실험실, 언론매체, 그리고 에이즈에 걸린 사람과 걸리지 않은
사람들 사이 면역 담론의 네트워크에 관한 3년짜리 현장 연구 프로젝트에
착수했다.

11. 면역 담론에서 생쥐와 '인간'은 서로 계속 연상되는데, 왜냐하면 이 형제
동물들의 몸은 면역학 실험실에서 그 특징이 가장 잘 드러나기 때문이다.
예를 들어 주요조직적합성복합체(MHC: Major Histocompatibility Complex),
즉 유전자복합체 주요한 거의 모든 면역반응 인식 사건들과 연루된
핵심적인 표면 마커들을 코드화하는 것인데, 이들은 각각의 종이 가진 특징을
잘 드러내기 때문이다. 이 복합체는 생쥐에게는 H2 자리로, 인간에게는

HLA 자리로 불린다. MHC는 무엇이 '자기'로 인식될 것인지를 코드화한다.
그런 자리(locus)는 특수성을 '제약'하는 데 핵심적으로 개입한다. 고도의
복수유전자(polygene)이자 복수대립유전자(polyallelic)인 MHC는 자기와
비-자기를 구별 짓는 주요한 체계일 수 있다. 비-자기는 '자기와의 맥락
속에서' 면역계 세포에게 제시되어야 한다. 말하자면 MHC에 의해 코드화된
표면 마커들로 연상되어야 한다. 면역반응(항체, T세포 식별 항원)에서
다른 핵심적인 행위자들의 분자구조와 더불어 MHC의 항원에 관한
비교연구는 면역글로불린 슈퍼패밀리의 개념으로 나아가도록 한다. 이
면역글로불린 슈퍼패밀리는 공통의 유전자 조상에게서 진화론적 정교화를
암시하는 확장된 서열 상동성(sequence homology)을 특징으로 한다(골럽,
1987). MHC에 관한 지식을 발전시켰던 개념적 도구와 실험실 도구들은
면역계가 형성하는 몸의 생산 장치를 이해하기 위한 소우주다. MHC에 의해
코드화되는 다양한 항원은 '공적' 혹은 '사적' 특수성을 부여하게 된다.
이 용어들은 유전적 정체성이 아니라 밀접한 유전적 유사성을 배경으로 하여
공유된 항원 대 구별하는 항원의 정도를 지칭하는 것이다. 그리하여
면역학은 유기체 커뮤니케이션 시스템의 '구별 짓는 특징들'과 흡사하게,
언어처럼 구성되는 과학으로서 접근할 수 있었다. 생물학자인 스콧
길버트는 흉선세포(T세포)가 다른 세포들에게 어떤 것이 자기이고 어떤 것이
자기가 아닌지에 관해 '교육하는' 방법과 '내성'에 관한 현재의 연구들이
'너 자신'을 알라는 명령(개인적인 커뮤니케이션)의 면역학적인 등가물이
될 수 있는지를 질문하는 데까지 발전한다. 면역학 언어를 읽는다는
것은 극도로 문자적 마음가짐과 비유적 취향 모두를 동시에 요구한다. 제니퍼
테리는 에이즈를 '비유(교훈)적(trop(olo)gical) 팬데믹'으로 검토했다(미출판
논문, USCS).

12. 면역계의 이미저(imager)들만이 군사주의 문화로부터 배우는 것은 아니다.
전략 입안자들이 비디오게임 실천과 과학소설로부터 직접적으로
배우면서 동시에 그것에 이바지하는 것과 마찬가지로, 군사주의 문화는
공생적으로 면역계 담론에 의존한다. 예를 들어《군사 평론》에서
프레더릭 티머먼(Frederick Timmerman) 대령은 이런 용어로 미래의 군대
특수 공격 병력의 엘리트 군단을 주장했다.

　　어떻게 이 체계가 작동할 것인가에 관해 기술한 가장 적절한 사례는
　　우리가 아는 가장 복잡한 생물학적 모델이다. 다시 말해 몸의

면역계다. 몸 안에서는 놀랄 정도로 복잡한 내적인 경호원들이
존재한다. 절대적인 숫자로 보자면 그런 경호원들의 숫자는 소수다.
고작 체세포의 1퍼센트 정도에 불과하다. 하지만 그들은 정찰
전문가, 킬러, 복원 전문가, 의사소통 전문가로 구성되어 있어서
침입자들을 찾고, 경보를 울리고, 신속하게 재생산하고,
적들을 격퇴하려고 무리 지어 공격한다. (…) 이런 관점에서 1986년
6월 자《내셔널지오그래픽》에는 몸의 면역계가 어떻게 기능하는가에
대한 상세한 기술이 포함되어 있다(티머먼, 1987).

참고 문헌

A

Aberle, Sophie and Corner, George W. (1953) *Twenty-five Years of Sex Research: History of the National Research Council Committee for Research on Problems of Sex, 1922–47.* Philadelphia: Saunders.

Allee, W. C. (1938) *The Social Life of Animals.* New York: Norton.

Allen, Paula Gunn (1986) *The Sacred Hoop: Recovering the Feminine in American Indian Traditions.* Boston: Beacon.

Aıtmann, Jeanne (1980) *Baboon Mothers and Infants.* Cambridge, MA: Harvard University Press.

Altmann, S. A., ed. (1967) *Social Communication among Primates.* Chicago: University of Chicago Press.

Amos, Valerie, Lewis, Gail, Mama, Amina, and Parmar, Pratibha, eds (1984) *Many Voices, One Chant: Black Feminist Perspectives, Feminist Review* 17, 118 pp.

Angyal, Andras (1941) *Foundations of a Science of Personality.* Cambridge, MA: Harvard University Press.

Ann Arbor Science for the People (1977) *Biology as a Social Weapon.* Minneapolis: Burgess.

Anzaldua, Gloria (1987) *Borderlands/La Frontera.* San Francisco: Spinsters/Aunt Lute.

Aptheker, Betina (1982) *Womans Legacy: Essays on Race, Sex, and Class in American History.* Amherst: University of Massachusetts Press.

Ardrey, Robert (1966) *Territorial Imperative.* New York: Atheneum.

—— (1970) *The Social Contract.* New York: Atheneum.

Aristotle (1979) *Generation of Animals,* A. L. Peck, trans. Loeb Classical Library, XIII. London: Heinemann.

Ashby, W. Ross (1961) *An Introduction to Cybernetics.* London: Chapman and Hall.

Athanasiou, Tom (1987) 'High-tech politics: the case of artificial intelligence', *Socialist Review* 92: 7–35.

B

Bacon, Francis (1893) *Nuvum Organum,* J. Spedding, trans. London: G. Routledge.

—— (1942) *Essays and New Atlantis.* London: Walter J. Black.

Bambara, Toni Cade (1981) *The Salt Eaters*. New York: Vintage/Random House.

Barash, D. P. (1977) *Sociobiology and Behavior*. New York: Elsevier North Holland.

—— (1979) *The Whisperings Within: Evolution and the Origin of Human Nature*. New York: Harper & Row.

Baritz, Leon (1960) *Servants of Power*. Middletown: Wesleyan University Press.

Barnes, Deborah M. (1986) 'Nervous and immune system disorders linked in a variety of diseases', *Science* 232: 160–1.

—— (1987) 'Neuroirnrnunology sits on broad research base', *Science* 237: 1568–9.

Barrett, Michele (1980) *Women's Oppression Today*. London: Verso.

Barthes, Roland (1982) 'The photographic message', in Susan Sontag, ed. *A Barthes Reader*. New York: Hill & Wang.

Baudrillard, Jean (1983) *Simulations*, P. Foss, P. Patton, P. Beitchman, trans. New York: Semiotext[e].

Bebel, August (1883) *Woman under Socialism*, D. De Leon, trans. New York: Shocken, 1971; (orig. *Women in the Past, Present and Future*, 1878).

Berger, Stewart (1985) *Dr. Berger's Immune Power Diet*. New York: New American Library.

Bethel, Lorraine and Smith, Barbara, eds (1979) *The Black Women's Issue, Conditions* 5.

Bhavnani, Kum-Kum and Coulson, Margaret (1986) 'Transforming socialist-feminism: the challenge of racism', *Feminist Review* 23: 81–92.

Bijker, Wiebe E., Hughes, Thomas, P., and Pinch, Trevor, eds (1987) *The Social Construction of Technological Systems*. Cambridge, MA: MIT Press.

Bingham, Harold C. (1928) 'Sex Development in Apes', *Comparative Psychology Monographs* 5: 1–165.

Bird, Elizabeth (1984) 'Green Revolution imperialism, I & II', papers delivered at the University of California, Santa Cruz.

Blalock, J. Edwin (1984) 'The immune system as a sensory organ', *Journal of Immunology* 132(3): 1067–70.

Bleier, Ruth (1984) *Science and Gender: A Critique of Biology and Its Themes on Women*. New York: Pergamon.

——, ed. (1986) *Feminist Approaches to Science*. New York: Pergamon.

Blumberg, Rae Lessor (1981) *Stratification: Socioeconomic and Sexual Inequality*. Boston: Brown.

—— (1983) 'A general theory of sex stratification and its application to the positions of women in today's world economy', paper delivered to Sociology Board, University of California at Santa Cruz.

Bogess, Jane (1976) 'The social behavior of the Himalayan langur (*Presbytis entellus*) in eastern Nepal', University of California, Berkeley, PhD thesis.

—— (1979) 'Troop male membership changes and infant killing in langurs (*Presbytis entellus*)' *Folia Primatologica* 32: 65–107.

—— (1980) 'Intermale relations and troop male membership changes in langurs (*Presbytis entellus*) in Nepal', *International Journal of Primatology* 1(2): 233–74.

Braverman, Harry (1974) *Labor and Monopoly Capital: The Degradation of Work in the Twentieth Century*. New York: Monthly Review.

Brewer, Maria Minich (1987) 'Surviving fictions: gender and difference in postmodern and postnucleara narrative', *Discourse* 9: 37–52.

Brighton Women and Science Group (1980) *Alice through the Microscope*. London: Virago.

Brown, Beverley and Adams, Parveen (1979) 'The feminine body and feminist politics', *m/f* 3: 35–57.

Brown, Lloyd, ed. (1981) *Women Writers of Black Africa*. Westport, CT: Greenwood Press.

Brown, Norman O. (1966) *Love's Body*. New York: Random House.

Bruner, Charlotte H., ed. (1983) *Unwinding Threads: Writing by Women in Africa*. London and Ibadan: Heinemann.

Bryan, C. D. B. (1987) *The National Geographic Society: 100 Years of Adventure and Discovery*. New York: Abrams.

Buckley, Walter, ed. (1968) *Modern Systems Research for the Behavioral Scientist*. Chicago: Aldine.

Bulkin, Elly, Pratt, Minnie Bruce, and Smith, Barbara (1984) *Yours in Struggle: Three Feminist Perspectives on Racism and Anti-Semitism*. New York: Long Haul.

Burke, Carolyn (1981) 'Irigaray through the looking glass', *Feminist Studies* 7(2): 288–306.

Burr, Sara G. (1982) 'Women and work', in Barbara K. Haber, ed. *The Women's Annual, 1981*. Boston: G.K. Hall.

Burtt, E. A. (1952) *The Metaphysical Foundations of Modern Science*. New York: Humanities.

Busch, Lawrence and Lacy, William (1983) *Science, Agriculture, and the Politics of Research*. Boulder CO: Westview.

Buss, Leo (1987) *The Evolution of Individuality*. Princeton: Princeton University Press.

Butler, Judith (1989) *Gender Trouble: Feminism and the Subversion of Identity*. New York: Routledge.

Butler, Octavia (1984) *Clay's Ark*. New York: St Martin's.

—— (1987) *Dawn*. New York: Warner.

Butler-Evans, Elliott (1987) 'Race, gender and desire: narrative strategies and the production of ideology in the fiction of Toni Cade Bambara, Toni Morrison and Alice Walker', University of California at Santa Cruz, PhD thesis.

484 영장류, 사이보그 그리고 여자

C

Caplan, Arthur L. (1978) *The Sociobiology Debate*. New York: Harper & Row.

Carby, Hazel (1987) *Reconstruaing Womanhood: The Emergence of the Afro-American Woman Novelist*. New York: Oxford University Press.

Caron, Joseph (1977) 'Animal cooperation in the ecology of W.C. Allee', paper delivered at the Joint Atlantic Seminar in the History of Biology, Montreal.

Carpenter, Clarence R. (1945) 'Concepts and problems of primate sociometry', *Sociometry* 8: 56–61.

—— (1964) *Naturalistic Behavior of Nonhuman Primates*. University Park: Pennsylvania State University Press.

—— (1972) 'The applications of less complex instructional technologies', in W. Schramm, ed. *Quality Instruaional Television*. Honolulu: East–West Center, pp. 191–205.

Chasin, Barbara (1977) 'Sociobiology: a sexist synthesis', *Science for the People* 9: 27–31.

Chevalier-Skolnikoff, Suzanne (1971) 'The female sexual response in stumptail monkeys (*Macaca speciosa*), and its broad implications for female mammalian sexuality'. Paper presented at the American Anthropological Association meetings, New York City.

—— (1974) 'Male-female, female-female, and male-male sexual behavior in the stumptail monkey, with special attention to the female orgasm', *Archives of Sexual Behavior* 3: 96–116.

—— and Poirier, F. E., eds (1977) *Primate Bio-Social Development*. New York: Garland Press.

Chicanas en el ambiente nacional (1980) *Frontiers* 5(2).

Child, Charles Manning (1928) 'Biological foundations of social integration', *Publications of the American Sociological Society* 22: 26–42.

Chodorow, Nancy (1978) *The Reproduaion of Mothering: Psychoanalysis and the Sociology of Gender*. Los Angeles: University of California Press.

Christian, Barbara (1985) *Black Feminist Criticism: Perspectives on Black Women Writers*. New York: Pergamon.

Clifford, James (1985) 'On ethnographic allegory', in James Clifford and George Marcus, eds *Writing Culture: The Poetics and Politics of Ethnography*. Berkeley: University of California Press.

—— (1988) *The Predicament of Culture: Twentieth-Century Ethnography, Literature, and Art*. Cambridge, MA: Harvard University Press.

Clyne, N. and Klynes, M. (1961) *Drugs, Space and Cybernetics. Evolution to Cyborg*. New York: Columbia University Press.

Cohen, Stanley (1976) 'Foundation officials and fellowships: innovation in the patronage of science', *Minerva* 14: 225–40.

Cohn, Carol (1987a) 'Nuclear language and how we learned to pat the bomb', *Bulletin of Atomic Scientists*, pp. 17–24.

—— (1987b) 'Sex and death in the rational world of defense intellectuals', *Signs* 12(4): 687–718.

Collingwood, R. G. (1945) *The Idea of Nature*. Oxford: Clarendon Press.

Collins, Patricia Hill (1982) 'Third World women in America', in Barbara K. Haber, ed. *The Women's Annual, 1981*. Boston: G.K. Hall.

—— (1989a) 'The social construction of Black feminist thought', *Signs* 14(4): 745–73.

—— (1989b) 'A comparison of two works on Black family life', *Signs* 14(4): 875–84.

Combaheee River Collective (1979) 'A Black feminist statement', in Zillah Eisenstein, ed. *Capitalist Patriarchy and the Case for Socialist Feminism*. New York: Monthly Review.

Committee on Science, Engineering, and Public Policy of the National Academy of Sciences, the National Academy of Medicine, and the Institute of Medicine (1983) *Research Briefings 1983*. Washington: National Academy Press.

Cooter, Roger (1979) 'The power of the body: the early nineteenth century', in Barry Barnes and Stephen Shapin, eds *Natural Order: Historical Studies of Scientific Culture*. Beverly Hills: Sage, pp. 73–96.

Cowan, Ruth Schwartz (1983) *More Work for Mother: The Ironies of Household Technology from the Open Hearth to the Microwave*. New York: Basic.

Coward, Rosalind (1983) *Patriarchal Precedents: Sexuality and Social Relations*. London: Routledge & Kegan Paul.

Cowdry, E. V., ed. (1930) *Human Biology and Racial Welfare*. New York: Hoeber.

Cravens, Hamilton (1978) *Triumph of Evolution*. Philadelphia: University of Pennsylvania Press.

Crook, J. H., ed. (1970) *Social Behavior in Birds and Mammals*. New York: Academic Press.

—— and Gartlan, J. S. (1966) 'Evolution of Primate Societies', *Nature* 210(5042): 1200–3.

D

Daston, Lorraine and Park, Katherine (n.d.) 'Hermaphrodites in Renaissance France', unpublished paper.

Davies, Carole Boyce and Graves, Anne Adams, eds (1986) *Ngambilea: Studies of Women in African Literature*. Trenton: Africa World.

Davis, Angela (1982) *Women, Race, and Class*. London: Women's Press.

Dawkins, Richard (1976) *The Selfish Gene*. Oxford: Oxford University Press.

—— (1982) *The Extended Phenotype: The Gene as the Unit of Selection*. Oxford: Oxford University Press.

de Beauvoir, Simone (1949) *Le deuxieme sexe*. Paris: Gallimard.

—— (1952) *The Second Sex*, H.M. Parshley, trans. New York: Bantam.

de Lauretis, Teresa (1984) *Alice Doesn't: Feminism, Semiotics, Cinema*. Bloomington: Indiana University Press.

—— (1985) 'The violence of rhetoric: considerations on representation and gender', *Semiotica* 54: 11–31.

—— (1986a) 'Feminist studies/critical studies: issues, terms, and contexts', in de Lauretis (1986b), pp. 1–19.

——, ed. (1986b) *Femillist Studies/Critical Studies*. Bloomington: Indiana University Press.

—— (1987) *Technologies of Gender: Essays on Theory, Film, and Fiction*. Bloomington: Indiana University Press.

—— Huyssen, Andreas, and Woodward, Kathleen, eds (1980) *The Technological Imagination: Theories and Fictions*. Madison: Coda.

de Waal, Frans (1982) *Chimpanzee Politics: Power and Sex among the Apes*. New York: Harper & Row.

Derrida, Jacques (1976) *Of Grammatology*, G.C. Spivak, trans. and introd. Baltimore: Johns Hopkins University Press.

Desowitz, Roben S. (1987) *The Immune System and How It Works*. New York: Norton.

DeVore, Irven (1962) 'The social behavior and organization of baboon troops', University of Chicago, PhD thesis.

——, ed. (1965) *Primate Behavior: Field Studies of Monkeys and Apes*. New York: Holt, Rinehart & Winston.

Dillard, Annie (1975) *Pilgrim at Tinker Creek*. New York: Bantam.

Dinnerstein, Dorothy (1977) *The Mermaid and the Minotaur: Sexual Arrangements and Human Malaise*. New York: Harper & Row.

Dolhinow, Phyllis (1972) 'The North Indian langur', in Dolhinow (1972), pp. 181–238.

——, ed. (1972) *Primate Patterns*. New York: Holt, Rinehart & Winston.

D'Onofrio-Flores, Pamela and Pfaffiin, Sheila M., eds (1982) *Scientific-Technological Change and the Role of Women in Development*. Boulder: Westview.

Douglas, Mary (1966) *Purity and Danger*. London: Routledge & Kegan Paul.

—— (1970) *Natural Symbols*. London: Cresset Press.

—— (1973) *Rules and Meanings*. Harmondsworth: Penguin.

—— (1989) 'A gentle deconstruction', *London Review of Books*, 4 May, pp. 17–18.

DuBois, Page (1982) *Centaurs and Amazons*. Ann Arbor: University of Michigan Press.

Duchen, Claire (1986) *Feminism in France from May '68 to Mitterrand*. London: Routledge & Kegan Paul.

Du Plessis, Rachel Blau (1985) *Writing beyond the Ending: Narrative Strategies of Twentieth Century Women Writers*. Bloomington: Indiana University Press.

E

Eastman, David (1958) *A Systems Analysis of Political Life*. New York: Wiley.

Eco, Umberto (1980) *Il nome della rosa*. Milano: Bompiani.

—— (1983) *The Name of the Rose*, William Weaver, trans. New York: Harcourt Brace Jovanovich.

Editors of *Questions féministes* (1980) 'Variations on some common themes', *Feminist Issues* 1(1): 3–22.

Edwards, Paul (1985) 'Border wars: the science and politics of artificial intelligence', *Radical America* 19(6): 39–52.

Eimerl, Sarei and DeVore, Irven (1965) *The Primates*. New York: Time-Life Nature Library.

Eisenstein, Zillah, ed. (1979) *Capitalist Patriarchy and the Case for Socialist Feminism*. New York: Monthly Review.

Ellis, P. E., ed. (1965) 'Social organization of animal communities', *Symposium of the Zoological Society of London* 14.

Emecheta, Buchi (1972) *In the Ditch*. London: Allison & Busby, 1979

—— (1975) *Second Class Citizen*. New York: Braziller.

—— (1976) *The Bride Price*. New York: Braziller.

—— (1977) *The Slave Girl*. New York: Braziller.

—— (1979) *The Joys of Motherhood*. New York: Braziller.

—— (1982) *Destination Biafra*. London: Allison & Busby, 1982; Glasgow: William Collins & Sons, Fontana African Fiction, 1983.

—— (1983a) *Double Yoke*. New York: Braziller; London and Ibuza: Ogwugwu Afor.

—— (1983b) *The Rape of Shavi*. London and Ibuza: Ogwugwu Afor, 1983; New York: Braziller, 1985.

Emerson, A. E. (1954) 'Dynamic homeostasis, a unifying principle in organic, social, and ethical evolution', *Scientific Monthly* 78: 67–85.

Emery, F. E., ed. (1969) *Systems Thinking*. New York: Penguin.

Engels, Frederick (1884) *The Origins of the Family, Private Property and the State*, Eleanor B. Leacock, trans. New York: International, 1972.

—— (1940) *Dialectics of Nature*, Clemens Dutt, trans. and ed. New York: International.

Enloe, Cynthia (1983a) 'Women textile workers in the militarization of Southeast Asia', in Nash and Fernandez-Kelly (1983), pp. 407–25.

—— (1983b) *Does Khaki Become You? The Militarization of Women's Lives*. Boston: South End.

Epstein, Barbara (forthcoming) *Political Protest and Cultural Revolution: Nonviolent Direct Action in the Seventies and Eighties*. Berkeley: University of California Press.

Escoffier, Jeffrey (1985) 'Sexual revolution and the politics of gay identity', *Socialist Review* 82/83: 119–53.

Evans, Mari, ed. (1984) *Black Women Writers: A Critical Evaluation*. Garden City, NY: Doubleday/Anchor.

F

Farley, Michael (1977) 'Formations et transformations de la synthese ecologique aux EtatsUnis, 1949–1971', L'Institut d'Histoire et de Sociopolitique des Sciences, Universite de Montreal, Master's thesis.

Fausto-Sterling, Anne (1985) *Myths of Gender: Biological Theories about Women and Men*. New York: Basic.

Fedigan, Linda Marie (1982) *Primate Paradigms: Sex Roles and Social Bonds*. Montreal: Eden Press.

Fee, Elizabeth (1986) 'Critiques of modem science: the relationship of feminism to other radical epistemologies', in Ruth Bleier, ed. *Feminist Approaches to Science*. New York: Pergamon, pp. 42–56.

Feminisms in the Non-Western World (1983) *Frontiers* 7.

Fernandez-Kelly, Maria Patricia (1983) *For We Are Sold, I and My People*. Albany: State University of New York Press.

Firestone, Shulamith (1970) *Dialectic of Sex*. New York: Morrow.

Fisher, Dexter, ed. (1980) *The Third Woman: Minority Women Writers of the United States*. Boston: Houghton Mifflin.

Flax, Jane (1983) 'Political philosophy and the patriarchal unconscious: a psychoanalytic perspective on epistemology and metaphysics', in Harding and Hintikka (1983), pp. 245–82.

—— (1987) 'Postmodernism and gender relations in feminist theory', *Signs* 12(4): 621–43.

Ford, Barbara (1976, May) 'Murder and mothering among the sacred monkeys', *Science Digest*, pp. 23–32.

Fosdick, Raymond (1952) *The Story of the Rockefoller Foundation*. New York: Harper & Row.

Foucault, Michel (1963) *The Birth of the Clinic: An Archaeology of Medical Perception*, A.M. Smith, trans. New York: Vintage, 1975.

—— (1970) *The Order of Thing*, New York: Random House.

—— (1972) *The Archaeology of Knowledge*, Alan Sheridan, trans. New York: Pantheon.

—— (1975) *Discipline and Punish: The Birth of the Prison*, Alan Sheridan, trans. New York: Vintage, 1979.

—— (1976) *The History of Sexuality*, Vol. I: *An Introduction*, Robert Hurley, trans. New York: Pantheon, 1978.

Fox, Robin (1967) 'In the beginning', *Man* 2: 415–33.

Frankenberg, Ruth (1988) 'The social construction of whiteness', University of California at Santa Cruz, PhD thesis.

Fraser, Kathleen (1984) *Something. Even Human Voices. In the Foreground, a Lake*. Berkeley, CA: Kelsey St Press.

French Feminism, special issue (Autumn 1981) *Signs* 7(1).

Freud, Sigmund (1930) *Civilization and Its Discontents*. New York: Norton, 1962.

Frisch, J. E. (1959) 'Research on primate behavior in Japan', *American Anthropologist* 61: 584–96.

Fuentes, Annette and Ehrenreich, Barbara (1983) *Women in the Global Factory*. Boston: South End.

G

Gallop, Jane (1982) *The Daughters Seduction: Feminism and Psychoanalysis*. New York: Macmillan.

Gates, Henry Louis (1985) 'Writing "race" and the difference it makes', in *'Race', Writing, and Difference*, special issue, *Critical Inquiry* 12(1): 1–20.

Ghiselin, Michael T. (1974) *The Economy of Nature and the Evolution of Sex*. Berkeley: University of California Press.

Giddings, Paula (1985) *When and Where I Enter: The Impact of Black Women on Race and Sex in America*. Toronto: Bantam.

Gilbert, Sandra M. and Gubar, Susan (1979) *The Madwoman in the Attic: The Woman Writer and the Nineteenth-Century Literary Imagination*. New Haven, CT: Yale University Press.

Gilligan, Carol (1982) *In a Different Voice*. Cambridge, MA: Harvard University Press.

Goldman, Emma (1931) *Living my life*. New York: Knopf.

Goleman, Daniel (1987) 'The mind over the body', *New York Times Sunday Magazine*, 27 September, pp. 36–7, 59–60.

Golub, Edward S. (1987) *Immunology: A Synthesis*. Sunderland, MA: Sinauer Associates.

Goodall, Jane (1971) *In the Shadow of Man*. Boston: Houghton Mifflin.

Gordon, Linda (1976) *Women's Body, Women's Right: A Social History of Birth Control in America*. New York: Viking.

—— (1988) *Heroes of Their Own, Lives. The Politics and History of Family Violence, Boston 1880–1960*. New York: Viking Penguin.

Gordon, Richard (1983) 'The computerization of daily life, the sexual division of labor, and the homework economy', Silicon Valley Workshop conference, University of California at Santa Cruz.

—— and Kimball, Linda (1985) 'High-technology, employment and the challenges of education', Silicon Valley Research Project, Working Paper, no. 1.

Gould, Stephen J. (1981) *Mismeasure of Man*. New York: Norton.

Gray, J. S. (1963) 'A physiologist looks at engineering', *Science* 140: 461–4.

Gregory, Judith and Nussbaum, Karen (1982) 'Race against time: automation of the office', *Office: Technology and People* 1: 197–236

Gregory, Michael, Silver, Anita, and Sutch, Diane, eds (1978) *Sociobiology and Human Nature: An Interdisciplinary Critique and Defense*. San Francisco: Jossey-Bass.

Gresham, Jewell Handy (1989) 'The scapegoating of the black family in America', *The Nation*, 24–31 July, pp. 116–22.

Griffin, Susan (1978) *Woman and Nature: The Roaring Inside Her*. New York: Harper & Row.

Grossman, Rachel (1980) 'Women's place in the integrated circuit', *Radical America* 14(1): 29–50.

H

Haas, Violet and Perucci, Carolyn, eds (1984) *Women in Scientific and Engineering Professions*. Ann Arbor: University of Michigan Press.

Habermas, Jurgen (1970) *Toward a Rational Society: Student Protest, Science, and Politics*. Boston: Beacon.

Hacker, Sally (1981) 'The culture of engineering: women, workplace, and machine', *Women's Studies International Quarterly* 4(3): 341–53.

—— (1984) 'Doing it the hard way: ethnographic studies in the agribusiness and engineering classroom', paper delivered at the California American Studies Association, Pomona.

—— and Bovit, Liza (1981) 'Agriculture to agribusiness: technical imperatives and changing roles', paper delivered at the Society for the History of Technology, Milwaukee.

Hall, Diana Long (1974) 'Biology, sex hormones and sexism In the 1920s', *Philosophical Forum* 5: 81–96.

Hall, K. R. L. and DeVore, Irven (1972) 'Baboon social behavior', in Dolhinow (1972), pp. 125–80.

Haller, J. S. (1971) *Outcasts from Evolution*. Urbana: Illinois University Press.

Hamilton, G. V. (1929) *A Research in Marriage*. New York: Boni.

Hamilton, W. D. (1964) 'The genetical theory of social behaviour, I, II', *Journal of Theoretical Biology* 7: 1–52 .

Haraway, Donna J. (1978a) 'Animal sociology and a natural economy of the body politic, part I: a political physiology of dominance', *Signs* 4(1): 21–36. (This vol. pp. 7–20.)

—— (1978b) 'Animal sociology and a natural economy of the body politic, part II: the past is the contested zone: human nature and theories of production and reproduction in primate behavior studies', *Signs* 4(1): 37–60. (This vol. pp. 21–42.)

—— (1979) 'The biological enterprise: sex, mind, and profit from human engineering to sociobiology', *Radical History Review* 20: 206–37. (This vol. pp. 43–68.)

—— (1981–82) 'The high cost of infortnation in post-World War II evolutionary biology', *Philosophical Forum* 13(2–3): 244–78.

—— (1983) 'Signs of dominance: from a physiology to a cybernetics of primate society', *Studies in History of Biology* 6: 129–219.

—— (1984) 'Class, race, sex, scientific objects of knowledge: a socialist-feminist perspective on the social construction of productive knowledge and some political consequences', in Violet Haas and Carolyn Perucci (1984), pp. 212–29.

—— (1984–5) 'Teddy bear patriarchy: taxidermy in the Garden of Eden, New York City, 1908–36', *Social Text* 11: 20–64.

—— (1985) 'Manifesto for cyborgs: science, technology, and socialist feminism in the 1980s', *Socialist Review* 80: 65–108. (This vol. pp. 149–81.)

—— (1989a) 'Review of A. Ong, *Spirits of Resistance and Capitalist Discipline*', *Signs* 14(4): 945–7.

—— (1989b) *Primate Visions: Gender, Race, and Nature in the World of Modern Science*. New York: Routledge.

Harding, Sandra (1978) 'What causes gender privilege and class privilege?', paper presented at the American Philosophical Association.

—— (1983) 'Why has the sex/gender system become visible only now?', in Harding and Hintikka (1983), pp. 311–24.

—— (1986) *The Science Question in Feminism*. Ithaca: Cornell University Press.

—— and Hintikka, Merill, eds (1983) *Discovering Reality: Feminist Perspectives on Epistemology, Metaphysics, Methodology, and Philosophy of Science*. Dordrecht: Reidel.

Hartmann, Heidi (1981) 'The unhappy marriage of marxism and feminism', in Sargent (1981), pp. 1–41.

Hartsock, Nancy (1983a) 'The feminist standpoint: developing the ground for a specifically feminist historical materialism', in Harding and Hintikka (1983), pp. 283–310.

—— (1983b) *Money, Sex, and Power*. New York: Longman; Boston: Northeastern University Press, 1984.

—— (1987) 'Rethinking modernism: minority and majority theories', *Cultural Critique* 7: 187–206.

Haug, Frigga, ed. (1980) *Frauenformen: Alltagsgeschichten und Entwurf einer Theorie weiblicher Sozialisation*. Berlin: Argument Sonderband 45.

—— (1982) 'Frauen und Theorie', *Das Argument* 136(11/12).

——, et al. (1983) *Sexualisierung: Frauenformen 2*. Berlin: Argument-Verlag.

——, et al. (1987) *Female Sexualization: A Collective Work of Memory*. London: Verso.

Haug, Wolfgang Fritz and others, eds (forthcoming) *Marxistisches Worterbuch*. Berlin: Argument-Verlag.

Hayes, Dennis (1987) 'Making chips with dust-free poison', *Science as Culture* 1: 89–104.

Hayles, Katherine (1984) *The Cosmic Web: Scientific Field Models and Literary Strategies in the Twentieth Century*. Cornell University Press.

—— (1987a) 'Text out of context: situating postmodernism within an information society', *Discourse* 9: 14–36.

—— (1987b) 'Denaturalizing experience: postmodern literature and science', abstract, meetings of the Society for Literature and Science, 8–11 October, Worcester Polytechnic Institute.

Heidegger, Martin (1970) *The Question Concerning Technology and Other Essays*. New York: Harper & Row.

Henderson, Lawrence J. (1935) *Pareto's General Sociology: A Physiologist's Interpretation*. Cambridge, MA: Harvard University Press.

Henry, Alice (1981, January) 'Review of *The Woman That Never Evolved*', *Off Our Backs*, pp. 18–19.

Herschberger, Ruth (1948) *Adam's Rib*. New York: Pellegrine & Cudhay.

Heyl, Barbara (1968) 'The Harvard Pareto circle', *Journal of the History of Behavioral Sciences* 4: 316–34.

Hilgard, Ernest R. (1965) 'Robert Mearns Yerkes', *Biographical Memoirs of the National Academy of Sciences* 38: 384–425.

Hillis, W. Daniel (1988) 'Intelligence as an emergent behavior; or, the songs of Eden', *Daedalus*, winter, pp. 175–89.

Hogness, E. Rusten (1983) 'Why stress? A look at the making of stress, 1936–56', unpublished paper available from the author, 4437 Mill Creek Rd, Healdsburg, CA 95448.

hooks, bell (1981) *Ain't I a Woman*. Boston: South End.

—— (1984) *Feminist Theory: From Margin to Center*. Boston: South End.

Hooton, E. A. (1931) *Up from the Ape*. New York: Macmillan.

—— (1941) *Man's Poor Relations*. New York: Doubleday.

Hrdy, Sarah Blaffer (1975) 'Male and female strategies of reproduction among the langurs of Abu', Harvard University, PhD thesis.

—— (1977) *The Langurs of Abu: Female and Male Strategies of Reproduaion*. Cambridge, MA: Harvard University Press.

—— (1981) *The Woman That Never Evolved*. Cambridge, MA: Harvard University Press.

—— and Williams, George C. (1983) 'Behavioral biology and the double standard', in Sam Wasser, ed. *Female Social Behavior*. New York: Academic Press, pp. 3–17.

Hubbard, Ruth and Lowe, Marian, eds (1979) *Genes and Gender*, vol. 2, *Pitfalls in Research on Sex and Gender*. Staten Island: Gordian Press.

Hubbard, Ruth, Henifin, Mary Sue, and Fried, Barbara, eds (1979) *Women Look at Biology Looking at Women: A Collection of Feminist Critiques*. Cambridge, MA: Schenkman.

——, eds (1982) *Biological Woman, the Convenient Myth*. Cambridge, MA: Schenkman.

Hull, Gloria, Scott, Patricia Bell, and Smith, Barbara, eds (1982) *All the Women Are White, All the Men Are Black, But Some of Us Are Brave*. Old Westbury: The Feminist Press.

Hurtado, Aida (1989) 'Relating to privilege: seduction and rejection in the subordination of white women and women of color', *Signs* 14(4): 833–55.

Hutchinson, G. Evelyn (1978) *An Introduction to Population Ecology*. New Haven: Yale Univesity Press.

I

Illich, Ivan (1982) *Gender*. New York: Pantheon.

International Fund for Agricultural Development (1985) *IFAD Experience Relating to Rural Women, 1977–84*. Rome: IFAD, 37.

Irigaray, Luce (1977) *Ce sexe qui n'en est pas un*. Paris: Minuit.

—— (1979) *Et l'une ne bouge pas sans l'autre*. Paris: Minuit.

J

Jacob, Francois (1974) *Logic of Life*, Betty Spillman, trans. New York: Pantheon.

Jaggar, Alison (1983) *Feminist Politics and Human Nature*. Totowa, NJ: Roman & Allenheld.

Jameson, Fredric (1984) 'Post-modernism, or the cultural logic of late capitalism', *New Left Review* 146: 53–92.

—— (1986) 'Third World literature in the era of multinational capitalism', *Social Text* 15: 65–88.

Jaret, Peter (1986) 'Our immune system: the wars within', *National Geographic* 169(6): 701–35.

—— and Mizel, Steven B. (1985) *In Self-Defense*. New York: Harcourt Brace Jovanovich.

Jay, Phyllis (1962) 'Aspects of maternal behavior among langurs', *Annals of the New York Academy of Sciences* 102: 468–76.

—— (1963a) 'The social behavior of the langur monkey', University of Chicago, PhD thesis.

—— (1963b) 'The Indian langur monkey (*Presbytis entellus*)', in C.H. Southwick, ed. *Primate Social Behavior*. Princeton: Van Nostrand, pp. 114–23.

—— (1965) 'The common langur of north India', in DeVore (1965), pp. 197–249.

Jerne, Niels K. (1985) 'The generative grammar of the immune system', *Science* 229: 1057–9.

Jordanova, Ludmilla, ed. (1987) *Languages of Nature*. London: Free Association Books.

Joseph, Gloria and Lewis, Jill (1981) *Common Differences*. New York: Anchor.

Judson, Horace Freeland (1979) *The Eighth Day of Creation*. New York: Simon & Schuster.

K

Kahn, Douglas and Neumaier, Diane, eds (1985) *Cultures in Contention*. Seattle: Real Comet.

Kanigel, Robert (1986) 'Where mind and body meet', *Mosaic* 17(2): 52–60.

—— (1987) 'The genome project', *New York Times Sunday Magazine* 13 December, pp. 44, 98–101, 106.

Kaplan, Caren (1986–7) 'The politics of displacement in Buenos Aires'; *Discourse* 8: 84–100.

—— (1987a) 'The poetics of displacement: exile, immigration, and travel in contemporary autobiographical writing', University of California at Santa Cruz, PhD thesis.

—— (1987b) 'Deterritorializations: the rewriting of home and exile in Western feminist discourse', *Cultural Critique* 6: 187–98.

Keller, Evelyn Fox (1983) *A Feeling for the Organism*. San Francisco: Freeman.

—— (1985) *Reflections on Gender and Science*. New Haven: Yale University Press.

—— (1987) 'The gender/science system: or, is sex to gender as nature is to science?', *Hypatia* 2(3): 37–49.

—— (1990) 'From secrets of life to secrets of death', in M. Jacobus, E.F. Keller, and S. Shuttleworth, eds *Body/Politics: Women and the Discourses of science*. New York: Roudedge, pp. 177–91.

—— and Grontkowski, Christine (1983) 'The mind's eye', in Harding and Hintikka (1983), pp. 207–24.

Kessler, Suzanne and McKenna, Wendy (1978) *Gender: An Ethnomethodological Approach*. Chicago: University of Chicago Press.

Kevles, Daniel (1968) 'Testing the army's intelligence: psychologists and the military in World War I', *Journal of American History* 55: 565–81.

King, Katie (1984) 'The pleasure of repetition and the limits of identification in feminist science fiction: reimaginations of the body after the cyborg', paper delivered at the California American Studies Association, Pomona.

—— (1986) 'The situation of lesbianism as feminism's magical sign: contests for meaning and the U.S. women's movement, 1968–71', *Communication* 9(1): 65–92.

—— (1987a) 'Canons without innocence', University of California at Santa Cruz, PhD thesis.

—— (1987b) *The Passing Dreams of Choice . .. Once Before and After: Andre Lorde and the Apparatus of Literary Production*, book prospectus, University of Maryland at College Park.

—— (1987c) 'Prospectus for research on feminism and writing technologies', University of Maryland af College Park.

—— (1988) 'Audre Lorde's lacquered layerings: the lesbian bar as a site of literary production', *Cultural Studies* 2(3): 321–42.

—— (forthcoming) 'Producing sex, theory, and culture: gay/straight remappings in contemporary feminism', in Marianne Hirsch and Evelyn Keller, eds, *Conflicts in Feminism.*

Kingston, Maxine Hong (1976) *The Woman Warrior.* New York: Knopf.

—— (1977) *China men.* New York: Knopf.

Klein, Hilary (1989) 'Marxism, psychoanalysis, and mother nature', *Feminist Studies* 15(2): 255–78.

Klein, Jan (1981) *Immunology: The Science of Non-Self Discrimination.* New York: WileyInterscience.

Knorr-Cetina, Karin (1981) *The Manufacture of Knowledge.* Oxford: Pergamon.

—— and Muikay, Michael, eds (1983) *Science Observed: Perspectives on the Social Study of Science.* Beverly Hills: Sage.

Kohler, Robert (1976) 'The management of science: the experience of Warren Weaver and the Rockefeller Foundation Programme in Molecular Biology', *Minerva* 14: 279–306.

Kolata, Gina (1988a) 'New treatments may aid women who have miscarriages', *The New York Times* 5 January, p. c3.

—— (1988b) 'New research yields clues in fight against autoimmune disease', *The New York Times*, 19 January, p. c3.

Kollontai, Alexandra (1977) *Selected Writings.* London: Allison & Busby.

Koshland, D. E., Jr, ed. (1986) *Biotechnology: The Renewable Frontier.* Washington: American Association for the Advancement of Science.

Kramarae, Cheris and Treichler, Paula (1985) *A Feminist Dictionary.* Boston: Pandora.

Kroeber, A. L. (1917) 'The super-organic', *American Anthropologist* 19: 163–213.

Kropotkin, Peter (1902) *Mutual Aid.* London: Heinemann.

Kuhn, Annette (1978) 'Structures of patriarchy and capital in the family', in Kuhn and Wolpe (1978), pp. 42–67.

—— (1982) *Women's Pictures: Feminism and Cinema.* London: Routledge & Kegan Paul.

—— and Wolpe, AnnMarie, eds (1978) *Feminism and Materialism.* London: Routledge & Kegan Paul.

Kummer, Hans (1968) *Social Organization of Hamadryas Baboons.* Chicago: University of Chicago Press.

L

Labica, Georges and Benussen, Gerard, eds (1985) *Dictionnaire Critique du Marxism*, 8 vols. Paris: Presses Universitaires de France.

Lancaster, Jane (1967) 'Primate communication systems and the emergence of human language', University of California at Berkeley, PhD thesis.

—— (1968) 'On the evolution of tool using behavior', *American Anthropologist* 70: 56–66.

—— (1971) 'Play mothering: the relations between juveniles and young infants among free-ranging vervet monkeys (*Cercopithecus aethiops*)', *Folia Primatoligica* 15: 161–82.

—— (1973) 'In praise of the achieving female monkey', *Psychology Today*, September, pp. 30–6, 90 .

—— (1975) *Primate Behavior and the Emergence of Human Culture*. New York: Holt, Rinehart & Winston.

—— (1978) 'Carrying and sharing in human evolution', *Human Nature*, February, pp. 82–9.

—— (1979) 'Sex and gender in evolutionary perspective', in H.A. Katchadourian, ed. *Human Sexuality: A Comparative and Developmental Perspective*. Los Angeles: University of California Press, pp. 51–80.

—— and Lee, Richard (1965) 'The annual reproductive cycle in monkeys and apes', in DeVore (1965), pp. 486–513.

Lange, Bernd-Peter and Stuby, Anna Marie, eds (1984) *1984*. Berlin: Argument Sonderband 105.

Lasswell, H. D. and Kaplan, Abraham (1950) *Power and Society*. New Haven: Yale University Press.

Latour, Bruno (1984) *Les microbes, guerre et paix, suivi des irréductions*. Paris: Métailié.

—— (1988) *The Pasteurization of France, followed by Irreductions: A Politico-Scientific Essay*. Cambridge, MA: Harvard University Press.

—— and Woolgar, Steve (1979) *Laboratory Life: The Social Construction of Scientific Facts*. Beverly Hills: Sage.

Leacock, Eleanor (1972) 'Introduction', in Frederick Engels, *Origin of the Family, Private Property, and the State*. New York: International.

Lem, Stanislav (1964) *Summa technologiae*. Cracow: Wydawnictwo Literackie.

Lerner, Gerda, ed. (1973) *Black Women in White America: A Documentary History*. New York: Vintage.

Lettvin, J. Y., Maturana, H.R., McCulloch, W.S., and Pitts, W.H. (1959) 'What the frog's eye tells the frog's brain', *Proceedings of the Institute of Radio Engineers* 47: 1940–51.

Levi-Strauss, Claude (1971) *Tristes Tropiques*, John Russell, trans. New York: Atheneum.
Lewontin, R.C., Rose, Steven, and Kamin, Leon J. (1984) *Not in Our Genes: Biology; Ideology, and Human Nature*. New York: Pantheon.

Lilienfeld, Robert (1978) *The Rise of Systems Theory*. New York: Wiley.

Lindberg, Donald (1967) 'A field study of the reproductive behavior of the rhesus monkey', University of California at Berkeley, PhD thesis.

Linden, Robin Ruth (1981) 'The social construction of gender: a methodological analysis of the gender identity paradigm', University of California at Santa Cruz, Sociology Board, Bachelor of Arts senior essay.

Linnaeus, Carl (1758) *Systema naturae per regna tria naturae, secundum classes, ordines, genera, species, cum characteribus, differentiis, synonymis, locis*, 10th edn. Holmiae: Laurentii Salvi.

—— (1972) *L'équilibre de la nature*, Bernard Jasmin, trans., Camille Limoges, intro. and notes. Paris: Librairie Philosophique J. Urin.

Lloyd, G. E. R. (1968) *Aristotie: The Growth of His Thought*. Cambridge: Cambridge University Press.

Locke, Steven E. and Hornig-Rohan, Mady (1983) *Mind and Immunity: Behavioral Immunology, An Annotated Bibliography, 1976–82*. New York: Institute for the Advancement of Health.

Lorde, Audre (1982) *Zami, a New Spelling of My Name*. Trumansberg, NY: Crossing, 1983.

—— (1984) *Sister Outsider*. Trumansberg, NY: Crossing.

Lovejoy, Owen (1981) 'The origin of man', *Science* 211: 341–50.

Lowe, Lisa (1986) 'French literary Orientalism: The representation of "others" in the texts of Montesquieu, Flaubert, and Kristeva', University of California at Santa Cruz, PhD thesis.

Lowe, Marian and Hubbard, Ruth, eds (1983) *Womans Nature: Rationalizations of Inequality*. New York: Pergamon.

M

MacArthur, R. H. and Wilson, E. O. (1967) *The Theory of Island Biogeography*. Princeton: Princeton University Press.

McCaffrey, Anne (1969) *The Ship Who Sang*. New York: Ballantine.

MacCormack, Carol (1977) 'Biological events and cultural control', *Signs* 3: 93–100.

—— and Strathern, Marilyn, eds (1980) *Nature, Culture, Gender*. Cambridge; Cambridge University Press.

Mackey, Nathaniel (1984) 'Review', *Sulfur* 2: 200–5.

MacKinnon, Catherine (1982) 'Feminism, marxism, method, and the state: an agenda for theory', *Signs* 7(3): 515–44.

—— (1987) *Feminism Unmodified: Discourses on Life and Law*. Cambridge, MA: Harvard University Press.

McLeUan, Vin (1988) 'Computer systems under siege', *New York Times* 31 January, Sec. 3: 1, 8.

Malamud, Bernard (1982) *God's Grace*. New York: Farrar Straus Giroux.

Malthus, Thomas Robert (1798) *An Essay on the Principle of Population*. New York: Norton, 1976.

Mani, Lata (1987) 'The construction of women as tradition in early nineteenth-century Bengal', *Cultural Critique* 7: 119–56.

Many Voices, One Chant: Blade Feminist Perspectives (1984) *Feminist Review* 17, special issue.

Marcuse, Herbert (1964) *One-Dimensional Man: Studies in the Ideology of Advanced Industrial Society*. Boston: Beacon.

Markoff, John and Siegel, Lenny (1983) 'Military micros', paper presented at Silicon valley Research Project conference, University of California at Santa Cruz.

Marks, Elaine and de Courtivron, Isabelle, eds (1980) *New French Feminisms*. Amherst: University of Massachusetts Press.

Marrack, Philippa and Kappler, John (1987) 'The T cell receptor', *Science* 238: 1073–9.

Marshall, Eliot (1986) 'Immune system theories on trial', *Science* 234: 1490–2.

Marx, Eleanor and Aveling, E. (1885–6) *The Woman Question*. London: Swann & Sonnenschein.

Marx, Karl (1964a) *Capital* vol. 1. New York: International.

—— (1964b) *The Economic and Philosophic Manuscripts of 1844*. New York: International.

—— (1972) *The Ethnological Notebooks of Karl Marx*, Laurence Krader, trans. and ed. Assen: Van Gorcum.

—— and Engels, Frederick (1970) *The German Ideology*. London: Lawrence & Wishart.

Marxist-Feminist Literature Collective (1978) 'Women's writing', *Ideology and Consciousness* 1(3): 27–48.

May, Mark A. and Doob, Leonard W. (1937) *Competition and Cooperation*. New York: Social Science Research Council.

Mayo, Elton (1933) *The Human Problems of Industrial Civilization*. New York: Macmillan.

Mead, Margaret (1935) *Sex and Temperament in Three Primitive Societies*. New York: Morrow.

—— (1937) *Cooperation and Competition among Primitive Peoples*. New York: McGraw-Hili.

Merchant, Carolyn (1980) *The Death of Nature: Women, Etology, and the Scientific Revolution*. New York: Harper & Row.

Mesarovic, M. D., ed. (1968) *Systems Theory and Biology*. New York: Springer-Verlag.

Microelectronics Group (1980) *Microelearonics: Capitalist Technology and the Working Class*. London: CSE.

Miles, C. C. and Terman, Lewis (1929) 'Sex difference in association of ideas', *American Journal of Psychology* 41: 165–206.

Mitchell, Juliet (1966) 'Women: the longest revolution', *New Left Review* 40: 11–37.
—— (1971) *Women's Estate*. New York: Pantheon.
—— and Oakley, Ann, eds (1986) *What Is Feminism? A Re-examination*. New York: Pantheon.
Mohanty, Chandra Talpade (1984) 'Under western eyes: feminist scholarship and colonial discourse', *Boundary* 2, 3 (12/13): 333–58.
—— (1988) 'Feminist encounters: locating the politics of experience', *Copyright* 1: 30–44.
Moi, Toril (1985) *Sexual/Textual Politics*. New York: Methuen.
Money, John and Ehrhardt, Anke (1972) *Man and Woman, Boy and Girl*. New York: New American Library, 1974.
Moraga, Cherrie (1983) *Loving in the War Years: lo que nunca paso por sus labios*. Boston: South End.
—— and Anzaldua, Gloria, eds (1981) *This Bridge Called My Back: Writings by Radical Women of Color*. Watertown: Persephone.
Morawski, J. G. (1987) 'The troubled quest for masculinity, femininity and androgyny', *Review of Personality and Social Psychology* 7: 44–69.
Morgan, Elaine (1972) *The Descent of Woman*. New York: Stein & Day.
Morgan, Robin, ed. (1984) *Sisterhood Is Global*. Garden City, NY: Anchor/Doubleday.
Morris, C. W. (1938) *Foundation of the Theory of Signs*. Chicago: University of Chicago Press.
Moss, Cynthia (1975) *Portraits in the Wild*. Boston: Houghton Mifflin.
Mouffe, Chantal (1983) 'The sex-gender system and the discursive construction of women's subordination', *Rethinking Ideology*. Berlin: Argument Sonderband 84.
Murrell, K. F. H. (1965) *Ergonomics: Man in His Working Environment*. London: Chapman and Hall.

N

Nash, June and Fernandez-Kelly, Maria Patricia, eds (1983) *Women and Men and the International Division of Labor*. Albany: State University of New York Press.
Nash, Roderick (1979) 'The exporting and importing of nature: nature-appreciation as a commodity, 1850–1980', *Perspectives in American History* 3: 517–60.
National Science Foundation (1988) *Women and Minorities in Science and Engineering*. Washington: NSF.
Nicholas, Robin (1985) *Immunology: An Information Profile*. London: Mansell.
Nilsson, Lennart (1977) *A Child Is Born*. New York: Dell.
—— (1987) *The Body Victorious: The Illustrated Story of our Immune System and Other Defenses of the Human Body*. New York: Delacorte.
Noble, David F. (1977) *America by Design: Science, Technology and the Rise of Corporate Capitalism*. New York: Knopf.

O

O'Brien, Mary (1981) *The Politics of Reproduction*. New York: Routledge & Kegan Paul.

Odum, E. P. (1955, 1959, 1971) *Fundamentals of Ecology*, 3 edns. Philadelphia: Saunders.

—— (1977) 'The emergence of ecology as a new integrative discipline', *Science* 195: 1289–93.

Ogunyemi, Chickwenye Okonjo (1983) 'The shaping of a self: a study of Buchi Emecheta's novels', *Komparatistische Hefte* 8: 65–77.

—— (1985) 'Womanism: the dynamics of the contemporary Black female novel in English', *Signs* 11(1): 63–80.

On Technology (1987) *Discourse* 9, special issue on Cybernetics, Ecology and the Postmodern Imagination.

Ong, Aihwa (1987) *Spirits of Resistance and Capitalist Discipline: Factory Workers in Malaysia*. Albany: State University of New York Press.

—— (1988) 'Colonialism and modernity: feminist representations of women in non-western societies', *Inscriptions* 3/4: 79–93.

Ong, Walter (1982) *Orality and Literacy: The Technologizing of the Word*. New York: Methuen.

Optner, Stanford L., ed. (1973) *Systems Analysis*. Baltimore: Penguin.

Ortner, Sherry B. (1974) 'Is female to male as narure is to culture?', in Rosaldo and Lamphere (1974), pp. 67–87.

—— and Whitehead, Harriet, eds (1981) *Sexual Meanings: The Cultural Construction of Gender and Sexuality*. Cambridge: Cambridge University Press.

P

Park, Katherine and Daston, Lorraine. J. (1981) 'Unnatural conceptions: the study of monsters in sixteenth- and seventeenth-century France and England', *Past and Present* 92: 20–54.

Parsons, Talcott (1970) 'On building social system theory: a personal history', *Daedalus* 99(4): 826–81.

Perloff, Marjorie (1984) 'Dirty language and scramble systems', *Sulfur* 11: 178–83.

Petchesky, Rosalind Pollack (1981) 'Abortion, anti-feminism and the rise of the New Right', *Feminist Studies* 7(2): 206–46.

—— (1987) 'Fetal images: the power of visual culrure in the politics of reproduction', *Feminist Studies* 13(2): 263–92.

Peterfreund, Emanuel and Schwartz, J.T. (1966) *Information, Systems, and Psychoanalysis*. New York: McGraw-Hill.

Piercy, Marge (1976) *Woman on the Edge of Time*. New York: Knopf.

Piven, Frances Fox and Coward, Richard (1982) *The New Class War: Reagan's Attack on the Welfare State and Its Consequences*. New York: Pantheon.

Playfair, J. H. L. (1984) *Immunology at a Glance*, 3rd edn. Oxford: Blackwell.

Porush, David (1985) *The Soft Machine: Cybernetic Fiction*. New York: Methuen.

—— (1987) 'Reading in the servo-mechanical loop', *Discourse* 9: 53–62.

Potter, Van Rensselaer (1971) *Bioethics, Bridge to the Future*. Englewood Cliffs: Prentice-Hall.

Preston, Douglas (1984) 'Shooting in paradise', *Natural History* 93(12): 14–19.

Pugh, D. S., ed. (1971) *Organization Theory*. New York: Penguin.

Pynchon, Thomas (1974) *Gravity's Rainbow*. New York: Bantam.

R

Reagon, Bernice Johnson (1983) 'Coalition politics: turning the century', in Smith (1983) pp. 356–68.

Redfield, Robert, ed. (1942) *Levels of Integration in Biological and Social Systems*. Lancaster, PA: Cattell.

Reed, James (1978) *From Private Vice to Public Virtue: The Birth Control Movement and American Society since 1830*. New York: Basic.

Reiter, Rayna Rapp, ed. (1975) *Toward an Anthropology of Women*. New York: Monthly Review.

Reskin, Barbara F. and Hartmann, Heidi, eds (1986) *Women's Work, Men's Work*. Washington: National Academy of Sciences.

Rich, Adrienne (1978) *The Dream of a Common Language*. New York: Norton.

—— (1980) 'Compulsory heterosexuality and lesbian existence', *Signs* 5(4): 631–60.

—— (1986) 'Notes toward a politics of location', in *Blood, Bread, and Poetry: Selected Prose, 1979–85*, pp. 210–31. New York: Norton.

Ripley, Suzanne (1965) 'The ecology and social behavior of the Ceylon grey langur (*Presbytis entellus thersites*)', University of California, Berkeley, PhD thesis.

—— (1980) 'Infanticide in langurs and man: adaptive advantage or social pathology?', in M.N. Cohen, R.S. Malpass, and H.G. Klein, eds *Biosocial Mechanisms of Population Regulation*. New Haven: Yale University Press, pp. 349–90.

Roberts, Leslie (1987a) 'Who owns the human genome?', *Science* 237: 358–61.

—— (1987b) 'Human genome: questions of cost', *Science* 237: 1411–12.

—— (1987c) 'New sequencers take on the genome', *Science* 238: 271–3.

Rosaldo, Michelle (1980) 'The use and abuse of anthropology', *Signs* 5: 389–417.

—— and Lamphere, Louise, eds (1914) *Woman, Culture, and Society*. Palo Alto: Stanford University Press.

Rose, Hilary (1983) 'Hand, brain, and heart: a feminist epistemology for the natural sciences', *Signs* 9(1): 73–90.

—— (1986) 'Women's work: women's knowledge', in Juliet Mitchell and Ann Oakley, eds, *What Is Feminism? A Re-Examination*. New York: Pantheon, pp. 161–83.

Rose, Stephen (1986) *The American Profile Poster: Who Owns What, Who Makes How Much, Who Works Where, and Who Lives with Whom?* New York: Pantheon.

Rossiter, Margaret (1982) *Women Scientists in America*. Baltimore: Johns Hopkins University Press.

Rothschild, Joan, ed. (1983) *Machina ex Dea: Feminist Perspectives on Technology*. New York: Pergamon.

Rowell, Thelma E. (1966a) 'Forest-living baboons in Uganda', *Journal of Zoology* 149: 344–64.

—— (1966b) 'Hierarchy in the organization of a captive baboon group', *Animal Behaviour* 14: 430–43.

—— (1970) 'Baboon menstrual cycles affected by social environment', *Journal of Reproduction and Fertility* 21: 133–41.

—— (1972) *Social Behaviour of Monkeys*. Baltimore: Penguin.

—— (1914) 'The concept of social dominance', *Behavioral Biology* 11: 131–54.

Rubin, Gayle (1975) 'The traffic in women: notes on the political economy of sex', in Rayna Rapp Reiter (1975), pp. 157–210.

—— (1984) 'Thinking sex: notes for a radical theory of the politics of sexuality', in Carol Vance, ed. *Pleasure and Danger*. London: Routledge & Kegan Paul, pp. 267–319.

Ruch, Theodore (1941) *Bibliographia Primatologica*. Baltimore: Charles Thomas.

Russ, Joanna (1983) *How to Suppress Women's Writing*. Austin: University of Texas Press.

S

Sachs, Carolyn (1983) *The Invisible Farmers: Women in Agricultural Production*. Totowa: Rowman & Allenheld.

Sahlins, Marshall (1976) *The Use and Abuse of Biology*. Ann Arbor: University of Michigan Press.

Said, Edward (1978) *Orientalism*. New York: Pantheon.

Sandoval, Chela (1984) 'Dis-illusionment and the poetry of the future: the making of oppositional consciousness', University of California at Santa Cruz, PhD qualifying essay.

—— (n.d.) *Yours in Struggle: Women Respond to Racism, a Report on the National Women's Studies Association*. Oakland, CA: Center for Third World Organizing.

Sargent, Lydia, ed. (1981) *Women and Revolution*. Boston: South End.

Sayers, Janet (1982) *Biological Politics: Feminist and Anti-Feminist Perspectives*. London: Tavistock.

Schiebinger, Londa (1987) 'The history and philosophy of women in science: a review essay', *Signs* 12(2): 305–32.

Schipper, Mineke (1985) 'Women and literature in Africa', in Mineke Schipper, ed.

Unheard Words: Women and Literature in Africa, the Arab World, Asia, the Caribbean and Latin America, Barbara Potter Fasting, trans. London: Allison & Busby, pp. 22–58.

Schjelderup-Ebbe, Thorlief (1935) 'Social behavior of birds', in Carl Murchison, ed. *Handbook of Social Psychology* 2: 947–72. Worcester, MA: Clark University Press.

Science Policy Research Unit (1982) *Microelectronics and Women's Employment in Britain*. University of Sussex.

Scott, Joan Wallach (1988) *Gender and the Politics of History*. New York: Columbia University Press.

Sebeok, T. A., ed. (1968) *Animal Communication: Techniques of Study and Results of Research*. Bloomington: Indiana University Press.

Shirek-Ellefson, Judith (1967) 'Visual communication in *Macaca irus*', University of California at Berkeley, PhD thesis.

Singh, Jagjit (1966) *Great Ideas in Information Theory, Language, and Cybernetics*. New York: Dover.

Smith, Barbara (1977) 'Toward a Black feminist criticism', in Elaine Shewalter, ed. *The New Feminist Criticism: Essays on Women, Literature and Theory*. New York: Pantheon, 1985, pp. 168–85.

——, ed. (1983) *Home Girls: A Black Feminist Anthology*. New York: Kitchen Table, Women of Color Press.

Smith, Dorothy (1974) 'Women's perspective as a radical critique of sociology', *Sociological Inquiry* 44.

—— (1979) 'A sociology of women', in J. Sherman and E.T. Beck, eds *The Prism of Sex*. Madison: University of Wisconsin Press.

Sochurek, Howard (1987) 'Medicine's new vision', *Natianal Geographic* 171(1): 2–41.

Sofia, Zoe (also Zoe Sofoulis) (1984) 'Exterminating fetuses: abortion, disarmament, and the sexo-semiotics of extra-terrestrialism', *Diacritics* 14(2): 47–59.

Sofoulis, Zoe (1984) 'Jupiter Space', paper delivered at the American Studies Association, Pomona, CA.

—— (1987) 'Lacklein', University of California at Santa Cruz, unpublished essay.

—— (1988) 'Through the lumen: Frankenstein and the optics of re-origination', University of California at Santa Cruz, PhD thesis.

Somit, Albert, ed. (1976) *Biology and Politics: Recent Explorations*. Paris and The Hague: Mouton.

Sontag, Susan (1977) *On Photography*. New York: Dell.

Spillers, Hortense (1987) 'Mama's baby, papa's maybe: an American grammar book', *Diacritics* 17(2): 65–81.

Spivak, Gayatri (1985) 'Three women's texts and a critique of imperialism', *Critical Inquiry* 12(1): 243–61.

Stacey, Judith (1987) 'Sexism by a subtler name? Postindustrial conditions and postfeminist consciousness', *Socialist Review* 96: 7–28.

Stallard, Karin, Ehrenreich, Barbara, and Sklar, Holly (1983) *Poverty in the American Dream*. Boston: South End.

Stanley, Manfred (1978) *The Technological Conscience*. New York: Free Press.

Stoller, Robert (1964) 'A contribution to the study of gender identity', *International Journal of Psychoanalysis* 45: 220–6.

—— (1968 and 1976) *Sex and Gender*, vol. I, New York: Science House; vol. II, New York: Jason Aronson.

Strathern, Marilyn (1987a) 'Out of context: the persuasive fictions of anthropology', *Current Anthropology* 28(3): 251–81.

—— (1987b) 'Partial connections', University of Edinburgh, Munro Lecture.

—— (1988) *The Gender of the Gift: Problems with Women and Problems with Society in Melanesia*. Berkeley: University of California Press.

Sturgeon, Noel (1986) 'Feminism, anarchism, and non-violent direct action politics', University of California at Santa Cruz, PhD qualifying essay.

Sugiyama, Yukimaru (1967) 'Social Organization of Hanuman langurs', in Altmann (1967), pp. 221–36.

Sussman, Vic (1986) 'Personal tech. Technology lends a hand', *The Washington Post Magazine*, 9 November, pp. 45–56.

T

Taiwo, Oladele (1984) *Female Novelists of Modern Africa*. New York: St Martin's.

Tanner, Nancy (1981) *On Becoming Human*. Cambridge: Cambridge University Press.

—— and Zihlman, Adrienne (1976) 'Women in evolution. Part I: innovation and selection in human origins', *Signs* 1(3): 585–608.

The Woman Question: Selected Writings of Marx, Engels, Lenin and Stalin (1951) New York: International.

Thorne, Barrie and Henley, Nancy, eds (1975) *Language and Sex: Difference and Dominance*. Rowley, MA: Newbury.

Timmerman, Colonel Frederick W., Jr (1987, September) 'Future warriors', *Military Review*, pp. 44–55.

Toullnin, Stephen (1982) *The Return of Cosmology: Postmodern Science and the Theology of Nature*. Berkeley: University of California Press.

Tournier, Michel (1967) *Vendredi*. Paris: Gallimard.

Traweek, Sharon (1988) *Beamtimes and Lifetimes: The World of High Energy Physics*. Cambridge, MA: Harvard University Press.

Treichler, Paula (1987) 'AIDS, homophobia, and biomedical discourse: an epidemic of signification', *October* 43: 31–70.

Trinh T. Minh-ha (1986–7) 'Introduction', and 'Difference: "a special third world women issue"', *Discourse: Journal for Theoretical Studies in Media and Culture* 8: 3–38.

——, ed. (1986–7) *She, the Inappropriate/d Other*, Discourse 8.

—— (1988) 'Not you/like you: post-colonial women and the interlocking questions of identity and difference', *Inscriptions* 3/4: 71–6.

—— (1989) *Woman, Native, Other: Writing Postcoloniality and Feminism*. Bloomington: Indiana University Press.

Trivers, R. L. (1971) 'The evolution of reciprocal altruism', *Quarterly Review of Biology* 46: 35–7.

—— (1972) 'Parental investment and sexual selection', in Bernard Campbell, ed. *Sexual Selection and the Descent of Man*. Chicago: Aldine, pp. 136–79.

Turner, Bryan S. (1984) *The Body and Society*. New York: Blackwell.

V

Varley, John (1978) 'The persistence of vision', in *The Persistence of Vision*. New York: Dell, pp. 263–316.

—— (1986) 'Blue champagne', in *Blue Champagne*. New York: Berkeley, pp. 17–79.

von Bertalanffy, Ludwig (1968) *General Systems Theory*. New York: Braziller.

W

Waddington, C.H. (1957) *The Strategy of the Gene*. London: Allen & Unwin.

Walker, Alice (1983) *In Search of Our Mothers' Gardens*. New York: Harcourt Brace Jovanovitch.

Ware, Celestine (1970) *Woman Power*. New York: Tower.

Washburn, Sherwood L. (1951a) 'The new physical anthropology', *Transactions of the New York Academy of Sciencse*, series 2, 13(7): 298–304.

—— (1951b) 'The analysis of primate evolution with particular reference to man', *Cold Spring Harbor Symposium of Quantitative Biology* 15: 67–78.

—— (1963) 'The study of race', *American Anthropologist* 65: 521–32.

—— (1978) 'Human behavior and the behavior of other animals', *American Psychologist* 33: 405–18.

—— and Avis, Virginia (1958) 'The evolution of human behavior', in Anne Roe and George Gaylord Simpson, eds *Behavior and Evolution*. New Haven: Yale University Press, pp. 421–36.

—— and DeVore, Irven (1961) 'Social behavior of baboons and early man', in S.L. Washburn, ed. *Social Life of Early Man*, New York: Viking Fund Publications in Anthropology, pp. 91–105.

—— and Hamburg, David (1965) 'The implications of primate research', in DeVore (1965), pp. 607–22.

—— (1968) 'Aggressive behavior in Old World monkeys and apes', in Dolhinow (1972), pp. 276–96.

—— and Lancaster, C. S. (1968) 'The evolution of hunting', in Richard Lee and Irven DeVore, eds *Man the Hunter*. Chicago: Aldine, pp. 293–303.

Watson, J. D. (1976) *The Molecular Biology of the Gene*, 3rd edn. Menlo Park: Benjamin.

Weaver, Warren (1948) 'Science and Complexity', *American Scientist* 36: 536–44.

Wechsler, Rob (1987, February) 'A new prescription: mind over malady', *Discover*: 51–61.

Weill, Jean-Claude and Reynaud, Claude-Agnes (1987) 'The chicken B cell compartment', *Science* 238: 1094–8.

Weiner, Norben (1954) *The Human Use of Human Beings*. New York: Avon, 1967.

Weinrich, James D. (1977) 'Human sociobiology: pair-bonding and resource predictability (effects of social class and race)', *Behavioral Ecology and Sociobiology* 2: 91–116.

Weizenbaum, Joseph (1976) *Computer Power and Human Reason*. San Francisco: Freeman.

Welford, John Noble (1 July, 1986) 'Pilot's helmet helps interpret high speed world', *New York Times*, pp. 21, 24.

West, Candance and Zimmermann, D.H. (1987) 'Doing gender', *Gender and Society* 1(2): 125–51.

Westinghouse Broadcasting Corporation (1987) 'The fighting edge', a television programme in the series, 'Life Quest'.

Wheeler, W.M. (1939) *Essays in Philosophical Biology*. Cambridge, MA: Harvard University Press.

White, Hayden (1987) *The Content of the Form: Narrative Discourse and Historical Representation*. Baltimore: Johns Hopkins University Press.

Wilfred, Denis (1982) 'Capital and agriculture, a review of Marxian problematics', *Studies in Political Economy* 7: 127–54.

Wilson, E. O. (1962) 'Chemical communication among workers of the fire ant, *Solemopsis saevissima* (Fr. Smith)', *Animal Behaviour* 10(1–2): 134–64.

—— (1963) 'The social biology of ants', *Annual Review of Entomology* 8: 345–68.

—— (1968) 'The ergonomics of caste in social insects', *American Naturalist* 102: 41–66.

—— (1971) *Insect Societies*. Cambridge, MA: Harvard University Press.

—— (1975) *Sociobiology: The New Synthesis*. Cambridge, MA: Harvard University Press.

—— (1978) *On Human Nature*. Cambridge, MA: Harvard University Press.

——, Eisner, T., Briggs, W. R., Dickerson, R. E., Metzenberg, R. L., O'Brien, R. D., Sussman, M. and Boggs, W. E. (1978) *Life on Earth*, 2nd edn. Sunderland, MA: Sinauer.

Winner, Langdon (1977) *Autonomous Technology: Technics out of Control as a Theme in Political Thought*. Cambridge, MA: MIT Press.

—— (1980) 'Do artifacts have politics?', *Daedalus* 109(1): 121–36.

—— (1986) *The Whale and the Reactor*. Chicago: University of Chicago Press.

Winograd, Terry (forthcoming) 'Computers and rationality: the myths and realities', in
      Paul N. Edwards and Richard Gordon, eds, *Strategic Computing: Defense Research
      and High Technology*.

Winograd, Terry and flores, Fernando (1986) *Understanding Computers and Cognition: A
      New Foundationfor Design*. Norwood, NJ; Ablex.

Wittig, Monique (1973) *The Lesbian Body*, David LeVay, trans. New York: Avon, 1975 (*Le
      corps lesbien*, 1973).

—— (1981) 'One is not born a woman', *Feminist Issues* 2: 47–54.

Women and Poverty, special issue (1984) *Signs* 10(2).

Woodward, Kathleen (1983) 'Cybernetic modeling in recent American writing', *North
      Dakota Quarterly* 51: 57–73.

—— ed. (1980) *The Myths of Information: Technology and Post-Industrial Culture*. London:
      Routledge & Kegan Paul.

Wright, Susan (1982, July/August) 'Recombinant DNA: the status of hazards and
      controls', *Environment* 24(6): 12–20,51–53.

—— (1986) 'Recombinant DNA technology and its social transformation, 1972–82',
      Osiris, 2nd series, 2: 303–60.

Wynne-Edwards, V. C. (1962) *Animal Dispersion in Relation to Social Behaviour*.
      Edinburgh: Oliver & Boyd.

      Y

Yerkes, R. M. (1900) 'Reaction of Entomostraca to stimulation by light,' Part II,
      'Reactions of *Daphnia and Cypris*', *American Journal of Physiology* 4: 405–22.

—— (1907) *The Dancing Mouse*. New York: Macmillan.

—— (1913) 'Comparative psychology in relation to medicine', *Boston Medical Surgery
      Journal* 169: 779–81.

—— (1919) 'The measurement and utilization of brain power in the army', *Science* 44:
      221–6, 251–9.

—— (1920) 'What psychology contributed to the war', in *The New World of Science*.
      New York: Century.

—— (1921) 'The relations of psychology to medicine', *Science* 53: 106–11.

—— (1922) 'What is personnel research?', *Journal Personal Research* 1: 56–63.

—— (1927a) 'A program of anthropoid research', *American Journal of Psychology* 39:
      181–99.

—— (1927b) 'The mind of a gorilla', Parts I, II, *Genetic Psychology Monographs* 2: 1–193,
      375–551.

—— (1928) 'The mind of a gorilla', Part III, *Comparative Psychology Monographs* 5: 1–92.

—— (1932) 'Yale Laboratories of Comparative Psychobiology', *Comparative Psychology Monographs* 8: 1–33.

—— (1935–6) 'The significance of chimpanzee culture for biological research', *Harvey Lectures* 31: 57–73.

—— (1939) 'Social dominance and sexual status in the chimpanzee', *Quarterly Review of Biology* 14(2): 115–36.

—— (1943) *Chimpanzees, A Laboratory Colony*. New Haven: Yale University Press.

—— and Yerkes, A. W. (1929) *The Great Apes*. New Haven: Yale University Press.

——, Bridges, J. W., and Hardwick, R. S. (1915) *A Point Scale for Measuring Mental Ability*. Baltimore: Warwick & York.

Young, Iris (1981) 'Beyond the unhappy marriage: a critique of the dual systems theory', in Sargent (1981), pp. 44–69.

Young, Robert M. (1969) 'Malthus and the evolutionists: the common context of biological and social theory', *Past and Present* 43: 109–41.

—— (1973) 'The historiographic and ideological contexts of the nineteenth-century debate on man's place in nature', in Young (1985), pp. 164–248.

—— (1977) 'Science is social relations', *Ratical Science Journal* 5: 65–129.

—— (1979, March) 'Interpreting the production of science', *New Scientist* 29: 1026–8.

—— (1985) *Darwin's Metaphor: Nature's Place in Victorian Culture*. London: Cambridge University Press.

—— and Levidow, Les, eds (1981, 1985) *Science, Technology and the Labour Process*, 2 vols. London: CSE and Free Association Books.

Yoxen, Edward (1983) *The Gene Business*. New York: Harper & Row.

Z

Zacharias, Kristin (1980) 'The construction of a primate order: taxonomy and comparative anatomy in establishing the human place in nature, 1735–1916, Johns Hopkins University, PhD thesis.

Zaki, Hoda M. (1988) 'Fantasies of difference', *Women's Review of Books* V(4): 13–14.

Zihlman, Adrienne (1967) 'Human locomotion: a reappraisal of functional and anatomical evidence', University of California, Berkeley, PhD thesis.

—— (1978a) 'Women in evolution, part II: subsistence and social organization among early hominids', *Signs* 4(1): 4–20.

—— (1978b) 'Motherhood in transition: from ape to human', in W. Miller and Lucille Newman, eds *First Child and Family Formation*. North Carolina: Carolina Population Center Publications.

—— (1978c) 'Gathering and the hominid adaptation', in Lionel Tiger and Heather Fowler, eds *Female Hierarchies*. Chicago: Beresford.

Zimmennan, Jan, ed. (1983) *The Technological Woman: Interfacing with Tomorrow*. New York: Praeger.

Zuckerman, Solly (1932) *The Social Life of Monkeys and Apes*. New York: Harcourt Brace.

—— (1933) *Funaional Affinities of Man, Monkeys, and Apes: A Study of the Bearings of Physiology and Behavior on the Taxonomy and Phylogency of Lemurs, Monkeys, Apes and Men*. New York: Harcourt Brace.

—— (1972) *Beyond the Ivory Tower: The Frontiers of Public and Private Science*. New York: Talpinger.

—— (1978) *From Apes to Warlords: The Autobiography of Solly Zuckerman*. New York: Harper & Row.

찾아보기

지은이 도나 J. 해러웨이(Donna J. Haraway)

세계적인 페미니즘 이론가이자 생물학자, 문화비평가, 테크놀로지 역사가.
남성과 여성, 인간과 동물, 유기체와 기계 등의 이분법적 질서를 해체하고
학문의 장벽을 뛰어넘는 연구와 종의 경계를 허무는 전복적 사유로 명성이
높다. 1944년생으로 콜로라도대학교에서 동물학, 철학, 문학을 전공하고
예일대학교에서 생물학 박사학위를 받았다. 캘리포니아대학교 샌타크루즈
캠퍼스(UCSC)의 의식사학과 명예교수로, 인류학, 환경학, 페미니즘,
영상디지털미디어학 등과 연계하여 연구를 진행하며 인문학과 기술의 접점을
모색하고 있다.
저서로 『영장류의 시각』 『겸손한_목격자@제2의_천년.여성인간©_
앙코마우스™를_만나다』 『한 장의 잎사귀처럼』 『종과 종이 만날 때』 『트러블과
함께하기』 『해러웨이 선언문』 등이 있다. 특히 이 책, 『영장류, 사이보그
그리고 여자』에 수록된 「사이보그 선언문」은 인간과 기계의 혼종인 사이보그를
페미니즘적 시각으로 재형상화해 독창적이고 도전적인 사유의 지평을 연
과학철학과 페미니즘의 고전으로 손꼽힌다.

옮긴이 황희선

서울대학교 생명과학부와 인류학과를 졸업하고 동 대학원에서 한국의 토종
씨앗 보전 운동을 주제로 인류학 박사학위 연구를 진행하고 있다. 《오늘의 SF》
《21세기 사상의 최전선》 등 다양한 책과 지면에 인간과 비인간을 주제로 글을
기고했고, 『어머니의 탄생』 『해러웨이 선언문』 『가능성들』(공역) 『마지막으로
할 만한 멋진 일』(공역)을 옮겼다.

옮긴이 임옥희

경희대학교 영문학과를 졸업하고 동 대학원에서 박사학위를 받았다.
여성문화이론연구소 대표를 역임했고 경희대학교 후마니타스칼리지에서
학생들을 가르쳤다. 『주디스 버틀러 읽기』 『젠더 감정 정치』
『메트로폴리스의 불온한 신여성들』 『팬데믹 패닉 시대, 페미스토리노믹스』
『팬데믹 이후의 시민권을 상상하다』(공저) 『실격의 페다고지』(공저)
등을 썼고, 『전진하는 페미니즘』 『여자의 뇌』 『여성과 광기』 『몸 페미니즘을
향해』(공역) 등을 옮겼다.

Philos Feminism 4

영장류, 사이보그 그리고 여자
자연의 재발명

1판 1쇄 인쇄 2023년 8월 24일   1판 1쇄 발행 2023년 9월 20일

지은이 도나 J. 해러웨이   펴낸이 김영곤
옮긴이 황희선 임옥희   펴낸곳 (주)북이십일 아르테

책임편집 최윤지 김인수   출판마케팅영업본부 본부장 한충희
편집 김지영   마케팅 남정한 한경화 김신우 강효원
디자인 전용완   영업 최명열 김다운 김도연
기획위원 장미희   해외기획 최연순
                                      제작 이영민 권경민

출판등록 2000년 5월 6일 제406-2003-061호
주소 (10881) 경기도 파주시 회동길 201(문발동)
대표전화 031-955-2100   팩스 031-955-2151   이메일 book21@book21.co.kr

(주)북이십일 경계를 허무는 콘텐츠 리더
아르테 채널에서 도서 정보와 다양한 영상자료, 이벤트를 만나세요!

인스타그램   페이스북
instagram.com/21_arte   facebook.com/21arte
instagram.com/jiinpill21   facebook.com/jiinpill21

포스트   홈페이지
post.naver.com/staubin   www.book21.com
post.naver.com/21c_editors

ISBN 979-11-7117-003-6 03300

이 책은 인류가 남긴 최고의 고전이다. 모든 경계를 새로운 지식 생산의 근거로 삼은 지성의 정점이자 융합의 모델, 과학이 집약된 성취다. 나의 언어는 이 책의 패러다임에 의지해 왔다. 우리가 배워야 할 관점과 태도가 여기 있다. 무엇을 공부하든 가장 먼저 읽어야 한다.
— 정희진(여성학 연구자, 이화여자대학교 초빙교수)

페미니스트 과학기술학의 고전이 돌아왔다! 페미니즘과 과학기술에 관심이 있다면 반드시 알아야 하는 도나 해러웨이, 도나 해러웨이를 알고 싶다면 반드시 읽어야 하는 책이 여기 있다. 30여 년 전에 쓰인 이 책을 지금 다시 읽어야 하는 이유는 이제야 믿고 읽을 수 있는 번역서가 나왔기 때문만은 아니다. 인공지능과 전 지구적 기후위기, 페미니즘 백래시의 시대를 살아가는 21세기의 우리에게 영장류학과 기계-유기체 잡종 사이보그, 사회주의 페미니즘에 상황 지어진 20세기의 해러웨이가 어떤 이야기를 들려줄지 궁금하지 않은가? 지금이야말로 "숭배나 동일시보다는 신성모독의 충실함"으로 이 책을 읽을 절호의 기회다.
— 임소연(과학기술학 연구자, 동아대학교 기초교양대학 교수)

『영장류, 사이보그 그리고 여자』는 진화를 이기적 유전자가 시장을 최대한 점유하기 위해 벌이는 드라마로 보는 접근법에 스며 있는 자본주의를 고발한다. 출간 당시 폭발적인 지지와 의도적인 외면이라는 양극의 반응을 불러일으켰던 이 책이 30년이 흐른 지금 예언서로 다시 태어났다. 진화와 생물학에 관심 있는 사람이라면 꼭 읽어야 하는 책이며 일단은 소장해 두어야 할 고전이다.
— 이상희(인류학 연구자, 캘리포니아 리버사이드대학교 인류학과 교수)

과학과 페미니즘의 교차점을 조사하는 이 책에서 해러웨이는 '영장류, 사이보그, 여성'을 주목한다. 이들은 서구 과학의 불안정한 위치에 놓인 존재이자 경계의 특이한 존재들이다. 읽는 이의 적극적인 사고를 요구하는 글이기에 쉽지 않지만, 페미니즘의 관점으로 기술과학, 생명정치, 객관성, 자연-문화의 이분법을 검토하는 일에 관심 있는 독자라면 꼭 시간을 들여 읽어 볼 가치가 있다.
— 김초엽(SF 작가)

이 책의 전체 장은 자연의 사회적 구성을 주장하는 최근 학문에서 가치 있고 중요한 추가 자료다. 해러웨이는 영장류에 대한 과학 연구사의 역사에서 인정받는 권위자이며, 이 책에서 펼쳐 보이는 영장류 연구 분석은 매우 철저하고 면밀하다. 성별, 자연, 경험과 같은 단어에 대한 논의 또한 도발적이고 독창적이다.
— M. H. 채플린(웰즐리칼리지 철학 명예교수), 《초이스》

『영장류, 사이보그 그리고 여자』는 전체적으로 과학과 페미니즘 이론의 관계를 철저하고 공정한 방식으로 제시한다.
— C. E. 리처드(트랜실베이니아대학교 인류학 명예교수), 《사이언스북스앤필름》

1978년에서 1989년 사이 도나 해러웨이의 글들을 읽는 것은 정말 즐거운 일이다. 각 부가 독특한 즐거움을 주는데, 이 즐거움은 해러웨이가 선사하는 정치적 참여와 지적 프로젝트에서 비롯된다. 이 책을 읽으면 서구의 기존 개념의 틀을 끊임없이 되짚으며, 탐구하고, 도전하는 진지한 페미니스트 사상가의 궤적을 따를 수 있다.
— 모린 맥네일(버밍엄대학교 사회학 교수), 《페미니스트리뷰》

도나 해러웨이는 훌륭하고 열정적이며 독창적인 당대 최고의 지성인이다.
— 애나 칭(캘리포니아대학교 샌타크루즈 캠퍼스 인류학 교수)

현실의 본질을 탐구하는 철학자.
— 《가디언》

이 시대에 큰 영감을 불어넣는 사회 이론가 중 한 명.
— 《문화인류학》

스스로를 사이버 페미니스트라고 부르기 시작한 여성 세대의 영웅.
— 《위어드》

해러웨이는 재난의 시대에 괴물과 잡종들로 가득 찬 반항적이고 희망적인 우주를 그리는 재능 있는 이야기꾼이다.
— 《콘크레타저널》